7月16日，教育部党组副书记、副部长陈希代表教育部党组宣布任命决定：曹国永同志为中共北京交通大学委员会委员、常委、书记

12月23日，全国政协副主席、九三学社中央副主席王志珍等来校参加九三学社中央“产业自主创新座谈会”

8月26日，教育部副部长赫平应邀来校作专题辅导报告，并考察轨道交通控制与安全国家重点实验室

3月11日，科技部副部长曹健林一行来校视察调研

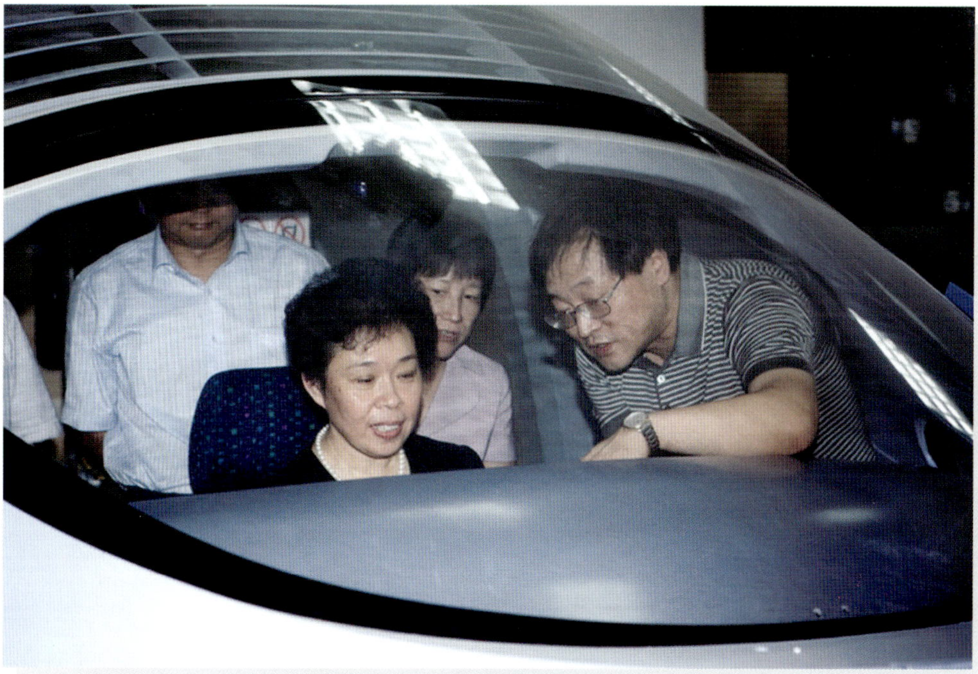

9月7日，教育部党组成员、中纪委驻教育部纪检组组长王立英一行来校指导工作

12月16日，财政部副部长张少春等一行赴城轨亦庄线考察学校 CBTC 列车运行控制系统运行情况并给予高度评价

5 月 25 日，“北京交通大学开展创先争优暨党员作风建设年活动动员大会”在科学会堂隆重举行

11 月 11 日，第九届北京交通大学科技工作会在中心报告厅开幕

5月9日，学校承办首届北京市大学生科学研究与创业行动计划成果展示及经验交流会，“北京交通大学绿色动车组”受关注

9月13日，北京交通大学首届国际班开学典礼

9 月 7 日—13 日，北京交大学生羽毛球队代表中国参加第 11 届世界大学生羽毛球锦标赛，获得 3 项世界冠军

8 月 28 日—9 月 4 日，学校 86 名志愿者为 2010 年北京首届世界武搏运动会服务，并获武搏会贡献奖

4 月 27 日，学校学生艺术团在国家大剧院举办“律动春弦　思源致远”专场交响音乐会

10 月 19 日—31 日，学校学生艺术团在第三届北京大学生艺术展演活动中表演民族舞《雨后桃花红欲燃》

3月24日，航天英雄杨利伟来校作报告，并与国防生亲切交流

11月10日，学校科技园有限公司被科技部、教育部认定为全国首批“高校学生科技创业实习基地”

12月20日，在北京市社科规划工作年会上，北京产业安全与发展研究基地正式授牌

4月2日，学校成立低碳研究与教育中心，旨在开展低碳研究和培养低碳研发人才

4月12日，学校成立中国现代轨道交通科学与技术研究院

10 月 16 日，学校举办第六届中国交通高层论坛

11 月 19 日，学校召开董事会 2010 年年会暨高速铁路建设高层论坛

9月10日，德国前总理施罗德来校与中国青年对话。活动开始前，学校领导在科学会堂茅以升厅会见施罗德先生

12月10日，学校与美国得克萨斯南方大学签署孔子学院合作项目协议

4月17日，北京交通大学与德国布伦瑞克工业大学签署合作协议

10月11日，北京交通大学举办第一届软件工程教育国际研讨会

3 月 19 日，学校与镇江新区签订战略合作框架协议

6 月 30 日，学校与南京市人民政府签订战略合作框架协议

7月5日，学校与镇江市人民政府、镇江新区管委会签约共建“北京交通大学长三角研究院”

7月20日，北京交通大学与平谷区签订建设北京交通大学轨道交通创新基地合作意向书

北京交通大学年鉴

2010

《北京交通大学年鉴》编委会　编

北京交通大学出版社
·北京·

内 容 简 介

《北京交通大学年鉴·2010》是由北京交通大学年鉴编委会主持编纂的一部综合性工具书和史料文献。全书由学校概况，特载与专文，组织机构，党群与思想政治工作，人才培养，学科、科研与社会服务，教职工队伍建设与管理，国际交流合作及港澳台工作，国有资产管理，办学条件保障，学院工作和学校大事记等12个部分组成，客观翔实地记载了北京交通大学2010年的改革与发展情况。

年鉴的编辑和出版得到了学校领导的关心、指导及各单位的支持与协助，在此谨表衷心感谢。书中难免存在疏漏之处，恳请读者批评指正。

图书在版编目（CIP）数据

北京交通大学年鉴. 2010 /《北京交通大学年鉴》编委会编. —北京：北京交通大学出版社，2011. 12

ISBN 978-7-5121-0853-0

Ⅰ. ① 北…　Ⅱ. ① 北…　Ⅲ. ① 北京交通大学－2010－年鉴　Ⅳ. ① G649.281-54

中国版本图书馆 CIP 数据核字（2011）第277550号

责任编辑：赵彩云
出版发行：北京交通大学出版社　　电话：010-51686414　　http://press.bjtu.edu.cn
　　　　　北京市海淀区高梁桥斜街44号　　邮编：100044
印 刷 者：北京交大印刷厂
经　　销：全国新华书店
开　　本：185×260　　印张：26　　字数：675千字　　彩插：16
版　　次：2011年12月第1版　　2011年12月第1次印刷
书　　号：ISBN 978-7-5121-0853-0/G·163
印　　数：1～500册
定　　价：198.00元

本书如有质量问题，请向北京交通大学出版社质监组反映。对您的意见和批评，我们表示欢迎和感谢。
投诉电话：010-51686043，51686008；传真：010-62225406；E-mail：press@bjtu.edu.cn。

《北京交通大学年鉴》编委会

《北京交通大学年鉴·2010》

主要撰稿人名单

（以姓氏笔画为序）

王大勇　王春友　王铁江　王雪庄　王　锋　邓小凤　宁望和
曲立忠　回晓文　朱建军　刘　拓　刘　蓉　闫　立　安志强
孙冬梅　李玮洁　李京涛　李凌宇　李　敏　吴　俊　何　凌
张　丹　张永生　张延平　张辰红　张岳强　陈　尘　陈　曦
林　葵　金　松　周　阳　周　倩　赵世瑛　赵庆先　赵　樱
胡　滢　贾长忠　殷晓彤　翁良殊　高振宇　董丽敏　董金凤
韩　莹　谢兴伟　潘　力

目　　录

学校概况

特载与专文

组织机构

党群与思想政治工作

人才培养

学科、科研与社会服务

教职工队伍建设与管理

国际交流合作及港澳台工作

国有资产管理

办学条件保障

学院情况

学校大事记

2010

学 校 概 况

学校概况

北京交通大学是教育部直属的全国重点大学，是全国首批博士、硕士学位授予高校，是首批进入国家“211 工程”建设高校和“985 工程优势学科创新平台”项目重点建设高校，是全国具有研究生院的 56 所高校之一，1997 年、2006 年被评为全国本科教学工作优秀学校，2005 年被确定为教育部大学英语教学改革示范点项目学校之一。

北京交通大学作为交通大学的重要组成部分，历史渊源追溯到 1896 年，她的前身是清政府创办的北京铁路管理传习所，是中国第一所专门培养管理人才的高等学校，是中国近代铁路管理、电信教育的发祥地。1917 年改组为北京铁路管理学校和北京邮电学校，1921 年与上海工业专门学校、唐山工业专门学校合并组建交通大学。1923 年交通大学改组后，北京分校更名为北京交通大学。1950 年学校定名北方交通大学，由著名桥梁专家茅以升任校长。2000 年与北京电力高等专科学校合并，由铁道部划转教育部直属管理。2003 年恢复使用“北京交通大学”校名。学校曾培养出中国第一个无线电台创建人刘瀚、中国第一台大马力蒸汽机设计者应尚才，以及中国现代作家、文学评论家、文学史家郑振铎，中国第一本铁路运输专著作者金士宣，我国铁路运输经济学科的开创者许靖，我国最早的四大会计师之一杨汝梅等一大批蜚声中外的杰出人才，“东京审判”担任首席检察官的向哲浚，我国著名的经济学家、人口学家马寅初等都曾在我校任教。

学校位于首都北京“学府胜地”海淀区，毗邻中国“硅谷”中关村，总面积近 1 100 亩，建筑面积 78 万平方米，有东西两个校区，教学、科研设施完善，校园环境优美。设有电子信息工程学院、计算机与信息技术学院、经济管理学院、交通运输学院、土木建筑工程学院、机械与电子控制工程学院、电气工程学院、理学院、人文社会科学学院、语言与传播学院、软件学院、建筑与艺术系 12 个学院（系），设有研究生院、远程与继续教育学院、燕郊职业技术学院、清河职业技术学院和地处河北省黄骅市的独立学院——北京交通大学海滨学院。

百十年来，数代交大人励精图治、艰苦奋斗，北京交通大学已成为培养国家经济社会建设人才，特别是轨道交通现代化建设高水平、高层次人才，解决国家经济和社会发展以及铁路现代化建设与改革重大技术与政策问题的重要基地。学校正在全力建设以信息和管理等学科为优势，以交通科学与技术为特色，工、管、经、理、文、法、哲等协调发展的多科性、开放式、国内一流、国际知名的研究型大学。

目前学校有交通运输工程、信息与通信工程 2 个一级学科国家重点学科，产业经济学、桥梁与隧道工程 2 个二级学科国家重点学科，包括一级学科所涵盖的二级学科国家重点学科总数达到 8 个。建有 13 个博士后科研流动站，有 11 个一级学科博士点、60 个二级学科博士点、120 个硕士点，有 MBA、工程硕士、会计硕士和法律硕士 4 类专业学位。

北京交通大学大力实施人才强校战略，努力建设一流的师资队伍。全校在编教职工 2 812 人，有专任教师 1 706 人，其中教授 310 人，副教授 632 人，具有博士学位的教师占

55.9%，具有硕士以上学位的教师占87.8%。有中国科学院院士3名，中国工程院院士7名，有国家级教学名师4人，国务院学位委员会学科评议组成员4人，“973”首席科学家3人，“长江学者”特聘教授和讲座教授9人，国家百千万人才工程7人，新世纪百千万人才工程国家级人选5人，国家杰出青年基金获得者6人，跨世纪优秀人才培养计划4人，新世纪优秀人才支持计划29人，教育部优秀青年教师教学和科研奖励计划5人，享受政府特殊津贴专家180余人。

北京交通大学教学设施先进，教学及素质教育成绩斐然。在百余年的办学历史中，已向国家输送了10余万建设人才。现在校本科生13 965人，博士研究生2 202人，硕士研究生6 197人，成人学生7 098人，外国留学生2010年累计突破500人。近年来获国家级教学成果特等奖1项，一等奖2项，二等奖13项，有国家精品课程32门，国家级教学团队6个；建有国家大学生文化素质教育基地，2个基地被评为优秀国家工科教学基地；4个实验中心被教育部评为国家级实验教学示范中心；有通信工程等11个国家级特色专业建设点。学校的生源质量逐年提高，本科、研究生毕业生就业率一直保持在95%以上。学校设立了思源班、轨道交通试验班、本硕连读班、詹天佑班、茅以升班、国际班等特色班，加强创新拔尖人才的培养。学校学生艺术团在首都和全国历次高校比赛中都取得了优秀成绩，赴中国台湾和欧洲丹麦等地演出，应邀在国家大剧院专场演出，排演的《长征组歌》应邀在人民大会堂和国安剧院演出，在社会上引起强烈反响。高水平运动队成绩突出，在国内外各类比赛中共获得69项（次）冠军，其中羽毛球队成绩突出，共获得全国大学生冠军35项（次），区域性世界大学生冠军12项（次），世界大学生冠军4项（次）。

北京交通大学科研力量雄厚，产学研合作日益增强。学校拥有教学、科研仪器设备固定资产6.37亿元，图书馆纸本藏书153.39万册，电子图书等电子资源33万余册，网络资源等累计195万余册，学位论文全文118万余篇，建有铁路交通运输特色数据库。拥有1个国家重点实验室、2个国家工程实验室、1个国家工程研究中心、3个国家认可实验室，已建成5个教育部重点实验室、4个教育部工程研究中心、4个北京市重点实验室，建有北京交通大学中国综合交通研究中心和中国产业安全研究中心。近年来，学校承担了包括国家高新技术“863”计划、国家发改委、科技部科技支撑项目、国家自然科学基金及国家社科基金项目在内的各类科研课题4 000余项。2006年以来3项主持项目获国家“973”立项。2008年1项主持项目获国家社科基金重大项目立项。2009年“双主持”项目“复杂与高速条件下车载信号安全控制系统关键技术及应用”获国家科技进步奖二等奖。学校建立了GSM－R技术实验室，主要进行中国铁路新一代移动通信的调度指挥和无线传输等，研究成果应用于大秦线、胶济线与青藏铁路，填补了中国铁路无线通信技术的空白。“基于通信的列车运行控制系统（CBTC）”取得关键技术研究的突破，具有完全自主知识产权，并成功应用于城轨亦庄和昌平线。2010年科研合同经费达6.2亿元。2009年在全国高校SCI排名第58位，EI第38位，ISTP第15位。联合国教科文组织在我校设立了“高等工科教育与产业合作教席”。北京市在我校设立了“北京市城市交通技术转移中心”、“北京交通发展研究基地”及人文社会科学重点研究基地，市委教育工委、市教委依托我校建立了大学生思想政治教育研究的专门机构——首都大学生思想政治教育研究中心。学校举办一年一度的“中国交通高层论坛”，并已形成独特“品牌”。

北京交通大学重视和加强国际、国内合作交流。与美、英、德、法等十多个国家的60

多所大学及著名跨国企业建立了合作关系。与澳大利亚维多利亚大学共同开展的中外合作办学项目“中澳商学院”以其鲜明的办学特色，赢得了社会的广泛认可。学校还在比利时鲁汶办有孔子学院，积极传播中国文化；每年主办和承办多次大型国际学术会议，举办一年一度的“国际文化节”，为加强中外学术文化交流提供了良好的平台。学校充分发挥董事会、校友会、基金会的作用，深化校企合作，与铁路行业、社会企业及地方政府等70家单位签订了战略合作协议，在人才培养、科学研究等方面开展长期、广泛的合作。

“饮水思源，爱国荣校”，如今，有着114年辉煌历史的北京交通大学，肩负着新的历史使命，秉承“知行”校训，以谦虚谨慎、开拓进取的精神，努力实现交通大学百年华诞时江泽民同志题词“继往开来，勇攀高峰，把交通大学建设成世界一流大学”的要求和期望，向着建设国内一流、国际知名的研究型大学的目标迈进。

2010

特载与专文

把握形势　科学发展
开创研究型大学建设新局面

——宁滨校长在九届党委十一次全委扩大会暨学校工作会上的讲话

（2010年2月26日）

老师们、同志们：

今天我主要讲以下两方面内容：一是分析学校发展面临的形势；二是部署今年的重点工作。

一、分析形势，正确研判我校发展所处方位

过去的2009年，学校工作态势总体较好，年初确定的深入学习实践科学发展观和庆祝建国60周年等大事圆满完成，人才培养、学科、队伍、平台建设和科研等主业全面发展。但在看到所取得成绩的同时，我们还应拥有正确研判形势的能力，具备时刻保持清醒头脑的忧患意识，要清醒地认识到，我校总体实力比较薄弱的状况仍然没有得到根本改变，主要体现在：

1. 人才培养

存在两方面问题。一是学生的综合素质不容乐观。我校生源特别是本科生生源总体不错，但学生综合素质的教育和培养、教学改革等没能适应新的发展要求。要改变人才培养中存在的问题，关键是要发挥学生和教师的积极性，而这点目前在实际的教学工作中尚未得到有效贯彻。二是学风问题比较突出。学生普遍存在比较功利化的学习思想。如何在学风建设方面找到好的抓手，是今年工作需要认真思考的问题，也仍将是今年的一项重点工作。

从上面两方面来看，在人才培养上，特别是本科生拔尖人才培养上，我们仍面临着严峻的挑战，当前，培养拔尖人才已形成学校上下的共识，但在拔尖人才培养的理解上存在着一些误区。拔尖人才的培养并不是狭隘地培养少数的拔尖人才，而是有其宽泛的基础。从整体定位来讲，我们学校的教育毫无疑问是精英教育，因为我们拥有全国600万考生中前1.5%～3%的优秀生源，而在整体精英教育的基础上如何做好拔尖人才的培养是需要我们深入思考和研究的。要想取得这方面的创新和进步，就必须在未来2～3年有清晰可行的整体规划，进一步明确今后若干年要采取的措施，从而推动人才培养整体水平的提高。为此，近1～2年内，我们要切实做好以下三个方面的工作并力求取得实效：一是在博士生培养上，我们在研究生工作会上提出了优化结构、提高质量的要求，下一步重在落实好相关内容；二是本科生培养要结合国家出台的一系列计划、规划，深入思考如何在国家级大的拔尖人才计划中，根据学校的情况摸出一条新路子，在学生整体素质特别是人文素质的提高上和学风建设上扎扎实实做好工作，同时把握好其自身规律；三是落实好国家高等教育有关精神。国家新一轮“教育改革和发展中长期规划纲要”今年将出台，国家还将召开教育工作会议，对高等教育

的发展将会带来新的动力和导向，我们要全面落实高等教育板块的内容。

总之，在人才培养方面，我们站在新的起点上。相关内容和重点目标我们已多次强调，尽管已有好的基础，但要实现这些目标，仍具有挑战性。关键是要扎实落实，这其中就包括："国际班"要尽快拿出切实可行的运行方案，推进人才培养国际化，进一步研究探索办出自己的特色和水平；要进一步加大教授上课落实力度；要深入思考如何解决科研教学两张皮的问题。我们要争取从2010年起步，"十二五"跨一大步，未来10年实现根本性的改变。

2. 学科和科研

2009年，学科和科研工作比往年迈了一大步，国家级科技奖励取得了新的突破，但着眼未来10年，我们要认真梳理，研究能够储备哪些项目，以期在未来能有所突破。目前，我校年科研经费的数量已超过6亿，但与高水平成果的产出率不相匹配。

当前，科研和学科存在两个问题：一是优势特色学科尚未做精；二是拓展不够。新兴交叉学科尚未取得明显突破，难以真正实现异峰突起。因此，我们要努力在优势特色上下大力气做精做强，同时在拓展方面可瞄准两个方向，一个是能源，整合好相关资源和力量，可探索在现有院系框架不变的条件下，建立能源中心，搭好平台，汇聚人才；另一个是应对气候变化后低碳科学的发展，我校可以将低碳学科与低碳教育结合起来，成立低碳研究与教育中心，下一步要设计好方案，争取走在国内高校前面。

在优势学科方面，信息学科有很多机会，当前备受瞩目的物联网建设与交通、物流结合最为紧密，而信息、交通和物流正是我们的优势，要及时抓住机会。国家已明确了做好三网合一的战略，我们是最早起步的高校之一，但现在声音却很小。究其原因，很多教师在观念上存在问题，对参与工程项目没有信心。因此，要完善科研政策，引导教师转变观念，围绕人才培养、科学研究的基本定位和根本目的，积极参与到国家重大工程计划和项目中去。

要夯实学校的特色和优势，还要深入研究如何在新的发展形势下最大程度地发挥交通这一传统优势。目前我们正在有序开展两项工作：一是针对全国铁路工作会议提出了"十百千万"人才培养工程的战略部署，学校敏锐地认识到，这是发挥我们多年的积淀和优势的良好机遇，春节前我们已向铁道部呈送了争取为铁路人才培养全面服务的专项报告，从远程教育、学历教育各层次予以积极回应；二是学校计划将在今年3月成立学校现代轨道交通科学与技术研究院，下设5个中心，总体上将建成开放平台。建立这个平台有两个目的：整合内部资源，先搭建好相应的架构；吸引业内相关专家人员参与到其中。

在轨道交通领域，要深入思考如何把优势特色做精做强。目前，我们在这方面的资源整合力度仍不够，铁道部相关领导对此也提出迫切的要求。京沪公司已同意我们派4名专家全面参与京沪公司后期工作特别是先导段工作。京沪先导段无疑将是中国轨道交通最高技术的集成路段，我们要全面深度参与。

在把握学科和科研的优势的同时，要注重开拓新的增长点。生物医学工程起步不错，但跨度不够。当前，铁路还面临着"走出去"的趋势。我们应当利用学科优势抓住机遇，赢得新的增长点。

总之，应努力争取学科和科研工作到"十二五"末发生根本性的改变，在一些方面拥有杀手锏，在某些方面的地位不可撼动。我们要把眼光放长远，既要积极参与国家重大项目，紧密关注行业需求，同时在学习实践科学发展观中遵循高等教育规律，自己定好位，明确大学的根本任务和最终目标。

3. 人才队伍建设

提高人才培养质量和学科、科研水平，师资队伍是关键；学生的学风问题、培养质量问题、综合水平问题，最终也都反映到师资队伍上来。虽然我校队伍建设已取得不小的成绩，1 600 多名专职教师承担着繁重的任务，为学校发展作出了重大贡献，但下一步如何建好这支队伍，如何统筹发展好教师队伍、专业技术队伍和管理队伍三支队伍，还需要做很多工作。

第一，要把好入口关。近些年我们探索人事代理制取得了较好的效果，但真正的师资队伍建设最终是要实现进出畅通循环，当前的突出问题仍然是没有出口、没有循环、没有建立筛选制和淘汰机制，从而难以把最好的人才吸引并留在学校，在这种情况下，一定要把好入口关。“红果园计划”去年尝试走出第一步，今年要走出第二步，在第一步工作基础上总结经验，克服不足，继续推进。

第二，在新型交叉学科等的师资建设方面缺乏明显的进展。在新的布局点上比如在低碳经济、能源、轨道交通运行控制等优势特色学科的安全评估和小语种发展等方面，要拿出最稀缺的岗位资源，坚定不移地引进和培养急需的高水平人才。

师资队伍建设是学校未来发展的重中之重，我们不能满足于眼下所取得的成绩，校院领导班子和各相关部门要在人才引进的信息提供、条件创造方面共同研究制订方案，抓好落实，抓出成效。2010 年“973”指南年初已出台，我们要围绕指南组织教师申报，但目前存在着有些教师工作量已经满负的状况。此外，国家各个部门都在酝酿“十二五”的重大项目，我们的教师都是通过自己的渠道在关注和争取，学校层面的组织做得远远不够。从实际来看，无论从学科建设还是基于人才培养的需求而考虑，都要至少提前 5 ～ 10 年进行相应的人才储备。近两年国家对大学投入越来越多，在这种情况下大学要转变观念，着眼于可持续和长远发展，特别是在师资队伍上做出好的规划，提出“十二五”期间乃至到 2020 年的具体目标。

4. 学风建设

学风建设中教师的学风、教风问题很重要，对学生影响也很大，要从教师的学风、教风入手抓学生的学风，从而促进整个学风、校风建设取得实效。这项工作抓起来很难，效果在短期内又难以显现，但仍要坚定不移地推进，特别是在规范学术道德、整治学术不端、加强校风建设方面，不能仅是空洞的说教，而是需要拿出切实的措施。组织、纪检部门可以考虑把党风廉政建设作为重要抓手，促进党员教师在教风建设中起好带头表率作用；宣传部门要做好有效的宣传引导工作。

5. 制度建设

我校的《大学章程》已经有了初稿，可以根据新修订的《高等教育法》和即将出台的《国家教育中长期教育发展规划纲要》进一步修订完善；《教师手册》草稿也已编制出来。这两项工作将作为 2010 年重点工作进一步做好。此外，在如何通过职代会、教代会发挥教师在办学中的主导地位和监督作用方面，我们做得还不够；在平台建设、自主科研经费等一些工作中，如何真正实现以制度管事、以制度管人，还有较长的路要走。

6. 学校发展空间和基础设施

近几年学校基础设施建设起步很好、力度很大、进展很快，学生活动服务中心、科产大楼、教职工住宅改造三大工程，近两三年也基本能够完成。但下一步任务仍然很艰巨，未来至少10年内，我们要坚定不移地拓展空间，要对现有校区土地进行整体规划，还要考虑新体育馆、第二图书馆的规划和建设，真正缓解教职工的体育锻炼问题，解决大型室内会议场所缺乏等问题。此外，根据家属区第一期教职工住宅改造工程完成情况，考虑谋划开展第二期改造工作。

以上是我从6个方面对学校的整体判断，由于时间关系，对外交流合作、后勤工作、校企合作、产业等工作，不一一赘述，这些工作也都将围绕建设一流研究型大学的上述6个主业开展。在对学校存在问题进行深入全面分析后，我们将目光移至学校面临的外部新形势，我认为主要体现在以下方面。

第一是国家的发展对我校的影响。在金融危机背景下，我国经济的发展比之前预想的要快，目前中国的经济总量超过日本上升到世界第二位。按照这样的速度，将比原来预计的2047年提前10年左右超过美国，意味着经济总量将占到全世界的1/3以上。同时，发展面临的资源、能源问题更加突出。与此相应的，高校在建设创新型国家、培养创新人才中所肩负的任务更加艰巨，在国家工业化、信息化、城镇化进程中所起的作用更加重要，责任更加重大，这也是高校进一步发展的难得机遇。

第二是高等教育的发展对我校的影响。今年国家新一轮教育改革发展纲要即将出台，高等教育一方面要在提高教育质量，落实既有的一系列人才培养计划，做好“千人计划”和“长江学者”计划基础上，2010年又将启动新一轮高等教育高层人才计划；另一方面要落实高等教育的普及化。教育部今年明确提出了三个增长机制，经费投入方面要落实占全国GDP 4%的目标，国家对高等教育的投入在逐年增长，随着中国的经济增长，国家对教育的投入还会加大，相应地在人才培养、科学研究、社会服务三方面对我们也提出了新的要求。

第三是北京市的发展对我校的影响。奥运会的成功举办大大提高了北京的国际形象。北京市提出发展成为世界城市的概念和目标，给北京市的人才培养和人才聚集带来了巨大动力和需求，也无疑给我校的国际交流合作提供了非常好的机遇，利用这个契机可以做很多关于人才培养方面的事情。其次，世界城市建设，交通建设是首当其冲之一，北京的交通要解决三件大事，即：如何把交通网络规划好，如何把交通道路建设好，如何把交通道路利用好。这三件事，我校都有实力来承担。北京提出建设世界性城市的目标给我们学校提供了很好的用武之地。此外，在环渤海区域如何发挥出我们的作用也是学校的努力方向。

第四是同类院校的发展对我校的影响。同类院校的发展都非常快，给我们带来了较大的压力。特别是在国家级科研方面，我们与同类院校的差距确实很大，我们要时刻保持危机感、紧迫感和使命感，不进则退，慢进也退。

从上述国家的发展、高等教育的发展、北京市以及环渤海区域的发展和同类院校的发展四个方面的形势分析，可以看到我们面临的形势很严峻，如何抓住机遇，并通过把握契机走在前面，发挥我们不可替代的作用，需要我们深入思考并付出切实有效的努力。

二、明确任务，突出重点，着力推进2010年重点工作

从学校发展大的思路上来看，我们建设研究型大学的战略规划分为两步，第一步到2010年，已圆满画上了句号，也为第二步发展打下了很好的基础。当前要明确如何走好第二步，为以后的发展打下更好的基础。在这个过程中，关键的任务是改革创新。“十一五”

规划中，我们提出了8项改革，今年还需要继续推进和实施。为确保我们人才质量的提高和学科实力的增强，下一步需要改革的重点有：一是大部制建立；二是基层学术组织建设；三是院系机构调整。这三方面要在达成基本共识的基础上稳妥推进和做好。其中，院系调整可以说是改革的基本项目，但对学校影响很大，今年3月份，低碳研究与教育中心、现代轨道科学与技术研究院将成立，这是我们在近期院系结构调整无法实现的情况下，为了促进工作所走的第一步。此外，如何改革现行制度，调动和整合全校力量和资源，促进基金会工作进一步发展；如何在不影响学院积极性情况下，进一步改革工学硕士招生制度，促进学校对相关资源的充分利用；如何根据实际改革后勤机构，加强后勤队伍建设，其中包括从临时聘用人员中选拔优秀者转为后勤正式职工；如何根据上级精神和学校实际进一步推进学校人事改革，完善绩效工资分配制；如何通过相关政策和建立相应机构调动教师在国际班工作上的积极性；等等，这些都将是我们下一步改革的重要内容。总之，改革是我们今后工作目标能够实现的基本保证，在改革方面大家要有充分的思想准备，也应该很好思考，和过去“十一五”有效衔接起来，稳步过渡到“十二五”，最终促进到2020年实现学校建成高水平研究型大学的目标顺利实现。

2010年是推进上述改革的重要一年，也是学校全面落实“十一五”规划最后一年和“十二五”规划制定之年，学校工作总体要求是：全面贯彻党的十七大和十七届四中全会精神，以邓小平理论和“三个代表”重要思想为指导，深入贯彻落实科学发展观，以夯实基础、提升内涵为重点，继续解放思想，着力改革创新，全面推进国内一流、国际知名研究型大学建设，以优异成绩迎接学校第十次党代会的召开。全年重点工作分为6个方面。

人才培养方面：

一是大力培养学术型、工程型和复合型拔尖创新人才。优化“思源班”等拔尖创新人才培养模式。完善和落实导师制、本硕博一体化培养等配套制度和管理运行机制，促进优秀学术型人才脱颖而出。开展卓越工程师培养计划试点工作，探索轨道交通类卓越工程师“2+2+2”本硕连读、校企联合培养模式。

二是发挥示范辐射作用，做好质量工程项目评估验收。加快质量工程已立项项目建设步伐，形成一批高水平标志性成果。启动学校国家级和北京市级实验教学示范中心等重要质量工程项目的模拟验收工作，争取在国家和北京市的验收评估中取得优秀成绩。

三是优化研究生教育类型与结构，加强应用型人才培养。稳步开展学位类型与结构调整工作，逐步做到类型多样、规模适度。逐步优化研究生教育结构，探索建立学术型、应用型研究生分类、分层次培养的新模式。协调统筹专业实习、社会实践、就业实习和创业为一体的基地建设。

四是完善研究生培养管理机制，提高研究生培养质量。深化研究生培养机制改革，建立创新基金滚动机制，落实研究生培养科研导向。完善研究生奖助金资助体系。改革和完善研究生招生制度、培养过程、学位论文评价体系、弹性学制、导师遴选制度。

五是推进人才培养国际交流与合作，提高学生跨文化交流能力。积极探索和推进本科生国际交流与互派项目，完善相关课程学分互认机制。每个专业重点建设1～2门双语课程。落实好“国家建设高水平大学公派研究生项目”。

六是推进学生包括艺术教育等在内的文化素质和体育工作。加强“工科大学生文化素质培养模式创新实验区”建设，开设提高学生综合素养的文化素质类课程。加强艺术教育教师队伍建设。依托艺术团，推进艺术教育普及，发挥艺术教育育人的功效。提升体育综合实力，提高竞技水平，进一步落实体质测试工作，提高师生健康水平。

学科、平台和科技工作方面：

一是狠抓大项目、大团队、大成果，力争数量质量有新突破。确保教育部创新团队与新世纪优秀人才奖励计划工作取得新进展，确保国家重点实验室通过正式验收和 CBTC 示范工程项目顺利进行，组织 3 ～ 5 项国家奖励的申报，力争取得新的突破。在“973 计划”、“863 计划”、国家自然科学基金等重大项目上取得新成绩。

二是强化学科平台目标管理，推进学科交叉发展。进一步完善重点学科建设的制度体系，明确国家级重点学科发展的目标与阶段任务。注重学科与平台顶层设计和科学布局，推进平台与学科特别是与国家级重点学科的结合。成组派出人员深入参与京沪高铁建设、技术研发与标准制定等工作。结合电能变换国家科技研究中心申报、轨道交通研究院的设立、低碳研究和教育中心的成立及人文社科教育部基地的申报，推动我校优势特色学科及新兴交叉学科发展。跟踪轨道交通国家实验室发展，力争参与建设。

三是促进科技成果转化，提高产业经济效益。制定产业发展规划，参与轨道交通产学研联盟，依托大学生创业基地建设提高科技产业服务人才培养的能力，进一步提高我校产业的经营与经济效益。

四是深入调查研究，启动基层学术组织改革。结合学科与平台的顶层设计与“十二五”科技发展规划的制定，研究提出适应我校特色的基层学术组织改革和院系结构调整的思路，制订改革目标与分步实施计划，为“十二五”基层学术组织的突破奠定基础。

五是完善科技政策体系，制定论文分类新标准。出台知识产权保护办法、成果转化促进管理办法和设备共享管理办法；完善科技奖励、高水平论文与三大检索论文的政策体系，召开科技工作会议。

人才队伍建设方面：

一是加大高水平人才引进，规范师资补充程序。充分发挥院系和教授的主体作用，拓宽选人视野，重点引进高层次急需人才，力争提高“千人计划”和“长江学者奖励计划”申报人员的层次。

二是改善师资结构，加大人才队伍培养力度。制订师资补充计划，吸引更多海外博士来校工作；推进中青年教师出国研修计划，推动青年教师赴工程现场挂职锻炼；遴选“红果园创新人才培育计划”第二批人才。研究出台试行“人才特区”政策，积极探索科研创新团队建设新模式新机制；实行优秀中青年教师专业技术岗位试聘制度。

三是规范编制管理，统筹建设三支队伍。完成“十二五”各类人员编制核定工作；出台实验技术队伍和管理职员队伍建设新机制。推进新进人员外聘制度，出台外聘人员管理办法；开辟以博士后、科研助理为主导的研究系列人力资源利用新渠道。推进不同学科、不同院系教师业务评价科学化，完善专业技术职务评聘办法和基于履职评价的岗位晋级管理办法。

对外合作与交流方面：

一是扩大留学生规模，提高留学生教育层次。全年在校留学生达到 550 人。理顺和明确部门、学院对留学生管理的职责，加强留学生管理队伍建设。营造多元文化交流和校园国际化氛围。我们在这方面的提升空间还很大。

二是开展好国际合作交流项目，加强与国外知名大学和港澳台高校的实质性合作。积极争取并实施国家外专局“引进海外高层次人才计划”项目、教育部“海外名师项目”和“聘请外国文教专家特色项目”，学校国际班开班。完成我校“111 引智计划”创新引智基地中期考核。实现每个学院有 1 ～ 2 个国外合作伙伴。“中德研究生院”项目争取年内签署合作协议，“学生海外学习计划”派出学生数量突破 300 人。发挥学校传统优势，推进与港澳台高校的深度合作。

三是做好教育基金会、董事会、校友会工作，推进产学研合作。各类社会捐赠收入平稳增长，保持 2009 年筹资水平。加强校友信息库建设，筹备成立北京交通大学北美校友会。成立交大校友企业家联合会并进入实质性运行。扩大学校与地方政府及企业的合作范围。创新董事会工作机制。继续加强远程与继续教育联系行业与社会的纽带功能，加大为铁路行业发展培育各类各层次实用型人才的力度。

基础保障和校园文化建设方面：

一是调整后勤集团机构和资源配置，深化后勤社会化改革。进行新一轮后勤改革，重点加强后勤管理及技术干部队伍建设。有效控制运行成本。全力确保学生食堂饭菜价格稳定，确保学生宿舍卫生及安全。

二是落实校园节能监管体系实施方案，推进节约型校园建设。建立建筑设备及水电运行监测平台，进行能源审计及公示，为全面建成节约型校园运行体系奠定基础。出台水电管理办法。改造主校区供暖管网系统及水电基础设施。积极开展师生低碳教育。

三是加强公共服务体系建设，推进校园信息化建设。校史博物馆建设成为北京市青少年爱国主义教育基地。构建校园信息化安全防护体系。推进学生管理工作的信息化和合力建设。下一代互联网络应用系统升级。数字化校园建设初见成效。

四是推进现代大学制度建设，理顺部门和学院权责。推进学院预算管理和目标管理，建立和完善单位考核指标体系。制定《北京交通大学章程》和《教师手册》，修订完善学生管理、对外合作与交流管理相关规定。试行学校公用房屋使用机制改革方案和周转房暂行管理办法。增收节支，勤俭办学，做好对学校财务、基建工程、物资采购、后勤等工作的管理和财务审计监督。

五是稳定就业率、提高就业力，推进以创业带动就业。加强专业导论、职业生涯规划、就业指导课程指导体系建设，提升效果和覆盖面。切实做好就业困难毕业生就业帮扶工作。建设好大学生创业园，探索创新创业教育模式和方法。加强生源地建设，提高生源质量，落实“阳光工程”。

六是完善家庭经济困难学生资助工作，完善心理健康教育工作体系。在做好家庭经济困难学生资助的基础上，着重提升学生的素质与能力。把握学生的新特点，形成心理素质教育全方位预防体系。

七是推进和解决事关师生员工切身利益的问题，努力改善师生员工工作、学习和生活条件。科技创业大厦和教职工住宅项目开工建设，通过“教职工住宅项目拆迁安置方案和配售方案”，多渠道解决青年教职工住房困难，完成幼儿园新建，加快推进交大附小迁建，实现塔 5 楼通气。改革和完善绩效工资分配办法，建立教职工待遇增长机制。关心困难职工和离退休老同志生活，加强社区建设和规范管理。加强师生疾病预防保健工作。支持办好海滨学院并确保二期工程年底前完成基本建设。

八是加强校园文化建设，促进校园和谐。加大投入加强校园文化环境设计和建设，建好校园文化艺术展示平台。开展和谐校园和节约型校园理念的宣传教育，探索发挥教代会作用的工作机制和办法，在民主管理、维护权益、参政议事等方面形成特色。

党建和思想政治工作方面：

一是深入学习《中共中央关于加强和改进新形势下党的建设的若干重大问题的决定》。围绕学校发展和国家要求，在学习型政党建设中走在前面、作出示范表率、作出贡献。加强领导班子、干部队伍建设，改进和创新干部培养选拔监督教育工作，不断提高选人用人的公信度，建立促进科学发展的领导干部考核评价机制。

二是推进基层党组织建设。按照第十八次高校党建会的要求，认真思考新形势下如何在课题组、工程中心、国家实验室等机构当中开展党建工作。开展好学生党组织建设，做好学生党员的发展。要以贯彻落实北京市委教育工委有关文件精神为重点，制定和完善我校相关制度和办法，积极开展创先争优活动，发挥党组织推动学校发展、服务师生、促进校园和谐的作用。

三是继续开展深入学习实践科学发展观活动，做好“回头看”工作。抓好学习实践活动各项整改措施的落实，切实巩固和扩大学习实践活动成果，建立有利于贯彻落实科学发展观的长效机制。

四是提高大学生思想政治教育的针对性、实效性。建立符合学生特点的教育体系，创新社会主义核心价值观教育的有效途径和载体。加大学生党员骨干培训力度。围绕青年学生的成长成才设计有吸引力、影响力、感染力的品牌教育活动。

五是大力加强教职工思想政治建设和师德建设，以教风带动校风学风建设。扎实推进“三育人”工作。成立相关工作领导小组，出台学风建设实施方案，推进实施全员育人。成立学生学业发展指导中心和研究中心，搭建更加符合学生自我成长的平台。

六是严格落实责任制，建立维护校园安全稳定工作体制和长效机制。出台并落实学校消防安全管理规定，完善安全稳定工作实施意见。切实维护好“两会”等重要时期的校园安全稳定。确保通过保密复查验收。

七是做好学校第十次党代会筹备工作。认真总结和宣传九次党代会以来学校工作经验，完成二级党组织换届和相关干部调整工作。改革和完善党内基层选举制度，建立健全党内基层民主议事决策机制，建立党员定期评议领导班子成员制度，积极推进党务公开。

八是全面完成学校“十一五”各项目标任务，做好“十二五”规划制定工作。做好“十一五”总结。深入学习国家即将出台的《关于国民经济和社会发展第十二个五年规划的建议》和新一轮《国家中长期教育改革和发展规划纲要》精神，结合国家“十二五”重大需求、高等教育发展新形势和学校实际，制定学校“十二五”规划。

老师们，同志们，学校的发展正处于关键时期和新的历史起点之上，庚寅虎年已顺利开篇，让我们全校上下鼓足干劲，同心同德，携手共进，以锐意改革、求真务实的精神，共同迎接奋发有为的2010年，不断开创学校研究型大学建设的新局面！

谢谢大家！

曹国永书记在 2010 年学校暑期工作会议上的总结讲话

（2010 年 8 月 27 日）

老师们、同学们、同志们：

大家好！经过大家的共同努力，暑期工作会完成了预定的任务，取得了预期的效果。昨天下午，我们听取了郝平副部长关于学习贯彻全国教育工作会议精神和《教育规划纲要》的辅导报告。今天上午又听取了宁校长的主报告和高艳、学伟同志的专题报告，这三个报告的主要内容是经学校领导班子集体讨论确定的。今天下午前半段我们分 12 个组进行分组讨论，讨论气氛热烈，思考比较全面、深入。刚才进行了大会交流，几个组的发言也都围绕主题，重点突出。总的来看，大家对学校的发展有着强烈的责任感、使命感甚至是危机感，特别是围绕学习贯彻全国教育工作会议精神和《教育规划纲要》，在提高教育质量，推进学校又好又快发展，加强学风建设方面已经形成了一定的共识，接下来就是扎扎实实地去推动、去落实。

下面，我结合暑假期间参加的教育部直属高校咨询工作会议、北京市暑期高校领导干部会议和近期初步调研了解的情况，补充四点意见。

第一，要深刻认识和把握学校面临的形势与机遇。

宁校长上午的报告就此已经做了深入的阐述，可以说，当前认清形势、抢抓机遇比以往任何时候都重要。能不能认清形势、抓住机遇，关系到学校未来 10 年以至长远发展。在这方面，我想特别强调以下三点，也可以说是三大机遇。

一是全国教育工作会议的召开和《教育规划纲要》的颁布，是我国教育发展史上具有里程碑意义的重大事件。今年 7 月 8 日，党中央、国务院印发了《国家中长期教育改革和发展规划纲要（2010—2020 年）》，7 月底已全文公开发表。7 月 13—14 日，党中央、国务院召开了新世纪第一次全国教育工作会议，就全面实施《教育规划纲要》向全党、全社会发出了动员令。《教育规划纲要》的颁布和实施，是当前和今后一个时期各级党委政府的重大任务，是全国教育系统包括高等学校的中心工作，必将带来我国教育事业发展新的春天。面对新形势、新任务，我们一定要乘势而上，紧紧抓住今后十年的战略机遇期，紧密结合学校实际，认真学习好、贯彻好《教育规划纲要》。在学习过程中，要结合各单位、各学科科研团队实际，深入领会和思考一些深层次的东西，力求站得更高一点、看得更远一点、谋得更深一点。要远近结合，既考虑长远，又注重当前；既要着眼 2020 年高等教育的发展目标，又要特别关注《教育规划纲要》中提出的 2012 年前实施的“十个重大项目”和“十大改革试点”，以及到 2012 年实现国家财政性教育经费支出占国内生产总值 4% 等重大决策和举措。我们一定要从现在起，深入分析有关形势，了解掌握有关动态，抓紧做好有关准备，尽可能多地参与到《教育规划纲要》的实施中去，在服务国家战略的同时，为学校发展争取更多支持，更好地实现学校的发展目标。

同时，要结合学习贯彻全国教育工作会议精神和《教育规划纲要》，认真制定好学校"十二五"规划。在总结"十一五"规划落实情况、全面深入分析和准确把握学校现状基础上，解放思想，找准问题，形成共识，通过"十二五"规划制定工作，明确学校下一步发展定位和目标，制定出切实可行的路线图和时间表。通过"十二五"规划的制定和实施，进一步统一思想认识，使我们的发展理念更加先进，办学模式和特色更加突出，办学质量和水平迈上新的台阶。

二是国家经济社会发展特别是工业化、信息化、城镇化、市场化、国际化，以及轨道交通发展和"走出去"战略的实施为学校的发展提供了前所未有的重要机遇。近年来，我国工业化、信息化深入发展，交通运输业跨越式发展，现代工业体系逐步形成，现代信息产业异军突起，综合运输体系初步形成，尤其是铁路既有线改造、货运重载、客运专线、高速铁路和城市轨道交通得到迅速发展，而且有逐步走向世界的趋势。国家"走出去"战略的实施同样需要高等教育的全面参与和大力支持。作为一所有行业背景、学科特色鲜明的高校，我们北京交大要在人才培养、科学研究、社会服务以及国际合作交流、国际问题研究、留学生培养和语言教育等方面注重抓住机遇，服务国家的发展战略。

三是办学空间有望得到拓展，为学校长远发展奠定良好基础。办学空间是我国很多高校，特别是在京部属高校发展中面临的共同问题，我们在这方面的形势更为严峻。上学期末我校与平谷区就建设北京交通大学创新基地举行了合作意向签约仪式，这是学校近年来坚持不懈寻求拓展办学空间的初步结果，也是我校以信息与管理学科优势和交通特色，为北京市社会经济发展特别是经济结构调整做贡献的重要途径。此事如能顺利推进，将极大缓解我校办学空间方面的压力，并为学校长远发展奠定良好的基础。

第二，要把提高质量作为学校一切工作的主旋律。

《教育规划纲要》指出，提高质量是高等教育改革发展的核心任务，是建设高等教育强国的基本要求。延东同志在直属高校咨询会上指出："质量是高等教育的生命线，今后十年高等教育的改革和发展最核心、最鲜明的特征就是提高质量。"对我们来说，主要应做好以下几方面的工作。

一是要提高人才培养质量。要始终坚持人才培养是学校的根本任务和首要职责，牢固树立人才培养在学校工作中的中心地位，如何从政策导向、资源分配、评价考核、投入保障等方面来提高人才培养水平，需要在座的老师们、同志们认真思考和落实。同时，要将学校学科综合、大规模科研、广泛的国内外合作交流等多种资源转化到服务人才培养这个根本任务上来，在保持和形成多种办学优势的同时，自觉、主动、优先地将其转化为提高人才培养质量的新优势。

二是要提高科学研究的质量。要进一步加强学科建设的顶层设计，在保持行业特色、保持传统和优势的同时，积极而又慎重地拓展学科发展新亮点。对一些有发展潜力，有望成为新亮点的学科要统筹有限资源予以必要支持。我校的科学研究在注重数量的同时应更加注重科研质量，要力求创造比较宽松的科研环境，鼓励潜心钻研，勇于探索，力争出一批在国内、国际有影响、有质量、有水平的科研成果。

三是要提高社会服务的质量。要树立主动服务国家和区域发展战略的意识，主动开展前瞻性、对策性、国际性问题研究，积极参与重大任务攻关和决策咨询，推进产学研用结合，努力成为新兴产业的促进者，成为区域发展的助推器，成为学习型社会的建设者，成为国家和区域高水平的智囊团和思想库。

学风建设是提高质量的重要保证，具有基础性、全局性，同时又具有艰巨性和长期性，学风不端正，我们培养的人才、科技工作是飞不高、走不远的。因此，学风工作要高标准、严要求，要把学风建设贯穿于学校领导工作和各项业务工作中常抓不懈。会后要根据此次暑期工作会议精神及所确定的原则，抓紧研究制定配套的政策文件，要出实招、硬招，使学校学风建设取得明显的实效，切实以学风建设带动校风的进一步转变。

此外，在队伍建设、国际合作、内部管理、基本建设、后勤服务等各个方面，都要牢固树立质量意识，使注重质量真正成为学校工作的主旋律。

第三，要进一步深化改革，着力破解难题。

深化教育体制改革是党中央、国务院的重大部署，是落实全国教育工作会议和教育规划纲要的关键举措。为扎实有序地推进教育改革，国务院专门成立了国家教育体制改革领导小组，由延东同志任组长，20 个部委负责同志参加，并决定在全国范围分区域、有步骤地开展改革试点工作，为全面深入推进教育体制机制改革积累经验。我校由宁校长牵头，经认真研究，组织申报了三个改革试点项目，有望成为国家教育体制改革的试点高校。这三个项目分别是：

（1）岗位聘用条件下高校事业单位用人机制改革。主要是进行“五大机制”改革，即：岗位资源配置机制与管理机制改革，用人机制改革，绩效评价机制改革，激励机制改革，退出机制改革等。

（2）行业高校产学联合培养模式和机制探索。改革的主要内容是完善董事会制度，探索共同设计培养方案等方法，建立校企联合培养的运行机制，力争在联合培养人才的体系、模式和机制等方面取得标志性建设成果。

（3）有特色、高水平大学国际化人才培养模式改革。主要是以培养具有国际视野的工程人才为目标，建立国际化人才培养的管理与服务体系和中外交流合作机制，建设适应的师资队伍，在课程体系、教学管理机制等方面取得标志性建设成果。

这三个改革项目涉及面广、难度大，希望全校上下统一思想认识，增强责任感和使命感，全力配合和支持改革，确保改革任务的完成。这三项改革要作为学校改革的重点和实现突破的抓手，带动和深化学校其他方面的改革，要继续推进和完善学校“十一五”规划中提出的人事制度、人才培养、科技管理、国有资产管理、校院两级管理、绩效评价、后勤社会化和校办企业等八项改革。

第四，要进一步加强党的建设和学校内部建设，着力提升凝聚力、向心力和战斗力。

一是要紧密结合学校实际和发展目标，开展好“创先争优”活动，切实达到推动科学发展、提高党员素质、加强基层组织、服务师生员工、促进校园和谐的目标。二是要按照德才兼备、以德为先的用人标准和民主、公开、竞争、择优的改革方针，加强校院两级领导班子和干部队伍建设。启动学校第十次党代会的筹备工作，按程序进行二级党组织换届。三是要继续采取多种切实有效的措施不断改善师生员工的学习条件、工作条件和工资、住房等生活待遇。四是要注重校园文化建设，着力营造团结、和谐的氛围，努力提高学校的凝聚力、向心力和战斗力。

贯彻落实全国教育工作会议精神和教育规划纲要
坚持内涵发展　加强学风建设
不断提高教育质量

——宁滨校长在北京交通大学2010年暑期工作会议上的讲话

（2010年8月27日）

老师们、同志们：

根据年初特别是暑假前班子务虚会讨论意见，学校确定此次暑期工作会的主要任务是：贯彻落实全国教育工作会议精神和《教育规划纲要》，深刻把握学校改革发展面临的新形势、新机遇，重点研究和讨论学风建设等涉及学校发展的深层次、基础性问题，坚持内涵发展，加强学风建设，形成推进工作、提高教育质量的共识。高艳、李学伟等同志稍后将就有关方面工作做专题报告，我主要讲四方面内容，供大家讨论。

一、深入学习全国教育工作会议精神，深刻认识和把握学校事业发展的新形势、新机遇

今年7月8日，党中央、国务院印发了《国家中长期教育改革和发展规划纲要（2010—2020年）》，7月13—14日，国务院召开了新世纪以来第一次全国教育工作会议，胡锦涛总书记、温家宝总理做了重要讲话。这是我国教育事业改革发展一个新的里程碑，意义重大，影响深远。

全国教育工作会议总结了60年特别是改革开放30多年来，我国教育事业取得的一系列举世瞩目的伟大成就，深入分析国内外形势，明确了今后一个阶段教育改革发展的指导思想，并提出5项要求。会议还阐述了中央制定《教育规划纲要》的主要考虑和确定的工作方针，并就组织实施规划纲要作了全面部署。总的来看，这次全国教育工作会议强调要充分发挥教育在党和国家事业中的基础性、先导性、全局性地位和作用；强调大力发展教育事业，是全面建设小康社会、加快推进社会主义现代化、实现中华民族伟大复兴的必由之路；强调要坚持育人为本，以改革创新为动力，以促进公平为重点，以提高质量为核心，推动教育事业在新的历史起点上科学发展，加快从教育大国向教育强国、从人力资源大国向人力资源强国迈进。

作为教育事业的“领头羊”，高等教育承担着培养高级专门人才、发展科技文化、促进社会主义现代化建设的重大任务。归结起来，全国教育工作会议和《教育规划纲要》明确了高等教育今后一个阶段改革发展的核心任务是全面提高教育质量，主要体现在以下几个方面。

1. 提高人才培养质量，这是根本任务

教育的根本目的是培养德智体美全面发展的社会主义建设者和接班人，必须以育人为本、以学生为主体，全面落实立德树人的要求，把促进学生健康成长作为高校一切工作的出发点和落脚点。重点是深化教育教学改革，创新人才培养模式，扩大应用型、复合型、技能型人才的培养，提高学生服务国家、服务人民的社会责任感、勇于探索的创新精神和善于解决问题的实践能力，形成各类人才辈出、拔尖创新人才不断涌现的局面。

2. 提升学科实力和科研水平，这是龙头和核心

高校在知识、技术创新等方面的优势将在国家创新体系中发挥重要作用，要坚持服务国家目标与开展自由探索相结合，加强基础研究；以解决重大现实问题为主攻方向，加强应用研究，同时大力开展自然科学、技术科学、哲学社会科学研究，培育新兴、交叉学科，加强与科研院所和企业社会的资源共享和合作，加强科研创新基地与创新平台建设，为建设创新型国家作出应有的贡献。

3. 加强教师队伍建设，这是关键因素

要遵循教育规律，加强师德建设和教风学风建设，健全教师管理制度，通过一系列人才计划的实施，不断提高教师政治素质和业务素质。同时，努力提高教师的地位和待遇，为教师全身心投入教学和科研工作创造有利条件。

4. 增强社会服务能力，这是重要职责

高校办学的最终目的是服务经济社会发展。最直接的途径是推进产学研用结合，要依靠高校学科优势，主动开展前瞻性、对策性研究，充分发挥智囊团、思想库作用。这其中，要注重办出自身的办学特色、学科特色、平台特色等。

5. 加快大学制度建设，这是有力保证

从国家层面看，《教育规划纲要》的实施将在落实和扩大高校办学自主权方面迈出较大步伐。从高校自身来看，加快建设符合国情的现代大学制度是高校下一步实现科学发展的重要制度保障。除了完善党委领导下的校长负责制外，如何发挥各学术委员会的作用、如何发挥群团组织的作用，以及制定大学章程、建立校企合作机制等都是重要内容。

6. 提高教育的国际化水平，这是当务之急

主要是借鉴国际先进教育理念和经验，多种方式吸引世界一流专家学者、利用国外优质教育资源，加强高等教育的多渠道深入交流合作，提升我国教育的国际地位、影响力和竞争力。

除了全国教育工作会以及《教育规划纲要》外，还有之前颁布的《国家中长期科学和技术发展规划纲要（2006—2020 年）》和今年上半年出台的《国家中长期人才发展规划纲要（2010—2020）》两个规划，都是下一步我们对接国家需求，推进学校发展的重要依据，要认真学习，贯彻落实。学校将就学习贯彻有关工作制订具体计划，我在此只强调两点。

一是学习宣传上要全面深入。相关部门要分类、分层次，以不同形式和途径，组织学习和宣传全国科技、人才和教育三个工作会议和三个规划纲要精神，把思想和行动统一到中央的要求和部署上来。

二是贯彻落实上要务求实效。切实加强组织领导，把贯彻落实三个会议和三个规划纲要精神同我们正在制定的“十二五”规划紧密结合起来，深入分析我们可利用的机遇，明确贯彻落实的思路、路线图、时间表和任务书，明确各部门的任务，各负其责，相互协作，务

求取得实效。

在学习贯彻三个会议精神和三个规划纲要过程中，要特别注意认识和把握学校面临的新形势、新任务和新机遇。

1. 要密切关注和抢抓三个会议及三个规划纲要中的重大项目实施和试点工作的机遇

全国教育工作会议之后，随着《教育规划纲要》的实施和一些分规划及其配套政策的制定，必将迎来教育改革发展的新一轮热潮，形成进一步提升教育质量的重要阶段。其中今后三年内将组织实施一批重大项目及试点工程，比如，将建设一批高校产学研基地，实施基础学科拔尖学生培养试验计划和卓越工程师计划、研究生教育创新计划、高层次创新人才计划，支持一批示范性中外合作办学机构，引进一大批海外高层次人才，支持孔子学院建设，实施拔尖创新人才改革试点、推进现代大学制度改革试点等。此外，《人才规划纲要》中明确要实施和推进一系列人才计划、平台和专项，《科技规划纲要》确定的一批重点发展领域、发展方向和重大项目及平台等也都在陆续展开。这些都将成为高校争取资源、加快发展、展示自身实力的焦点，是挑战更是难得的机遇。其中很多都和我们的学科紧密相关，能不能抓住这些机遇，将决定我们能否在今后10年、20年内得到较好的发展。我们要力争利用好这些机遇，参与到国家经济社会发展的主流当中，在解决难题、作出贡献的同时，为学校的改革发展创造机会和条件。

2. 要紧紧抓住国家发展和相关行业发展的机遇

随着我国工业化、信息化、城镇化、市场化、国际化的深入发展，相关行业也迎来了大发展。这其中，“十二五”及未来十年是我国工业化和信息化发展最关键阶段，规模大、标准高、投资数量多，相应地对人才、对自主创新的要求也相当迫切。即便这样，由于现实需求的不断扩大，目前轨道交通的发展现状还远远不能满足需求。因此，我们要把握住国家工业化和信息化进程中的发展特点，紧紧抓住交通特别是轨道交通快速发展的良好机遇，充分发挥熟悉行业的优势，依托学科特色和优势，从战略高度研究铁路行业科技长远发展规划，抓住行业基础性、公益性和共性、关键性、前沿性的理论与实践问题进行科技创新，着力突破信息和轨道交通、综合交通行业重大关键技术、共性技术和前沿技术，支撑行业技术创新和发展，并通过积极参与行业技术创新，有选择地找准切入点，走出一条以服务求支持、以贡献求发展的超常规之路。

3. 要切实抓住科技革命的发展和机遇

当代科技发展日新月异，呈现出新的趋势，预示着社会经济结构的重大变革。一是科学技术发展不断突破人类传统认识极限，引发新的科学革命和技术革命。二是科技成果产业化周期缩短，不断造就新的追赶和超越机会。三是基础科学理论的突破和超前发展，引领新的技术和生产方向，为技术和生产发展开辟新的道路。四是科技全球化加快，自主创新能力成为国家竞争力的决定性因素。世界各主要国家都把科技创新作为国家战略，超前部署和发展战略技术及产业。在这种大的形势下，后发国家既可以借助科技革命的历史机遇，实现社会生产力的跃升，也可能错失机遇，拉大与发达国家的发展差距，最终被边缘化。

除了正在实施的《科技规划纲要》，中科院去年还发布了《创新2050：科技革命与中国的未来》系列报告，就我国面向2050年科技发展提出必须构建以科技创新为支撑的八大经济社会基础和战略体系，同时要着力解决影响我国现代化进程的22个战略性科技问题。《教育规划纲要》也明确提出要提升高等教育的科学研究水平，充分发挥高校在国家创新体系中的重要作用，鼓励高校在知识创新、技术创新、国防科技创新和区域创新中作出贡献。这些对高校来说既是巨大挑战，也为高校推进人才培养、学科建设和科学研究的新发展带来了难得机遇。

要抓好上述机遇，实现学校新的发展，就要清醒认识学校改革发展中面临的一些深层次的矛盾和困难，做到目标明确、有的放矢。目前，我们的人才培养水平特别是拔尖和创新人才培养目标和模式有待进一步提高和明确，自主创新能力、学科顶层设计与布局、重点学科建设及其作用发挥等方面的核心竞争力仍然不强，学术大师和高水平学科带头人仍然缺乏，办学条件仍然捉襟见肘，依法治校、规范管理、深化改革的任务仍然艰巨，学风教风亟待加强，总之在前进道路上，还会遇到这样那样的困难，建设一流研究型大学，我们还任重道远，需要全校上下持续不断地为之付出艰辛的努力。

二、学校内涵发展模式的五个要点

上学期我随教育部出访团访问欧洲的 5 所高校，这些高校都是由原来普通的行业高校发展为国际知名高校，其成功经验充分说明行业高校办好了完全可以成为世界一流大学。它们的发展各具特色，但又有共同的规律：一是不求规模扩张，更加注重内涵发展。这些高校在校生规模都不太大，在发展过程中，没有急于更改带有行业色彩的校名，而是把增强学科实力等内涵发展作为重中之重。二是数理学科非常强。三是经管类学科有相当的优势。这些学校的经管类专业毕业生在法国乃至欧洲的金融等领域有着突出的业绩。四是非常重视人文素质的培养。五是和相关企业都有着良好的合作关系。

欧洲行业高校的发展模式给我们什么启示呢？我想至少有三点：

一是要转变理念，合理定位发展目标，更加注重内涵建设；二是紧紧抓住信息学科和交通学科国际化等发展的难得机遇，把优势和特色学科建设好，把拔尖学生培养好；三是不能局限于行业学科的发展，要抓好关联的基础学科，比如理学学科和经管类学科的建设，建好这两类学科，就使得工科既有基础“立地”，又有条件“顶天”。

结合上述内容，关于内涵建设，我想应该牢牢把握以下几个关键环节。

1. 始终抓紧抓好人才培养这一根本任务

当前，国与国之间的竞争核心是人才的竞争，各国都把发展教育、特别是加强高等教育发展规划、提高人才培养质量放在日益重要的位置。要实现建设人力资源强国、教育强国和创新型国家战略目标，最关键的也是人的因素，需要高等教育培养大批各类高素质人才和数以亿计的高素质劳动者。所以任何一所大学，都要完成好人才培养这一最基本的职能和最根本的任务。今天我想强调三方面人才的培养。

一是进一步推进领军人才和精英人才的培养。关于高等教育是培养大众化人才还是精英人才的问题，一直有不同的看法。但作为处在高校塔尖的研究型大学，我们在全国 600 万高考考生中有着 1.5% ～ 3% 的优秀生源，培养的人才整体定位理所应当是领军人才和精英人才。在此基础上如何做好拔尖创新人才的培养，值得我们思考和研究。去年学习实践科学发展观活动整改方案中，我们提出要大力培养三类拔尖人才，即学术型创新人才、工程应用型人才和复合型管理人才，今年的本科教学工作会和 1 号文件也重点体现了这方面的思路和措施。希望全校上下就三类拔尖人才的培养进一步统一认识，在工作中提高针对性和实效性。

二是注重国际化的人才培养。学生的成才，不仅取决于掌握的知识，更取决于所具有的见识和能力。加强学生国际交流，培养具有国际视野和知识背景的创新型人才，是当前我校人才培养的一项重要任务。机电学院试点的“国际班”马上要开班了，这将作为我们推进人才培养国际化，进一步研究探索办出自己的特色和水平的重要抓手，要完善和实施好运行方案。学校正在积极开展“学生海外学习计划”等一系列项目，通过这些项目和抓手，尽快使我校在国际化人才培养上迈出较大步伐。

三是加强研究生这一高层次人才的培养。研究生教育是高素质创新人才培养的重要环节和关键环节，研究生教育强则学校兴。学校 2004 年启动研究生教育创新工程，实施以科研为导向的研究生培养机制改革，研究生培养基地建设等也都取得了显著成绩。去年的研究生工作会议就完善研究生培养机制，探索研究生培养质量保障体系建设等方面提出了明确要求，要加大工作力度，进一步提高研究生教育质量，使研究生培养真正成为兴校强校的重要支撑。

2. 完善学科布局，提高学科实力

学科建设是学校工作的龙头和发展的核心竞争力，是学校实力的根本体现。一流大学要有一流的学科。提高学科实力仍需继续遵循“优势学科发展壮大，特色学科与时俱进，新兴交叉学科异峰突起，基础学科长足发展，人文学科重点突破”的学科发展指导原则，并加以认真落实，同时注重加强理学基础学科建设。在建设好特色、优势学科的基础上，注重发展交叉、新兴学科。在此，我想特别强调以下几点。

一是把握规律。一方面，学科发展是一个长期的过程，有其自身的规律，需要长期的积累和准备，需要战略性把握学科发展的规律。学科建设中想走捷径甚至急功近利只能贻误时机，充其量只能得到华而不实的效果。另一方面，学科发展有不同的阶段性，要特别注重把握眼前的机遇。

二是强调超前性。高校既要坚守象牙塔，又要走出象牙塔，有超前性和远大目标，从战略高度研究行业科技长远发展，准确把握学科发展趋势，着眼长远、科学布局，为行业解决战略性、前瞻性关键技术问题，从支撑行业技术创新逐步过渡到引领行业技术发展和进步。

三是注重内涵建设。内涵建设是学校发展的核心，承载着学校发展的质量和水平，当前高等教育发展的战略重点应该放在内涵建设上，高校要把打基础、上水平、抓特色作为内涵建设的主要内容，更加突出质量、水平的提升，结构的优化和制度建设的保障。

3. 围绕学科的布局和核心竞争力的提高，建设好以师资队伍为核心的三支队伍

教育大计，教师为本。有好的教师，才有好的教育。提高人才培养质量、科研水平，师资队伍建设是关键。我们的队伍建设在引进和培养方面已取得不错的成绩，培养方面“红果园人才计划”正在实施第二批。但我们不能满足于眼下所取得的成绩。面对新的形势，教师队伍无论从量上还是水平上，提高的任务都很艰巨。我们如何抓住《人才规划纲要》实施的机遇，建设一支适应学科发展要求的高水平、高素质师资队伍，还有很多紧迫任务要完成。

我们要有一定的战略意识和超前意识，因为无论从学科建设还是人才培养上的需求而言，都需要至少提前 5 ～ 10 年进行相应的人才储备。《教育规划纲要》明确提出到 2012 年国家财政性教育经费支出占全国 GDP 的比例达到 4%，这也意味着国家对大学的投入会越来越多，在这种情况下我们要转变观念，着眼于可持续发展，提出“十二五”期间乃至 2020 年师资队伍建设的规划和目标。

此外，如何统筹建好三支队伍是当前一项重要任务。“十一五”规划中我们提出了“以教师队伍为核心，三支队伍一起抓”。目前，三支队伍建设不平衡问题依然比较突出，实验技术队伍建设长期滞后的局面未得到根本改观，管理队伍建设有待加强。这些都需要我们下一步结合定编定岗工作采取切实有效的措施加以解决。

4. 明确科研定位，大力提升科研质量和水平

一是明确高校科研的定位。高校和企业在新型产学研联盟或合作中，应整合资源，明确定位，优势互补，处理好当前利益与长远利益的关系。在与企业的合作上我们要切实转变观念，不与企业争利，不争当合作的主体，至少要做到以下几点：第一，在研究和开发上更重视科技研究，多开展战略研究、关键技术研究及科学问题的凝练；第二，工程方面我们不争做牵头和主导单位，而是要积极参与，从中了解工程进展及关键技术和科学问题的凝练；第三，在平台和装备上更重视平台建设，而且平台要向企业开放，不利用平台搞产业，更多开展检测或标准提供等方面的业务等。通过这些努力加强我们与企业的长期合作，以便达到互利共赢。

二是努力产生高水平的科研成果。高水平的科研成果直接体现着一所大学的科研水平。经过近10年努力，去年我们在“双主持”的国家科技奖上取得了突破，今年我们参与的科技成果获得国家科技进步一等奖。今后学校还要在科技成果高水平论文、专利、著作权等方面狠下工夫，在保持数量的基础上，努力提高质量。

三是要强调科研的含金量和可持续发展。任何事业的成功都不是一蹴而就的，而是需要深广的根源与坚定长久的努力和积累。我们要眼光放长远些，既要紧密关注国家目前要做的事情，同时又要在学习实践科学发展观中遵循规律，注重积累，厚积薄发。

5. 发挥学科优势，拓宽面向，大力提升社会服务能力

高校的社会服务要从一般性的、低层次的服务向战略性的、全局性的服务转变。我们要利用学科的长期积累、对社会发展趋势的把握以及学者特有的敏锐和社会责任感，做一些前瞻性、战略性、对策性的研究，为当前多变的、复杂的社会发展，提供可预见性的、可操作性的方案。当前，尤其要紧紧抓住国家工业化和信息化同步进行的特点，抓住高速铁路、城市轨道交通、综合交通运输发展的重大历史机遇，统筹规划、整合资源，为国家高速铁路、综合交通运输体系建设提供理论、人才和技术支持，从而争取社会对学校更多的支持，实现学校更大的发展。

三、加强学风建设，为学校实现内涵发展、建设高水平研究型大学奠定坚实基础

学风是一所大学精神和办学理念的集中反映，是一所学校核心竞争力的重要体现。学风建设不仅是我们提高人才培养质量、提高学术水平、实现内涵发展的重要基础性工程，也是解决学校长远可持续发展的关键性问题。我们能不能培养出优秀的拔尖创新人才、能不能产出高水平的学术成果，取决于我们的学生能不能安心学习、教师能不能心无旁骛地潜心教学科研。究其深层次的原因，学风状况是重要的制约因素。学生的学风归根到底是教师的学风教风，所以广义的学风包括学习风气、学术风气和治学风气。学风建设具有系统性、基础性、长期性和复杂性的特点。学风问题我已经在多个场合讲过，在当前坚持内涵发展，提高质量为核心的形势下，我们进一步强调加强学风建设，这次暑期工作会上又将其确定为研讨

主题，正是希望大家强化对学风建设全局性和基础性的认识，对此开展更深层次的思考和研讨，解决好当前普遍存在的功利性和浮躁现象。我主要谈以下几点内容。

（一）当前我校学风总体状况

当前我校的学风总体来说是积极健康的。绝大多数同学学习目标明确，态度端正，刻苦认真，思想政治素质和科学文化素养都在不断提高；广大教学科研人员实事求是、潜心研究、刻苦钻研、严谨治学，体现了良好的师德风范。但是，必须清醒地认识到，由于受社会不正之风和个人名利思想的影响，我们的少数教师在学术风气和治学风气上还存在着学风不正、学术不端等不容忽视的现象，需要引起我们足够的重视，特别是在我们明确走内涵发展道路、提升质量与水平的关键时刻，必须在学风建设和学术道德方面认真分析，及时采取坚决果断的行动，花大力气抓紧、抓实、抓好，决不能任其滋长蔓延。

（二）深刻认识加强学风和学术道德建设的重要性和必要性

对于教师来讲，在学风建设中，教师队伍的师德建设和端正学风是核心。作为一名高校教师，恪守学术道德，彻底摒弃学术不端行为，是弘扬科学精神、发展学术事业、净化校园环境、提高人才培养质量、践行社会主义荣辱观、引领社会风尚的必然要求。因此，不管从教师所肩负使命的崇高性、教师职业的规律性和科学研究的特性，还是从教师在社会道德建设中责任的重要性来讲，都需要教师发挥率先垂范作用，努力做优良学风的维护者和弘扬者，成为坚守学术规范和学术道德的引领者和实践者，成为社会风气的表率和典范。

对于学生来讲，作为新一代青年学生和祖国未来的建设者与接班人，树立良好的学习风气，养成恪守学术规范的习惯，是提高学生素质、培养良好品德的需要，也是广大本科生和研究生自身成长成才、适应社会发展的必然要求。

（三）把制度建设作为加强学风和学术道德建设的重点，为学风建设提供长期性、根本性保障

加强学风和学术道德建设，制度建设是保证。建立健全科学有效的学风制度，对规范学术行为、防范学术不端行为具有重要作用。要坚持标本兼治、惩防并举、重在预防的方针，建立起一整套加强学风建设的规章制度，使师生不想、不能、也不敢违背基本的学术道德，促进优良学风的形成。

1. 建立教育制度，加强科学精神和学术规范教育，强调自我道德养成，使师生“不想”违背学术道德

修身正己、自我约束是维护学风和学术道德的基础。要着手建立起行之有效的学风教育制度，做到思想教育不断线。对本科生加强理想信念教育、校风学风教育和诚信教育；对博士生、硕士生进行专门的学术规范培训教育，使青年学生从学生时代就养成恪守学术诚信的自觉，培养其科学精神和科学道德；对教师和科研骨干人员要加强师德师风和学术规范教育，并将其纳入教师日常性培训体系，建立教师考核师德“一票否决”制。

同时，要注重发挥先进典型在学风建设中的教育激励和示范引领作用，充分挖掘、全面展示优良学风和高尚师德典型人物的优秀事迹，利用多种渠道大力宣传这些先进典型的人格魅力和学识魅力，引导广大师生见贤思齐，克服浮躁，潜心学习和钻研。对于出现的学术不

端行为和学风违纪行为，也要及时处理，公布于众，树立反面典型，起到警示教育作用。通过上述工作，在全校形成以遵守学术道德为荣、以违反学术道德为耻的良好环境，提高广大师生遵守学术道德、规范学术行为的自觉性，使其“不想”违背学术道德。

2. 加强学术规范制度建设，强化学术行为的制度约束，使师生“不能”违背学术道德

建立学术管理规范和引导学术诚信的制度体系，健全学术不端行为的预防制度和措施，是解决一切学风不正和学术不端问题的根本。只有形成保障良好学风的长效机制，做到制度安排无漏洞，科学管理无死角，那么学术不端自然就丧失了滋生的温床，对于减少甚至避免师生违背学术道德将会起到根本作用。

在规范制度建设中，正确的学术评价导向是学风建设的风向标，因此，改革和完善学术业绩评价标准，逐步建立起一整套符合社会发展和学术进步的评价制度是关键。要坚持评价标准的开放性，从而形成政策导向的多样性，形成宽容的学术环境。这其中包括三层含义。一是要打破以往重数量不重质量、重论文不重实际水平、重短期成果不重长远积累、考核机制单一的量化标准，制定符合各学科特点的、以质量和贡献为导向的分类评价标准。二是不能唯评价指标，要具体分析那些在科学领域执著探索者，要宽容失败。没有一批学者的失败，就不会有一批学者的成功。因此，在人事考核、学术评价、课题鉴定等过程中，也要体现宽容失败的精神。三是要处理好必要的政策约束和开放性的关系，对于那些甘于寂寞、潜心研究的教师，要多创造条件、多支持，一旦取得重要的学术突破，要给予各种形式的奖励。同时，对那些长期兢兢业业、默默耕耘的学者，不论他们成功与否，也要给予奖励和鼓励，形成一种既重视成果，又不完全以成败论英雄的良好的学术研究氛围。

学校已责成校学术委员会牵头，学生处、教务处、研究生院、科技处等职能部门参与，结合有关法律法规，从我校的实际出发，尽快分别制定出台加强改进教师和学生学风建设的若干意见和措施等规章，出台相关计划，并在“十二五”规划中明确学风建设的有关要求，规范师生学习、科研和学术活动，为学校学风、学术的规范提供有力制度保障。

3. 健全学术不端行为的惩治和监督制度，营造学风建设的良好环境，使师生“不敢”违背学术道德

阳光是最好的防腐剂，我们要在教师聘任、职称评定、职务晋升、著作出版、论文发表、成果奖励等过程中进一步增强公开性和透明度。加大对学风不正和学术不端行为的监督和惩处力度，制定处理办法和细则，做到有法可依、有章可循，对学术不端行为实施“零容忍”，对违反学术道德的行为发现一起，调查一起，处理一起，一经查实即视具体情况进行批评教育、撤销项目、行政处分、取消晋升资格、解聘等相应的处理和处罚，触犯法律的依法追究有关当事人的法律责任，使违背学术道德的人付出应有代价。同时，严格要求学生，严格执行校规校纪，对考试作弊等考风不正行为，伪造、剽窃、抄袭、不当署名、滥用学术信誉等学术不端行为，根据错误程度区别处理，直至开除，使更多的人引以为戒、自尊自律。通过出重拳、用重典，确立威慑力量，使师生对坚持什么、反对什么、提倡什么、抵制什么，是非清楚，旗帜鲜明，“不敢”违背学术道德，不敢逾越学术研究的道德底线。

（四）充分认识学风建设的长期性和艰巨性，分层次、有步骤地推进学术道德和学风建设

学风建设是一项基础性、系统性工程，需要我们将其放在更加突出的位置。同时，我们

也要充分认识到学风建设的长期性、艰巨性、复杂性，抓学风短期内将难以真正见效，不能期望一蹴而就，也不能走过场、一阵风，要常抓不懈。要拿出切实可行的举措，集中力量连续3～5年狠抓落实，确保学风建设取得实效。

为此，以此次暑期工作会为契机，从本学期开始，要分不同阶段、几个步骤，由表及里、追根溯源、突出重点、有效展开。

第一阶段，要进行充分的思想动员，全校形成加强学风建设的良好氛围。活动的形式可以多种多样，如院系可以组织学风讨论活动，各个班级可以组织学生自查自评，集中开展考风的宣传教育，提倡诚实、守信、自尊、自信和自爱，引导学生正确对待考试，提高学生自我教育、自我约束、自我管理的意识和能力；教师、研究生可组织各种学术道德、科学精神的学术报告和研讨会；有关部门尽快制定出台加强学风建设、师德建设等相关的规范和制度。

第二阶段，采取有力措施，治理学风中的一些不良现象，争取在本学期内使这类问题有明显转变。各个班集体可组织主题班会，联系实际，认识和分析当前学风建设中存在的问题，讨论学风建设与班集体、特别是与个人成长的关系，积极开展创建优良学风班级、学习型宿舍等系列活动；学校有关部门也要组织对学生迟到、课堂纪律进行大检查，完善和严格执行校规校纪，任课教师加大对抄袭作业等行为的查处力度，监考教师一定要负起责任，确保考场纪律得到真正执行，规范学生学习行为。

第三阶段，以治本为主，重点解决学风中的一些深层次问题。如深化课程体系改革，精心设计教学环节，提高课堂教学效果，实行更灵活的专业学习政策、激励政策、奖惩政策，解决学生的学习兴趣和动力问题；落实科学、公正的学术业绩评价标准，引导教师坚持科研诚信、恪守学术规范，纠正并逐步杜绝在教书育人、科学研究中所存在的学风不正、学术不端问题等。

学风建设是涉及多方面的综合性问题，需要教、学、管三方面密切配合，齐抓共管。科技处作为教师科研诚信的牵头单位，研究生院作为研究生学风建设的牵头单位，教务处、学生处作为本科生学风建设的牵头单位，纪委监察处和人事处作为配合单位，要与校学术委员会通力合作、形成合力，从而形成领导有力、责任明确、协调配合、监督到位的学术道德与学风建设工作体制机制。只要全体教师、学生、各部门、各院系统一认识、通力配合、共同努力，相信我校的学风建设一定会取得积极的进展，达到预期的良好效果。

四、以“十二五”为契机，深入推进学校改革发展重点工作

今年上半年，在社会各界的大力支持和帮助下，经过全校师生员工的团结协作和努力奋斗，学校各方面工作按照年初制订的重点工作计划稳步推进，取得一些新进展。本科教学质量工程、研究生培养基地建设成果显著，“国际班”即将正式开班，学生学科竞赛、体育竞赛再创佳绩。高水平人才引进和“红果园计划”稳步推进，出台优秀人才高聘和非事业编制人员聘用管理办法等规范性文件。创新团队、平台和基地建设、重大科技项目申报、重点学科建设等取得新成绩。积极推进与北京市共建CBTC研发中心，成立低碳研究与教育中心和现代轨道交通科学与技术研究院。我校参与完成的“遂渝线无砟轨道关键技术研究与应用”获评2010年度国家科技进步奖一等奖。国际合作交流、对外联络与合作取得新进展，基建、后勤工作和节约型校园建设、公用房屋使用机制改革等稳步推进。深入开展“创先

争优”活动；出台“三育人”工作实施办法；进一步加强校园消防和安全稳定体系和制度建设。

下半年的工作要努力完成年初制订的重点工作计划，特别是尚未完成和推进不够的一些工作，贯彻落实全国教育工作会议精神和《教育规划纲要》。其中需要强调的是：

1. 稳步推进“十二五”规划制定这一事关学校未来发展全局的工作

今年是实施“十一五”规划的最后一年和“十二五”制定年。“十二五”是学校发展的重要战略期，我们要以国家教育、科技、人才三个规划纲要以及各有关部委的“十二五”规划为重要依据，在认真学习三大规划、总结“十一五”落实情况、准确分析和把握学校现状基础上，进一步学习、调研，重新思考、定位，分析差距，找准问题，形成共识，凝聚力量，扎扎实实做好“十二五”规划制定工作，切实为学校下一个五年的又好又快发展明确目标，制订出切实可行的行动计划和蓝图，并突出我们的个性化发展理念、办学模式和特色。

去年末，学校已成立由我总负责、永生同志牵头、多名校领导参与的“十二五”规划制定领导小组。上学期又成立了6个“十二五”规划专项调研工作组，由相关校领导牵头，分别就人才培养、科技与学科建设、师资队伍建设等各方面工作开展专项调研，提出规划建议。下一步，要在邀请各有关部委参与国家“十二五”规划制定的专家做专题报告、学习领会国家、相关部委规划精神的基础上，进一步加大校内外调研力度、学习高水平院校成功经验，深入思考我校“十二五”期间的发展思路与举措，形成“十二五”规划初稿，并广泛征求各方代表的意见和建议。

2. 进一步推进落实年初工作要点中所确定的重点工作

人才培养方面，进一步加大学术型、工程型和复合型拔尖创新人才的培养力度，研究探索出符合学校特色和学科特色的培养办法；办好国际班；强化提高研究生培养质量各项举措的落实；特别是要坚定不移地狠抓学风和教风建设。

师资队伍建设方面，进一步加强高层次人才引进力度，积极推进“红果园计划”二期实施，尽快核定非教师岗位编制，研究起草“十二五”队伍建设规划，编印《教师手册》。

科技和平台建设方面，筹备年内召开科技工作会议，办好第六次中国交通高层论坛，研究起草学校“十二五”科技发展规划，进一步推进科研结构调整、质量水平提升等工作。目前许多“十二五”重大工程和项目已经启动，要加大学校层面的组织和储备，通过多种渠道使教师及时了解国家和行业重大趋势、政策，以便参与其中。

党建和思想政治教育方面，继续开展好“创先争优”活动，启动学校第十次党代会筹备工作，完成二级党组织换届和相关干部调整工作。

保障工作和改善民生方面，继续做好学生活动服务中心第二阶段的建设工作，继续推进科技产业大厦开工建设，继续做好教职工住宅项目建设与配售各项工作，加快推进交大附小迁建；积极配合做好第六次全国人口普查各项工作。

同志们，要做好下半年和今后一个阶段的工作，需要机关各部门、各学院和全体教师的共同努力和全力配合，为此：

机关各部门要大兴调查研究之风，特别是在“十二五”规划制定中、学风建设、内涵发展提高质量过程中深入一线，掌握一手材料；要真抓实干，把坚定内涵发展的思路变为可操作性的政策和举措；要大胆开拓，有强烈的机遇意识和开放意识，积极加强与国家部委等有关方面的联系和沟通，“眼观六路、耳听八方”，争取尽可能多的支持；要进一步牢固树立服务意识，积极帮助解决师生工作学习生活中的困难和问题，为他们创造良好的学习生活和工作条件；要积极改进会风文风，不随意开会，提倡开短会，开有效率的会。

各学院要牢牢树立大局意识、全局意识，紧紧围绕学校中心任务和重点工作来研究和部署本单位的工作，对事关学校改革发展的大问题和学院重点工作要多思考，出思路，下大力气解决发展的突出问题，特别是要明确学院自身和责任教授在学科建设中的责任主体地位，认真落实学院在培养和引进高水平人才中的第一责任。

广大教师要不断提高业务素质和综合素质，关注国家发展需求，通过各种渠道积极关注和参与国家和有关部委重大项目，深入到国家重大工程实践现场，及时了解和掌握行业最新科技和工程技术前沿；要加强自身师德建设，努力做到“学为人师，行为世范”，真正成为学生健康成长的指导者和引路人；要在学术上相互尊重、相互支持、相互欣赏。

新学期伊始，要周密安排做好新生开学各项工作和教师节表彰等工作，要认真做好校园安全稳定工作。

同志们，老师们，让我们在校党委的领导下，认真学习贯彻落实全国教育工作会议精神和《教育规划纲要》，坚持科学发展和内涵发展不动摇，解放思想，转变观念，求真务实，狠抓落实，下大力气加强学风建设，认真制定好“十二五”发展规划，为加快研究型大学建设步伐作出新的更大贡献！

坚持科技创新 促进科学发展
推进国内一流、国际知名研究型大学建设

——曹国永书记在第九届北京交通大学科技工作会议上的总结讲话

（2010年11月18日）

同志们：

这次全校科技工作会议开得很好。在开幕式上，宁校长作了主题报告，对我校过去十年多来科技工作取得的成绩进行了全面总结，在认清形势、找准问题的基础上，提出了学校今后一个时期特别是“十二五”科技工作的思路和对策。李学伟副校长就下一阶段的科技工作以及“十二五”科技发展规划编制等进行了部署。在分组讨论中，大家围绕宁校长的报告，结合国家、行业及区域经济发展需求和相关规划，联系本单位实际，进行了深入研讨。刚才各组代表的发言主题鲜明，重点突出，勾画出各学院“十二五”科技发展的基本脉络。总的来看，大家对学校的发展特别是科技发展有着强烈的危机感、责任感和使命感，对我校科技工作特别是进一步提升核心竞争力提出了许多宝贵的意见。

本次会议还表彰了近年来为我校科技工作作出特殊贡献的老一辈科技工作者、优秀科技团队、优秀科技工作者、青年科技之星和优秀科技管理工作者。在这里，我代表校党委，对长期以来为学校科技工作、为学校改革发展作出贡献的同志们表示衷心的感谢！

下面，我就贯彻落实大会精神，进一步推进科技创新，提升学校核心竞争力谈三点意见。

一、抢抓三大机遇，进一步提升学校核心竞争力

加强高校科技创新、促进科技发展，不仅是国内外形势发展的需要，也是大学坚持育人为本的内在要求。当前，学校发展正面临大有作为的重要战略机遇期，概括起来，我们面临三大机遇。

一是《教育规划纲要》的颁布实施为学校科学发展提供了新的重大机遇。国家在先后出台科技和人才中长期发展规划纲要的基础上，今年7月又颁布了《国家中长期教育改革和发展规划纲要》，为我校的发展提供了新的难得机遇。学校科技工作要根据新形势、新任务，密切跟踪和瞄准国家、行业、区域发展战略，紧扣国民经济和社会发展的脉络，特别是《教育规划纲要》颁布实施后的政策变化，认真做好“十二五”科技发展规划，在规划中充分体现国家重点发展的领域和方向，不断增强自主创新能力，切实提升学校的核心竞争力。

二是战略性新兴产业特别是轨道交通的迅速发展以及“走出去”战略的实施，为学校科学发展提供了百年不遇的重大机遇。从现在起到2020年，是全面建成小康社会的重要十年。信息、能源和交通，特别是轨道交通的发展进入了重要快速发展阶段，为今后十年我校的科技发展提供了难得契机。我们要充分利用国家重点实验室、国家工程研究中心和国家工

程实验室等一系列科研平台，更好地发挥学校特色和优势，紧紧围绕当前国家和地方科技重大领域和重点研究方向，开展重大理论研究、战略研究和核心技术研发，加强具有国际视野、了解国际规则、能解决国际问题的高层次人才培养，为转变经济发展方式提供人才支持、技术支持和理论支持，为我国信息、能源、交通特别是轨道交通的大发展和“走出去”战略的实施作出更大贡献。

三是我校现代轨道交通创新基地暨新校区建设，将为学校突破发展空间的瓶颈提供重大机遇。刚刚闭幕的第六届教代会第三次全体会议，高票通过了我校在平谷筹建现代轨道交通创新基地暨新校区的基本建设方案，为进一步统一思想、坚定信心、推进工作奠定了坚实基础。建设平谷创新基地暨新校区，是北京交通大学第二个百年发展史上的一件大事。希望全校同志就筹建创新基地积极建言献策。创新基地将为我校科学研究和人才培养提供较为充足的发展空间，特别是为开展需要大空间支持的科研工作提供更好的条件。学校将以创新基地的建设为契机，整合资源，充分发挥人才培养、基础研究、技术研发、技术攻关等方面的特色和优势，服务于人才培养和科研工作。这是学校贯彻落实《教育规划纲要》的重要举措，也是学校坚持走特色发展之路，大力提升核心竞争力的要求。

二、抓好三大任务，全面推进研究型大学建设

我校第九届科技工作会议的召开，为学校“十二五”科技发展规划的制定，以及推进科技创新奠定了良好基础。“十二五”期间，学校科研工作概括起来面临三大任务。

一是提高质量，强化科技工作在学校整体发展中的地位和作用。质量是大学实现可持续发展的基础和保证。当前，我校正致力于建设国内一流、国际知名的研究型大学。要特别强调，国际上研究型大学的显著特点是以研究工作为重点，努力产出高水平科研成果，培养高层次创新人才，科研和教学紧密结合，我们要实现研究型大学的建设目标，就必须大力提升科研质量。要特别强调，大学特别是研究型大学是服务国家战略，解决国民经济重大科技问题、实现技术转移、成果转化的生力军。大学的科研质量直接关系国家自主创新能力，要实现服务国家战略，就必须大力提升科研质量。要特别强调，大学的根本任务是培养人才，科学研究是培养创新型人才的重要手段和载体，提高科研质量是培养学生提出问题、分析问题、解决问题能力的重要保障。要坚持育人为本，培养国民经济和社会发展需要的高层次创新人才，就必须大力提升科研质量。我校科技工作要实现从量到质的转变，就必须通过上述三方面工作大力提高科研质量，进一步强化科技工作在学校发展过程中的重要地位和作用。

二是坚持改革，创新机制，加强队伍建设。人才是第一资源。做好科技工作关键在人。我们一定要紧紧抓住人才这一核心不动摇，努力建设一支高素质的教师和科研队伍，并通过建立合理的体制机制，不断激发教师和科研人员的积极性、主动性和创造性。人才强校战略的实现，需要形成结构合理的师资队伍、管理队伍和保障队伍，其中最关键的是要有一批学术大师和学科带头人。我们要深入实践科学发展观，以《教育规划纲要》、《人才规划纲要》为指导，充分利用好我校用人机制改革获准立项成为国家教育体制改革试点项目这一重要机遇，解放思想，实事求是，做好顶层设计，在改革用人机制方面先行先试；要结合职称和岗位评聘，探索建立符合规律和学科特点的科研工作质量评价体系；要建立符合研究型大学建设要求的基层学术组织、科研团队和专职科研队伍。

三是加强学风建设，营造良好学术氛围。学风是一所大学的根基，是大学精神的体现。

加强学风建设，是一流研究型大学建设的重要内容。在学风建设中，教师和科研人员必须率先垂范，学为人师，行为世范，并对学生提出明确严格的要求。科学研究要坚持“十年磨一剑”的精神，努力摒弃浮躁和急功近利，对各种学术不端行为实行“零容忍”。科学研究要大力提倡学术民主，努力营造宽容的环境和氛围。教育部提出今年是教育系统的改革年，明年是学风年。今年学校暑期工作会议专门研究部署了学风建设工作，学校决定用3年左右的时间，下大气力狠抓学风建设。抓学风建设不能停留在一般号召上，要有切实可行的措施和办法，各部门、各学院都要从实际出发，拿出具体的措施和行动，并且从学术风气建设入手，带动和促进全校的学风建设。

三、扎实做好三项工作，将本次科技工作会议精神落到实处

要以本次科技工作会议的召开为契机，近期着重抓好以下三项工作。

一是拓展领域，积极争取重大项目和科技资源。在保持优势和特色的基础上，进一步拓宽渠道，不断拓展我校的服务领域。要充分利用创新型国家建设及国家推进七大战略性新兴产业发展的大好时机，瞄准国家战略需求，对接行业和区域发展，积极与国家科技部、国家财政部、国家发改委、国家基金委、教育部、铁道部、北京市等有关部门和地方进行沟通交流，了解信息，努力承担更多的重大项目，争取更多的科技资源，特别是要积极争取教育部、铁道部和北京市的更大支持。要积极加强与海外高水平大学和研究机构进行广泛、深入的科技合作，争取更多的国际科研合作项目。

二是促进文理工学科交叉，推进教育部人文社科研究基地的申报与建设。要充分利用理工学科和行业背景优势，依托信息、管理、交通等学科优势，整合相关资源，建设文理工渗透、交叉、融合的高水平平台，进一步提升我校人文社会科学的影响力，形成具有北京交大特色的人文社会科学体系。我们要在现有的北京市哲学社会科学研究基地建设的基础上，进一步整合学校各方优势，协调好各方资源，做好基础性工作，进一步推进教育部人文社科研究基地的申报和建设工作。

三是加强科研管理，促进科技工作上质量、上水平。要进一步规范科研管理，多听取来自科研一线的意见，集思广益、凝聚共识。要充分发挥学术委员会等学术组织的作用，实行科学民主决策，逐步形成完善的具有我校特色的科研管理体制和政策体系。要不断完善职称评定、岗位聘任、科研成果奖励等考核和激励办法，营造宽松的科研环境，调动广大教师从事科学研究的积极性、主动性和创造性。要进一步加强科研经费管理，提高资金使用效益，产出服务国家、行业和区域经济发展的大成果，无愧于国家及委托单位的信任。要切实发挥校、院两级科研管理与服务部门的作用，为广大教师从事科研工作提供更好更多的服务和支持。要逐步完善我校科研管理信息系统的建设，为广大教师从事科研工作提供更多便利。

今年是“十一五”规划最后一年，又是“十二五”规划的启动之年。科技工作要在学校统一领导下，充分发挥全校师生员工的积极性和创造性，把握形势、分析问题、凝聚共识、抢抓机遇、狠抓落实，坚持科技创新，促进科学发展，为实现我校建设国内一流、国际知名的研究型大学的目标而努力奋斗！

把握形势　分析问题　凝聚共识　科学规划
不断加强科技创新能力
进一步提升学校核心竞争力

——宁滨校长在第九届北京交通大学科技工作会议上的报告

（2010年11月11日）

各位代表，老师们、同学们：

2002年以来，我校科技工作在上级部门的大力支持下、在全体师生员工的不懈努力下，实现了较快发展并取得了良好的成绩。科研水平和科研实力不断提高，服务国民经济主战场的能力显著提升，实现了我校九次党代会提出的国家级平台和国家级奖励“两个突破”，完成了“十五”、“十一五”科技规划目标，为全面推进学校建设国内一流、国际知名的有特色、高水平研究型大学作出了重要贡献。在此，我代表学校向所有奋战在科技工作一线的全体师生员工表示诚挚的问候和衷心的感谢！

今年是“十一五”收官之年，是启动“十二五”规划的关键之年，也是我校科学发展从量的积累到质的提升的关键时期。学校举行第九届科技工作会议，全面贯彻落实党的十七届五中全会精神以及《国家中长期教育改革和发展规划纲要（2010—2020年）》，深入贯彻落实科学发展观，做好“十二五”科技发展规划，不断推进学校科技工作上水平、快发展。会议的主要任务是，对2002年科技工作会以来的相关工作进行总结，对取得突出成绩的科研团队和个人进行表彰。同时，把握形势、分析问题、凝聚共识、科学规划，不断加强科技创新能力，进一步提升学校的核心竞争力。

我的报告分为三个部分。

一、回顾与总结

2002年以来，学校面向国家需求和科技前沿，牢牢把握信息技术、现代交通、新能源、新材料等领域快速发展的重要机遇，搭建平台，凝练方向，组织队伍，承担项目，取得了一批重要成果，科研实力和社会声誉不断得到提升。

几年来取得的成绩，可以概括为6个“显著”。

1. 科研总量显著增加

2002年以来，尤其是近3年来的科技工作取得了重大成绩，突出表现在科研总量上实现了跨越。

科研经费从2002年的刚刚过亿，到2009年突破6个亿。从“十五”累计6.6亿，到“十一五”累计超过20亿。近3年的科研经费在全国高校排名第25位左右。

科研成果也取得了突破性进展，获得省部级及以上科技奖励184项。其中，国家级科技奖励12项，2008年和2009年，获国家奖高校排名分别为第10和第16位。三大检索论文数量稳步增长，“十一五”比“十五”增加了1.5倍。2009年SCI论文全国高校排名第56位，SCI被引用次数排名第52位，EI排名第34位，ISTP排名第14位。专利授权数逐年增长，2009年申请329项，授权209项，全国高校排名第21位，“十一五”比“十五”增长了4倍。

“十一五”期间，我校省部级及以上科研平台的数量快速增长，由“十五”末的5个增加到现在的29个，其中国家级3个，国家3C认证实验室3个，国家大学科技园1个，教育部各类平台11个（含国防军工类和战略研究基地各1个），北京市各类平台9个，与其他单位共建国家级平台2个。另外，与北京市共建了“现代轨道交通产业技术研究院”、“北京CBTC研发中心”，校内还成立了“中国现代轨道交通科学与技术研究院”、“低碳研究与教育中心”、“中国综合交通研究中心”、“中国产业安全研究中心”、“中国企业兼并重组研究中心”等14个科研机构。

“十一五”期间，获教育部创新团队3个，“杰出青年基金”获得者从1个增加到6个。同时，学校致力于学术氛围的营造，共举办国际国内学术会议114次。创办了系列高水平学术交流平台，如中国交通高层论坛、中国交通“7+1”论坛、交大大讲堂等。学校主办了《北京交通大学学报》（自然版和社科版）、《交通运输系统工程与信息》、《都市快轨交通》等4种学术期刊。《学报》（社科版）入选中文社会科学引文索引（CSSCI）来源期刊，《学报》（自然版）被国内外10余种数据库或文摘类刊物收录。

2. 对接国家重大科技需求的能力显著提高

国家的需求就是大学科研的责任，能够承担国家重大科技需求任务，表明国家的认可和自身实力的增强。经过多年的不断培育和精心组织，“十一五”我校打破了“973”主持项目为零的纪录，包括：“大城市交通拥堵瓶颈的基础科学问题研究”、“一体化可信网络与普适服务体系基础研究”、“城市地下工程安全性的基础理论研究”等3项。主持了14项国家自然基金重点项目，表明我校基础研究能力有了大幅提升；获得了国家“跃升计划”重大科技项目的支持；承担了两部联合行动计划课题，经费过亿元。主持了“大型跨海隧道核心技术研究”，“400 km/h综合检测车关键技术及装置研发”、“城市轨道交通系统研制”等多项“863”计划项目和课题，为国家自主创新能力的提升发挥了重要作用。

同时，主持了“应对重大自然灾害与构建我国粮食安全保障体系对策研究”和“中国产业安全指数研究”，实现了我校主持国家社科基金重大项目和教育部人文社科重大专项的突破。

3. 解决行业技术进步需求的能力显著提升

学校瞄准行业发展需求，坚持以服务为宗旨、在贡献中发展，走产学研结合的道路，通过为行业解决战略性、前瞻性、先导性关键核心技术问题，将学校的科技创新推进到行业技术进步的前沿，从支撑行业技术创新逐步向引领行业技术发展过渡。

在轨道交通领域，2002年以来，承担项目近5 000项，总经费20多亿元，约占学校总经费的77%，获得铁路科技奖79项。

在主流权威媒体上发表了《中国铁路30年辉煌发展的回顾与思考》、《以科学决策促科学发展》等有一定影响的文章，对铁路的发展战略和发展之路进行了有力的理论支持。

在铁路现代化进程中发挥了不可替代的作用，在青藏高原铁路、六次大提速、重载运输、客运专线和高速铁路建设中，都凝结着交大科技人的智慧与汗水。“青藏铁路特殊运输组织模式研究”、“青藏线列车卫星定位技术及信息传输系统的试验”等项目的研究成果，确保了高原铁路安全有效地运营；“数字化、主体化机车信号”、“车体与转向架结构、疲劳及可靠性”等项目，为我国铁路六次大提速和客运专线的建设与运营，提供了强有力的理论和技术支持；“提速后货车容许横向偏载标准试验”为保证提速后货物列车运行安全等提供了依据。GSM－R的成功运用，解决了长大重载列车在制动、牵引等工况下的纵向力过大问题，为大秦线实现4亿吨的目标提供了技术支撑。“CTCS－3系统综合仿真测试的研究”及“300 km/h动车组强度设计规范”等为高速铁路客运专线的开通提供了技术支持；“京沪高速铁路双柱型端刺研究”为京沪高速铁路全线工程节约4亿多元。除此之外，还有一大批技术和理论成果应用于铁路现代化建设之中。

4. 立足北京、服务区域的实力显著增强

根据区域发展尤其是“科技北京”和“世界城市”战略的现实需要，结合学校学科优势与特色，积极服务于北京的信息和交通等产业的快速发展，实现了科技创新和学科建设与区域发展的有效对接，提升了我校的科技服务能力。

2002年以来，共承担服务北京的项目500多项，总经费3亿多元，“十一五”期间2.5亿元。41项成果获北京市科技奖，“BJTU IPv6无线/移动路由器”，2005年获北京市科技进步一等奖；“低温大直径磁性液体密封装置”，2009年获北京市发明专利二等奖。我校研制的光缆预警系统，为60周年国庆阅兵村的安保工作作出了重要贡献。我校研制的国内首例拥有自主知识产权的“基于通信的列车运行控制系统（CBTC）”正在亦庄线示范工程进行试运行，下个月将正式开通运营，标志着我国城市轨道交通信号系统可不再依赖进口，成为“科技北京”建设的典范。利用在隧道工程、铁道工程等领域的科研优势，攻克了4号线地铁下穿北大物理楼，6号、8号线下穿北京皇城等世界级文物古建筑等技术难题。承担奥运科技项目40多项，完成了世界上规模最大的锂电池充电站的研制任务，为奥运期间50辆锂电池大巴车24小时不间断行驶提供了能源保障，此系统已辐射应用到“上海世博”和“广州亚运”。奥运科技行动计划领导小组授予我校“科技奥运先进集体”的光荣称号。

5. 学校核心竞争力建设与提升显著加快

科技成果、人才队伍和基地建设水平是科技实力的体现，是影响学校声誉的重要方面，更是学校核心竞争力的重要指标，近年来，学校在这些方面有了长足的进步。

2002年以来，我校主持或参加的项目获国家级科技奖励共计12项，特别是主持完成的“复杂与高速环境下轨道交通车载安全控制系统”获国家科技进步二等奖，是十多年来再次获得的“双主持”国家奖。获省部级科技奖励共172项，其中，主持的“固态阴极射线发光及相关发光材料”、“面向交通运输系统的复杂网络理论与方法”，获2009年度教育部自然科学一等奖，时隔12年再获一等奖。主持的“JT1－CZ2000型机车信号车载系统”、“铁路现代物流中心发展规划、发展时机与发展模式问题研究”，获得2008年铁道学会一等奖，时隔11年再获一等奖。主持完成的“铁路综合数字移动通信系统（GSM－R）理论、关键技术及工程应用”，获得2007年中国高等学校十大科技进展。

科技论文数量和质量有大幅度提高。2007年SCI排名第39位，对以工科为主的学校来说是不容易的。论文*Two-dimensional sliding frictional contact of functionally graded materials*、《海底隧道修建中的关键问题》分获中国百篇最具影响国际、国内学术论文。专著《产业安全理论研究》和《金字塔结构下终极所有权与控制权研究》分别获得教育部人文社会科学二等奖和三等奖，为我校首次。

科技创新平台是承担重大项目、产出高水平成果的基地，是汇聚学术队伍、打造创新团队的载体，更是学校科技实力的重要体现。学校高度重视创新平台的规划与建设，从归口管理、体制机制等方面采取措施，加大了实验室建设的力度，初步形成了从知识创新、技术创新到成果转化的平台体系。目前，我校拥有29个省部级及以上的科研平台，在同类高校中处于前列。科研实力和平台建设水平得到了相关部门的肯定和建设支持，教育部投入1亿元用于我校优势学科创新平台和创新队伍建设；北京市已批复与我校共建CBTC研发中心，投入1.19亿元用于科产大厦的基础设施建设；铁道部也将投入1.5亿元用于国家工程中心的平台建设。通过国家、行业和区域的投资建设或共建，进一步提升了我校科研平台的整体实力。

科技创新团队是有着共同的愿景、有团队协作精神、技能互补、并围绕着共同的科研目标和任务组成的群体。科研团队的建设不仅影响着学校承担科研任务的能力和层次，更影响着高水平成果的产生和应用。我校以科技领军人物为带头人，依托大项目、大平台，以解决重大科学问题、重大工程关键技术问题为目标，培养了一些具有创新能力、实践能力以及学术传承、团结协作、勇于奉献的创新团队。“十一五”期间，获得3个教育部创新团队，包括“列车运行组织及控制的基础理论与方法”、“未来互联网络体系研究”、“面向高速铁路控制的无线移动通信系统研究”等。培育了3个红果园科研创新团队，包括“新能源发电技术”、“轨道车辆结构安全可靠性”、“光电材料和器件”等。

创新人才培养是学校的长远之策、立校之策、强校之策。学校在青年教师和研究生科技创新能力培养上加大投入。8年来，学校共投入3 400万元支持了上千个项目，受学校支持的教师有的已经成为“973”首席科学家，有的成为“长江学者”和“杰出青年基金”获得者，更多的人已经成为知名教授、科技领军人物，为学校的科技发展贡献了力量。我校教师先后91人次获得詹天佑奖、茅以升奖等各类科研荣誉奖励。

6. 科研管理与服务体系建设显著完善

在科研管理体系建设方面，为做好人文社科类和国防军工类的科研管理和服务，成立了社科办和军工办；为便于科技成果推广、服务企业科技创新，成立了交大创新科技中心；为做好科研平台的申报、建设、验收和评估工作，使科研项目、平台、团队和成果四位一体管理，将我校省部级及以上的科研平台的管理转入学校科研管理体系；为强化校办产业和校企合作的管理，将校办产业和校企合作管理从科研管理体系中分离，使学校的科研管理体系更加顺畅、高效。为理顺管理体制和运行机制，适应国家要求和我校的实际情况，国家重点实验室实行独立二级机构的实体化运行模式，为国家重点实验室今年顺利通过科技部组织的建设验收奠定了基础。目前正在研究制订国家工程研究中心实体化的运行方案。

在完善科研管理政策方面。为鼓励教职员工从事高水平的研究和产出高质量的成果，学校先后制定和修改了“论文分类”、“高水平成果（含论文、专利、获奖）资助与奖励”、“科研项目、平台、团队和经费管理”等15个科研管理文件，另外“科技成果转化促进办法”正在征求意见，适时发布试行。同时，通过增加科技服务和信息化管理手段，提高了科技服务与管理水平。

同志们，上述成绩的取得为我校实现“国内一流、国际知名”的目标奠定了良好基础。

我校科技工作之所以取得这样的成绩，可以概括为“4 个坚持”。

1. 坚持“对接国家需求、瞄准学科前沿”的理念

我们鼓励瞄准学科前沿、开展自由探索，更加倡导对接国家需求。以问题为导向，服务创新型国家建设，这是我国科技工作者的使命和不断努力的方向。“基于通信的列车运行控制系统（CBTC）”之所以能够取得成功，就是主动对接轨道交通自主创新这一国家需求的结果。瞄准学科前沿，才更有勇于创新的动力，从“新型光纤”到“面向光路交换网络”之所以始终处于领先地位，就是不断地瞄准学科前沿的结果。

2. 坚持“正确方向不动摇和十年磨一剑”的信念

我校确定的学科发展的原则和科研方向，是符合世界科技和国民经济发展方向的，是正确的，我们坚持了下来。随着交通行业快速发展，信息技术日新月异，我校优势特色学科与行业一道取得了优异成绩。多年的实践证明，凡是取得突出业绩、作出重大贡献、具有不可替代作用的，都是对认定的方向敢于坚持、不言放弃、长期作出努力取得的，正是几代人的坚持和不懈努力，“数字化、主体化机车信号”才能获得国家和行业的认可；正是十多年的潜心研究和准备，才有了我校 GSM－R 在高速铁路中不可替代的地位。

3. 坚持“平台、团队、项目、成果四位一体”的建设机制

平台是基础，团队是主体，项目是载体，成果是目标，做到平台、团队、项目、成果四位一体，科技工作才更加扎实、有效，科技工作也才能健康持续发展。几十年来，我校“轨道交通控制与安全”、“机车车辆结构强度”、“隧道与地下工程”等方向，不断搭建平台、组建团队、承接项目、产出成果，才赢得了国家、行业和区域的信赖。

4. 坚持调动各方积极性的正确方向

紧紧围绕提高核心竞争力开展科技工作，发挥政策指挥棒的作用，坚持了体制机制创新，不断完善机构设置，不断改进评价体系、考核体系、管理方式等政策和措施，调动各方面的积极性和主动性。十年前，当科研经费和论文数量不足时，我校鼓励“数量”增长；当前，数量积累到了一定程度，我们要强调“质量”提升，鼓励高水平论文、高水平项目和高层次奖励的获得。

二、形势与问题

同志们，当前我国发展面临难得的历史机遇，也面对诸多的挑战。当今世界，科技创新孕育新突破，气候变化以及能源资源安全、粮食安全等全球性问题更加突出，围绕市场、资源、人才、技术、标准等的竞争更加激烈。从国内看，工业化、信息化、城镇化、市场化、国际化深入发展。同时，我国发展中不平衡、不协调、不可持续问题依然突出，科技创新能力不强、产业结构不合理等问题依然存在，制约科学发展的体制机制障碍依然较多。

今年，国家发布了《国家中长期教育改革和发展规划纲要（2010—2020 年）》，10 月发布了《中共中央关于制定十二五规划的建议》，相关规划指出，“十二五”时期是全面建设小康社会的关键时期，是深化改革、加快转变经济发展方式的攻坚时期。党的十七大把提高自主创新能力、建设创新型国家作为国家发展战略的核心和提高综合国力的关键。党的十七届五中全会把科技进步和创新作为加快转变经济发展方式的重要支撑。国家将深化科技体制改革，加强科学研究与高等教育的有机结合，并充分肯定了高校在国家创新体系中的重要作用，鼓励高校在知识创新、技术创新、国防科技创新和区域创新中作出贡献，这些为学校的

科技工作提供了极为有利的发展机遇。

国务院于今年10月10日颁布了《关于加快培育和发展战略性新兴产业的决定》，指出现阶段将重点培育和发展节能环保、新一代信息技术（宽带、泛在、融合、安全的信息网络，新一代移动通信、下一代互联网核心设备和智能终端，三网融合，物联网、云计算）、生物（生物技术药物、新型疫苗）、高端装备制造（客运专线和城市轨道交通、智能制造装备）、新能源（太阳能光伏光热、风电技术、智能电网）、新材料（半导体照明材料、新型合金材料）、新能源汽车（混合动力汽车、纯电动汽车、燃料电池汽车）等七大战略性新兴产业，七大产业与我校信息、交通特色学科、新能源、新材料、生物和环保等新兴交叉学科密切相关。

我国轨道交通处于黄金机遇期，正在进行大规模的建设与运营。到2020年我国铁路营业里程将达到12.9万公里，其中高速铁路将达到1.3万公里。目前，我国城市轨道交通总运营里程接近1 000公里，总规划里程超过6 000公里。北京和上海也正在进行磁悬浮轨道交通的规划与建设。轨道交通的不断发展，特别是今后轨道交通的维修、运营和我国高速铁路"走出去"战略的实施，将会提出大量的创新需求，为我校相关学科的跨越式发展拓展了空间，提供了契机。

北京制定了"人文北京、科技北京、绿色北京"和建设"世界城市"的战略目标。新兴信息、生物工程与新医药、新能源与节能环保、高端装备制造、新能源汽车、新材料等纳入北京市科技规划的战略性新兴产业。京津冀一体化和环渤海战略的实施，需要更加快捷的交通，更加顺畅的物流以及更加可靠的信息保障。这些都为我校科技发展提供了难得的机遇。

总的来看，过去8年，国家、行业和区域发展为我们提供了难得的机遇，我校科技工作也取得了长足的发展，但是面对更高的目标和更加严峻的竞争，我们更应该清醒地认识到存在的不足。可以归纳为"6个有待"：

一是科研水平和质量有待进一步提升；二是科技工作与人才培养有待进一步结合；三是科技平台建设与管理水平有待进一步提高；四是领军人物的培养能力有待进一步增强；五是产学研合作定位有待进一步明确；六是学风建设有待进一步加强。

老师们，同学们，总结过去，与历史相比，成绩喜人；分析问题，与高水平大学相比，差距明显。需要我们准确把握形势，及时采取对策。

三、思考与对策

今后一段时期，特别是"十二五"期间，我校要紧紧围绕《国家中长期科学和技术发展规划纲要（2006—2020年）》、《国家中长期教育改革和发展规划纲要（2010—2020年）》、《国家中长期人才发展规划纲要（2010—2020年）》、《北京市中长期科学和技术发展规划纲要（2008—2020年）》等所确定的方向，以及即将发布的铁道部、国家自然基金委、其他部委和相关行业、地区的"十二五"科技发展规划，结合我校实际情况，进一步明确学校及各学院今后几年的科研方向及重点工作。

我校"十二五"科技规划，要以"整合资源、自主创新、突出特色、服务社会"为指导思想。着眼行业及社会未来发展需求，凝练研究方向，解决制约行业发展的战略问题、基础理论问题和关键技术问题。做好创新型人才队伍和创新环境建设。形成一批具有自主知识产权的研究成果，成为社会经济发展和行业技术进步的重要力量，实现从支撑到引领的跨越。瞄准学科前沿方向，加强基础研究，鼓励原始创新。

今后要培养出更多能力卓越的创新团队，建设专业优势明显和特色突出的不可替代的创新平台，形成高效、规范、协调的科技创新体系。形成一批不可替代的标志性成果。

“十二五”期间，对学校标志性的科研指标，考虑如下。

科研总经费或人均科研经费，在全国高校排名保持第25位左右，预计总经费35亿元以上；主持、参与更多的国家重大科技专项、科技支撑、“973”计划、“863”计划、国家自然基金重大重点、国防军工重大重点等国家级项目，积极承担行业及地区重大科技项目。积极参与国家实验室的建设，力争国家重点学科均有依托的国家级科研平台。力争在自然基金委的国家创新群体和科技部的创新团队方面有突破，领军人物有较大增长。在国家科技进步一等奖、自然奖、发明奖方面取得新的突破。SCI论文力争进入全国高校排名第40位以内，EI保持全国排名第35位以内，“表现不俗”的论文比例有较大的增长。

为实现上述目标，我校要在学风建设、队伍建设、国际合作、基础研究、产学研合作、机制体制创新等方面采取有效措施，努力营造有利于科技发展与创新的良好环境。具体做法我用“6个加强”来概括。

1. 加强学风建设

优良的学风是激励师生员工奋发向上、锐意进取、开拓创新的强大精神力量，是励精图治、克服困难、勇攀科学高峰、指引我们迈向成功的不竭动力。我校有着114年的辉煌历史，肩负着新世纪人才培养的使命。维护学术道德，加强学风建设，共创优良校风，是我们每位北京交大人的责任和义务。学校将把学风建设贯穿于学校各项工作中，充分发动全校师生的主观能动性，从校园文化导向和各项配套政策入手，研究制订切实可行的行动方案。近期，我校学术委员会已发出了“加强学风建设、营造学术氛围”的倡议，学校将用3年左右的时间使我校学风建设取得明显的实效。

同时，要有效解决好人才培养与科研脱节的问题，使我校高水平人才培养与高水平科研工作有机结合，相互促进，不断提高学校综合实力。

2. 加强队伍建设

队伍建设是科技创新的核心，没有一流的人才、没有富有创新精神和能力的优秀群体，不可能开展高水平的科技创新活动，更产生不出一流的成果。

要树立新的人才观，提高创新队伍的综合素质，包括学术水平和潜力、职业道德和责任感以及团队合作精神。要加大工作力度，使一批具有影响的学术带头人脱颖而出。要实施好“红果园双百人才培育计划”，认真做好“杰出青年基金”获得者、“长江学者”和院士等高水平学科带头人的培育工作。要创造有利条件，同国内外优秀人才建立广泛联系，吸引优秀的人才及其团队，增强我校科研力量。

要把青年教师队伍建设作为科技人才队伍建设的重点，为青年教师创造良好的工作和生活环境，积极创造条件让他们深入现场、广泛参加国内外学术交流，融入团队、潜心研究，促进青年教师更好更快地成长。

3. 加强国际合作

国际科技交流与合作，对学校科技水平的提升、学科的发展、人才的培养都起着举足轻重的作用，有无高水平的国际科技交流与合作，已经成为衡量一所大学是否为一流高水平研究型大学的重要标志。通过国际交流与合作，才有机会了解世界科技前沿，才能吸收国外学者更多地参与我们的研究，提高我们的科研水平，我们研究的独创性和前沿性才能得到正确的评价和认可。

要充分发挥我校的学科优势和特色，在努力支撑好“引进、消化、吸收再创新”的基础上，抓住我国高铁“走出去”战略机遇，加强相关国际交流与合作。积极争取“轨道交通国际联合实验室”的建设，进一步加深与国际著名研究机构和大学的合作，通过组建联合团队共同承担研究课题。充分利用留学回国人员国外学习与科研合作的良好基础，鼓励他们与原导师、原机构的合作。

4. 加强基础性、战略性研究

大学是基础研究和高新技术领域原始创新的主力军，进行基础性、战略性、前瞻性和先导性的科技创新活动，努力做到原创性、高起点、高水平、高质量，这是一流大学义不容辞的责任和使命，也是自身发展的不竭动力。同时，我国正处于社会转型和创新型国家建设的关键时期，国际国内大量的战略性、全局性问题需要我们超前研究，为国家安全与发展战略献计献策。

作为以理工科为主的学校，教师要有长远眼光和长远规划，深入一线、深入现场，了解行业发展、区域发展及大型工程的技术需求，始终贯彻“需求驱动、问题导向”的原则，在实践中凝练科学问题、共性技术问题，发挥大学的优势，做好基础性、战略性研究，抢占学科的制高点。同时，人文学科要不断加强，做好学科布局的顶层设计，使多学科协调发展。

学校将利用基础科研业务费，针对40岁以下青年教师和研究生，引导并长期稳定支持他们瞄准科技前沿和国家、行业发展需要，开展基础研究和战略研究，尽快形成稳定的有影响力的科研方向，促进更多的科技创新人才快速成长，脱颖而出，成为推动学校科技可持续发展的生力军。

5. 加强产学研合作

北京市从今年起，科技创新项目将重点支持北京经济社会发展需要的可以在北京“落户”的项目，从提供资金为主转向提供市场为主。同时要利用好中关村作为国家级创新园区的政策。我们要转变观念，以服务求支持，在贡献中发展，要在战略层面有明确定位和正确理念，主动与企业和地方合作，支持和服务企业技术创新，特别要注意处理与企业的当前利益与长远利益的关系，不与企业争利，不争当合作的主角，要甘当配角，要以原始创新和前沿研究为重点，发挥知识创新和源头创新作用；重视平台建设，并向企业和地方开放，多开展标准起草和检测认证等工作，从而实现学校与企业的有效合作，建立起长期稳定、互惠共赢的战略合作关系。

学校要积极为教师创造产学研合作的条件，要认真贯彻、落实“鼓励青年教师挂职锻炼暂行办法”。要尽快修订完善“科技成果转化促进办法”，规范并鼓励我校教师积极开展科研成果转化和推广应用。要办好现代轨道交通科学与技术研究院等一批交叉综合学科、新兴学科研究基地、战略研究基地。要建好深圳研究院、镇江长三角研究院，并在环渤海地区择机发展新的产学研机构，在为国家三个主要经济区域发展作出贡献的同时，提高学校影响力和综合竞争力。

6. 加强制度创新与政策完善

进一步改进科技管理体制和创新机制，完善学校各项管理政策，尤其是各种考核、评价和奖励政策。

（1）在项目管理方面，强调院系、中心和实验室主任在大项目策划、申报、研发，以及验收、结题、成果应用、报奖等全过程中协调组织的责任，探索学科带头人和大项目首席教授牵头负责、整合相关资源的办法，使科研项目与学科、平台建设的目标相一致。建立项目申请者的科研基础及科研信誉档案。加强项目全过程管理。

（2）在经费管理方面，在规范政策的基础上，尽量简化科研经费审批和报销程序。鼓励形成团队承接大项目，并积极探索"团队化"的科研经费统一管理模式。通过研究生劳务的直拨、专用设备的科研经费配套、实验设备和场地的租赁等，促使科研经费为人才培养和平台建设作出更大贡献。

（3）在成果培育和奖励方面，对成果预期目标实行有效督导，将项目过程管理与奖励培育同步进行，提前发现可能产生重大成果的项目。对论文实行精细化管理和奖励，鼓励发表高水平的论文。加强交流与培训，使广大教师熟悉了解各类奖励的申报条件，不断提高科研水平、凝练创新点，注重评审与鉴定，注重成果的推广应用和社会影响力。

（4）在科研团队建设方面，建立团队考核评价体系，以考核团队绩效为主，吸收更多的教师融入科研团队，新进教师要与团队建设相结合。积极探索研究型大学的基层学术组织的合理架构。

（5）在平台建设与管理方面，加强科研平台的总体规划，构建合理的平台体系，适度增加省部级平台，重点加强平台建设与管理，建立健全专职管理和技术队伍，实现平台有效管理，确保平台建设效果。

（6）在科技考核和评价方面，要在职称评定（评价过去）和岗位聘任（业绩预期，需严格到期考核）中充分体现学校导向，树立项目是科研投入，产出成果（论文、专利、推广应用及各类奖励）才是业绩的理念，承认成果形式的多样化，特别是要针对理科、工科、管理和人文等不同学科特点，完善分类评价体系。

（7）在科技信息的获取方面，推荐更多的教师和学生到外挂职或驻勤，推荐更多的教师担任各类评审专家；加强与国家相关部委和行业的沟通交流；充分发挥兼职教授、董事会、校友会、基金会和战略合作单位的作用；有组织、有计划地邀请相关领域的知名专家、政府领导和企业负责人到校进行交流，建立交流协作的长效机制。"眼观六路、耳听八方"，力争主导或参与到相关规划及指南的编写工作中去，提前谋划、争取主动。

老师们、同志们、同学们，我校科技工作正处于新的发展起点上，既有难得的历史机遇，又面临诸多挑战。我们要增强机遇意识和忧患意识，把握形势、分析问题、凝聚共识、科学规划，团结并发动全校科技工作者，以敢为人先和"十年磨一剑"的科学精神，抢抓机遇、狠抓落实、不断创新，进一步提升学校核心竞争力，为建设国内一流，国际知名的有特色、高水平研究型大学作出新的贡献。

北京交通大学2010年工作要点

2010年是学校全面落实“十一五”规划最后一年和“十二五”规划制定之年，学校工作总体要求是：全面贯彻党的十七大和十七届四中全会精神，以邓小平理论和“三个代表”重要思想为指导，深入贯彻落实科学发展观，紧紧围绕国家重大需求、高等教育和相关行业发展的新形势，以加强教风学风、夯实基础、提升内涵为重点，继续解放思想，着力改革创新，全面推进国内一流、国际知名、有特色、高水平研究型大学建设。

一、深入学习贯彻党的十七届四中全会精神，切实加强和改进新形势下党建和思想政治工作

1. 提高党的建设科学化水平，大力推进学习型党组织建设。以贯彻落实中央和上级部门关于加强和改进新形势下高校党的建设有关精神和要求为重点，制定和完善我校相关制度和办法，用科学理论武装党员，更好地发挥党组织推动发展、服务师生、促进校园和谐的作用。

2. 加强领导班子、干部队伍建设，进一步促进党员领导干部廉洁从政。贯彻落实《中国共产党党员领导干部廉洁从政若干准则》，改进和创新干部培养、选拔、任用、教育、监督工作，建立促进科学发展的领导干部考核评价机制。

3. 加强基层党组织建设，积极推进党内民主建设。以召开学校第十次党代会为契机，完成二级党组织换届和相关干部调整工作。改革和完善党内基层选举制度，建立健全党内基层民主议事决策机制，建立党员定期评议领导班子成员制度，积极推进党务公开。

4. 继续开展深入学习实践科学发展观活动，做好“回头看”工作。进一步深入学习科学发展观，抓好学习实践活动各项整改措施的落实，认真组织自查，切实巩固和扩大学习实践活动成果，探索建立贯彻落实科学发展观的长效机制。

5. 大力加强师德师风建设，带动学风校风建设。积极探索师德师风建设的有效方法，建立健全师德师风为首要内容的考核、聘任和评价办法，营造实事求是、潜心钻研、严谨治学的良好氛围。引导教师自觉加强师德修养，发挥示范作用。扎实推进“三育人”工作。出台加强学风建设实施方案，推进全员育人格局。

6. 贯彻落实“中央16号”文件精神，提高大学生思想政治教育的针对性、实效性。建立符合学生特点的教育体系，创新社会主义核心价值体系教育的有效途径和载体。加大学生党员骨干培训力度，增强党员教育的实践性环节。推进“研究生综合素质教育计划”和“学期教育计划”。召开大学生思想政治教育论坛。围绕青年学生的成长成才设计有吸引力、影响力、感染力的品牌教育活动。成立学生学业发展指导中心和研究中心，搭建更加符合学生健康成长的平台。发挥关工委育人作用。召开共青团第十八次代表大会和第二十次学生代表大会。

7. 严格落实责任制，建立维护校园安全稳定工作体制和长效机制。贯彻落实国家和教

育部、公安部有关政令，修订实施《北京交通大学消防安全管理规定》，制定《北京交通大学建立健全维护安全稳定工作体系实施意见》，切实维护好校园安全稳定。确保保密资格通过复查验收。

8. 做好学校第十次党代会筹备和“十二五”规划制定工作，明确学校未来发展路线图。认真总结和宣传九次党代会以来学校改革发展和党的建设成绩与经验，深入学习贯彻国家即将颁布实施的《关于国民经济和社会发展第十二个五年规划的建议》和《国家中长期教育改革和发展规划纲要》精神，结合国家“十二五”重大需求、高等教育发展新形势和学校实际，科学定位，认真谋划，进一步明确学校未来10年的发展目标。

二、深入实施质量工程，提高人才培养质量

9. 大力培养学术型、工程型和复合型拔尖人才。优化“思源班”等拔尖创新人才培养模式。完善和落实导师制、本硕博一体化培养等配套制度和管理运行机制，促进优秀学术型创新人才脱颖而出。开展卓越工程师培养计划试点工作，探索轨道交通类卓越工程师“2+2+2”本硕连读、校企联合培养模式，积极推进“做中学、产学合作、国际化”的工科人才培养模式实施。

10. 发挥示范辐射作用，做好质量工程项目评估验收。加快质量工程已立项项目建设步伐，形成一批高水平标志性成果。加强各类教材建设，巩固教学改革和研究成果，建设更多精品课程。启动学校国家级和北京市级实验教学示范中心等重要质量工程项目的模拟验收工作，争取在国家和北京市的验收评估中取得优秀成绩。

11. 优化研究生教育类型与结构，加强应用型人才培养。稳步开展学位类型与结构调整工作，逐步做到类型多样、规模适度。逐步优化研究生教育结构，探索建立学术型、应用型研究生培养的新模式。协调统筹专业实习、社会实践、就业实习和创业为一体的基地建设，完善学位授予质量评价标准。

12. 完善研究生培养管理机制，提高研究生培养质量。深化研究生培养机制改革，建立创新基金滚动机制，充分发挥科学研究在研究生培养中的重要作用。完善研究生奖助学金资助体系。改革和完善研究生招生制度、培养过程、学位论文评价体系、弹性学制、导师遴选等制度。

13. 推进人才培养国际交流与合作，提高学生国际交流能力。积极探索和推进学生国际交流项目，完善相关课程学分互认机制。加快小语种专业建设。落实好“国家建设高水平大学公派研究生项目”。

14. 推进学生文化素质教育和体育工作。加强“工科大学生文化素质培养模式创新实验区”建设，加强提高学生综合素养的文化素质类课程和文史哲等课程建设。加强人文和艺术教育教师队伍建设。依托艺术团，推进艺术教育普及，发挥艺术教育育人的功效。提升体育综合实力，提高竞技水平，进一步落实体质测试工作，提高师生健康水平。

三、加强学科、平台和科技工作，提升学术实力

15. 做好“大项目”、“大团队”、“大成果”的推进与培育工作，力争数量质量有新突破。确保教育部创新团队与新世纪优秀人才奖励计划工作取得新进展，确保国家重点实验室通过正式验收，组织3～5项国家奖励的申报，力争取得新的突破。在“973计划”、“支撑

项目”、“863 计划”、国家自然科学基金、国家社科基金、教育部人文社科重大课题等项目的研究和立项取得新进展。科研经费持续增长，检索论文数量与质量进一步提高。

16. 强化学科平台目标管理，推进学科交叉发展。注重学科与平台顶层设计和科学布局，推进平台与学科特别是与国家级重点学科的结合。抓住国家培育战略型新兴产业和相关行业发展的新机遇，做强优势特色学科。结合电能变换与质量控制国家工程技术中心以及科技条件平台的申报、轨道交通研究院的设立、低碳经济研究和教育中心的成立及教育部人文社科重点研究基地的申报，推动我校优势特色学科及新兴交叉学科发展。加强人文学科与理工学科的交叉研究。

17. 促进科技成果转化，提高产业经济效益。根据教育部要求，完成学校经营性资产划转工作，全面完成公司改制。制定产业发展规划。参与轨道交通产业技术联盟，加强大学科技园建设，注重科技成果转化。依托大学生创业基地建设提高科技产业服务人才培养的能力。

18. 深入调查研究，启动基层学术组织改革。系统梳理现有研究院、研究所与中心等科研机构，结合学科与平台的顶层设计与“十二五”科技发展规划的制定，根据学科发展规律，对接国家需求，研究提出并试行“学科特区”政策，研究提出适应我校校情的基层学术组织建设和部分院系结构调整思路，制订改革目标与分步实施计划，为“十二五”基层学术组织建设和部分院系结构调整奠定基础。

19. 完善科技政策体系，修订论文分类标准。出台知识产权保护办法、成果转化促进管理办法和设备共享管理办法；进一步完善科技奖励、高水平论文的政策体系。筹备召开学校科技工作会议。办好第六次中国交通高层论坛。

四、大力实施“人才强校”战略，建设高素质教师队伍

20. 加大高水平人才引进力度，规范师资补充程序。充分发挥院系和教授的主体作用，拓宽选人视野，以“千人计划”和“长江学者奖励计划”为龙头，重点引进高层次急需人才。制订师资补充计划，规范工作程序，吸引更多海外博士来校工作。

21. 加大人才队伍培养力度，改善师资结构。推进中青年教师出国研修计划，推动青年教师赴工程现场挂职锻炼；遴选“红果园创新人才培育计划”第二批人员。研究出台试行“人才特区”政策。积极探索科研创新团队建设新模式新机制；实行优秀中青年教师专业技术岗位试聘制度。

22. 规范编制管理，统筹建设二支队伍。完成“十二五”各类人员编制核定工作；出台实验技术队伍和管理职员队伍建设新机制。推进新进人员外聘制度，出台外聘人员管理办法；开辟以博士后、科研助理为主导的研究系列人力资源利用新渠道。推进不同学科、不同院系教师业务评价科学化，完善专业技术职务评聘办法和基于履职评价的岗位晋级管理办法。

五、大力开展对外合作与交流，提升国际知名度和影响力

23. 扩大留学生规模，提高留学生教育层次。在校留学生规模持续增长。理顺和明确部门、学院对留学生管理的职责，加强留学生管理队伍建设。营造多元文化交流和校园国际化氛围。

24. 开展好国际合作交流项目，加强与国外知名大学和港澳台高校的实质性合作。积极争取并实施国家外专局“引进海外高层次人才计划”项目、教育部“海外名师项目”和“聘请外国文教专家特色项目”，学校国际班开班。完成我校“111 引智计划”创新引智基地中期考核。实现每个学院有 1 ～ 2 个稳定的高水平国外合作伙伴。“中德研究生院”项目争取年内签署合作协议，“学生海外学习计划”派出学生数量突破 300 人。发挥学校传统优势，推进与港澳台高校的深度合作。

25. 加强对外联络，推进产学研合作。各类社会捐赠收入平稳增长。加强校友信息库建设，筹备成立北京交通大学北美校友会，成立交大校友企业家联合会并进入实质性运行。创新董事会工作机制，扩大学校与地方政府及企业的合作范围。继续加强远程与继续教育联系行业与社会的纽带功能，加大为信息、铁路等行业发展培养各类各层次实用型人才的力度。加强对海滨学院师资等工作的支持，确保学院持续发展，推进学院二期工程建设，确保年底前完成基本建设。

六、加强基础保障和校园文化建设，促进校园和谐

26. 进一步深化后勤社会化改革，提升服务质量和保障能力。调整结构，整合资源，完善后勤管理体制和运行机制，重点加强后勤管理及技术干部队伍建设，平稳进行新一轮全员竞聘上岗工作。开源节流，有效控制运行成本，强化管理手段，确保学生食堂价格稳定，确保学生宿舍安全。

27. 落实校园节能监管体系实施方案，推进节约型校园建设。建立建筑设备及水电运行监测平台，出台水电管理办法，试行能源审计及公示，为全面建成节约型校园运行体系奠定基础。改造主校区供暖管网系统及水电基础设施。在全校积极开展低碳教育。

28. 加强公共服务体系建设，推进校园信息化建设。加强校史博物馆建设，为建成北京市青少年爱国主义教育基地打好基础。推进数字图书馆建设。完善校园信息化安全防护体系。下一代互联网络应用系统升级。数字化校园建设取得新进展。

29. 推进现代大学制度建设，理顺部门和学院权责。推进学院预算管理和目标管理，建立和完善单位考核指标体系。制定《北京交通大学章程》，编印《教师手册》，修订完善学生管理、对外合作与交流管理相关规定。试行学校公用房屋使用机制改革方案和周转房暂行管理办法。增收节支，勤俭办学，做好对学校财务、基建工程、物资采购、后勤等工作的管理和审计监督。

30. 稳定就业率、提高就业力，推进以创业带动就业。加强专业导论、职业生涯规划、就业指导课程指导体系建设，提升工作效果和覆盖面。切实做好就业困难毕业生就业帮扶工作。建设好大学生创业园，探索创新创业教育模式和方法。加强生源基地建设，提高生源质量，落实“阳光工程”。

31. 完善家庭经济困难学生资助工作，完善心理健康教育工作体系。在做好家庭经济困难学生资助的基础上，着重提升学生素质与能力。把握学生的新特点，形成心理素质教育全方位预防体系。

32. 推进和解决事关师生员工切身利益的问题，努力改善师生员工工作、学习和生活条件。科技创业大厦和教职工住宅项目开工建设，多渠道改善青年教职工住房条件，加快推进交大附小迁建，实现塔 5 楼通气。改革和完善绩效工资分配办法，规范教职工待遇增长机

制。关心困难职工和离退休老同志生活，加强社区建设和规范管理。加强师生疾病预防保健工作。

33. 加强校园文化建设，促进校园和谐。开展交大精神和校园文化的讨论与研究，加大投入加强校园文化环境设计和建设，建好校园文化艺术展示平台。开展和谐校园和节约型校园理念的宣传教育，完善发挥教代会作用的工作机制和办法，在民主管理、维护权益、参政议事等方面形成特色。积极发挥统战人士和离退休老同志在学校改革与发展中的作用。

北京交通大学 2010 年工作总结

2010 年，在教育部和北京市的领导下，学校党政领导班子带领全体师生员工一起，认真学习贯彻全国教育工作会议精神和国家中长期教育改革和发展规划纲要，认真开展创先争优活动，团结奋斗、乘势而上，全面完成“十一五”各项工作，做好“十二五”规划制定工作，较好地完成了年初确定的各项重点任务，学校研究型大学建设和党的建设得到进一步加强，各项事业保持了良好的发展势头。现在就 2010 年的工作从三个方面进行简要总结。

一、学习贯彻教育规划纲要，全面推进学校科学发展

1. 人才培养质量得到进一步提升

坚持育人为本，紧紧抓住人才培养这一根本任务，结合学校实际和经济社会发展需求，着力在四个方面取得了新的成绩。

一是把深入实施质量工程作为提高人才质量的重要抓手，大力培养学术型、工程型和复合型创新拔尖人才。学校成为首批“卓越工程师教育培养计划”实施高校。新增 8 门国家精品课程，2 个国家级特色专业，2 门国家双语教学示范课程，60 个国家大学生创新性实验计划项目，大学物理实验教学示范中心同时获评国家和北京市科普教育基地；学生获国家级以上学科竞赛奖励 269 项，在国际 ACM – ICPC 竞赛中获全球排名第 36 位，连续 4 年进入总决赛；在美国大学生数学建模竞赛中获全球特等奖。

二是把提高研究生培养质量作为兴校强校的重要抓手，完善研究生培养计划，建立科学动态的研究生教育评价和管理体系。新增 1 篇全国优秀百篇博士论文，2 篇提名奖，1 篇北京市优秀百篇博士论文。新增 26 个产学研联合研究生培养基地，专业学位研究学生教学实践环境大大改善。学校获评“全国工程硕士研究生教育创新院校”。

三是把推进学生文化素质教育和体育工作作为重要内容，提高学生综合素质。面向全校开设思想政治理论课和文化素质课 26 门。举办“高雅艺术进校园”、“民族艺术进校园”活动。在第三届北京大学生艺术展演活动中获 5 个一等奖、3 个二等奖。学生运动队获全国冠军 11 项、北京市冠军 19 项，羽毛球队参加中国队出征第 11 届世界大学生羽毛球锦标赛，获 2 项世界冠军。

四是把做好招生和就业工作作为重要环节，生源质量和就业水平不断提高。高分考生录取数量大幅增加，大学生创业园工作成效显著。连续三年本科生就业率达到 97% 以上，研究生达到 98% 以上。学校获评全国毕业生就业典型经验高校。

2. 学科实力和科技水平以及服务社会能力稳步提高

学科和科研是学校实力和核心竞争力的根本体现。要实现国内一流、国际知名研究型大学的建设目标，就必须围绕经济社会发展需要和学校实际，持之以恒加强学科建设，努力提升科技实力。

一是坚持第九次党代会提出的学科发展思路，在建设好特色优势学科基础上，注重交

叉、新兴学科及其平台建设。新增6个一级学科博士点，8个一级学科硕士点，2个北京市重点学科。新增1个国家认可实验室，2个北京市哲学社科研究基地，1个教育部重点实验室进入正式建设期，轨道交通控制与安全国家重点实验室通过建设验收，北京市、铁道部等政府部门支持我校平台建设经费约2.7亿元。

二是围绕国家重大需求，努力产出高水平科研成果。全年新增科研项目1 980多项，科研经费达6.2亿元。论文质量稳步提高，专利指标稳定增长。发挥学科特色和优势，加大在人才、技术、理论方面服务和支持铁路发展的力度。1个参与项目获国家科技进步一等奖，4项成果获高等学校科学研究优秀成果奖，2项成果获北京市科学技术一等奖，2项成果分获北京市第十一届哲学社会科学优秀成果奖一、二等奖。

三是加大科技成果转化力度，努力提升科技服务社会的水平。加强国家大学科技园建设，通过17次成果转化合作活动和参加深圳高交会、上海工博会、台湾轨道交通展览会等大力推广科技成果。具有自主知识产权的国家首批“首台套”项目——CBTC核心技术研发取得成功，已经在北京城轨亦庄线和昌平线开通正式运营，成为自主创新的范例。全程负责上海世博会和广州亚运会电动汽车充电站服务工作。承担的国家“863”计划项目“大型跨海隧道钻爆法修建技术研究”对厦门翔安海底隧道和青岛胶州湾海底隧道建设起到关键的支撑作用。

3. 大力实施人才强校战略，师资队伍建设取得新的成绩

提高人才培养质量和学科、科研水平，师资队伍建设是关键。过去一年，学校抓住《人才规划纲要》和《教育规划纲要》颁布实施的机遇，加大力度建设高水平、高素质的师资队伍。出台规范管理文件，构建非事业编制用人管理制度体系。加强博士后队伍建设。推行协议工资机制，吸引境外教授到校工作。

一是加大人才队伍的培养力度，着力改善师资结构。遴选“红果园创新人才培育计划”第二批“双百计划”人选56人。争取国家资源加速教师队伍国际化，调整教师推荐政策机制。获国家批准公派出国39人，全年派出76人。推进教师学历提升计划，专职教师博士比例达到了61%，硕士以上比例超过90%。获批国家级教学团队2个、教育部创新团队1个。新增国家杰青基金获得者1人，“长江学者奖励计划”教授3人，“新世纪百千万人才工程”国家级人选2人，宝钢优秀教师特等奖1人、优秀教师奖2人。分学科修订教师职务晋升条件，强化队伍培养的多样性和质量导向。

二是引进人才的质量和数量都有明显提高。全年补充专任教师75人，进人结构有较大改善，其中引进海内外高层次人才13人，引进“千人计划”人选1人。推荐13名海外优秀人才申报“千人计划”短期项目和青年项目。

4. 积极开展对外合作与交流，学校知名度和影响力得到新的提升

一是推进国际交流合作，大力提升学生跨文化交流能力。加强学生国际交流，培养具有国际视野和知识背景的创新型人才。2010年本科、硕士、博士生420余人次获得“海外学习计划”支持。签订校级海外合作协议27项，已与50余所国外大学建立实质性合作关系，加入了中国－俄罗斯－白俄罗斯大学联盟。建立健全国际交流合作机制相关制度。积极推进在美国德克萨斯南方大学和巴西坎皮纳斯大学开办孔子学院的工作。

二是大力开展对外合作交流，为学校改革发展争取更多社会资源。获捐赠收入5 055万元，中央财政配比资金2 446万元，基金会账户沉淀资金余额超过1亿元。新增4个董事会

成员单位，董事会单位总数达到70家。海滨学院扩大办学规模，二期建设共25座楼宇正在进行当中。与镇江市政府及镇江新区管委会联合共建北京交通大学长三角研究院，将扩大学校在长三角地区及东南沿海一带的影响，为区域经济社会发展作出新的贡献。

5. 关注民生和条件保障工作，着力解决事关师生员工切身利益的问题

学生活动服务中心结构封顶。积极做好教职工住宅项目建设前期工作及住房补贴和房产证发放工作，多渠道缓解引进人才用房和教职工住房困难。积极推进交大附小迁建工作。解决了塔五楼11年来无法使用天然气的问题。节能减排成效显著，年用电量较上年减少200万度，水减少7.1万吨，用气量减少4万立方米，成为全国高校节能联盟副理事长学校。学生食堂克服原材料大幅涨价和人工成本增长等因素，保证了饭菜质量和价格稳定。完成校园无线网二期建设，开通了知行信息交流平台。实验室与设备管理工作规范有序。档案信息化、数字化工作成效明显，校史博物馆成为重要的育人基地和宣传窗口。图书馆工作取得突出成绩，资产经营公司业绩显著，出版社保持生产和销售稳定增长。加大对校医院的投入和管理，作为海淀区唯一单位参加北京市健康促进功能社区试点工作，师生员工95%以上的常见病不出校门就能得到诊治。

学校对家庭经济困难学生资助面达到100%，没有一名学生因家庭经济困难而辍学。全年“奖、助、贷、勤、减、补”资助体系发放额达6 883.5万元，350多名新生通过“绿色通道”办理了快速入学手续。学校荣获全国学生资助工作先进单位。此外，教职工爱心帮困基金在解决教职工特殊困难方面发挥了积极作用。

采取切实措施改善教职工待遇。去年7月通过调整公积金缴存基数，人均提高缴存额220元/月。党委1月12日决定，一是自今年1月1日起，在职人员绩效工资在现有基础上再增加5%，同时考虑到物价上涨因素，教职工特别是青年教职工生活压力加大的实际，每月发放生活补贴200元，上述两项进入工资基数，学校全年新增投入1 280万元。二是考虑到基础学院承担大面积公共基础课教学任务，学校拿出部分资金在年终分配中适当向基础学院倾斜。关于离退休老同志的待遇，2009年按照国家文件规范了离休人员的补贴；据悉，国家关于规范退休人员补贴的文件近日即将出台，学校已责成相关部门做好准备，及时把党的温暖送到每一位退休人员手中。

二、认真开展创先争优活动，全面加强党建和思想政治工作

1. 深入开展创先争优活动，取得阶段性成效

确定“深入学习实践科学发展观，加快推进一流研究型大学建设”的活动主题。按照基层党组织、教职工党员、学生党员、离退休党员等不同群体，开展“抓党风、强师德、促学风”教育活动，以及“支部互动、党员互助”、“争做育人标兵和成才表率”等系列实践活动。获评北京高校“育人标兵”、“成才表率”、“优秀党建工作创新项目”各1项，1个学生党支部共建活动获评北京市红色1+1示范活动二等奖1项，评选校级优秀党建工作创新项目30个，校级“育人标兵”和“成才表率”20人。在各级党组织和广大共产党员的共同努力下，开展创先争优活动成为加强党的建设、推进学校发展的重要抓手。

同时，做好学习实践科学发展观活动“回头看”工作，切实推进整改项目的贯彻落实。学校《整改落实方案》中确定的56项整改项目完成了47项，未完成的9项任务都是中长期项目，也在督办推进当中。

2. 进一步巩固和加强党的基层组织，推进基层党建工作创新

一是全面贯彻落实《中国共产党普通高校基层组织工作条例》和《中共北京交通大学委员会关于进一步加强基层党建工作的若干意见》。坚持党委领导下的校长负责制，完善校院两级决策机制，建立健全党员教育培训机制和党内激励、关怀、帮扶机制，建立健全“三育人”机制。配齐配强基层党建工作队伍。开展新修订的《北京普通高等学校党建和思想政治工作基本标准》自查工作，进一步加强制度建设，不断推进党建工作规范化。

二是大力加强党员教育培训，不断提高党员思想政治素质和服务科学发展的能力。按照市委教育工委《2009—2013 年北京高校党员教育培训工作规划》要求和学校年度计划，多种形式抓好党支部书记、党务干部和全体党员的培训，全年培训 6 500 余人次。

三是抓好党校和党建研究会工作，充分发挥阵地平台作用。完善党校培训组织体系，加强党校教师的选拔培养，努力提高入党积极分子培训效果。做好党建研究会工作，坚持以党建研究推动工作，不断提高党建科学化水平。3 位党课教师获北京高校“精品一课”奖。

3. 以学风建设为抓手，大力加强师生思想政治工作与和谐校园建设

一是积极探索学风建设新途径。围绕年初确定的学风建设年主题，召开本科教学工作会议、暑期工作会议等专题研讨学风问题。通过“我为学风献一策”、“学风建设论坛”、挖掘学风建设先进典型等不同形式，推进学风建设大讨论，营造弘扬优良学风的氛围。建立学生学业与发展指导中心。学术委员会向全校师生发布遵守学术规范的倡议书。规范并严格教师考核、学术评价和课题鉴定细则等。通过加强教育以及改革考试制度、完善考场设施等方法，防止考生作弊现象发生。

二是加强和改进大学生思想政治教育。通过举办创新论坛、制定各年级学生素质培养指南、分年级学生问题解答等，加强学生思想教育，促进学生综合素质提高。加强新生入学教育中的适应教育和养成教育，创新网络思想政治教育，实行毕业生教育模块化。学校获“首都大学生思想政治教育工作实效奖一等奖”。加强学生心理健康教育体系建设和安全普及教育，心理素质教育中心获“全国高校心理健康教育工作先进集体”。圆满完成北京首届世界武搏会，第七届世界高速铁路大会志愿服务任务。召开了共青团第十八次代表大会。校团委荣获“全国五四红旗团委”称号。

三是加强教职工思想政治教育与和谐校园建设。坚持和健全教职工思想政治教育制度，丰富职工政治学习内容。通过评选教职工“三育人”标兵、红果园奖、师德标兵等活动，发挥典型引路的教育作用。全面完成第六次人口普查任务。积极参与抗旱、抗震救灾献爱心捐款活动。大力推进教职工建家活动，校工会获“全国模范职工之家”称号。扎实做好统战工作。进一步加强离退休党支部建设，充分发挥关工委、老教授协会和老年大学的作用。社区工作得到居民充分肯定，获评北京市先进社区居委会。信息报送和对外宣传工作成绩显著，为提升学校声誉发挥了重要作用。获教育部高校校园文化建设优秀成果三等奖 1 项。

4. 为师生学习工作生活营造安全稳定的校园环境

完善安全稳定制度建设，提高应急管理能力，积极妥善应对敏感时期影响安全稳定的重要事件，修订实施《消防安全管理规定》，扩大消防安全教育面，强化学生疏散逃生演练，加强校园治安和交通安全管理，加强保密工作，保持了校园安全稳定的良好局面。学校被评为“2009 年度首都文明单位标兵”单位和“北京市 2010 年度交通安全先进单位”。

三、加强领导班子和干部队伍建设，努力提升治校理教能力

1. 加强班子理论学习，提高战略思考和统揽全局能力

全年以学习贯彻十七届四中、五中全会、全国人才工作会议、教育工作会议精神和人才规划纲要、教育规划纲要等为重点，坚持党委理论中心组学习，不断增强分析形势和把握机遇的能力，明确了学校发展的战略方向，基本形成了三大机遇和三大任务的共识。

三大历史性机遇，一是《教育规划纲要》的颁布实施，特别是十大项目和十大改革试点为学校科学发展提供了新的重大机遇；二是电子信息、节能环保等战略新兴产业，特别是轨道交通的跨越式发展以及“走出去”战略的实施，为学校科学发展提供了新的重大机遇；三是学校在北京平谷筹建现代轨道交通创新基地暨新校区项目获六届三次教代会表决通过，将为学校今后长远发展提供新的重大机遇。

今后一个时期要抢抓机遇，突出抓好三大任务。一是提高质量，重点是坚持育人为本，全面提高人才培养、科学研究、社会服务质量，同时在队伍建设、国际合作、内部管理、后勤服务等各方面，牢固树立质量意识，使提高质量成为学校一切工作的主旋律。二是改革创新，坚持以改革促发展，进一步破解学校发展难题。要紧紧抓住国家教育体制改革试点立项的重要机遇，结合学校实际综合研究并全面推进高校用人机制、行业特色高校产学联合培养模式和机制、大学国际化人才培养模式三项改革。并以这三项改革为抓手，带动和深化其他方面的改革，使改革创新真正成为提高质量和促进发展的重要动力。三是学风建设，即把学风建设包括学术风气和学习风气作为学校最基础的一项工作来抓，为学校科学发展提供有力保障。在这方面今年已做了一些工作，但还很不够，下一步要结合学校“十二五”规划的制定，着眼长远，常抓不懈。

2. 加强班子民主集中制和党风廉政建设，提高领导学校科学发展的水平

梳理完善了学校各领导小组和委员会的组成及职责，成立了党建工作小组和机构编制领导小组，注重发挥各领导小组参与决策、服务决策的重要作用；坚持“三重一大”制度，实行校党委常委会任免党政领导干部票决制，健全了干部领导小组工作规程、处级领导干部竞争上岗工作规程，规范了干部选拔任用程序；加强了常委会、校长办公会的议题酝酿和会前协调工作，提高了班子决策质量和效率。

班子成员 18 人次参加了各级组织的培训，全体校领导均参加了教育部举办的廉政准则培训班的学习。校级领导班子带头排查廉政风险，梳理了“三重一大”决策方面的风险点，每位班子成员都结合分管工作进行了廉政承诺，确定了至少一项廉政重点项目，并把廉政风险防范管理工作列为民主生活会和述职述廉的一项重要内容，使廉政风险防范管理工作“向上”延伸。12 月 27 日，北京市教育工委、市教委检查组对我校落实党风廉政建设责任制推进惩防体系任务完成情况进行了检查，并对我校相关工作给予了充分肯定。

班子成员自觉加强作风建设，校党委书记和校长带头深入基层开展调查研究，全年先后到院系和直属单位调研 33 次，其他校领导也主动到分管部门和单位了解情况，解决问题，促进各方面工作的贯彻落实。

3. 完善选人用人机制，加强干部队伍建设

一是深化干部人事制度改革，提高选人用人公信度。按照民主、公开、竞争、择优原则，加大公开选拔、竞争上岗工作力度，通过实行任免干部票决制、处职干部竞争上岗工作

规程的实施，将进一步提高选人用人公信度。

二是加强后备干部队伍建设，推进与校外干部交流培养。按照素质优良、数量充足、结构合理、堪当重任的要求，通过选派青年教师到管理岗位、干部到校外挂职和校际交流等多种方式，共有29位学校青年教师和处级干部以及7位地方教育部门和兄弟院校干部得到了锻炼培养。

三是按照中央从严管理干部的规定，加强干部日常管理、考核和监督。抓好干部作风建设。认真组织处级以上干部学习中央《党政领导干部选拔任用工作责任追究办法（试行）》等四项监督制度，同时，结合实际学习讨论干部作风建设的文件并提出改进措施；继续完善干部考核测评系统，进一步提高考核质量。

总之，在过去的一年里，学校各方面工作取得了一定的成绩。这是党中央、国务院和教育部、北京市正确领导的结果，是社会各界大力支持的结果，是全校师生员工辛苦劳动、不懈努力的结果。

在看到成绩的同时我们也清醒地认识到，面对新的发展形势，要实现学校建设国内一流、国际知名研究型大学的目标，还面临诸多矛盾和问题，办学条件亟待改善，学术大师和高水平学科带头人仍然缺乏，学科、科技等方面的核心竞争力仍需不断加强，依法治校、规范管理、深化改革的任务仍然艰巨，学风建设还需要进一步加强。

2011年是制定和落实学校“十二五”规划的重要一年，机遇与挑战并存。我们要以科学发展观为指导，深入落实党的十七大和十七届四中、五中全会精神，深入贯彻全国教育工作会议精神和《教育规划纲要》，深入开展创先争优活动，继续解放思想，开拓创新，不断开创学校一流研究型大学建设和党的建设新局面。

第六次全国人口普查工作

【综述】

学校第六次全国人口普查工作，自 2010 年 6 月开始历时 10 个月。

第六次全国人口普查工作，是一项重大的国情国力调查。学校党委高度重视，成立了以校党委副书记高福廷为组长的人口普查工作领导小组，召开了人口普查工作动员部署会，下发了《北京交通大学关于做好第六次全国人口普查工作的通知》，抽调了专人组建人口普查办公室，配备了必要的办公条件，选聘了责任心强、任劳任怨的 108 名普查员。按照上级要求，学校认真组织普查员参加岗前培训，深入领会文件精神和上级有关规定。在北下关街道人口普查办公室的具体指导下，结合学校自身情况，认真制订学校普查工作计划和实施方案。

普查工作先后完成了建筑物普查、摸底及户籍整顿、正式入户普查、数据的整理汇总等相关阶段任务。在学校各部门的积极配合和广大师生的大力支持下，全体普查员克服时间紧、任务重、普查项目多、工作量大等困难，以高度的责任感和奋发进取的精神，不怕疲劳、连续作战、知难而进、勇挑重担，圆满完成了学校 9 938 户、总人口数 31 469 人的普查任务。

2010

组织机构

学校部分委员会和领导小组

下列为2010年1月1日—12月31日调整变化部分。

北京交通大学住宅建设与配售工作委员会

（2010年1月25日成立）
主　任：颜吾佴
副主任：高福廷　孙守光
成　员：基建处、房地产处、人事处、学校办、居委会、计财处、审计处、校工会、后勤处、后勤集团、纪委（监察处）、宣传部、离退休处主要负责同志，教职工代表
委员会下设两个小组：
1. 北京交通大学住宅建设与配售保障小组
组　长：高福廷
成　员：校工会、学校办、纪委（监察处）、审计处、宣传部、离退休处主要负责同志，教职工代表
该小组办公室设在校工会
2. 北京交通大学住宅建设与配售工作小组
组　长：孙守光
成　员：基建处、房地产处、人事处、计财处、校工会主要负责同志，教职工代表
该小组办公室设在房地产处

北京交通大学校务公开领导小组

（2010年3月5日成立）
组　长：王建国　宁　滨
副组长：高福廷　颜吾佴
成　员：高　艳　陈　峰　李学伟　王永生　张显臣　孙守光
下设校务公开工作办公室和校务公开监督办公室
1. 北京交通大学校务公开工作办公室
主　任：高福廷
副主任：吴　强
成　员：学校办、组织部、宣传部、统战部、纪委（监察处）、学生处、校团委、校工会、离退休处、保卫处、教务处、科技处、研究生院、研工部、人事处、实验设备处、计财处、发展规划处、国际合作处、招生就业处、基建处、房地产处、后勤处、对外联络处、图书馆、后勤集团、资产经营公司、远程学院等部

门主要负责人

工作办公室设在学校办

2. 北京交通大学校务公开监督办公室

主　任：颜吾佴

副主任：贺代平

成　员：纪委（监察处）、审计处、校工会、教代会民主监督委员会负责人、校学生会主席和研究生会主席

监督办公室设在纪委（监察处）

北京交通大学节约型校园建设领导小组

(2010 年 3 月 25 日成立）

组　长：陈　峰

副组长：高　艳　孙守光

成　员：后勤处、基建处、房地产处、实验设备处、后勤集团、计财处、审计处、教务处、科技处、宣传部、学生处、校团委、校工会、社区居委会主要负责人，教师代表，学生会、研究生会主席

北京交通大学第六次人口普查领导小组

(2010 年 8 月 30 日成立）

组　长：高福廷

副组长：王绪厚

成　员：吴　刚　高沁翔　裴劲松　孙长索　屈晓婷　王雪松　刘彦青　何　青　关忠良　张家栋　杨培飞　黄维科　杜永平

领导小组下设办公室

主　任：王绪厚

副主任：吴　刚

成　员：李丽丽　李香山　邓小凤　周　倩　鲁玉平　俞钢杰　李更新　蔡　青　魏秀玲　罗庭海

北京交通大学党建工作领导小组

(2010 年 11 月 3 日成立）

组　长：曹国永　宁　滨

副组长：颜吾佴　高福廷　高　艳

成　员：学校办、组织部、宣传部、统战部、纪委办公室、学工部、研工部、离退休部、人事处主要负责人

办公室设在组织部。

北京交通大学综合改革领导小组

（2010 年 11 月 3 日成立）
组　长：曹国永　宁　滨
副组长：颜吾佴　陈　峰　李学伟　王永生　张星臣
成　员：人事处、组织部、计财处、校工会、教务处、科技处、国际合作处、研究生院、资产公司、对外联络处主要负责人
领导小组下设三个小组：
1. 高校用人机制改革小组
组　长：张星臣
成　员：人事处、组织部、计财处、校工会、教务处、科技处、研究生院、国际合作处主要负责人
该小组办公室设在人事处
2. 原行业高校产学联合培养模式和机制改革小组
组　长：王永生
成　员：教务处、科技处、研究生院、资产公司、对外联络处、计财处主要负责人
该小组办公室设在教务处
3. 大学国际化人才培养模式改革小组
组　长：陈　峰
成　员：教务处、研究生院、国际合作处、计财处主要负责人
该小组办公室设在国际合作处

北京交通大学校务委员会

（2010 年 10 月 15 日调整）
主　任：曹国永
副主任：宁　滨　颜吾佴　高福廷　高　艳　谈振辉　宋守信　章梓茂
委　员：（以姓氏笔画为序）
王永生　王玉凤　王均宏　王梦恕　卢　苇　刘友梅　孙守光　阮秋琦
何庆复　张　欣　张宏科　张星臣　李永学　李学伟　杨庆山　杨若东
汪至中　汪越胜　陈　庚　陈　峰　陈志南　林建成　郑广天　姚建铨
姜久春　施仲衡　施惠玲　查建中　洪　涛　荣朝和　赵成刚　唐　涛
夏　禾　夏海山　徐寿波　徐叙瑢　殷　快　袁伦渠　贾利民　高自友
常彦勋　黄世华　黄明利　曾广商　韩振峰　韩继华　简水生
研究生会主席　学生会主席
秘书长：吴　强

北京交通大学国家安全工作领导小组

（2010 年 10 月 15 日调整）
组　长：曹国永

副组长：高　艳　李学伟
成　员：学校办、保卫处（部）、研工部、稳定办、信息办、国际合作处、学工部（处）、校团委、科技处、档案馆主要负责人
办公室设在保卫处（部）

北京交通大学干部工作领导小组

(2010 年 10 月 15 日调整）
组　长：曹国永
成　员：宁　滨　颜吾佴　张星臣
办公室设在组织部

北京交通大学稳定工作领导小组（维护稳定处置突发事件领导小组）

(2010 年 10 月 15 日调整）
组　长：曹国永　宁　滨
副组长：高　艳　高福廷　陈　峰
成　员：学校办、稳定办、保卫处、保密办、学工部、研工部、校团委、宣传部、统战部、信息中心、人事处、实验设备处、国际合作处、后勤集团、社区居委会及各二级党组织主要负责人
办公室挂靠学校办

北京交通大学保密委员会

(2010 年 10 月 15 日调整）
主　任：曹国永
副主任：高　艳　李学伟
委　员：保密办、学校办、组织部、宣传部、人事处、审计处、科技处、国际合作处、研究生院、信息办、计财处、纪委、保卫处、教务处、招生就业处主要负责人
办公室设在保密办（学校办）

北京交通大学社会治安综合治理委员会

(2010 年 10 月 15 日调整）
主　任：高　艳
副主任：陈　峰　孙守光
成　员：各二级党组织负责人，学校办、保卫处、后勤处、后勤集团、房地产处、基建处、学生处、研究生院、团委、宣传部、科技处、教务处、实验设备处、计财处、国际合作处、招生就业处、稳定办、社区居委会、信息办主要负责人
办公室设在保卫处

北京交通大学经济工作领导小组

（2010 年 10 月 15 日调整）
组　长：宁　滨
副组长：颜吾佴　李学伟　张星臣
成　员：计财处、审计处、监察处、教务处、实验设备处、人事处、后勤处、科技处、研究生院、资产公司主要负责人
办公室设在计财处

北京交通大学人才工作领导小组

（2010 年 10 月 15 日调整）
组　长：曹国永　宁　滨
副组长：颜吾佴　张星臣
成　员：人事处、组织部、计财处、教务处、科技处、国际合作处、研究生院主要负责人
办公室设在人事处
主　任：人事处副处长

北京交通大学师资工作领导小组

（2010 年 10 月 15 日调整）
组　长：宁　滨
副组长：颜吾佴　张星臣　李学伟　王永生
成　员：人事处、教务处、科技处、研究生院主要负责人
办公室设在人事处

北京交通大学离退休工作领导小组

（2010 年 10 月 15 日调整）
组　长：曹国永　宁　滨
副组长：颜吾佴　张星臣
成　员：离退休处、组织部、人事处、财务处、后勤处、实验设备处、学生处、校医院等主要负责人
办公室设在离退休处

北京交通大学毕业生就业工作领导小组

（2010 年 10 月 15 日调整）
组　长：曹国永　宁　滨
副组长：高　艳　王永生
成　员：招生就业处、学生处、教务处、研究生院、研工部、团委主要负责人及各学院分管学生工作的副书记、副院长

办公室设在就业指导中心

北京交通大学助学贷款工作领导小组

（2010 年 10 月 15 日调整）
组　长：宁　滨
副组长：高　艳
成　员：资助中心、计财处、教务处、研究生院、各院系（不含远程学院）负责人
办公室设在资助中心

北京交通大学学生申诉处理委员会

（2010 年 10 月 15 日调整）
主　任：高　艳　王永生
副主任：蔡红建　刘志刚
成　员：学校办、监察处、学生处、研究生院、教务处负责人，教师、学生代表
办公室分设在学生处、研究生院

北京交通大学学科建设领导小组

（2010 年 10 月 15 日调整）
组　长：宁　滨
副组长：颜吾佴　李学伟　王永生　张星臣
成　员：各院系（不含远程学院）、研究生院、发展规划处、人事处、教务处、科技处主要负责人
办公室设在研究生院
主　任：研究生院副院长

北京交通大学国家文化素质教育基地工作领导小组

（2010 年 10 月 15 日调整）
组　长：颜吾佴
副组长：高　艳　王永生
成　员：人事处、教务处、工会、学生处、校团委、研工部、人文学院主要负责人
办公室设在教务处
主　任：教务处处长
副主任：校团委书记

北京交通大学对外交流工作领导小组

（2010 年 10 月 15 日调整）
组　长：陈　峰
副组长：徐宇工　尹　激
成　员：各院系和学校办、人事处、科技处、教务处、研究生院、计财处、招生就业

处、发展规划处、资产公司负责人，教师代表
办公室设在国际合作处和对外联络处

北京交通大学信息化与网络建设领导小组

（2010 年 10 月 15 日调整）
组　长：孙守光　高福廷
副组长：信息办、宣传部主要负责人
成　员：学校办、人事处、信息办、计财处、实验设备处、基建处、保卫处、研究生院、宣传部、后勤处、后勤集团主要负责人
办公室设在信息办（信息中心）

北京交通大学校园网管理领导小组

（2010 年 10 月 15 日调整）
组　长：曹国永
副组长：高福廷　高　艳　孙守光
成　员：宣传部、信息办、学校办、学生处、研工部、校团委、教务处、人文学院、远程学院主要负责人
办公室设在宣传部

北京交通大学产业领导小组（经营性资产管理领导小组）

（2010 年 10 月 15 日调整）
组　长：李学伟
成　员：资产公司、科技处、计财处、审计处、人事处负责人
办公室设在资产公司

北京交通大学体育运动委员会

（2010 年 10 月 15 日调整）
主　任：颜吾佴
副主任：张岳强　董敬祝　韩继华
委　员：各学院主管体育工作的负责人、校机关工会、学生处、研工部、离退休处、教务处、远程学院、图书馆、后勤集团、校医院、资产公司负责人
办公室设在体育部

注：凡各委员会或领导小组办公室设在部门的，未在上文明确主任的，办公室主任由部门主要领导人担任。

学校部分机构及负责人

表1　2010年学校党政机关及直属机构负责人

党委系统	部长（主任、书记）	副部长（副主任、副书记）
学校办公室（党办）	吴　强	王绪厚 蓝晓霞（女） 王　瑽
稳定办公室	吴　强（兼）	王绪厚（兼常务副主任） 裴劲松（兼）
保密办公室	吴　强（兼）	王绪厚（兼常务副主任） 裴劲松（兼） 余祖俊（兼）
纪律检查委员会	颜吾佴	贺代平（—9.30） 孙蓝烽（女）
组织部、党校	文海涛（女）	林　芳（女） 陈志新（女）
宣传部	高沁翔	王虹英（女）
统战部	李　彤（女）	
学生工作部 武装部	蔡红建	芦富彦 刘　燕（女） 韩继华
研究生工作部	屈晓婷（女）	
团委	韩继华	王　莹（女） 刘东平 秦思阳（女）
工会	高福廷（兼）	殷　快（女，常务副主席，正处级） 董敬祝
机关党委		郑铁锤（主持工作）
保卫部	裴劲松	黄　宏 徐　民
离退休党委、离退休工作部	李永学	何　青（女） 薛成海
后勤服务产业集团党委	杜永平	李燕华
资产经营有限公司党总支	王景昕	
校医院直属党支部	康　俊（女）	
图书馆直属党支部	周兴友	
体育部直属党支部	刘茂辉（—7.13）	

续表

行政部门及直属机构	处长（主任）	副处长（副主任）
学校办公室（校办）	吴　强	王绪厚 蓝晓霞（女） 王　璁
法制办公室	蓝晓霞（女，兼，副处级）	
发展规划处 高教研究所	王元丰（—1.21）	王元丰（常务副所长，—1.21）
教务处	屈　波（女）	侯永峰 张有根 李长春（5.17—）
科学技术处	余祖俊	赵　鹏 叶　龙（兼） 王冬梅（7.2—）
人文社会科研管理办公室	叶　龙	
国家重点实验室		王俊峰
研究生院	刘志刚（常务副院长，7.2—）	屈晓婷（女，兼） 刘志刚（—7.2） 郝生跃
人事处	许安国	王雪松（女） 宋　瑞（女）
学生工作处	（同学生工作部）	
学生资助管理中心	蔡红建（兼） 屈晓婷（女，兼）	孙长索
纪委监察处 纪委办公室	贺代平（—9.30） 王宏军（副处级）	王宏军
计财处	关忠良	陈　莹（女） 张　俊
国际合作交流处	徐宇工	刘彦青（女） 邓新华（女）
审计处	孙蓝烽（女）	陶　宏（女）
保卫处	（同保卫部）	
基建与规划处	李宏林	黄维科 张孝荣
实验设备处	张家栋	丁鹏玉
后勤管理处	谷钧宏	陈　剑
后勤服务产业集团	郑广天	陈中伟 翟　儒 张　重 李燕华

续表

行政部门及直属机构	处长（主任）	副处长（副主任）
招生与就业处 （学生就业指导中心）	王化深	黄晓慧（女） 史贞军
离退休工作处	李永学	何　青（女） 薛成海
房地产管理处	杨培飞	刘英武
对外联络合作处	尹　激	吴　俊 徐劲松（女）
信息化办、网络中心	贾卓生	王　锋
图书馆	韩宝明	郑　兰（女）
出版社	郑光信	
档案馆	钟　雁	王雪松（女，兼）
校医院	李海红（女）	
体育部	张岳强	
资产经营有限公司	姚念龙	王景昕（兼） 王大勇
科技园有限公司	姚念龙（兼）	廖涌泉
首都大学生思想政治教育研究中心		寇红江（办公室常务副主任）

表 2　2010 年学院党政负责人

学院	党委书记	副书记	院长	副院长
电子信息工程学院	蒋大明	赵　岚（女） 李志斌	陈后金	李志斌 娄淑琴（女） 蔡伯根 刘　颖（女）
计算机与信息技术学院	杨晓晖（女）	徐爱国 于亚光（女）	韩　臻	梁满贵 于双元 林友芳
经济管理学院	张明玉	王德瑜 郭雪萌（女）	刘延平	郭雪萌（女） 叶　龙 张真继 张　力
交通运输学院	孙全欣	赵映奎 孙冬梅（女）	刘　军	朱晓宁 聂　磊（女） 关　伟
土木建筑工程学院	吴　萱（女）	马　强	魏庆朝	杨庆山 姚谦峰（—9.18） 张顶立 张鸿儒

续表

学院	党委书记	副书记	院长	副院长
机械与电子控制工程学院	路加栓	王　烜（女） 李国岫	李建勇	杨　飞 李国岫 李长春（—5.17） 刘志明
电气工程学院	范　瑜	连会仁 和敬涵（女）	郑琼林	和敬涵（女） 王立德 王　毅 姜久春
理学院	解　郁（女）	刘　晓	冯其波	张希清 修乃华 衣立新（女）
人文社会科学学院	孔　琳（女）	孙慧环（女）	韩振峰	毕　颖（女）
语言与传播学院	郭海云	宁望和	司显柱	杨若东
软件学院	卢　苇（兼）	段春荣	卢　苇	赵　宏（女） 段春荣（兼）
建筑与艺术系	沈永清		沈永清（兼）	常　工 韩林飞
远程与继续教育学院		徐晓玉（女，兼）	陈　庚	司银涛 祝祖强 徐晓玉（女）

注：2010 年机构变动情况

1. 4 月，经学校研究决定，成立“中国现代轨道交通科学与技术研究院”，下设中国高速铁路研究中心、中国城市轨道交通研究中心、中国磁悬浮研究中心、中国管轨交通研究中心和中国综合交通研究中心。
2. 4 月，经学校研究决定，成立“北京交通大学低碳研究与教育中心”，挂靠科技处，由陈峰担任中心主任，刘伊生、王元丰担任副主任。
3. 5 月，经学校研究决定，成立“北京交通大学中国书画院书画艺术研究创作中心”，挂靠建筑与艺术系，由中国书画院、学校和建筑与艺术系共同管理，由高福廷担任执行主任，常工担任执行副主任。
4. 12 月，经校党委常委会研究决定，我校与镇江市政府及镇江新区管委会联合共建北京交通大学长三角研究院，由张雷担任代理院长和法人代表。
5. 12 月 31 日，经中共北京交通大学第九届委员会常务委员会第一百二十四次会议研究决定，将我校教育部战略研究培育基地——行业特色研究性大学发展战略研究中心、联合国教科文组织产学合作教席办公室与原发展规划处、高等教育研究所合并，成立新的北京交通大学发展战略与规划处（简称发展规划处），高等教育研究所、行业特色研究型大学发展战略研究中心、联合国教科文组织产学合作教席办公室对外可独立联系业务。

2010

党群与思想政治工作

综合工作

【综述】

2010年，学校党委文秘信息、督办稳定与综合工作，围绕学校主业和中心工作，以突出的工作业绩服务学校有特色、高水平研究型大学建设，取得一些创新和突破。

【制度建设】

继续推进规章制度建设，对2010年印发的20个规章类文件、31项规章制度认真把关，严格执行法律顾问审核、上会审定等程序，确保了各项制度的科学性、合法性，切实推进了学校制度建设和依法治校工作的开展。大学章程制订工作有序推进，形成了《北京交通大学章程》会议讨论修改稿。

【文稿服务】

全年原创性文稿起草工作量总计32.9万字。

1. 圆满完成了学校工作会、暑期工作会等重要会议领导讲话和党政重要文件的起草工作。主要可分为两类：一是党政重要工作讲话及文稿55件，包括书记、校长在学校工作会、党委十一次全会、暑期工作会、教代会、董事会、教师节表彰大会、科技工作会等会议上的重要讲话；二是重要文件，包括学校工作要点、学校重点工作折子工程、常委会、校长办公会重点议题计划、学校考核等共7件，学校党政重要会议纪要及落实通知124件，完成学校筹建现代轨道交通创新基地暨新校区文件撰写呈报等。撰写学校工作和校领导重要活动新闻稿34篇，制作上级领导及兄弟单位来校汇报用演示文稿共17份。

2. 加强了常委会、校长办公会的会前协调工作，改变了两会纪要传阅方式，缩短了纪要整理、传阅和发布时间，提高了会议决策质量和效率。在学习教育部办公厅规范做法基础上，研究制订学校规范校领导公务活动的相关文件，对协调全校性会议等工作的规范化、科学化产生了积极的影响。

3. 创办《北京交通大学通报》，专门刊载学校重要会议领导讲话，出刊日期灵活便捷，原有《北京交通大学公报》则定期发布重要文件和规章制度，二者共同成为学校信息公开的有效载体。

此外，2010年共计审核发文586份，审核文字量45万余字，收转运行并处理上级及校内外文件1 600余份。运转处理上级机要文件1 600余份，做到了及时安全，未发生文件丢失和迟办、漏办等情况。

【信息与统计工作】

1. 出色地完成了信息报送任务

日常信息报送方面，推进信息基础工作，继续加强对校内各单位信息报送工作的培训指导。召开年度信息工作会议，总结工作，表彰先进，并邀请中共中央办公厅有关领导就信息业务进行了培训。充分挖掘学校优势特色和亮点工作，全年向教育部、北京市报送信息106期，其中单篇信息25篇，约10万字。教育部以简报单篇采用4篇，以要情综合、摘报、简报综合等采用29篇，其中一篇为中央领导和部领导批示信息。学校信息报送工作积分位列教育部高校第8名。

安全稳定信息报送方面，敏感时期严格执行应急值班和维稳信息报送每日“零报告”制度，全年向教育部报送《学校食堂就餐及稳定情况汇报》总计51期，向北京市教工委报送《情况反映》总计73期。

2. 做好年鉴、年报编撰工作

完成《北京交通大学年鉴·2009》（32万字）的组稿编辑工作。真实反映学校年度发展脉络和特色工作，统筹设计框架条目，强化编纂规范，严把年鉴史实关和文字关。

完成《北京教育年鉴》的编写报送任务。选取学校亮点和特色工作，编报年鉴条目87条，共计2.3万字，有28条、9 000字被采用；收集提供图片23张，有11张被采用作为彩色插图和随文图片。1人获2010年北京市教育年鉴先进个人。

编印完成了学校2010年度报告，共24页近1.5万字，采用图文并茂的形式，全面、直观、集中地反映学校2010年各项事业所取得的成绩。

3. 认真完成高基表及其他统计工作

协调校内单位完成年度高等学校教育事业统计32个表格数据的收集汇总与核校上报工作，撰写统计分析文章2篇；完成教育部、北京市等上级单位及其他校外单位各级各类数据统计报表12张。荣获北京市2009年教育事业统计工作质量评估优秀集体一等奖，优秀个人二等奖。

【督查督办】

围绕学校重点工作和群众关心的热点难点问题，加强督办工作的计划研判和主动协调。一是加强重点督办和专项督办力度。将学校年度折子工程重点工作、常委会校长办公会决策事项作为督办重点，积极推动学校中心工作落实。折子工程督办方面，除中期督办和年底督办以外，还于11月下旬对折子工程落实情况进行了动态随访和分类汇总。二是扩展督办工作外延，协调处理突发事件和热点问题。专人负责校园网BBS校务信箱管理，每天关注校园网论坛舆情动态，协调督促主责部门及时答复和解决。全年共下发督办单147件，均得到了及时有效的反馈。三是扩大《督办简报》发放范围。编辑印发《督办简报》5期，发放范围扩展到校内各单位，使其成为宣传基层工作、考核部门业绩的重要依据和校务公开的有效载体。

加强校务公开制度建设。修订了《学校校务公开实施办法》，对校务公开的组织领导、公开的内容和范围、公开形式和程序作出明确规定，并编制了《校务公开目录》，明确各类公开事项的责任单位，涉及主要部门23个。校务公开工作办公室设在学校办，具体负责校务公开的日常工作。学校办主页设有“校务公开”专栏，成为学校校务公开的重要平台。下半年对校内单位的校务公开工作情况进行了专项督办。

【接待管理】

接待会务工作规范细致，得到上级单位和领导的认可。承办或协助承办全校性工作会议、接待、考核、验收等活动60余次，全年日常接待量近千人，其中重要接待任务32项，兄弟院校来访14次。

进一步细化并严格执行公务用车调度管理制度，做到及时保养车辆、科学调配车辆、合理使用车辆。全年安全出车约3 200次，为学校的大型活动、重要接待和校领导出行提供了可靠保障。

【来信来访】

继续加强矛盾纠纷排查化解工作，把工作重心从事后处理转移到事前化解上来，努力把各种不和谐、不稳定因素消除在萌芽状态，把各种矛盾和问题化解在基层，从源头上减少信访案件。定期梳理疑难信访案件，组织各单位各部门定期召开专题会议，调查研究，掌握全面情况，督促检查，加强协调，多方配合，减少缠访、重复访。强化信访工作责任制，学校领导牵头，各单位主要领导负责，形成“统一领导、上下畅通、各负其责、齐抓共管”的信访格局，避免越级上访。参加信访工作培训，提高政策理论水平和接访处置能力，耐心细致做好信访人工作，缩短信访案件处理周期。全年信访立案数51项，比2009年的73项减少了22项。

【单位考核】

2010年学校总结和考核工作本着认真、简化、突出重点、特色和创新的原则进行。学校年度绩效工资继续与单位考核挂钩，获奖单位绩效工资总量上浮一定比例，出现重大失误的单位，绩效工资总量下浮一定比例。为进一步加强基础工作，学校将对外联络与合作、档案资料归档和信息报送等基础工作正式纳入单位考核的内容和指标。

各学院结合《北京交通大学2010年工作要点》和学院班子任期目标责任书，进行工作总结，突出重点、增量、特色和创新，形成2010年度工作总结报告，报学校考核办公室（设在学校办公室）。同时，学校组织学院工作总结与交流大会；由部处、学院负责人向全校教职工代表述职，并由教职工代表给部处、学院工作评分；学校相关部处结合学院年度工作总结报告和日常掌握情况，对各学院相关工作提出总体评价意见。校考核领导小组根据相关部门的考核和大会交流情况进行综合评价，提出对各学院的考核评价意见和拟授“思源杯”和特色奖的单位后报党委常委会研究审定。

机关部处和直属单位按照《北京交通大学2010年工作要点》和《2010年学校折子工程》，参照2010年度对机关部处考核主要内容，认真总结履职和完成工作任务的情况。突出重点、特色和创新，形成2010年度工作总结报告，报学校考核办公室。各部处和直属单位还须向本单位职工报告工作。2010年校机关部处和直属单位评优秀单位和单项奖。各部门、直属单位根据各自工作的特色、创新和突出成绩，自主申报单项奖（1～2项），学校组织部分学院领导和教师代表进行评审。考核领导小组根据各部门工作总结，结合日常工作考核和单项奖评审情况，在听取各学院、有关部门和分管校领导意见后，提出对机关部处和直属单位考核评价意见后报党委常委会研究审定，最后评出优秀单位和单项奖。

【附件1】

2010年学校年终单位工作考核结果

获“思源杯”：机电学院　电信学院

获“特色奖”：运输学院　计算机学院　土建学院

获“优秀奖”：学校办　组织部　科技处　人事处　审计处　招生就业处　房地产处　远程学院　图书馆　后勤集团

获“单项奖”：宣传部　纪委（监察处）　机关党委　工会　保卫处　研究生院（研工部）　实验设备处　对外联络处　档案馆　校医院　体育部　资产公司

组织工作

【综述】

2010 年，学校党委组织工作认真贯彻落实教育部、北京市和学校有关工作部署和要求，围绕学校中心工作，以深入开展创先争优活动为重点，圆满完成了深入学习实践科学发展观活动“回头看”工作、学习《中国共产党普通高等学校基层组织工作条例》、组织二级党组织、《北京普通高等学校党建和思想政治工作基本标准》自查等各项工作。

【创先争优活动】

按照中央、教育部和北京市的统一部署，在学校党委的领导下，精心谋划，认真组织，不断推动学校创先争优活动取得实效。

1. 认真准备，分级动员

结合上级文件精神和学校年度重点工作认真起草了活动方案，明确了活动主题，分类提出了活动载体，经党委常委会讨论通过印发全校；组织全校创先争优活动暨党员作风建设年活动动员部署大会，指导各二级党组织做好方案制定和活动动员，切实搞好思想发动；根据活动方案制定具体工作实施计划，组织召开领导小组办公室会和工作部署会，建立信息报送制度等。活动组织有力有序，圆满完成了本年度的各项工作，在各级党组织和党员中进一步营造了学先进、赶先进、创先进的浓厚氛围。

2. 活动丰富，争创先进

按照创先争优活动方案的部署，先后组织开展了“抓党风、强师德、促学风”主题教育活动、党员教育培训、“支部互动、党员互助”活动、“争做育人标兵和成才表率”活动、“创先争优、从我做起”主题实践活动、优秀基层党建工作创新项目评选等活动，不断激励各级党组织和党员努力创科学发展之先、争校园和谐之优，使创先争优活动成为推动学校科学发展的强大动力。

3. 精心组织，成效显著

创先争优活动期间，起草学校党委发文 7 份、各项活动通知 14 份；上报北京高校创先争优活动领导小组办公室月报 4 期、动态信息 11 期，上报各类综合数据统计信息 6 次；撰写各类讲话、总结、交流材料 9 份；向学校党委常委会、创先争优活动领导小组汇报工作 4 次；组织召开创先争优活动领导小组办公室、二级党组织书记工作会 7 次；5 月初组织召开了创先争优活动动员部署会，“七一”前夕组织召开党建工作研讨会，交流研讨部署创先争优活动，11 月初结合北京市要求组织召开深入推进创先争优活动部署会，12 月 27 日组织召开创先争优活动阶段总结部署暨表彰会，对今年的创先争优活动进行总结，对明年的创先争优活动作出部署，对创先争优活动过程中评选出的“育人标兵”、“成才表率”和“优秀党建工作创新项目”进行表彰，将创先争优活动不断引向深入。学校在北京高校创先争优活动动员部署会和阶段总结暨表彰大会上都作了交流发言，创先争优活动取得了阶段性成效。

【学习实践科学发展观活动】

严格按照上级工作部署，认真组织做好学习实践活动“回头看”相关工作。3 月，要求学校学习实践活动整改落实方案涉及的各责任部门，进行广泛的自查，进一步明确了整改方案的责任人和整改时限；7 月，对巩固扩大整改成果和“回头看”工作进行了全面总结，形成《北京交通大学深入学习实践科学发展观活动整改落实情况报告》并上报教育部。截至 12 月底，《北京交通大学深入学习实践科学发展观活动整改落实方案》中确定的 56 项整改落实项目共完成了 47 项，其余 9 项任务为中长期项目，也在不断推进。整改落实工作取得了阶段性成果，重视长效机制建设，逐步完善各项制度，学习实践活动取得了实效。

【干部队伍建设】

积极落实中央《2010—2020 年干部教育培训改革纲要》，研究起草了《北京交通大学干部教育培训管理考核办法》，进一步加强干部教育培训管理和考核。组织校内相关处级干部培训 4 次，内容涉及学习型党组织建设、创先争优、基层党建工作等。组织了 2010 年度暑期干部培训班，利用暑期组织 23 名干部赴江西井冈山、瑞金开展了为期 6 天的集中培训，通过现场教学、专题讲座等形式，深入学习党的历史和井冈山精神，提高干部的党性修养和理论水平。组织第五期干部海外研修班，选派 14 名干部赴美国进行为期 3 周的培训，学习考察美国高等教育管理理论和实践经验。同时，拓宽教育培训渠道，先后选派 60 位党员领导干部和党员教师，参加中央、教育部、北京市组织的近 11 个班次的校外专题培训。协助做好校级领导干部的培训，共组织校领导参加各级组织的培训 18 人次。通过学习培训，进一步开阔了干部的眼界，提高了认识水平和工作能力。

表 3　2010 年干部培训情况一览表

培训时间	培　训　项　目	主办单位	参加人
3. 1—3. 30	高校领导干部进修班（第三十六期）	教育部	高　艳
3. 1—5. 29	高校中青年干部培训班（第三十三期）	教育部	余祖俊
5. 19—5. 21	北京高校新任处级领导干部综合素质提升培训班	北京市高校干部培训中心	陈后金、董敬祝、薛成海、康　俊、徐劲松
5. 24—5. 28	北京高校优秀青年干部培训班	北京市委教育工委	韩继华
5. 28—6. 1	教育部直属高校党委分管统战工作负责同志培训班	中央统战部、教育部	颜吾佴
6. 7—7. 6	高校思想政治理论课骨干教师研修班（第四期）	教育部	刘　燕
6. 15—8. 22	访问学者		李长春
7. 12—7. 23	北京高校哲学社会科学教学科研骨干研修班	北京市委教育工委	刘延平
7. 30—8. 19	干部海外研修班（第五期）	教育部、国家外国专家局	高福廷、孙守光、蒋大明、林友芳、孙全欣、魏庆朝、韩振峰、司显柱、裴劲松、谷钧宏、林　芳、王宏军、张　重、司银涛

续表

培训时间	培　训　项　目	主办单位	参加人
8.15—8.21	暑期井冈山干部培训班	校党委	颜吾佴、文海涛、陈志新、陈后金、杨晓晖、刘延平、吴　萱、路加栓、范　瑜、解　郁、卢　苇、沈永清、杜永平、高沁翔、许安国、殷　快、孙蓝烽、贾卓生、郑铁锤、王景昕、张岳强、周兴友、康　俊
9.1—9.30	高校领导干部进修班（第三十七期）	教育部	孙守光
9.1—11.29	高校中青年干部培训班（第三十四期）	教育部	郑广天
9.18—12.18	高校学生工作出国研修项目	国家留学基金管理委员会	蔡红建
11.10—11.11	北京高校学习贯彻十七届五中全会精神培训班	北京市高校干部培训中心	吴　强、高沁翔、刘志刚、许安国、吴　萱、陈志新
11.11—11.12	北京教育系统学习十七届五中全会精神专题研修班	北京市委教育工委	高沁翔
11.17—11.18	直属高校党员领导干部《廉政准则》培训班（第一期）	教育部	宁　滨、颜吾佴、高　艳、王永生、张星臣
11.23—11.24	直属高校党员领导干部《廉政准则》培训班（第二期）	教育部	曹国永、高福廷、陈　峰、李学伟
11.27—12.11	高校领导赴海外培训项目（第三期）	教育部	李学伟
11.28—12.25	直属高校中青年校级领导干部专题研修班（第一期）	教育部	颜吾佴
11.29—12.1	学习贯彻《中国共产党普通高等学校基层组织工作条例》培训班（第二期）	教育部	曹国永、文海涛
12.20—12.22	北京高校高等教育管理培训班（第五期）	北京高校干部培训中心	王　璇、李长春、刘彦青、于双元、张真继、司银涛

按照民主、公开、竞争、择优的原则，继续深化干部人事制度改革，进一步加大公开选拔、竞争上岗工作力度，起草并经党委讨论通过了《中共北京交通大学委员会关于常委会任免党政领导干部实行票决制的实施办法》和《北京交通大学处级领导干部竞争上岗工作规程（暂行）》等文件，进一步规范干部选拔任用程序，不断提高选人用人公信度。本年度组织了对研究生院常务副院长、科技处副处长两个岗位实行公开竞聘。按照党委工作部署，完成了两位校长助理人选的考察、公示工作。配合教育部党组、北京市委完成了学校 1 位副校长的考察、公示工作。

7 月，中共教育部党组任命曹国永同志为学校党委委员、常委、书记，因工作调动，免去王建国同志学校党委书记、常委、委员职务。12 月，中共教育部党组任命关忠良同志为学校党委委员、常委，教育部任命关忠良为学校副校长。12 月，学校党委任命吴强、郑广天同志为校长助理。

根据《北京交通大学党政领导班子后备干部工作实施办法》，按照素质优良、数量充足、结构合理、堪当重任的要求，采取多种方式，加强对后备干部队伍的培养和锻炼。继续选派青年教师到管理岗位进行挂职锻炼，选送计算机学院副教授翟高寿参加中组部、团中央组织的第11批博士服务团，赴西藏自治区服务锻炼；组织召开第六批青年教师挂职锻炼总结交流和第七批青年教师挂职锻炼启动会，第七批共有21位青年教师到学院和部处副职岗位挂职锻炼。积极选派干部到校外挂职锻炼，选派3名处职干部到北京市委教育工委、市发改委、海淀区挂职，选送2名副处职干部到教育部锻炼，选送3名辅导员到北京市委教育工委、市教委和团市委挂职锻炼。推进校际干部交流培养，接受3名江西省教工委选派的江西高校干部、2名北京信息科技大学干部、2名河南理工大学干部到学校相关单位挂职锻炼，并全力做好服务保障工作。

加大干部日常管理和监督，进一步做好干部重大事项申报工作和每年两次的个人收入申报工作，及时掌握干部有关情况，与审计处共同做好干部离任审计工作。抓好干部作风建设，认真组织处级以上干部学习中央《党政领导干部选拔任用工作责任追究办法（试行）》等四项监督制度，编印学习辅导材料，要求各二级理论学习中心组在自学基础上，开展专题学习和讨论，并完成相关测试题；为处级以上干部配发《领导干部作风建设读本》，编印关于作风建设的干部培训资料，要求每名处级干部结合作风建设主题撰写一篇理论文章。继续完善干部考核测评系统，围绕完成年度工作目标和履行岗位职责等情况，进一步提高考核质量。

进一步修改完善处职干部考核办法和处职干部网上考核测评系统，在校党委的统一部署下，在二级党组织的大力配合下，通过网上考核系统对全校164名处职干部进行了年终考核群众民主测评。经学校考核工作领导小组研究讨论、校党委常委会研究决定，2010年度共有36名处职干部考核结果为优秀，其他干部均为考核称职，并对考核结果进行了公示。

【基层组织建设】

坚持围绕中心、服务大局、拓宽领域、强化功能的原则，进一步巩固和加强党的基层组织，充分发挥基层党组织推动发展、服务群众、凝聚人心、促进和谐的作用，不断推进基层党建工作创新和党建工作规范化水平。

1. 大力加强党员教育培训，不断提高党员的思想政治素质和服务科学发展的能力

按照市委教育工委《2009—2013年北京高校党员教育培训工作规划》的要求，制订学校年度实施计划，分级实施，突出重点，多种形式加强党员教育培训。一是抓好党支部书记培训。发挥党支部书记的骨干辐射作用，提升党支部书记的能力和素质，举办党支部书记集中培训3次，分别就基层党建工作、学习型党组织建设、党的优良传统和作风进行辅导；先后选送9名教职工党支部书记参加两期市委教育工委举办的“北京高校优秀党支部书记示范培训班”。二是大力开展党员培训。与学生工作部、研究生工作部共同指导二级党组织开展以新生党员、预备党员、毕业生党员、教师党员为重点的党员教育培训，通过专题报告、分组研讨、会议交流、主题实践、自学等多种形式，确保培训学时要求，全年共培训党员6 500余人次。学校开展党员教育培训工作的做法受到市委教育工委的高度重视和肯定，在北京高校深入开展创先争优活动动员部署会和北京高校党校协作组年会上做了经验交流发言。三是做好党务干部培训。组织开展了党务干部培训班，对二级党组织书记、党委相关部门干部、专兼职组织员、党委秘书、辅导员等就北京市和学校下发的基层党建工作文件进行专题培训；积极选送党务干部参加校外培训。

2. *以创先争优活动为契机，不断推进基层党建工作创新*

以创先争优活动为契机，认真贯彻《中共北京交通大学委员会关于进一步加强基层党建工作的若干意见》，不断推进基层党建工作创新。一是抓好学习型党组织建设。组织开展十七届四中全会、五中全会、第十八次高校党建工作会、《中国共产党普通高等学校基层组织工作条例》（以下简称《条例》）以及北京市下发的系列文件的专题学习，邀请中央党校教授就学习型党组织建设作专题讲座，重视并不断加强党员教育培训，借助“交大大讲堂”、“院士校园行”、“大师面对面”等学校高水平讲座资源，不断提高党员干部的理论水平。二是组织开展“支部互动，党员互助”活动。组织教师党支部与机关党支部、教职工党支部与学生党支部开展“1+1”结对子活动，加强交流互动，发挥自身优势，共同推动良好学风校风的形成；组织党员通过帮助身边的党员和群众，深入开展党员“一帮一”互助活动。全校共有156个党支部结成了78对互动对子，2 348名党员结成了1 174对互助对子，并组织开展了丰富多彩的活动。三是组织开展了“争做育人标兵和成才表率”活动。重点抓好标准制定、活动开展、表彰宣传三个环节，突出群众参与，扩大活动影响，评选出北京交通大学“育人标兵”和“成才表率”各10名，其中王移芝老师和李熙同学分别被评为北京高校育人标兵、北京高校成才表率，王移芝老师作为唯一的教师代表在北京高校创先争优活动阶段总结部署暨表彰大会上发言，集中展示了学校创先争优活动的成果。四是开展纪念建党89周年系列活动。组织党员观看教育影片《第一书记》和《邓稼先》，号召党员向先进人物学习；组织走访慰问老红军、老战士、老专家和生活困难党员及群众112人，共发放慰问金近4万元；组织开展“共产党员献爱心”活动，共捐款13.3万元；召开党建工作研讨会，交流基层党建工作经验和体会，推进学校基层党建工作。五是开展“创先争优，从我做起”主题实践活动。组织广大党员立足本职岗位，围绕促进学风建设、加大人才培养力度、推进科技创新、提高工作水平、服务师生员工、共建和谐校园等工作作出公开承诺。全校共有6 221名党员作出公开承诺23 839条。六是组织开展优秀基层党建工作创新项目申报评选活动。鼓励基层党组织及时总结提炼推进基层党建工作和开展创先争优活动过程中形成的有效做法，申报优秀基层党建工作创新项目，评选出一等奖5项、二等奖10项、三等奖15项、组织奖6个，形成了一批思想性强、可操作性强、便于推广的党建工作创新项目，有力地推动了基层党建工作创新。

3. *认真抓好新修订《条例》和《基本标准》的贯彻落实，不断提高党建工作规范化水平*

加强制度建设，建立健全各项制度措施，不断提高党建工作水平。一是认真做好新修订《条例》的学习贯彻。组织各级党组织认真学习新修订的《条例》；组织召开了学习贯彻《条例》二级党组织书记座谈会，研讨贯彻落实《条例》的主要措施和需要上级研究解决的有关问题；起草了学校学习贯彻《条例》的实施方案。二是做好新修订《北京普通高等学校党建和思想政治工作基本标准》（以下简称《基本标准》）的自查工作。组织二级党组织、相关部处对照新修订的《基本标准》开展自查，查找差距，提出不足，进一步完善有关工作制度和机制。三是不断加强制度建设。本年度先后起草制定了学校党建工作领导小组及其职责、党员教育培训年度工作计划等文件，起草完成了《北京交通大学党员教育培训工作管理办法》、《北京交通大学党员教育培训联席会议制度》、《北京交通大学党代表大会代表任期制实施办法》、《北京交通大学党代表大会代表提案制实施办法》等文件，对推进党建工作规范化、制度化起到了很好的促进作用。

【党建研究】

高度重视党建研究工作，依托学校党建和思想政治工作研究会组织研究队伍，提高党员干部的理论研究水平，以党建研究总结经验、破解难题、推动工作、加强创新。

做好党建研究会工作，完成了2009－2010年度党建研究课题结题准备工作，制定并发布了2010—2011年党建研究课题指南。承担的北京高校党建研究会重点课题“北京高校学生党员教育情况调查及改进方式研究”以优秀成绩顺利结题；承担了北京高校党建研究会2010年度重点课题和一般课题各1项，其中“北京高校党内激励、关怀、帮扶机制研究”为组织部主持，研究任务基本完成。认真组织校院两级领导干部撰写工作理论文章，并汇编成册，便于学习和交流。校领导上交的理论文章获局级领导干部理论文章一等奖3篇、二等奖4篇。

【党校工作】

充分发挥党校在建设马克思主义学习型政党中的重要作用，大力加强党校工作的总体设计，推进党校工作创新。在做好干部、党支部书记和党员培训的同时，采取多项措施，提高入党积极分子培训效果。

1. 改进培训组织方式，不断提高入党积极分子培训效果

召开入党积极分子培训班工作研讨会，进一步研讨党校工作，研究进一步改进工作的措施。改进培训班组织方式，重心下移，各分党校在学校党校的统一安排下结合学生的专业特点和时间安排自学、实践和讨论环节，自主邀请相关党课教师，扩大了分党校举办培训班的自主权和积极性，提高了工作效率。本年度共举办两期入党积极分子培训班，15个班次，培训入党积极分子2 623人。

2. 积极推进党校教师聘任，不断提高党校教师教学水平

为进一步完善党校师资队伍建设，对党课教师进行了补充聘任，组织19位应聘教师进行试讲，经过专家评委打分和集体讨论，研究确定了12位拟聘任的党课教师充实党校师资库。重视党校教学质量的提升，积极组织党课教师参与北京高校入党积极分子“精品一课”评选活动，认真推选录制6位优秀主讲教师的教学视频及课件参加评选，3人主讲课程获评北京高校入党积极分子“精品一课”，在北京高校中排名第一，学校获优秀组织奖，并在北京高校党校协作组年会上作交流发言。

【发展党员工作】

加强组织队伍建设，选聘7名党务工作经验丰富、责任心强的离退休老同志担任7个学院的兼职组织员，制定兼职组织员工作量化具体要求，编印《北京交通大学组织员常用文件选编》，并通过工作培训、交流讨论、座谈会等形式提高工作水平。加强对党员发展工作的培训和指导，在组织党支部书记、党委秘书、专兼职组织员培训过程中，将党员发展工作作为重点内容加以培训，注重和强调对发展对象入党动机的把握，关口前移，高标准培养入党积极分子，确保党员发展质量。继续做好在青年教师特别是教学科研骨干中发展党员工作，本年度共发展党员1 054人。

【组织史编纂】

按照上级部署，认真做好《中国共产党北京市组织史资料丛书》（高校卷）——“北京交通大学卷”的编写工作。4月，学校成立了校党委副书记颜吾佴为组长、纪委监察处刘新

英、机关党委李银萍同志为日常工作负责人、由党委组织部、学校办公室和档案馆三个部门参加编纂的工作机构。通过查阅大量档案资料，走访离退休老领导、老同志，于5月初形成了丛书北京交通大学卷的初稿；12月，北京市委教育工委召开编纂工作会议，对丛书编纂个别章节和内容进行了调整，并下发了经北京市组织史资料丛书高校卷编写组整理的各高校资料编排复审稿，学校党委组织部按照新的要求对复审稿进行了仔细校核、修改、补充，完成了《中国共产党北京市组织史资料丛书》（高校卷）——北京交通大学部分的编纂工作。《中国共产党北京市组织史资料丛书》收录了1949年10月至2010年12月31日党的组织关系隶属于中共北京市委的副局级以上普通高等学校机构及其副局级以上学校党政实职领导干部名单。

【荣誉奖项】

学校承担的北京高校党建研究会重点课题“北京高校学生党员教育情况调查及改进方式研究”以优秀成绩结题。颜吾佴同志主讲的《党的组织原则与组织纪律》、韩振峰同志主讲的《中国共产党的指导思想》、刘峰同志主讲的《党的宗旨和党的作风》三门党课获评北京市委教育工委和北京高校党校协作组评选的北京高校入党积极分子“精品一课”，获奖数量居北京高校之首，学校获优秀组织奖。组织部《干部考核系统》获评北京高校党建创新项目。

宣传工作

【综述】

2010年是学校党委宣传工作全面贯彻党的十七大和十七届三中、四中、五中全会精神，深入贯彻落实科学发展观，继续解放思想，推进改革创新，着力夯实宣传思想阵地建设，进一步加强教职工思想政治工作和大学文化建设，为学校的改革发展稳定提供强大的精神动力和良好的思想舆论氛围。

【理论学习与研究】

深入学习宣传贯彻中国特色社会主义理论体系，按照创建学习型党组织的要求，加强学校理论学习与研究，进一步加强思想政治工作。

大力加强理论学习，不断提高党员干部的理论素养和解决问题的能力。发挥校院两级理论中心组的引领示范作用，做好中心组学习服务工作，编发《宣传通讯》6期。不断健全学习制度、拓展学习形式、保证学习效果，采取多种形式，扎实推进理论学习，全年共组织学校党委中心组集中学习11次。认真做好创先争优暨党员作风建设年活动的相关宣传工作，开设专题网站，起草编发了9期《创先争优工作简报》，其中一期获北京教育系统深入开展创先争优活动简报单篇报道。

积极开展理论研究，进一步贯彻落实《北京交通大学党建和思想政治工作“十一五”规划》，围绕党建和思想政治工作面临的新形势、新问题，按照科学发展观的要求，组织深入开展理论研究；依托党建与思想政治工作研究会和德育研究会，积极开展改进党建和思想政治工作新方法、新途径的研究；积极组织在重要媒体发表理论研究论文和成果，及时编印和出版优秀理论成果文集；完成北京市“四个一批”人才的推选工作。

【教职工思想教育】

坚持和健全教职工思想政治教育学习制度，切实丰富全校教职工政治学习的内容。根据学校教师学历层次高、有海外经历教师不断增加的特点，结合教师所关心、关注的理论与实践问题，创新教职工思想政治教育的形式和方法，提高吸引力和感染力；着力加强师德建设，营造实事求是、潜心钻研、严谨治学的良好氛围，培育教师学术魅力和人格魅力，弘扬学为人师、行为世范的职业道德，注重挖掘和宣传学校教职工中涌现出来的先进人物和事迹，为广大教职工树立自己身边的榜样。完成教育部教师思想动态调查及工作报告（其中发放调查问卷200份，涉及10个学院190余名老中青教师）。完成“五五普法”工作总结，利用闭路电视系统播出学校保密办提供的保密题材电视连续剧《密战》（每周4集）、2010人口普查广告等多部公益广告，为推进学校落实中央各项工作要求，营造和谐校园舆论氛围作出贡献。

加强思想政治工作队伍建设，加强理论培训和业务学习，提高队伍的战斗力；充分认识当前高校意识形态工作面临的复杂形势，进一步增强政治敏锐性和鉴别力；强化党委统一领导、党委宣传部门统筹协调、相关部门和院系齐抓共管的工作机制，把工作责任落到实处；

加强校报校刊、校内广播电视、网络等宣传阵地建设，严格课堂、讲座、社团、网络和研讨会、报告会的管理，健全申报、审批、备案等管理程序；深入开展法制宣传教育，弘扬法治精神，形成自觉学法、守法、用法的氛围。

【校园文化建设】

开展交大精神和校园文化的讨论与研究，加大对校园文化环境设计和建设的投入力度，建好校园文化艺术展示平台；开展和谐校园和节约型校园理念的宣传教育；开展学校优良传统的宣传教育，凝练交大精神，提升学校凝聚力；规范学校文化标识；策划制作学校宣传片；加强校园文化景点的设计和建设，强化环境育人功能；办好“交大大讲堂”等系列文化讲座，打造学术精品；创新栏目设置，继续做好“欧洲古典音乐欣赏”、“我身边的感动”等优秀精品栏目，积极推进高雅艺术进校园，打造系列文化品牌；编辑出版学校宣传画册等文化产品；研究制定《北京交通大学校园文化建设规划》，启动思源楼大厅、思源广场的文化景观整体设计和相关建设，进一步规范、完善学校的宣传文化体系，推进文化制度建设，建立文化建设长效机制；承办中央教育电视台全国直播的“中华颂七夕晚会”，完成筹备、创作、演出与新闻直播报道工作，独立创作节目《为了中华，为了爱》；《凝练学校优良传统　弘扬百年交大精神——北京交通大学着力推进校史文化建设发挥校史育人功能》获2010年高校校园文化建设优秀成果三等奖。

【媒体宣传】

校报全年共出版20期，及时反映学校中心工作，深入报道重要新闻事件。开设《一线故事》、《学风建设大家谈》、《推进中的学风建设》等栏目，围绕一线典型人物共撰写通讯等6篇共16 000字。广播站全年共编辑、制作、审听184期广播节目，全年向两个校区广播570次13 300分钟节目。电视台制作电视新闻40期，全年播发新闻共计1 071条，实拍新闻334条，全程录像约23场，全年摄制新闻素材约300小时、制作DVD共计125张。制作播出自办栏目《学术播报》39期。制作了《知行交大》等多部宣传片，涵盖教学、科研、思政教育、基层党建等内容。新闻网访问量从2 940万增加至3 860万，增加量为920万，日均访问量为2.7万。发布新闻2 036条，在工作日日均发布新闻11.1条，发布到学校主页的滚动新闻日均3.1条。开发、维护“学校创先争优”和“关工委”2个专题网站，发布“走近2010级新同学”、“114周年校庆”、“思源之星”、“学为人师”、“关注‘十二五’”等5个新闻专栏，受到了师生的极大关注。校报在北京高校好新闻评选中获1个版面一等奖、1个消息一等奖、1个言论类二等奖、1个通讯二等奖、1个通讯三等奖、1个图片二等奖、1个图版三等奖、1个标题三等奖。新闻网获评“全国百佳网站”，“深入学习实践科学发展观活动”专题网站获评北京校报协会网络新闻三等奖。

学校对外宣传工作主动服务学校中心工作，开掘信息源；在重大新闻和重大活动的宣传中，瞄准中央电视台、北京电视台、人民日报、中国教育报等大台、大报，策划推出重大选题和重点报道，在中央和行业主要媒体发稿数量和宣传效果上有所提升；加强外联，拓展了新的媒体资源和宣传阵地。共举办大型新闻发布会4次，围绕学校中心工作的专题媒体发布20余次，相关报道近千条。

统战工作

【综述】

2010 年学校统战工作深入落实科学发展观，认真学习贯彻党的十七届五中全会、全国及北京市统战部长会议精神，把握“大团结、大联合”主题，开展了大量统战工作。

【民主党派和无党派代表人士工作】

1. 及时召开座谈会、通报会，听取统战人士的意见和建议

1 月，校党委召开统战人士迎新春座谈会。校党委书记曹国永、校长宁滨出席座谈会，向全体民主党派人士和无党派代表人士通报学校工作，主管副书记颜吾佴通报统战工作情况，并听取统战人士的意见。两会结束后，统战部邀请学校全国政协委员、无党派人士王玉凤教授传达两会精神，组织学校民主党派成员和无党派代表人士认真学习。3 月，学校党委召开统战人士情况通报会。校党委副书记颜吾佴传达了年初召开的全国统战部长会议和北京市统战部长会议精神，并通报了 2010 年学校工作要点和统战工作要点。9 月，学校党委召开“迎中秋、庆国庆”党外人士座谈会。校党委书记曹国永、校党委副书记颜吾佴出席会议。会上，曹书记对《国家中长期教育改革和发展规划纲要（2010—2020 年）》（以下简称《纲要》）进行了解读，并就学校如何贯彻落实《纲要》精神提出了要求。党外人士介绍了各自组织的基本情况与基础工作，同时，对围绕国家和学校的建设与发展开展参政议政、建言献策工作的情况进行了简要汇报。本年度，学校还就“十二五”规划的制定广泛听取党外人士意见。从规划制定伊始，学校就注重经常听取党外人士的意见和建议，支持和鼓励他们积极为学校发展献计献策。

2. 组织统战人士赴朝鲜交流、考察

5 月 19 日，北京交通大学赴朝鲜访问团一行 14 人飞抵平壤，进行了为期 6 天的访问。访问团由校党委副书记颜吾佴担任团长，国务院参事、各民主党派负责人、侨联负责人、无党派代表人士等组成。这是近年来中国访问朝鲜的第一个教育代表团，访问团瞻仰了平壤市志愿军纪念塔，访问了金日成综合大学和金策工业综合大学。

3. 组织党外代表人士参观焦庄户地道战

为纪念抗日战争胜利 65 周年，10 月 21 日学校组织民主党派人士、无党派代表人士以及侨联代表人士参观顺义焦庄户地道战遗址纪念馆和地道遗址，使统战人士受到了一次深刻的爱国主义和革命传统教育。

4. 进一步加强民主党派工作

与民盟北京市委加强沟通。6 月，民盟北京市委到学校进行调研，与学校统战部、民盟支部共同探讨进一步加强民盟基层组织建设、围绕学校中心建言献策等内容。

九三学社北京市委议政《教育纲要》主题会在学校召开。10 月 20 日，九三学社北京市委在学校召开了围绕北京“十二五”规划如何落实《教育纲要》主题议政会，参加会议的有北京师范大学、北京交通大学、北京信息科技大学、北京石油化工学院、北京地质大学等

15 个单位的九三学社基层组织代表和部分社员。与会人员就教育规划与教师使命、研究生教育制度创新、抵制学术腐败、提高工作质量、战略新兴产业与人才培养战略等问题进行了交流和讨论，提出了意见和建议。学校党委统战部部长李彤参加会议并致辞。九三学社北京市委副主委王琳做了总结发言，肯定了本次议政会取得的成绩，提出了今后工作的改进意见和建议。

召开民主党派新成员座谈会。12 月底，学校统战部召开近两年来加入民主党派成员座谈会，统战部部长李彤介绍了学校统战工作概况以及学校加强统战工作的各项制度、措施。新成员介绍了各自的基本情况并就感兴趣的问题进行了咨询。

做好民主党派基层工作。按计划、保质量地协助民主党派发展新成员；召开学校民主党派负责人会议，进一步加强沟通、加强联合，共同探讨做好民主党派基层工作的途径与方法。协助九三学社海淀区委调查考核，4 月，语言与传播学院教师赵海燕被批准成为九三学社社员。

5. 加强党外代表人士工作

认真选送党外代表人士参加上级主管部门的培训。选送九三学社成员夏海山教授参加北京高校党外代表人士培训班、九三学社成员李克平教授参加海淀区委统战部举办的党外中青年骨干培训班。进一步加强对党外干部的培养、选拔和使用。选送党外干部衣立新到海淀区城管监督指挥中心挂职锻炼，推荐党外干部王元丰到九三中央任职，进一步拓宽了党外干部发挥作用的渠道。

【民族宗教工作】

学校一贯关心少数民族学生的学习生活，为其成长成才创造良好的环境。为信仰伊斯兰教的学生举办开斋节聚餐活动；为藏区的藏族学生举办迎接藏历新年的联欢活动；经常召开少数民族学生座谈会，听取他们的心声。积极开展民族宗教政策、法规的宣传教育工作，为民族宗教工作领导小组成员发放学习资料《中国五大宗教》知识读本。

【归侨侨眷工作】

积极支持、组织学校侨联开展工作。进一步发挥学校侨联组织的积极性，继续推进侨联引智引资工作。关心老归侨、侨眷，为归侨、侨眷做好法定认证工作。积极向北京市侨办推荐北京市侨界代表人士，共推荐了 3 人。

学校侨联承担的全市重点课题《关注空中轨道列车技术，拓展北京市交通体系发展空间》被评为 2010 年理论研究和调查研究优秀成果（建言献策类）二等奖。该课题在执行过程中对北京市交通拥堵问题做了大量调查研究，得到中国工程院王梦恕院士的关注和指导。初步形成了在北京区域范围内引进低碳、环保型空中轨道列车技术的可行性方案。

9 月，组织校侨联一行 40 多人，赴南宫村参观考察。归侨、侨眷们领略了秀美的自然风光和丰富的人文景观，纷纷称赞党的富民政策的正确性，更坚定了热爱党、热爱社会主义的信念。

【女教授协会工作】

6 月，组织召开北京交通大学女教授协会成立十五周年纪念大会。北京市妇女联合会副主席刘颖、首都女教授协会副会长陈晋南、校党委副书记颜吾佴及相关部处和学院的领导出席大会。大会总结了女教授协会成立 15 年来取得的工作成果，并对女教授协会未来的发展方向做了展望。

纪检监察工作

【综述】

2010 年学校纪检监察工作遵照上级纪检部门的指示，全面贯彻十七届五中全会精神，紧紧围绕学校中心工作，认真学习贯彻《中国共产党党员领导干部廉洁从政若干准则》和教育部“十不准”规定，以落实党风廉政建设责任制和推进廉政风险防范管理工作为抓手，坚持把党风廉政建设与创先争优活动相结合、与学风建设年活动相结合、与学习实践活动整改工作相结合，认真完成了《北京交通大学 2010 年党风廉政建设工作要点》中的各项任务，取得了显著成绩。

【宣传教育】

结合学校实际，传达贯彻上级会议精神。4 月 15 日，召开全校 2010 年党风廉政建设工作会议。校党委副书记、纪委书记颜吾佴在会上作工作报告，总结学校 2009 年纪检监察工作，部署 2010 年党风廉政建设工作。他强调，2010 年重点要从落实党风廉政建设责任制、加强反腐倡廉宣传教育、制度体系建设和监督工作等几方面着手，深入推进学校反腐倡廉体系建设，为建设和谐校园提供有力保证。校长宁滨作重要讲话，从四个方面对全校的干部职工提出了具体要求：一要认清形势，高度重视党风廉政建设工作；二要认真学习贯彻上级精神，进一步落实《中共北京交通大学委员会关于反腐倡廉建设的意见》；三要认真执行党风廉政建设责任制，切实抓好反腐倡廉任务落实；四要加强领导干部的作风建设和廉洁自律工作。他要求各级党员干部务必保持清醒的认识，增强政治责任感，树立大局意识，工作中要有敢讲真话的勇气、一身清廉的正气、敢于创新的锐气和无私无畏的大气，按照学校的部署和责任分工，全面落实责任制，扎实做好工作，努力完成全年党风廉政建设任务，为学校改革发展和稳定提供坚强有力的保证，推动学校各项工作在新起点上实现科学发展。同时重申了《廉政准则》中八个方面的规定，号召广大干部自觉增强法纪意识，积极营造和谐廉洁的校园文化氛围。全体校领导、党委委员、纪委委员、中层以上干部、各单位纪检员、各系所中心主任、党支部书记和学校党风监督员 210 多人参加会议。

采取各种形式，加强党风廉政建设宣传教育。6 月，按照上级要求印发了《关于开展 2010 年党风廉政宣传教育活动的通知》，对 2010 年党风廉政宣传教育活动进行了安排布置，提出了具体方案和要求，此次活动从 6 月持续至 12 月，着重积极探索如何发挥二级党组织在宣传教育中的作用。2010 年宣传教育主要围绕“五个一”主题活动开展，即上好一堂党性党风党纪教育专题党课、开展一次集中学习、参观一次反腐倡廉警示教育展、观看一部廉洁教育影片、参观一批廉洁教育基地。学校党委书记和副书记分别为学生和辅导员讲了党课，校院两级党政主要负责人给党员干部上一次廉政党课。全校党员以支部为单位集中学习了《胡锦涛在十七届中央纪委五次全会上的重要讲话》、《中共北京交通大学委员会关于加强反腐倡廉建设的意见》等 8 个上级和学校的党风廉政建设文件。9 月，学校组织 100 多名中层干部和教职工参观了反腐倡廉预防职务犯罪法制教育展。11 月，组织基建、后勤、财务和纪委等部门负责人参加海淀区检察院举办的预防职务犯罪专项报告会；组织全校党员观看了电影《第一书记》，组织部分支部观看了上级发放的反腐倡廉教育宣传短片；各分党委、党支部根据廉政宣传月活动安排，纷纷到各廉洁教育基地参观，接受革命传统教育和廉洁文化洗礼。

认真做好信访、举报件和学生申诉处理工作。全年共调查处理来电、来信、来访 12 人次。办结由河北省廊坊市中级人民法院转来案件 1 件，处分 1 人次。

【责任制落实】

制定并执行了学校《2010 年党风廉政建设工作要点及主要任务分工的通知》。3 月 26 日，学校召开校党委常委第一百零七次会议，讨论并通过了《2010 年党风廉政建设工作要点及主要任务分工的通知》，明确了学校党风廉政建设方面的 13 项任务，并将其分解为 32 项具体工作；明确了负责领导、牵头单位和协办单位的责任与任务，做到责任到人到岗。

根据北京市委教育工委、市教委《2010 年北京高校落实党风廉政责任制推进惩防体系任务完成情况检查工作方案》，组织开展党风廉政建设责任制的自查自评工作，全校各单位和各级党政领导干部都能按照党委要求，履行党风廉政建设责任制的领导体制和工作机制，做到了“一岗双责”。12 月 27 日，学校接受了北京市委教育工委、市教委党风廉政建设责任制检查组的考核，得到了检查组的肯定。通过自查、检查和整改，进一步理顺了反腐倡廉的领导体制和工作机制，完善了惩防体系。

【监督监察】

加强廉政风险防范管理工作。2010 年，根据北京市委教育工委、市教委《关于推进 2010 年北京高校廉政风险防范管理工作的通知》，制定了《关于推进 2010 年北京交通大学廉政风险防范管理工作的通知》，对第二批廉政风险防范管理工作的开展进行了再部署，重点抓好向校级领导、校机关有业务处置权岗位和二级学院的延伸。

完善廉政风险防范管理工作试点单位的制度。上半年，主要围绕试点单位在廉政风险排查过程中梳理出的风险点和防控措施，对每一个单位进行汇总、确认，基本形成了重点部门、重点业务规范化管理的制度体系，得到了市教育纪工委的肯定。针对制度不完善或者需要修订的部门，加大了监督力度，推动了制度建设。

廉政风险防范管理工作“向上”延伸。校级领导班子带头排查廉政风险，将廉政风险防范管理工作列为民主生活会和述职述廉的一项重要内容，梳理了领导班子在“三重一大”决策方面的风险点。针对校级领导班子成员，重点围绕“三重一大”决策、《廉政准则》落实、干部任免、分管工作等方面进行排查，并结合分管工作特点进行了廉政承诺，每位校领导确定了一项廉政重点项目。

开展二级学院和机关部处廉政风险排查工作。二级学院廉政风险防范管理工作重点围绕“三重一大”决策机制、科研经费使用、研究生招生复试、财务管理、人才引进、特长生招生工作等方面存在的风险；各机关部处重点围绕业务处置过程中涉及人财物的决策，进行风险排查，梳理业务流程图，找出风险点，制定防控措施。

继续加强对重点部位和关键环节的监督工作。重点在“三重一大”、工程建设项目、大宗物资设备、图书、药品采购、工程验收、体育、文艺、艺术设计本科招生考试等方面加强了监督工作。截至年底，纪委监察处共有 108 人次参与相关监督工作。

围绕学校干部选拔、任用、管理，积极做好监督工作。纪委全程参与了相关工作，对

2010 年拟提职的 4 名处职领导干部候选人均提出书面意见。对处级以上领导干部兼职情况进行了清理登记。对领导干部出国情况进行了清理，重点对双跨出国、违规出国进行检查。根据《中共北京市纪委关于对党政机关举办庆典、研讨会、论坛活动开展清理摸底的实施意见》精神和要求，对学校举办的庆典、研讨会、论坛活动开展摸底清查。此次摸底，共排查出 2010 年开展的校级庆典、研讨会和论坛活动 17 项，其中校庆 1 项，研讨会和论坛 16 项。

【专兼职纪检监察干部培训调研】

积极参加教育部、北京市教育纪工委组织的纪检监察工作业务培训，结合业务工作实际，开展了理论研究工作。全年共有十余人次参加了培训。结合上级纪委的调研活动，开展了科研经费使用、机关工作作风、自主招生等调查研究工作。完成了《高校二级学院（系）党风廉政建设机制研究》课题，提高了纪检干部理论研究能力。

保密工作

【综述】

2010 年，学校保密工作认真落实中央和北京市委关于加强新形势下保密工作的精神，根据教育部、北京市委保密委员会的工作部署和校保密委员会会议精神，按照“积极防范，突出重点，强化基础，科学管理，提高能力，确保安全”的方针，以提高保密工作能力为着力点，以落实保密责任为抓手，以防范计算机网络泄密、强化涉密人员教育和推进保密管理为重点，积极探索信息化条件下高校保密工作的特点和规律，通过加强制度建设、教育培训、技术防范和监督检查工作，积极推进保密法制化、规范化和科学化建设，建立保密管理工作长效机制，完成了《2010 年保密工作要点》各项任务，为学校发展与和谐校园建设提供了服务保障。

【体制机制】

深入推进工作体制机制创新，进一步提高管理、服务水平，依据“业务工作谁主管，保密工作谁负责”的原则，全面实行保密工作领导负责制，做到保密工作与业务工作同研究、同部署、同检查、同落实、同奖惩。

5 月 7 日，召开了年度保密委员会工作会议，会议由校党委副书记、保密委员会副主任高艳同志主持，保密委员会副主任李学伟副校长、保密委员会委员参加会议。会议主要议题是：审议通过 2010 年保密工作要点；审议通过 2009 年度保密先进集体和先进个人的评选结果；审议通过定密工作领导小组成立事项；通报涉密人员调整情况；通报学校军工科研保密工作情况；传达上级文件，对 2010 年学校保密工作进行了部署。

根据学校《关于评选保密工作先进集体和先进个人的通知》，进行了 2009 年度保密工作先进集体和先进个人的评选工作，经单位推荐，学校保密委员会研究决定，对电信学院保密领导小组、电气学院电气装备基地、研究生院 3 个保密工作先进集体和王琴等 10 名保密工作先进个人予以表彰和奖励。

5 月 16 日，为规范学校涉密事项的密级确定和密级变更、解密工作，从源头上明晰管理对象，加强防范，严格管理，经学校研究决定，成立北京交通大学定密工作领导小组，李学伟副校长担任组长。

按照市保密局的统一安排和要求，6 月 18 日—30 日，学校组织开展了北京交通大学保密承诺书签订人员知识竞赛活动，全体校领导、保密委员会委员、建立军工科研生产基地的二级保密领导小组成员和涉密人员、机要秘书参加了答题活动。通过竞赛答题活动，使全校各级领导干部和涉密人员得到了一次很好的保密教育，极大地增强了各级领导干部和涉密人员的安全意识、保密意识和规范意识，提高了遵守保密法律、法规和规章制度的自觉性。

10 月 15 日，根据工作需要和人员变动情况，经校九届党委常委会第一百一十七次会议审议，决定对学校保密委员会组成人员进行调整。学校保密委员会主任由校党委书记曹国永担任，副主任由校党委副书记高艳和副校长李学伟担任。

【宣传教育】

学校坚持把保密宣传教育作为一项经常性工作常抓不懈，本着筑牢保密防线、强化保密意识、知晓保密法规、掌握保密知识、提高防范能力的要求，开展了形式多样、持续有效的宣传教育活动。

9—10 月，结合新生入学教育，对新入学的本科生、研究生、高职学生和远程教育学生分别进行保密及安全专题教育，加强了新入校学生的保密及安全意识，逐步增强他们遵守保密法律法规的自觉性。

依托“北京交通大学－国家保密技术研究所研究生联合培养基地”，聘请专家讲课，2010 年举办了 4 场校外专家培训报告会，邀请国家保密局、国家保密技术研究所、北京市国家保密局的领导和专家来校进行保密专题培训讲座，参加人数达 300 余人次。

根据北京市国家保密局的部署和要求，积极开展保密法学习宣传活动。学校成立了以校党委书记曹国永为组长的北京交通大学学习宣传保密法活动领导小组，开展内容丰富、形式多样的学习宣传活动，举办了“乘新法颁布东风，扬普法宣传之帆”保密法宣传展，印制下发保密宣传卡片，在学校电视台播放保密题材电视连续剧《密战》，创建保密教育学习在线视频栏目，组织开展保密承诺书签订人员知识竞赛，邀请中央保密办副主任、国家保密局副局长梁建生作新保密法专题报告等系列活动。充分利用学校广播站、电视台、校报、新闻网等媒体，加大保密法宣传力度，将保密法学习宣传活动与推动学校保密工作紧密结合，在全校营造了学法、知法、懂法、守法、用法的良好氛围。

做好《保密工作》订阅和宣教工作，把《保密工作》杂志作为保密宣传教育的重要资料，订数逐年上升，实现了《保密工作》杂志覆盖学校保密工作各个领域、各个方面的目标。

【监督检查】

学校保密办、军工办和计算机学院信息安全专业选拔的研究生组成检查组，先后于 1 月 25 日、7 月 20 日对学校建立军工科研基地的学院进行了 2 次安全保密专项检查，曾多次参与国家机关和部队保密技术检查的鼎普科技公司专业技术人员也应邀配合参加了检查。开学初和放假前均安排部署各涉密单位组织开展保密自查，发现问题，及时整改。

【保密管理】

学校将涉密项目管理、涉密人员管理和涉密设备管理作为保密管理工作的重点，认真贯彻执行新颁布的《武器装备科研生产单位保密资格审查认证管理办法》，同北京市国家保密局和北京市军工保密资格认证委积极沟通，了解保密资格新标准与以前标准的不同和检查要求的变化，对比学校现在保密管理工作与保密资格新标准的差距，找到主要问题，根据学校实际情况，提出相应的改进措施。以深入学习新标准为契机，认清当前军工保密形势的严峻性，加强对军工保密工作重要性的认识，增强危机意识和责任意识，将保密管理贯穿于军工科研项目申报、立项、实施、验收的全过程，切实加强对军工科研项目实施过程的监控和检查，将军工科研工作与保密管理融为一体，建立“项目谁主管，保密谁负责”的保密责任制度，在科研工作中抓保密，以保密工作促科研。

学校建立涉密人员离岗审查及签订离岗保密承诺书、涉密人员出国（境）保密审查及保密提醒制度，严格执行涉密文件复印、打印、刻录审批，涉密计算机维修、重装操作系统等各项审批工作。全年办理国际论文保密审查 385 篇，对外合作项目审查 11 项。

学校定期召开保密工作会议，传达上级文件精神，通报泄密案例，分析泄密案件的成因和特点，查找问题，汲取教训，及时解决工作中出现的问题。有计划地选派专兼职保密干部进行学习培训，加快建设一支政治强、素质好、业务精的保密干部队伍。11 月 16—17 日，选派 2 名干部参加北京市保密干部业务培训。

发挥信息安全专业特点和人才优势，选拔政治面貌好、品学兼优的研究生，经过系统培训，承担学校保密技术检查工作，高水平的技术队伍为保密工作发挥了技术服务保障作用，提升了学校保密工作水平。

学校保密工作得到了上级单位的肯定。11 月 5 日，北京市国家保密局局长陈静、宣传法规处处长姚飞一行来校访问，校党委书记、校保密委员会主任曹国永，校党委副书记、校保密委员会副主任高艳接待了陈静局长一行，陈静局长对学校保密工作给予充分肯定。学校报送的关于开展保密宣传教育的信息被《北京保密工作》采用。保密办殷晓彤同志被评为 2008—2009 年度北京市保密工作系统先进个人。

学生工作

【综述】

2010年学校学生工作以科学发展观为指导，深入贯彻落实中央16号文件精神，围绕学校中心工作，努力贴近学生，不断创新工作。以加强学生思想教育精细化为突破口，加强和改进学生思想政治教育；以促进学生学业发展、成长成才为目的，大力推动学风建设；以创先争优活动为契机，发挥党员旗帜作用为重点，加强学生党建工作；以提高辅导员业务素质为抓手，扎实推进辅导员队伍建设；以建立长效预警机制为着力点，努力营造和谐安稳校园环境；以学生需求为核心，努力提高管理服务质量。

【荣誉奖项】

2010年学校思想政治教育工作主要获奖：北京交通大学党委学生工作部获得“北京市第十届思想政治工作优秀单位”；“努力使辅导员成为大学生的知心朋友和人生导师”获得首都大学生思想政治教育工作实效奖一等奖；学校荣获全国学生资助工作先进单位；学生心理素质教育中心荣获全国高校心理健康教育工作先进集体；学校获北京市红色“1+1”活动优秀组织奖；学校获得北京第五届首都大学生创意文化节优秀组织奖；获得“做文明有礼的北京人——《大学生》杯Flash动漫大赛优秀组织奖”。

【体制机制建设】

进一步完善学生工作体制机制。按照2009年制定的《北京交通大学辅导员队伍建设实施细则》、《辅导员补贴发放办法和考核办法》、《北京交通大学辅导员工作手册》及相关工作规章等规范辅导员工作检查、考核等工作。继续实施“实习辅导员”制度。举办辅导员高水平培训讲座，规范并加强辅导员工作。成立学生学业发展指导中心，建立学生学业指导长效机制。加强大学生思想政治教育课题规范管理及研究，深化校际学生工作交流，选派学生工作干部出国学习考察学生工作事务，促进学校学生工作质量及水平不断提高。聘请新疆高校维吾尔族干部到学校挂职，加强少数民族学生教育管理工作。加强学生安全教育的针对性及规范化。建立学生工作处网络信息部，实行网络舆情日报制度，完善校园网络监管及网络舆情引导机制。实施安稳信息每日“零报告”制度，完善相关预案，维护校园和谐安定。

【学生工作队伍建设】

学校高度重视学生工作队伍建设，通过补充力量、加强培训、加强考核等方式不断提高学生工作干部和一线辅导员业务素质能力，努力把学生工作队伍建设成为一支政治立场坚定、思想觉悟水平高、学生工作能力强、能打硬仗的学生思想教育管理工作的骨干中坚。电气学院党委副书记连会仁获得“北京市第十届优秀思想政治工作者”荣誉称号。

1. 充实加强队伍，保证工作质量

2010年通过简历筛选、笔试、心理测试和面试等环节选出10名优秀的2011届保留学籍本科生到各学院担任辅导员，2名担任过辅导员的研究生长期任辅导员工作，充实了辅导员工作队伍。为加强学校少数民族学生工作，加强对新疆少数民族学生的深度辅导工作，通过教育部及新疆维吾尔自治区教育工委、教育厅聘请了新疆警官高等专科学校警体部教研室副主任海如拉·艾乌拉副教授到学校挂职工作。

继续完善实习辅导员制度。选聘60余名有志于从事辅导员工作的2011毕业本科生和研究生到学工部、校团委、研工部、党委宣传部、学生资助管理中心和首都大学生思想政治教育研究中心等部门担任助理。其中有4名本科生、2名研究生通过招聘进入辅导员队伍，占本年度新招辅导员人数的50%。

2. 加强辅导员培训及工作研究

开展各类辅导员培训。邀请理论专家和工作经验丰富的辅导员对新入职辅导员进行培训，共计18场36课时，内容涉及马克思主义基本理论、对辅导员工作的认识、如何做好深度辅导、职业生涯规划和就业指导、心理健康教育、资助政策、军训工作、党建工作、评优评先工作、新生入学教育、网络思想教育等方面。承办并组织辅导员参加教育部“立德树人”全国优秀辅导员巡回报告会首场报告。组织辅导员20余人次参加教育部和北京市组织的各类培训十余次。邀请学校派驻教育部和北京市委教育工委挂职期满回校的干部为全体辅导员开设讲座。

开展素质拓展和辅导员交流活动。组织全体学生工作干部分批次开展素质拓展活动，熔炼团队品质及精神；组织“辅导员之家”沙龙活动，研究学生工作方法及问题，交流深度辅导工作经验。组织辅导员进行校际学生工作交流座谈。选派学生工作骨干出国学习、出境交流。2010年，2人赴英国、1人赴美国、2人赴中国香港、2人赴中国台湾进行学习交流。提高辅导员理论研究能力。组织辅导员积极参加高校辅导员优秀论文评选，获三等奖1项；积极参加2010年首都大学生思想政治教育课题申报，获批支持课题1项。2010年学校思想政治教育研究课题共立项18项，其中重点课题2项，一般课题13项，支持课题3项。

【学风建设】

学校为深入推动学风建设，将2010年确定为学风建设起始年。通过年度学生评优评先及表彰等活动，组织学生学习“身边的榜样”；从深入开展学风调研、建立学生学业发展指导中心、开展科学学习指导、激发学生学习动力等方面入手，搭建平台，积极引导，增强学风教育的针对性和实效性，大力推动学风建设落实工作。

1. 完善网上评优评先工作，发挥典型示范作用，加强学风建设

开展“身边的榜样”评选活动，在本科生中评选出科技创新、志愿服务、自主创业、成长成才等方面的表率，评选思源奖学金、高富浪奖学金等优秀学生，以展板、报告会等各种方式宣传优秀学生先进事迹，充分发挥榜样带动作用，激扬大学生的时代热情。

组织开展先进集体、先进个人和奖学金评选工作。开展并完善网上评优评先工作，通过改进学生管理系统评优评先工作相关程序、内容及方式等增强了系统的可操作性，加强了相关工作的培训与检查督导，使评优评先工作进一步系统化、规范化、简洁化，更好地体现公开、公正、公平，使评优评先工作成为广大学生树榜样、受教育、增动力、增实效的过程。

举办“北京交通大学2009—2010学年学生先进集体、先进个人暨社会实践表彰大会”，制播《耕耘希望（2009—2010学年）》视频，从学海扬帆、科技远航、文体齐飞、知行统一、爱心奉献等五个方面全面展示学校为学生成才发展搭建的各类平台，以及同学们成长进步的历程，起到了良好的学习示范作用。

以特色班级建设促进班级学风建设工作。通过2010年度茅以升铁道教育希望之星奖的

评审，加强茅以升班建设；注重周恩来班的建设过程，根据《北京交通大学周恩来班管理办法》，通过组织评选答辩会等规范周恩来班的建设及评选，邀请周恩来总理生前卫士、中央警卫局原副局长、周恩来邓颖超研究中心顾问高振普将军为学生做“学习周恩来，践行科学发展观”专题报告。第四届“詹天佑班”运输 0702 班代表学校参加“我的班级我的家”学习型班集体创建示范与评比活动获得一等奖。

积极争取增加专项奖学金奖项。通过与相关部门和校外联系，增设了富士施乐（深圳）奖学金、国富纵横专业奖学金、波易达奖学金、华为奖学金、纪惠奖学金 5 项专项奖学金，并与西门子公司续签奖学金合同，总金额 22. 2 万元。

2. 深入调研，广开言路，积极探索学风建设新途径

上半年，在校领导的带领下，学生工作部门深入到全校 12 个院系进行学风调研，同时还召开了学校领导、一线教师、学校管理部门、学生干部、学代会代表、违纪学生代表等 11 类不同对象的座谈会。组织开展本科生学风建设大调查，面向全校本科生发放 8 902 份学风调查问卷，问卷涉及学风建设的 12 个方面 134 项指标，涵盖了学习目标、学习兴趣、学习态度、学习方法、学习纪律、学习环境、影响因素、学生需求等多个方面。通过调研和问卷调查，成立学风调研课题小组，完成了学校本科生学风建设调查报告和各学院分报告，为问诊学风建设问题提供了保证。

3. 搭建平台，综合服务，科学指导学生学业发展

在广泛调研国内外学生学习指导相关工作建设的基础上，通过校内学生论坛、辅导员沙龙、教师座谈、相关部门深入研讨等多种形式的多次讨论，形成了建立学生学业与发展指导中心的构想和方案。11 月 26 日，学生学业发展指导中心正式成立，并进行了第一次团体辅导活动。中心首批聘请了 19 位教学经验丰富、深得学生认可的教师担任特聘咨询师，同时聘请了 39 位优秀本科生、研究生作为朋辈辅导志愿者，通过开展“个体咨询”、“团体辅导”等活动有效地解决不同层次学生学业发展问题。中心针对学期阶段不同特点，开展了考研英语冲刺串讲、2 次《微积分》考前团体辅导、《线性代数》考前团体辅导、《大学物理》考前团体辅导等 6 次团体辅导活动，一千多名同学通过预约的形式参加了团体辅导讲座。为学生制作了数学学习、英语学习、文学知识学习、时间管理等 10 种不同类型辅导材料的学习礼包，受到学生欢迎。中心网页正式开通，通过网站学生可以进行辅导预约、在线咨询答疑工作，创新了辅导载体，极大方便了广大同学。

建立健全学生教育管理和就业指导工作体系，针对不同年级学生在学业发展、心理健康、时间管理、生涯规划等方面存在的问题和困惑，组织具有丰富经验的辅导员编印了《本科生分年级学生成长问题解答手册》和《本科生分年级学生综合素质培养指南》，给予学生有效指导。

4. 积极引导，典型带路，激发学生学习源动力

积极开展形式多样、内容丰富的学习教育、校园文化活动及社会实践活动，引导学生明确学习目的，树立正确的人生观、价值观、学习观，提高学生创新意识、创新能力和适应社会能力，增强成才意识和责任意识。通过组织开展“学风建设论坛”、“我为学风献一策”等活动引导学生深入开展学风建设大讨论。以学生班级、支部为单位，成立以班级骨干、学生党员为成员的学风建设小组，组织学生自查并形成班级学风建设自查报告。重视发挥先进典型的激励教育作用，挖掘学风建设先进典型，加强宣传，引导广大学生“学先进、看典

型、比创新、赛学风”，营造学习典型、弘扬优良学风的氛围。

【学生党建】

学生党建紧紧围绕创先争优活动，不断加强学生党支部建设，充分发挥其堡垒作用以及学生党员在学生中的模范先锋和旗帜引领作用。

学校积极组织学生党支部和学生党员开展创先争优系列活动。制定学生党员“成才表率”标准，组织评选活动，广泛宣传并号召广大学生学习“成才表率”先进个人，争当表率。围绕学校学风建设起始年的中心工作，组织学生支部创建学习型组织，号召广大党员从我做起，树优良学风。

完善学生党员培训体系，组织开展党员述职评议工作。2010 年进一步完善学生党员培训系统化，开展新生党员、毕业生党员和学生党员骨干培训等，党员培训体现出连续性、层次性、针对性。暑期组织 2010 级新生党员提前入校进行党员培训，通过组织专题讲座、素质拓展、分组讨论、观看党建影片、实践服务等活动，参训 161 名新生党员党性修养、发挥骨干作用意识均有提高。通过毕业生党员专项教育，充分发挥毕业生党员在文明离校及感恩教育等方面的带动作用。组织近 200 名学生党员骨干开展轮训，邀请中央党校教授、延安干部学院教授为党员骨干授课，设置了《党支部工作实务培训》、《如何构建学习型基层党支部》等专题，组织党员骨干深入学习、讨论，开展“学习型党支部展示交流”等，提升党员骨干理论水平和基层党务工作能力。认真组织各学院开展 2008—2009 学年学生党员述职评议工作。结合创先争优活动组织了党员理论素质考察、述职考评、撰写心得体会等各项工作。

深入推进学生党支部红色“1 +1”共建活动。学校组织学生党支部与大学生村官结对子，开展红色“1 +1”社会实践活动。组织全体辅导员前往怀柔农村与大学生村官面对面交流，举办红色“1 +1”现场交流活动推广会，促进活动深入开展。组织学生党支部书记、学生党员参加红色“1 +1”活动共建立项会，深入农村开展社会调查、支农建设等一系列社会实践活动。2010 年共有 7 个本科生党支部共建活动入选北京市红色“1 +1”共建示范活动，其中 1 个党支部获得北京市二等奖，1 个党支部获得三等奖，5 个党支部获得优秀奖，学校获得北京市红色“1 +1”活动优秀组织奖。

【思想政治教育】

1. 举办“北京交通大学加强和改进大学生思想政治教育创新论坛”，评选表彰学校思想政治教育实效奖

为交流总结经验和做法、以评促建，不断推进加强“全员、全方位、全过程”育人工作，学校举行大学生思想政治教育工作实效奖评选工作。经过评审、答辩交流会等，共评出特等奖 2 项，一等奖 1 项，二等奖 2 项，三等奖 4 项，优秀奖 6 项。

2010 年 9 月份，学校举办了北京交通大学加强和改进大学生思想政治教育创新论坛，专门制作了宣传片《育人为本　奠基百年》，总结了中央 16 号文件颁布以来学校大学生思想政治教育全面发展的成果。邀请教育部思想政治工作司司长杨振斌、清华大学思想政治理论专家吴潜涛做了主题报告。分论坛发言主题涉及思想政治理论课程建设、研究生思想政治教育、教学与学生工作相结合、学风建设、深度辅导工作、职业生涯规划指导、校园文化建设、网络思想政治教育工作、共青团工作等 11 个方面。此次论坛为贯彻落实教育规划纲要和大学生思想政治教育座谈会精神，进一步集思广益创新大学生思想政治教育工作奠定了基

础，成为学校大学生思想政治教育工作新的起点。

2. 贴近学生需求，日常思想教育向精细化发展

在广泛调研学生的基础上，为解决不同年级学生的主要关注问题，编写印发了《红果园之旅——交大学生分年级问题解答》，对学生学业、生活及发展给予多方面有效指导。同时为全面指导学生综合素质的提升，编写印发了《红果园之路——交大各年级学生素质培养指南》，根据不同年级学生特点和现实情况，分别提出培养建议，打造学生综合素质培养的系统工程。

精心设计新生入学教育和毕业生教育。着力加强新生入学教育中的适应教育和养成教育，有重点地开展了校史教育、心理健康教育、资助政策教育和安全保险教育。实行毕业生教育模块化，组织开展毕业生“最后一堂课”、“我和我的大学”主题班会等活动，通过教师寄语毕业生、集体总结大学生活等方式升华学生感恩、爱校感情，4 000 余名毕业生充满感激和激情地走出校门。

依托“红果园有约”，邀请杨利伟等来校讲座；改革《形势与政策》课教学，实行全部面授，有效将“交大大讲堂”与学生“形势与政策”课对接，结合“形势与政策”课涉及学科多的情况，充分利用校内专业教师资源，增强了“形势与政策”课的导论教育。以“多媒体形式 + 实践式教学 + 体验式教学”为教学形式，以“科学设计 + 自我教育 + 激发兴趣”为方法，以“调研论文 + 出勤率考核 + 开卷考试”的组合方式进行考核，提高形教课实效性，增强对学生进行国情教育和社会主义核心价值体系教育的效果。

通过组织重大纪念日及传统节日活动，参观中国革命教育基地、博物馆，举办主题报告会等形式深入开展爱国主义及中华民族优秀传统教育。通过组织校园文化知识讲座、竞赛、网络征文等活动将学校精神渗透入学生日常思想政治教育，使中国革命传统教育、中华民族精神教育和大学精神教育在学生思想政治教育中起到潜移默化的铸魂育人作用。

3. 建立队伍、完善机制，创新网络思想政治教育

学生工作部门组建了肩负网络舆情监控与舆论引导、学生实用信息收集与发布、网络技术支持和信息整理等功能的网络信息部，加强了学校网络思想政治教育及网络工作队伍，对校内外论坛进行实时监控，及时处理网络突发事件。从 6 月 2 日起每天编发《网络舆情日报》，反映论坛热点、校园关注和学生学习生活中亟待解决的问题，畅通学生反映问题渠道，及时汇总反馈学生对各部门工作的意见和建议。建立安全稳定骨干队伍，充分发挥辅导员和自律会作用。各学院建立了通畅的学生骨干信息反馈渠道。举办住楼辅导员工作交流会，组织学生自律会在学生公寓开展好各项工作。

4. 做好学生违纪处理和教育工作

根据“程序正当、证据充足、依据明确、定性准确、处分恰当”的总要求，按照学校规章和相关程序，做好学生违纪处理工作，细致做好违纪学生教育管理工作。为增强学生对遵守校规校纪重要性的认识，通过学校 BBS 论坛、邮箱、大屏幕、公告橱窗等媒介，提出诚信考试倡议，将典型案例整理刊出，起到了较好的警示作用。

5. 建立长效“预警”机制，营造校园和谐环境

在物价上涨时期，学校通过网络队伍及时掌握学生网络动态，实行“日报”制度；及时召开学生座谈会，建立食堂与学生代表沟通渠道，反映学生需求；严格落实资助政策，加大资助力度，确保家庭经济困难学生安心学习生活；学校领导与学生处、后勤集团、各学院

学生工作组在就餐高峰时间到各学生食堂与就餐学生交流，直接了解学生关于改进食堂工作的意见和建议，及时协调相关部门解决实际问题。根据上级要求，建立敏感时期“零报告”制度，节假日安排专人值班。由学生处汇总网络舆情和各学院学生情况上报学校稳定办，建立了敏感时期长效预警机制。

6. 广泛深入开展安全教育，努力建设安全校园

为使学生人人接受安全教育，学生工作部门与保卫处、后勤集团等部门密切合作共同开展学生安全教育，努力做到安全教育具体化、日常化，常抓不懈。在节假日前、消防工作重点时期，学校组织定期开展安全教育，以致同学一封信的方式将安全教育材料发送至每一位学生的邮箱，并且通过校内论坛、大屏幕和手机短信，将学校安全工作要求告知每一位同学。

提高宿舍安全意识，全面检查排除学生宿舍安全隐患。组织主校区、东校区、学苑公寓7号楼共9座学生公寓3 000余名学生开展消防逃生演练；组织600余名本科生参加消防栓和灭火器使用培训和实践操作。将节假日前的安全卫生大检查设置为长效机制，从9月起每月组织一次安全卫生大检查，及时发现隐患，通报结果，责令整改。

【心理健康教育】

不断推进学生心理素质教育中心与学院的联动机制，加强新课程体系的建设，促进咨询服务深入开展，加强心理危机的预防和干预，建立了全方位的心理危机预防和干预体系。5月，荣获中国心理卫生协会大学生心理咨询专业委员会颁发的全国高校心理健康教育工作“先进集体”奖。

1. 加强学院心理健康教育工作，不断推进心理中心与学院的联动机制

加强心理中心与学院学生工作间的联系，强化专职教师联系学院制度。推动中心与学院联动机制，加强与学院心理教师的联系，共同策划设计大型心理健康教育活动，做到“大的活动共有主题，小的活动各有特色”。至9月份，校内各学院均成立大学生心理健康协会学院二级分会，通过组织丰富多彩的活动推动学院心理健康教育工作的开展。

2. 加强课程管理，提升课程质量

全年心理中心共开出8门理论课、2门实践课，选课人数为3 750人。2010年是新课程体系实施的第一年，《人际交往技能训练》、《生命教育》、《情感心理学》、《两性心理学》、《幸福心理学》等是第一轮次开课。通过不懈努力，5门新开课程任课老师制作出课件，编写教案，积累了丰富的教学材料。另有5门比较成形的课程也在不断丰富提高。面向心理委员开设《基本的助人策略与技巧》，面向班干部开设《团体心理训练》等。本年度共对2009级的175名心理委员进行了8次16个学时的培训，下半年对2010级的160名心理委员进行了8次16个学时的培训，对培训合格的心理委员颁发心理委员证书。组织2次课程观摩与学习，邀请督导组专家现场点评，张驰代表心理中心参加了北京交通大学第八届青年教师基本功大赛。承办了北京高教学会心理咨询研究会主办、David Eckman博士主讲的为期3天的《人生价值观与人际交往技能训练》工作坊。组织编写的第一本教材《心理学的帮助》已经完稿。

3. 深化个体咨询，加强团体辅导，不断促进专兼职咨询专业成长

全年个体咨询共接待各类咨询1 056人次，接待并处理学生危机事件30余起。邀请擅长音乐治疗的胡涛老师来学校开设特色咨询，受到学生的关注和喜爱。共举办心理咨询师成

长之家活动22次，包括专题讲座、案例分析、个人督导等。邀请到吕大为老师开设为期8周的“内观疗法”工作坊，促进咨询师个人成长。共开设5个团体咨询小组，44人得到6～16周的团体辅导服务。本学年共吸纳5位外校专业人士来校带领团体工作，其中欧文亚龙模式的小组，在国内处于领先地位。建立了团体咨询师的团体学习小组，面向研究生、2010级新生党员、心理委员骨干、团干部、学院班干部等共开展拓展训练活动12次。

4. 面向全体学生，开展丰富多彩的心理健康教育活动

阳光心理论坛共进行22期，参与活动学生近550人。组织第七届大学生心理健康文化活动月，主题是“我爱，爱我，成长”；策划了校园“情感驻足”等活动，活动注重形式创新和多样，为吸引学生，内容设计尽量寻找学生成长中的兴趣点。10月举办为期一周以“七日心晴——快乐改变生活”为主题的心理健康专题宣传活动。共出版《心路》6期，文化活动月专刊1期，为新生印发《心理宣传手册》，为心理委员编印了讲义，适时更新宣传橱窗，为新生家长印发《致家长的一封信》等。每周二、三、四下午为学生提供心理测评、快乐芯心理训练、音乐放松睡眠训练。完成研究生心理健康教育体系的建设，完成2010级研究生新生的心理普查及后续访谈工作；为研究生开设8场心理健康专题讲座；完成对研究生党员骨干的心理培训。

5. 大力推进心理危机的预防和干预工作，建立全方位工作体系

完成对2010级新生（含本科生和研究生）的心理健康普查、访谈和干预工作，开展心理危机排查工作，针对不同人群开展心理危机预防培训，面向2009级和2010级心理委员，开展为期8周的系统培训；加强对辅导员、班主任的心理培训；加强对青年教师的心理健康知识和心理危机预防的培训。成立学生危机评估小组，对每例学生危机进行评估，必要时转介到专业医院进行治疗或邀请专家来校会诊；对于中等程度问题的学生进行长期的心理咨询，个体咨询8次以上的学生转入团体咨询中。

6. 指导心理社团锻炼成长

大学生心理健康协会在心理中心的指导下，开展心理健康知识讲座、心理电影赏析、朋辈交流与互助、心理素质拓展训练等丰富多彩的活动。在各二级学院组建了二级协会，推进了学院心理委员建设和心理健康教育工作；新生入学后，组织各学院开展了“七日心‘晴’——快乐改变生活”健康教育活动，帮助大一新生尽快解决入学适应问题。大学生心理健康协会本年度共开展心理培训19次，接听咨询热线126人次。

7. 深入开展心理健康教育研究工作

完成校重点教改课题“构建大学生心理健康教育体系、促进学生健康和谐发展的研究与实践”；成功申请学校思想政治研究课题1项；成功申请北京市哲学社会科学规划课题1项。主编著作2部，发表论文5篇。

【国防教育】

1. 按照大纲要求，严密组织各项军训工作

7月2日—18日完成2009级近3 500余名学生为期16天的集中军训工作。在承训部队120多名官兵严格要求、严格训练、严格管理下，圆满完成队列、战术、军体拳、实弹射击和15公里拉练等科目的训练任务，举行了隆重的阅兵式、分列式和军事科目汇报表演。1月11日—17日，对2009级学生实施军事理论课教学，共完成《毛泽东军事思想》、《国防动员》等12个科目的教学。改变校内分散军训训练形式和内容，调整计划，严格组织实施

2010级学生校内分散军训活动，充分利用学生课余时间组织开展军政素质训练，将安全教育、日常养成教育融入计划，组织开展集体锻炼和国防体育活动，增强学生身体素质。

2. 广泛动员，认真组织，圆满完成2010年冬季征兵工作

深入开展征兵宣传动员工作，积极动员在校大学生参军。2010年共有土建学院如孜托合提、机电学院田飞虎、燕郊高职学院周永杰、田春清、国明珠、沈迎新、田洪立、王绰8名同学参军入伍，奔赴总后勤部、内蒙古军区、南京空军服义务兵役。截至12月底，学校共有29名本专科学生参军入伍，其中现役14人，退伍复学13人，2人因在部队表现出色，被推荐报考军校并被录取。在已经返校的13名同学中，2人荣立三等功、11人次连续两年获得“优秀士兵”光荣称号，3名退伍同学被学校保送继续攻读硕士研究生。

3. 扎实推进，突出实效，认真做好2010年毕业生入伍预征各项工作

严格落实上级文件要求，深入开展2010年应届大学毕业生入伍预征动员及各项组织工作。成立预征工作领导小组，办公室设在人民武装部，下发《北京交通大学2010年应届毕业生入伍预征工作通知》，部署落实预征工作，组织“预征周”宣传活动，通过校园宣传栏、广播、校园BBS广泛开展预征工作宣传；制发宣传折页1 500余份、宣传手册500余份；通过学生邮件系统将宣传材料发送到每一名毕业生邮箱。5月13、14日2天在各食堂开展预征入伍咨询活动。充分利用日常国防教育的先进成果，推进预征工作常态化，组织新生开展校内分散军训，培养了一批学生优秀军训骨干，增强了广大学生的国防意识，促进了预征工作的落实。

4. 密切沟通，精心准备，创建和谐双拥共建关系

与海淀区、北下关街道密切协同共同做好各项双拥工作，密切加强与双拥共建单位的联系，在“八一”建军节、中秋节和元旦期间走访慰问北京军区、北京卫戍区、国防大学、三军仪仗大队等单位；与国防大学在课题研究、军事理论课教学等方面开展长期交流与合作；开展国防教育活动，与学校爱国主义教育基地三军仪仗大队开展双拥共建活动，仪仗大队派出专人协助学校开展辅导员军政素质训练，组织学生前往三军仪仗大队开展共建活动。学校连续两年于2009年、2010年获得海淀区年度双拥工作先进单位光荣称号。

5. 形式多样，树立典型，始终弘扬国防教育主旋律

积极开展国防主题教育工作。邀请航天英雄杨利伟将军到校做主题报告；武宇同学获北京市国防教育演讲比赛第四名；国旗班参加“国旗论坛”主题活动，观摩学习国旗班升国旗仪式比赛。广泛深入开展国防体育活动。聘请国家青年集训队队员担任学校定向越野队教练，组织8名学生赴中山市参加全国定向越野比赛，并在北京市定向越野锦标赛中取得好成绩；严格选拔射击队队员，聘请海淀区武装部参谋和八一体工大队退休人员担任射击队教练。在全国高校学生军用枪射击比赛上获得优秀组织奖和男子个人第六名的成绩。组织开展新生定向越野锦标赛、趣味定向等活动，在全校范围内广泛开展的国防体育活动增强了学生体魄，强化了学生国防意识。

【国防生培养】

学校高度重视国防生的教育培养工作，与北京军区、卫戍区密切合作，以为部队培养高质量合格人才为目标，狠抓国防生教育、训练、管理等工作的落实，在完成学校教育教学及军训、军事理论课等活动的同时，由驻学校选培办负责安排实施国防生的军政训练，国防生第一任职能力明显提高。2010年国防生有16个集体、183人次获得校级以上表彰奖励，有

5 人次在市级以上学科竞赛中取得名次。为部队培养输送了 136 名合格毕业国防生和干部研究生。在总政组织的驻京 13 所签约高校暑期基地化训练中，学校国防生在 6 项评比中获得 5 面锦旗，受到的表彰最多。

1. 严把选拔招收关口，国防生生源质量较高

通过多种渠道积极开展宣传动员。召开协调会，更新选培办宣传网页，出版《国防生报》；印制 13 000 余份宣传材料邮寄到 1 300 多所重点中学，给 800 多所中学网站发送了电子宣传邮件；派出 6 人次赴 5 个省开展现场咨询活动。按照计划，2010 年通过高考录取和严密复审复查，从应届高中毕业生中直接招收国防生 60 名。学生来自湖南、吉林、辽宁等中学教育质量较高的 12 个省，其中有 33 人获得过校级以上表彰，有 27 人在中学期间担任过班长以上学生干部。

2. 以筑牢献身国防信念为基础，加强了国防生和国防生干部研究生的思想政治教育

开展思想道德修养、部队革命优良传统等四个专题教育；邀请警卫三师师长吴爱民作《部队是有志青年成就事业的大舞台》报告，对国防生和国防生干部研究生进行成长成才教育；组织国防生听取航天英雄杨利伟的事迹报告，深化爱国主义教育。暑期组织新国防生提前入校进行入学前系列教育，对毕业国防生进行入伍前系列教育。举行签约仪式和欢送仪式，激发国防生“献身国防、投笔从戎”的热情；通过开展“我的报国心”文艺晚会、“钢枪永听党指挥”军歌比赛、“在军旗下成长”书画摄影展和演讲比赛等国防生主题系列活动，陶冶国防生情操。组织国防生和国防生干部研究生到焦庄户地道战遗址纪念馆接受爱国主义教育。

坚持“跟上去”抓思想的工作方法把国防生的思想教育工作“做细、做实、做准”。6 月，选培办走访了国防生较多的 6 个学院；7 月，召开了在校国防生干部研究生交流座谈会；12 月，为进一步做好依托培养工作特点规律研究，赴石家庄机械化步兵学院和警卫 1 师教导队，对毕业国防生情况进行了调研。

3. 以打牢第一任职能力为着眼点，强化了军政素质训练

坚持把第一任职能力的培养放在提高国防生军政素质的首位，狠抓军事能力培养，全年共完成了 10 门总计 700 余个学时的军政训练课教学，毕业国防生军事考核合格率达到了 100% 。严密组织军事教学授课。开设《军人心理学》、《军事法概论》和《军人思想道德修养》等理论课；邀请专家教授做了《我国周边安全环境》、《军兵种知识》专题讲座，丰富了国防生和国防生干部研究生的军事理论知识。抓好军事技能训练，坚持国防生每周 2 次早操制度，组织大二年级的国防生周日进行队列及军体训练；开展军事技能大比武、长跑竞赛等技能培训活动，提高基层任职基本技能；严密组织军事理论课考试和体能考核，以考促训。扎实搞好暑假实习锻炼。暑假期间分别组织 2007 至 2010 级四个年级的国防生到部队当兵锻炼、到海滨学院见习代职、到防化指挥工程学院基地化训练和在校内军政基础集训。

4. 以提高国防生和国防生干部研究生作风养成为重点，严格日常管理

学校成立国防生模拟营、连、排和国防生干部研究生队，认真落实各项管理规定，加强国防生纪律意识和军人素养，抓好国防生干部研究生的日常管理。

组织学习《国防生教育管理规定》和部队条令条例，研究出台了《国防生干部研究生管理手册（试行）》，开展作风纪律教育整顿；在新生入学、毕业生离校和寒暑假等特殊时期，对国防生和国防生干部研究生进行安全教育，增强守纪意识；制定了国防生考试纪律

"十条"规定，进行考前专题教育，严抓考风考纪，有1名考试作弊国防生被淘汰处理；通过播放教育录像等形式，确保国防生干部研究生"政治安全、人身安全、保密安全"。

坚持选培办每学期、营每月、连每周对国防生的仪表着装、内务卫生、安全隐患进行检查、通报；组织国防生干部研究生积极参与国防生的教育管理，通过部队的管理方法、管理模式、管理标准促进国防生教育管理正规化。

加强校、院学生工作部门与选培办的沟通联系，共同抓好国防生的管理工作。10月，选培办与研工部共同制定了《北京交通大学国防生干部研究生综合素质测评办法（试行）》，增强了国防生干部研究生自觉管理的积极性；定期与其导师联系沟通，及时掌握干部研究生的学习情况和思想动态。

【资助工作】

学校本着"以真爱培育真爱"的宗旨，继续完善"奖、贷、助、勤、俭、补"的资助体系，坚持资助与教育并重，不断加强对学生的诚信教育、自立自强教育、感恩教育和心理健康教育，按照学校工作要点策划开展"教育活动月"和"能力建设月"活动，做到保障资助、突出教育、增长能力，不断提高家庭经济困难学生的综合素质，促进他们健康成长成才。

1. 进一步完善资助体系，不断优化资助体系的各项内容

（1）家庭经济困难学生认定工作。组织各学院重新填报《家庭经济情况统计表》和《家庭经济困难学生认定申请表》，对新生和在校生的家庭经济情况进行了重新统计，全面掌握了学生的基本信息，确定了学校家庭经济困难学生比例，并根据其困难程度将其分为特别困难、比较困难和一般困难3类，为有效实施资助方案提供了基础材料。

（2）国家助学贷款工作。为729名本科生、研究生和高职学生办理了国家助学贷款，新放和续放国家助学贷款1 698.5万元。核查和反馈生源地贷款216人，其中本科生198人，高职生18人。为25名毕业生办理了国家助学贷款代偿资助，其中西部基层21人，义务兵服兵役4人。召开了毕业生诚信教育大会、西部基层就业和义务兵服兵役动员大会。继续安排学院催还小组联系毕业生及时还款，不良率下降到7%。

（3）勤工助学工作。举办第六届勤工助学双选会，进行了8次勤工助学岗位培训，受训的新上岗学生2 000多人。校内勤工助学岗位进一步优化并继续保持1 500多个岗位，保证了3 300名学生同时在岗，为同学们搭建了获得生活补助和锻炼综合素质与能力的平台。全年共发放勤工助学补助485万元。评选了学校第一届"勤工助学标兵"10名和"勤工助学先进个人"40名，并召开经验交流与表彰大会，全面促进了学校的勤工助学工作，起到了典型引路的作用。

（4）助学金工作。2010年，国家再次增加了助学金的投入，人均由2 000元增至3 000元，学校共增加330万元。结合学校实际情况，经调研分析，将国家助学金调整为4 000、3 000、2 000元三个等级进行了发放，学校助学金调整为2 000、1 000元两个等级进行发放，补足了国家助学金的缺口和不足，并为学校专项助学金节省支出160万元。本年度共发放国家助学金826.5万元，社会助学金102.3万元，学校专项助学金106.7万元。助学金总计发放1 035.5万元。

（5）各类补助发放。发放受灾学生困难补助35万元，开水、洗澡补助58.5万元，毕业生补助15万元，学生过年补助10万元，绿色通道新生临时困难补助18.25万元，新疆学

生补助 16 万元，临时困难补助 4.6 万元，思源助学金 2.82 万元，学费减免 3.2 万元，北京市政府副食补贴 122.44 万元。共发放各类补助 285.81 万元。

2010 年共向学生发放贷款、补助、助学金总计 3 504.81 万元，发放各类奖学金 679.1 万元，学生伙食补助 1 008 万元，整个资助体系总计向学生发放 5 191.91 万元。

2. 开展主题教育活动，提高学生思想道德素质

上半年，开展了主题为“关爱、诚信、感恩、自强、实践”的教育活动。召开学生座谈会，了解并解决学生实际困难。对部分学生进行心理疏导。开展诚信教育，针对享受国家助学贷款的毕业生，召开诚信大会。开展感恩教育，组织全校学生开展感恩为主题的征文活动。加强学生“自强社”建设，积极开展公益项目设计与实施大赛，让更多的学生投入公益活动，回报社会。开展“爱心宿舍招募”与“爱心包裹认领”活动，让更多的学生参与到爱心的传递中，引导学生学会关爱他人、关爱社会、回馈国家。开展“自强之星”评选活动，评出 10 名“北京交通大学自强之星”；召开自强之星颁奖交流大会，宣讲自强先进学生的心路历程，带动更多学生自立自强。邀请身残志坚的楷模雷庆瑶来校做报告。组织近 200 名学生参加美国励志名人尼克·胡哲报告会。组织学生走进企业，40 名获得汉能李嘉宁奖助学金的学生参观了汉能控股有限公司；组织 30 名学生参观天津周恩来邓颖超纪念馆和平津战役纪念馆，参观北京南站，详细了解了南站的建设情况及中国高铁规划情况，乘坐京津城际高铁体验“中国速度”，极大地激发了学生的爱国热情；组织 20 名学生到校友企业“云南红”实习；先后组织 120 名学生寒暑假期间到北京火车站顶岗售票，实习实践。组织 20 名家庭经济困难学生开展“资助政策进云南”暑期社会实践，向新生和家长宣讲国家和学校的资助政策，锻炼了学生的能力和素质。实践团获得北京市大学生优秀社会实践团队。

3. 开展能力建设活动，提高学生综合能力

下半年，在家庭经济困难学生中开展主题为“奋斗学习、创新实践”能力建设活动。在学生中开展“勤工助学标兵”评选活动，激励更多的学生积极接受锻炼，通过勤工助学提高能力。组织家庭经济困难学生征文活动，激励学生勇于面对困难，励志成才，同时锻炼了他们的语言表达能力和写作能力。组织家庭经济困难新生计算机、英语口语培训，邀请学习优秀生为新生补习相关知识。开展“自强成就人生”校友罗宏波报告会，激励学生直面困难，不断奋斗。组织藏族、维吾尔族和部分家庭经济困难学生进行素质拓展训练，增强学生团结协作意识。举办了第二届“爱心宿舍”大型公益活动，丰富学生宿舍文化生活，将慈善公益事业与校园文明紧密结合，促进和谐宿舍、和谐校园建设。对优秀爱心宿舍、爱心志愿者进行宣传与表彰。开放了爱心书屋，以书籍为载体，让学生通过捐书和领书传递爱心。开展爱心义卖活动，将所得收入捐给残疾儿童。

4. 加强新疆、西藏少数民族学生的管理、资助与教育工作

组织召开西藏、新疆少数民族学生座谈会，定期与学生谈心，了解他们的生活、学习情况，为他们解决实际问题。对少数民族学生的爱好、特长、家庭经济情况进行了全面登记，以便能很好地帮助他们解决困难，激励他们发挥特长。成立西藏、新疆学生服务队，鼓励他们在受到关心与帮助的同时服务同学、服务社会，积极参加各种公益活动。特别预留部分勤工助学岗位帮助他们缓解经济压力、增强人际交流、锻炼工作能力。组织少数民族学生参加报告会、参观等活动，让他们了解祖国历史和现代化建设进程。

共青团工作

【综述】

2010年，学校共青团工作围绕学校中心工作，认真履行团的四项基本职能，加强基础工作，以创新求优势、以服务促发展，努力形成特色鲜明的工作格局，为实施“人文北京、科技北京、绿色北京”青年行动计划和学校创建一流研究型大学贡献力量。获共青团中央授予的2009年度“全国五四红旗团委”和共青团北京市委员会授予的2009年度“北京市五四红旗团委”。

【组织建设】

1. 重视基层团组织建设，做好团的各项基础工作

继续做好团员统计、团费收缴、团籍管理、团支部等级评估等各项基础工作。4月，组织“十佳团支部书记”评选答辩会，产生北京交通大学2009—2010学年“十佳团支部书记”。5月4日，召开共青团北京交通大学2009—2010学年五四表彰大会，在校全体校领导、相关职能部处领导、各学院主要负责人及各学院本科生、研究生和后勤集团青年职工代表参加大会。大会为首都大学、中专院校“先锋杯”优秀团支部，北京市优秀共青团员，首都大学、中专院校“先锋杯”优秀基层团干部、团员，北京交通大学优秀共青团干部、团员，“十佳团支部书记”，“十佳团日活动”和英才奖等获奖单位和个人颁奖。校长宁滨为北京交通大学五四奖章获得者颁奖。

2. 举办第20期团校暨第4期精英训练营

3—5月举办了第20期团校暨第4期精英训练营。本期精英训练营呈现出两大特点。一是提高了团员青年的参与度，扩大学员规模。面向全校共招收学员600名，包括200名校院两级团委、学生组织、学生社团的学生干部骨干和400名本科生、研究生团支部书记。二是与学校团委常规活动相结合，丰富活动内容。设计了理论学习、名师讲堂系列讲座、校外社会实践、校内志愿服务、青年人才论坛、主题座谈会等环节，与主题团日活动、“十佳团支部书记”评选等紧密结合，既整合了活动资源，又为学员提供了更广阔的交流平台。

3. 深入推进分类引导青年工作

学校作为共青团中央分类引导青年试点单位，坚持“明确合理引导目标、找到青年思想意识关键点、确定引导核心思想内容、找到有效方式传播思想准则”的原则，切实推进分类引导工作。通过长期实践，总结校级分类引导青年优秀项目57个，其中2个项目被团中央分类引导青年电教光盘采用，并被推广。

4. 广泛开展全校基层团组织和团员团干部创先争优活动

为深入贯彻团中央“全国基层党建带团建暨共青团系统深入开展创先争优活动座谈会”精神，在全校范围内开展共青团系统创先争优活动。制订《关于在团员青年中开展创先争优活动的实施方案》，组织全校团支部书记召开共青团创先争优动员大会，推出“五比五看”系列活动，切实增强基层团组织的凝聚力和战斗力。

5. 创新途径，建立学生活动信息发布平台

为进一步拓宽学校共青团工作覆盖面，联合学生工作部、研究生工作部、教务处、科技处、信息中心，将学生活动、学术活动统一整合，每周一利用学生邮箱、电子屏幕等途径向全校青年公布《每周学生活动日志》，引导青年主动参加到各类活动中去。

【主题教育】

1. 促进优良学风建设，营造良好的学术科研氛围

2010 年，是学校学风建设起始年。学校团委将传统活动整合到学风建设大背景下，力争引领广大同学增强自主学习意识。组织全校基层团支部以“我为学风建设献良策”为主题召开新学期第一次团员大会。以红果园名人讲堂、“交大论坛”辩论赛、四六级模拟考试、学风建设座谈会、“校友心声”、“挑战杯”科技竞赛等活动为龙头，充分结合学生需求，在加强学校学风建设的同时，营造良好的学习氛围，激发学生求知求学的积极性。

2. 举行系列活动隆重纪念五四运动 91 周年暨学生理论社团建设 10 周年和“一二·九”运动 75 周年

5 月 4 日，举行系列活动庆祝五四青年节。上午举行纪念五四运动 91 周年暨学生理论社团建设 10 周年升旗仪式，学校党委副书记高艳、副校长陈峰、团市委大学中专部部长郑品石出席，并为学生理论社团宣讲服务团授旗，一同参观主题为“铭记光辉传统，开创卓越未来”的北京交通大学理论社团建设 10 周年图片展；下午召开五四表彰大会，表彰“五四奖章”、“英才奖”等获奖集体和个人，树立青年学习典型，展现团员青年风采，提高共青团工作的吸引力和感召力；晚上举办“青春飞扬”志愿者之夜主题晚会，晚会还开展“校园文明长征行动”授旗仪式，12 个学院志愿者分团团长传递旗帜，通过此次行动，引领交大校园文明之风。12 月 9 日，为纪念“一二·九”运动 75 周年，学校举办“一二·九”主题升旗仪式、火炬接力比赛、“歌颂祖国，唱响青春”主题歌咏比赛等活动。

3. 运用具有普遍吸引力的活动形式和载体，积极开展主题团日活动

以青年喜闻乐见的交流、沟通、联络、聚集等方式来改进团日活动的开展，总结出对青年学生具有普遍吸引力的 13 种团日活动形式，并在各学院分别试点。根据各团支部团日活动的立意、形式、组织、效果与总结，评选出“十佳主题团日活动”。编辑《2010 年度“十佳主题团日活动”资料汇编》电子杂志，全面展示了各优秀团日活动的经验做法和主要成果，供各团支部学习借鉴。获共青团北京市委员会颁发的 2009 年“我与祖国共奋进”北京青少年主题教育实践活动先进集体奖。

【社会实践】

2010 年学生暑期社会实践活动以“深入社会体察民情，坚定理想励志前行”为主题，立足“三个北京”建设与世界城市主题，全面贯彻团市委《“三个北京”青年行动计划》，以京内服务北京世界城市建设为主，统筹京内实践与京外实践，实施了“百团千村（社）万人”工程。全校共组建 100 支实践团队，其中本科生 58 支、研究生 42 支，有 10 支团队被确定为北京市重点团队，近 3 000 人分赴包括台湾在内的全国 18 个省市自治区直辖市开展社会实践活动。9 月，学校组织 2010 年暑期社会实践优秀团队展示会，集中展现各个实践团队的实践内容、实践成果，共评出校级优秀团队一等奖 4 个、二等奖 8 个、三等奖 14 个。学校荣获共青团北京市委、北京市学生联合会颁发的“2010 年首都大学生暑期社会实践先进单位”。

【志愿服务】

学校志愿服务工作以“立足校园文明，面向社会奉献”为原则，秉承“奉献、友爱、互助、进步”的志愿者精神，以校园、社会、社区、红十字为重点工作领域，努力打造“志愿服务育人”的新的工作格局。2010 年，学校志愿服务工作在校园文明、环境保护、扶弱助残、赈济贫困、救灾抢险、社区共建、普法科普、体育赛事、展览会议、献血支教等领域都取得长足发展。

8—9 月，派出 86 名志愿者，参加 2010 年北京首届世界武搏运动会开、闭幕式，以及奥体中心、农大、科大、首都体育馆、大学生体育馆等比赛场馆和训练场馆的运动员引导、坐席管理、安保、语言服务等岗位的志愿服务工作，学校荣获“2010 年北京首届世界武搏运动会贡献奖”。9 月，荣获“2009—2010 年度北京市扶残助学送教上门志愿服务活动先进单位”。10 月，全面推进“校园文明长征行动”周末校园志愿服务活动，活动主题围绕“校园文明”、“学风建设”、“世界城市”设计，以“倡导校园文明，构建和谐校园”为活动核心理念，以班级或团支部为主办单位，内容包括公共卫生环境清洁、公共设施养护、公共社会秩序维护等，还涉及文明礼仪宣传、学习经验交流、世界城市理念普及等。11 月，成立北京交通大学中华国际科学交流基金会志愿者工作站，基金会副理事长、原国土资源部副部长寿嘉华，副校长李学伟出席成立仪式；举办“汇聚力量热血浓，拯救生命学子情”北京交通大学校园大型无偿献血暨首都高校大学生发起无偿献血倡议活动，北京交通大学海淀街道志愿服务基地挂牌成立。12 月，选拔 44 名志愿者参加第 7 届世界高速铁路大会和第 10 届中国国际现代化铁路技术装备展览会志愿服务。

【科技创新与创业】

建设大学生创业园，探索创新创业教育模式和方法。《大学生创业园管理办法（试行）》正式出台，获学校第一届创业大赛一等奖的 5 个团队已全部进驻创业园，进入实体创业阶段。

2010 年度校级“挑战杯”创业计划大赛圆满结束，共评出一等奖 5 项、二等奖 5 项、三等奖 10 项。推荐参加北京市“挑战杯”创业大赛项目 12 项，最终获金奖 2 项、银奖 3 项、铜奖 4 项。举办学校第二届创业大赛，优化竞赛的组织流程和奖项设置。学校在首届海峡两岸“交大杯”大学生创业竞赛中获团队奖 1 项、个人单项奖 2 项，总成绩位居五所交大首位。

截至年底，学校创建各类就业创业见习基地 200 余家，近 2 000 名学生正在各类企事业单位参加就业见习。以“大学生志愿服务西部计划”和“研究生扶贫接力计划”为载体，通过海报、宣讲会等多种形式，引导广大团员青年去基层、去西部、去祖国最需要的地方建功立业。

【文化艺术教育】

1. 推进实施素质人才培养基地建设

着力加强“工科大学生文化素质培养模式创新实验区”建设。为建立和完善基于理工科背景的大学生文化素质培养模式，即以文学、历史、哲学、艺术四大模块的第一课堂教学为主体，辅之以第二课堂的各种活动，形成第一课堂和第二课堂、核心课程和外围课程、基本教育和前沿热点讲座、课外文化活动和实践活动相结合的“4 +2 培养模式”。学校文化素质教育取得良好效果，学生的自主学习、实践能力、人文素养三方面都获得了较大提升。此外，第二课堂校园文化活动与学生课外实践活动研究取得一定理论成果，形成《校园文化活动及课外实践活动建设研究报告》等 4 份研究报告，发表第二课堂活动建设研究论文 3 篇。

2. 多管齐下，加强大学生艺术教育工作

依托学生艺术团、学生组织、学生社团，推进艺术教育普及，发挥“艺术教育育人”的功效。创新校园文艺活动，扩大学生精品文艺活动影响力。积极发挥学生会、各类学生社团的作用，创新载体和形式，开展丰富多彩的校园文体活动，丰富学生第二课堂。组织开展“交大论坛”辩论赛、校园歌星大赛、“天之交子”之“闪耀新声”主持人大赛等文化艺术活动，举办迎新晚会、毕业生晚会、新年音乐会、《长征组歌》专场演出、艺术沙龙、学生艺术团获奖作品汇报演出等学生创编的精品文艺活动，扩大艺术教育的辐射力、影响力，浓厚校园艺术氛围。推进“高雅（民族）艺术进校园”，培养了大学生文化素养。定期邀请专业的高水平艺术团体来校演出，举办袖珍人皮影戏《红孩儿》专场演出、北方昆曲剧团专场演出、北京舞蹈学院芭蕾舞专场演出、内蒙古正蓝旗乌兰牧骑艺术团专场演出等。

4 月，学生艺术团交响乐团在国家大剧院举行“律动春弦，思源致远”专场音乐会，这是国内首支高校大学生交响乐团在国家大剧院举行专场音乐会。学生艺术团管乐团作为高校优秀团队代表受邀参加了由北京市教委主办的北京市第十三届学生艺术节行进管乐优秀节目展示活动；5 月，先后在学校师生田径运动会、北京高校图书馆第八届田径运动会开幕式上表演行进管乐。

3. 圆满完成第三届北京大学生艺术展演的参与和承办工作

10 月 19—31 日，学生艺术团交响乐团、管乐团、民乐团、合唱团、舞蹈团、话剧团参加第三届北京大学生艺术展演活动全部比赛项目。荣获由北京市教育委员会颁发的管弦乐合奏、民乐小合奏、声乐合奏、戏剧短剧一等奖，管乐合奏、舞蹈二等奖；2 个舞蹈作品均获优秀创作奖；学生书法、工艺设计、绘画、摄影、DV 作品获得 5 个二等奖和 9 个三等奖；6 位教师获得优秀指导教师奖；艺术教育科研论文获 1 个二等奖、5 个三等奖和 5 个纪念奖；学校获最佳组织奖。学校于 10 月 19—21 日承办第三届北京大学生艺术展演活动声乐专场，来自北京 52 所高校的 3 000 余名大学生展演声乐节目 79 个，其中合唱类节目 41 个，小合唱类节目 38 个。

【学生组织与社团】

学生会：组织召开北京交通大学第二十次学生代表大会，把建设“魅力型”学生会作为未来发展方向。召开北京交通大学学生会 2010—2011 学年干部理事大会。举办第十四至第十八期“红果园名人讲堂”，著名电视策划人于丹教授、外交部俄语高级翻译许晓勇等来校演讲。举办两次四、六级模拟考试，全校累计 12 000 余人次参加。围绕“学风建设”开展第十二届“交大论坛”辩论赛。举行第四、五届“天之交子”风采展示大赛、第二十三届校园歌星大赛、第七届饮食文化节、第七届女生文化节、“院际杯”篮球赛、大学生权益周、校领导阳光接待日、学风建设座谈会、学代会提案综合座谈会、标准化公寓座谈会、共建文明食堂座谈会、办理学生公交一卡通、迎新生活动、食堂标兵评比、“一二·九”火炬接力比赛等。辩论队参加“创想青春——2010 两岸四地高校世博辩论大赛”，携手北京大学代表队从北京赛区 16 支参赛代表队中直接晋级全国总决赛，应邀参加“宏辞辩世，博论中华”——新京津冀四校大学生辩论友谊赛获第一名，参加央视国际大专辩论赛晋级全国八强。

研究生会：举办第二十届“慧光杯”研究生学术文化节、就业创业论坛、繁星志愿支教、“知行杯”体育文化节、第七届研究生“英语文化之夜”等活动。

团委宣传部：编发团刊《东升》第49、50期，《共青团工作简报》总第88～92期共5期。举办16期团员青年舆情座谈会，问卷调查3次。发布《特思论坛动态参考》36期。上报团市委维稳周报32期。

团委社团部及学生社团：截至年底，共有各类学生社团72个，其中文艺类13个、体育类24个、学术类11个、实践类14个、公益类10个。举办第十二届五四社团文化月、第十三届“一二·九”社团文化月、社团部成立20周年庆祝活动等。棋牌协会获得第五届北京高校五子棋精英赛无禁组团体冠军，无禁组个人第2、3名，有禁组一队获团体季军，二队获团体第5名，个人第8名；在北京市第十届五子棋高校赛中包揽有禁组和无禁组团体、个人4项所有的冠军。定向越野协会在北京市定向越野锦标赛中获得男子团体第5名、总团体第6名，在首届全国校园定向越野锦标赛中获得个人奖项第1、3、5名和团体第1名。

“知行”——特色理论学习研究会：6月6日，发起并举办“青年志”——首都高校理论社团高端论坛。团中央宣传部副部长袁民、北京市学生联合会执行主席赵鲍飞、中国延安精神研究会青年部副部长刘平、学校党委副书记高艳及关心下一代工作委员会主任李士群等嘉宾与来自北京大学、清华大学、北京师范大学、北京航空航天大学等25所高校的理论社团代表共同参与本次论坛。北京交通大学学生“三个代表”重要思想学习研究会在论坛上正式更名为“知行”——特色理论学习研究会。举行了学生理论社团建设10周年庆典活动、“红潮澎湃”学生党员系列论坛、新老党员交流会。

【第二十次学生代表大会】

北京交通大学第二十次学生代表大会5月29日开幕。大会从全校14 000余名本科生中推选产生350名代表。中华全国学生联合会执行主席孙涛，北京市学生联合会主席王铮，北京交通大学党委副书记高艳、副校长王永生、团委书记韩继华等出席大会。高健同学代表第十九届学生会委员会作了题为《服务同学全面发展，促进优良学风建设，忠于使命、锐意创新，团结带领全校同学为建设国内一流、国际知名的研究型大学而努力奋斗》的工作报告。大会选举产生35名第二十届学生会委员会委员。北京交通大学第二十届学生会委员会第一次全体会议通过方月光同学为第二十届第一任学生会主席，安志强同志为第二十届学生会秘书长，高健同学为第二十届学生会副秘书长。大会的主要议程是审议并通过《北京交通大学学生会章程（修正案）》，听取了北京交通大学第二十次学生代表大会提案工作报告。

工会工作

【综述】

2010 年，学校工会以申报全国模范职工之家为契机，坚持“以评促建”，全面提升校、院两级工会工作水平，创建和谐校园环境；坚持围绕学校中心工作，全面提升教职工素质，组织动员广大教职工为学校科学发展建言献策、建功立业。获中华全国总工会授予的全国模范职工之家和北京市教育工会授予的先进工会称号。

【教代会工作】

2010 年，组织教代会代表对学校住宅建设项目的拆迁安置方案讨论并提出意见和建议；召开第六届教代会常设主席团第四次扩大会议，听取副校长陈峰关于学校在平谷筹建现代轨道交通创新基地暨新校区情况的通报，并赴平谷区听取了常务副区长姜帆及相关负责人关于平谷发展设想及学校拟筹建地区规划等，实地考察了拟筹建地区环境和现状。

11 月 10 日，学校举行第六届教代会第三次全体会议预备会暨教代会代表培训会，通过了第六届教代会第三次全体会议议题、议程及代表增补、变动报告，并以书面形式将第六届教代会第二次会议代表提案中带有普遍性的问题进行了答复。北京市教育工会主席张青山为与会代表作了题为《依法行使民主权利，充分发挥代表作用》的培训报告。副校长陈峰详细介绍了学校在平谷区筹建现代轨道交通创新基地暨新校区项目的筹建背景、选址情况、规划设想等，使代表们全面、直观地了解该项目，更好地参与民主决策。

11 月 12 日，学校召开第六届教代会第三次全体会议，会议由校党委副书记、教代会主席、校工会主席高福廷主持。校长宁滨作了题为《深入落实教育规划纲要，不断开创研究型大学建设新局面》的工作报告；副校长陈峰作了学校筹建现代轨道交通创新基地暨新校区项目的报告；副校长孙守光作了教职工住房条件改善工作进展情况的报告，校党委书记曹国永在闭幕式上作总结发言。代表们分团对 3 个报告进行充分讨论，对学校发展、教职工住宅建设及轨道交通创新基地暨新校区筹建项目中可能遇到的问题提出了意见和建议。会议采取举手表决的形式通过了《学校筹建现代轨道交通创新基地暨新校区项目》的审议意见。

【青年教师工作】

9—12 月，学校举办北京交通大学第八届青年教师教学基本功比赛。比赛分各教学单位初赛、学校复赛和决赛 3 个阶段进行，参赛选手为 40 岁及以下的青年教师。获奖名单如下。

一等奖（4 名）：

唐学华（语言学院）　叶晶晶（电气学院）　刘　铎（软件学院）

孙　贺（语言学院）

二等奖（8 名）：

杨　光（电信学院）　朱本欣（人文学院）　田　媚（计算机学院）

温伟刚（机电学院）　唐　宇（机电学院）　邢　颖（经管学院）

杜　鹏（运输学院）　彭继迎（理学院）

三等奖（30 名）：

刘　颖（电信学院）	刘　艳（电信学院）	李润梅（电信学院）
魏　杰（电信学院）	景丽萍（计算机学院）	刘　强（计算机学院）
侯亚欣（计算机学院）	常　鹏（土建学院）	张成平（土建学院）
李　旭（土建学院）	文永奎（土建学院）	
董宏辉（轨道交通控制与安全国家重点实验室）		李翠伟（机电学院）
王小君（电气学院）	王学峰（经管学院）	刘　恩（经管学院）
任　旭（经管学院）	何　腾（艺教中心）	张兴强（运输学院）
贾传峻（运输学院）	祝凌曦（运输学院）	胡玉娟（人文学院）
刘小君（理学院）	刘玉婷（理学院）	李含冬（理学院）
康晓红（理学院）	刘小燕（语言学院）	鲍英华（建筑艺术系）
周艳茹（体育部）	张　弛（心理中心）	

最佳教案奖（12 个）：

刘　颖（电信学院）	田　媚（计算机学院）	杨　光（电信学院）
文永奎（土建学院）	常　鹏（土建学院）	温伟刚（机电学院）
刘　恩（经管学院）	胡玉娟（人文学院）	杜　鹏（运输学院）
唐学华（语言学院）	孙　贺（语言学院）	张　弛（心理中心）

最受学生欢迎奖（12 个）：

杨　光（电信学院）	田　媚（计算机学院）	刘　铎（软件学院）
文永奎（土建学院）	李翠伟（机电学院）	叶晶晶（电气学院）
刘　恩（经管学院）	王学峰（经管学院）	祝凌曦（运输学院）
唐学华（语言学院）	鲍英华（建筑艺术系）	张　弛（心理中心）

优秀指导教师奖（4 个）：

蒋学清（语言学院）	张晓冬（电气学院）	王移芝（计算机学院）
刘　伟（语言学院）		

经专家组建议，学校决定选派唐学华、叶晶晶、刘铎代表学校参加 2011 年北京市第七届青年教师教学基本功比赛。

【师德和“三育人”工作】

6 月 14 日，学校发布《北京交通大学“三育人”工作实施办法》。经过二级单位申报、校“三育人”工作领导小组评审、校长办公会审批并公示，确定 2010 年校“三育人”先进集体 3 个、“三育人”标兵 5 名、先进个人 15 名。在 2010 年北京市教育工会师德标兵及先进个人评选中，学校教师戴胜华、冯凤娟、冯国臣荣获北京市师德先进个人称号。电信学院谈振辉教授获北京市先进工作者称号。

【文体活动】

2010 年工会组建了教职工书画协会，并开展了北京交通大学、中国楹联学会迎新春笔会，中国书画院、中国三联书社十余名书法家慰问师生，名家书画展等多项活动。

5 月 14—15 日，校教职工第二十七届、学生第四十七届田径运动会举行。开幕式上 600 余名教职工参加了广播体操表演。获得教职工男女团体总分前八名的是：后勤集团、校机关、机电学院、资产公司、计算机学院、土建学院、电信学院、电气学院；获得男子团体总分前八名的是：后勤集团、校机关、资产公司、机电学院、计算机学院、电信学院、土建学院、电气学院；获得女子团体总分前八名的是：校机关、后勤集团、计算机学院、土建学院、机电学院、资产公司、理学院、经管学院；获得精神文明奖的单位分别是：一等奖机电学院；二等奖土建学院、校机关；三等奖电信学院、经管学院、电气学院、校医院、图书馆。

7 月 8 日，由校工会、校体委、体育部共同主办的学校第十届教职工游泳比赛举行。比赛分 50 米、100 米、200 米的自由泳、蛙泳、仰泳、蝶泳、混合接力等三十几个项目，分为男子甲组、男子乙组、女子甲组、女子乙组 4 个组别。土建学院、经管学院、校机关、电信学院、图书馆、资产公司获得团体总分前六名。土建学院连续六年获得冠军。

9 月 29 日，由校工会主办、各二级工会协办的“爱我中华，爱我交大”2010 年教职工文艺汇演在天佑会堂隆重举行。校领导曹国永、宁滨、颜吾佴、高福廷、高艳等与教职工一起欣赏节目。市教育工会常务副主席刘欢作为特邀嘉宾和演出评委组组长出席。校党委副书记、工会主席高福廷代表校领导致词。180 余位教职工献上了精彩的节目。演出评出了最佳才艺、最佳设计、最具潜力、最具智慧、最佳人气、最佳特色 6 个奖项。获得最佳组织奖的单位是建筑与艺术系、后勤集团、图书馆、计算机学院、资产公司、校机关、经管学院、理学院。

11 月 4 日，2010 年教职工篮球比赛在主区篮球场圆满结束。比赛共分 A、B 两个小组，经过四十余场的激烈角逐，获得前八名的队伍是校机关、远程学院、后勤集团、资产公司、电气学院、机电学院、经管学院、计算机学院。

12 月 13—17 日，举行了“行走校园、对话校史——校园健步健身周”活动，把校园文化融入健身活动中，据不完全统计，5 天共有 6 500 人次参加了校园健步走活动。此外，还举办了红果园之春女教职工系列活动、新入职教师“我们共有一个家”联谊拓展活动、“微联杯”教职工第八套广播体操比赛、组队参加北下关运动会和保龄球比赛、教职工扑克牌比赛、校第十届登香山比赛暨教职工秋季登山活动、抖空竹等文体活动。

【暖心工程】

1 月 4—8 日，学校组织首次教职工爱心帮困基金捐款，全校师生共捐款 76 376. 8 元。2 月，响应北京市总工会帮助困难职工过好春节的号召，经爱心基金委员会研究决定，向北京市总工会温暖基金会捐款 10 000 元，资助 20 名困难职工（每人 500 元）。9 月 19 日，经爱心基金委员会研究决定，资助学校 2 位困难教职工每人 5 000 元。

校工会源头参与教职工体检项目的设置，增加了针对男女教职工的特色项目，协助校医院为全校 3 500 位在职和退休教职工体检。困难补助全年慰问 111 人，共 52 900 元。办理女职工四大病保险赔付 2 人。组织 9 位劳模参加北京市总工会提供的体检。

4 月 28 日，召开了“五一”国际劳动节前夕，以“弘扬劳模精神　引领时代发展”为主题的劳动模范座谈会，学校 17 名全国和省部级劳动模范出席了座谈会。校党委副书记、工会主席高福廷主持会议。宁滨校长向全校的劳动模范和优秀教职工致以节日的问候，并向劳模代表报告了近年学校在人才培养、科学研究、师资队伍建设等方面的发展，以及学校“十一五”规划完成情况和“十二五”的发展方向。劳模们纷纷发言，感慨时代的变迁，畅谈学校的变化，为学校的发展提出自己的建议。高福廷副书记对劳模们提出的意见和建议表示感谢，强调要大力宣传劳模精神，激励在职教职工为国家、为社会、为学校多做贡献，涌现出更多的劳动模范。学校现有全国和省部级劳动模范、先进工作者27人。

7月24—28日，组织近45名优秀教职工社会实践活动。游览泰山、曲阜感受中国传统文化，参观微山湖、台儿庄重温抗日战争史，结合学校特色参观了高铁建设工程现场，引导教职工关注社会、关注现场，为国家做贡献，同时建立教职工之间的交流和沟通渠道，营造良好的校园氛围。

【女教职工工作】

3月8日，举行“女性·成就·未来——纪念国际劳动妇女节一百周年”座谈会。座谈会由女教授联谊会、校工会女教职工委员会联合举办，校长宁滨，校党委副书记颜吾佴，校党委副书记、校工会主席高福廷出席座谈会并讲话，女教授代表、校工会女工委员及各二级工会女工委员近40人参加了座谈。

【工会组织建设】

2月7日，举办“相约红果园，共话工会情”座谈会。邀请北京市教育工会主席张青山、北京邮电大学副校长兼工会主席薛忠文，以及北京大学、北京科技大学、北京航空航天大学、北京理工大学、北京工业大学、北京林业大学、首都师范大学、华北电力大学等高校的工会常务副主席出席座谈会。2010年组织干部分别走访了北京科技大学、华东交通大学、浙江大学、复旦大学、上海交通大学等高校工会，接待了长沙理工大学、西南交通大学工会来访，出席了中国高校工会第十四次宣传思想工作研讨会、首届原铁路高校工会工作研讨会、四所交通大学工会工作研讨会等。

8月30日，全国工会基层组织建设工作会议在京举行。中华全国总工会党组书记、副主席、书记处第一书记王玉普出席会议并讲话。中华全国总工会党组副书记、副主席、书记处书记徐振寰宣读《中华全国总工会关于表彰全国模范职工之家、全国模范职工小家的决定》。校党委副书记、工会主席高福廷作为荣获2010年全国模范职工之家单位的10位代表之一上台领奖。

在11月28日、29日召开的市教育工会总结交流会上，学校工会获市教育工会先进工会称号。

2010年北京交通大学优秀工会干部、工会积极分子名单

优秀工会干部（35名）：

李志斌　何建军　郑　伟　徐爱国　郭祎华　何映雪　张延平　王　颖　赵斯安
秦　璐　陈国宏　董利剑　国　红　孙卫青　赵　强　邱瑞昌　章小丽　简阳天
曲立忠　董乐贤　武京生　刘丽侠　曹茂达　王爱平　徐　民　陈　尘　黄晓慧
丁鹏玉　魏　炜　高振宇　初汉明　陈　刚　路玉平　戈树栋　许白桦

工会积极分子（165名）：

李晓光　邵小桃　宋光农　养雪琴　董海荣　裴　丽　衣法臻　李维敏　蒋大明
李一玫　董岩磊　张　强　隆　青　徐　薇　王雪庄　姜文红　张和平　李秋莎
刘美琴　刘文华　娄　群　董　岚　陈旭东　郭洋宏　殷　平　高红岩　任　英
孙贺捷　邱之静　寇育贤　邵丽萍　周建勤　周柯京　周耀东　刘玉明　杨小宝
彭宏勤　王子洋　薄燕军　孙　越　陈　磊　杜　鹏　王爱军　曾巧玲　魏　静
战家旺　孙　静　于晓华　张德华　李小红　郭　璇　邹翠荣　常　鹏　陈玉婷

董玉香	夏海山	张若达	彭俊彬	洪建平	杜秀霞	何　涛	郭玉明	徐双满
常惠玲	李翠伟	杜　欣	韩　瑜	焦超群	江　涛	李继红	王　浩	张　京
刘国忠	缪克英	卢跃华	尚　颖	邓振波	姚志刚	蒋尧珍	何大伟	王秋媛
许韵华	杨　蔚	刘慧敏	许庆彤	宋　颖	钟舒乐	郭　佳	耿梅芳	石　月
方宇鹏	王　丽	梅　迪	高翠香	赵学伟	温俊英	李　曼	苏艳红	谢　华
刘大山	王野平	朱　叶	何忠诚	王　齐	刘金荣	屈群英	李　敏	王计跃
李铁成	刘伟杰	张　秋	孙　娜	赵海莲	于　进	王　皓	孙　强	谭文芳
吴嫦娥	王浩业	刘语佳	范　磊	刘　寞	翟庆生	陈贺男	杨　利	王　锋
徐承君	王　琛	崔迎春	张　艺	杨晓娟	齐春虹	刘万生	何　凌	郝志茹
王瑞霞	王佳琦	竺超今	吴　静	朱　珊	刘　琳	赵银发	李泽有	何金良
冯玉田	王　欣	李德升	邸京凤	张娟丽	赵旭日	祝晓文	王爱国	王燕萍
马雪亮	阚　川	付国良	潘玉萍	穆林杰	谢兴伟	刘红军	景文宝	孙亚慧
田英杰	高　芸	蒋　涛						

老干部与离退休工作

【综述】

2010年，学校老干部与离退休工作按照上级和学校党委工作部署，紧密围绕学校中心工作，坚持以加强党的建设和班子自身建设作为离退休工作的根本保证，进一步优化管理队伍、提高服务质量；继续将落实“两项待遇”和加强老干部工作作为离退休工作的重点，重视思想工作，力求化解矛盾，为老同志办实事、做好事、解难事，开展了以庆祝建党89周年为契机的系列文体活动；发挥老有所为平台作用，更好地开展老年大学、老教授协会和关工委等工作。截至年底，离退休教职工为1 653人，其中离休人员101人（平均82岁），老战士9人；70岁以上老人908人，空巢家庭43个，癌症病人72人。离退休党委下设17个党支部和一个临时党支部，有正式组织关系党员792名（其中在职党员5名）。离退休工作处正式定编6人，实有5人。人员分布状况详见表4～表6。

表4　离退休人员按行政级别分类一览表

类别	正局	副局	正处	副处	正科	其他	合计
离休/人	2	21	8	48	5	17	101
退休/人	4	8	72	75	63	1 330	1 552
合计/人	6	29	80	123	68	1 347	1 653

表5　离退休人员按技术职称分类一览表

类别	正高	副高	中级	初级	其他	合计
离休/人	16	24	31	6	24	101
退休/人	227	470	301	338	216	1 552
合计/人	243	494	332	344	240	1 653
百分比/%	14.7	29.89	20.08	20.81	14.52	100

表6　离退休人员按年龄段分类一览表

类别	90岁及以上	89～80岁	79～70岁	69～60岁	59～50岁	49岁以下	合计
全部人员/人	8	162	738	42	315	10	1 653
百分比/%	0.48	9.8	44.65	25.41	19.06	0.60	100
其中党员/人	3	102	408	182	91	1	787
百分比/%	0.38	12.96	51.84	23.13	11.56	0.13	100

【党建工作】

1. 做好学习实践科学发展观活动整改落实后续工作，确保实施方案落到实处

根据中央学习实践活动小组《关于做好第二批学习实践活动整改落实后续工作的通知》

和学校党委的要求，离退休党委认真研究整改落实方案，积极联系相关部门，按计划完成了加强离退休党委领导班子自身建设；优化管理队伍，提高服务质量，加强老干部工作；开展创建五好党支部工作；开展党员思想教育工作；局部调整党支部设置；在活动站设立400个密闭小信箱；解决东校区活动站电视天线问题和在西活动站设立无障碍通道等8个整改落实项目。

2. 贯彻党的十七届四中、五中全会精神，开展“创先争优”活动

在开展党员思想教育活动中，认真贯彻党的十七届四中、五中全会精神，坚持以科学发展观为主题，以加强离退休老干部党支部建设和党员思想政治建设为主线，按照中共北京市委和校党委深入开展“创先争优”活动安排，从离退休党员队伍实际出发，在党支部和党员中积极开展“创先争优”活动，有针对性地确定党员教育主题和活动内容，创新和优化离退休老干部党支部设置方式、活动方式，充分发挥其党支部战斗堡垒作用和党员先锋模范作用。2010年共召开党支部委员以上会议6次，布置研讨离退休老干部党支部工作。

（1）针对离退休老党员理论学习要求高和部分年老体弱党员参加活动困难等特点，坚持以“分散学习与集中学习相结合、定期辅导与培训骨干相结合、座谈讨论与参观学习相结合”的学习方式，离退休党委负责组织骨干培训、专题讲座、送学上门、新老共话等活动，党支部协助组织党员集中学习和讨论，开展党日活动。

离退休党委按照学校组织部、宣传部学习安排及要求完成了年度理论学习任务，发送2 000多份学习材料，指导基层党支部党员学习及座谈活动。17个党支部分别组织党员学习讨论并召开迎新春茶话会。全年组织老党员与学生新党员座谈会2次。

举办2期党员干部学习培训班。6月8日，邀请人文学院副教授杨德才结合《政府工作报告》，就老同志关心的社会民生、经济形势等热点问题作形势与政策报告；离退休党委副书记何青传达学校党委《关于进一步加强基层党建工作的若干意见》、北京市教委《关于印发〈2009—2013年北京高校党员教育培训工作规划〉的通知》等文件精神，布置学习活动；离退休党委书记李永学根据校党委《关于在全校基层党组织和党员中深入开展创先争优活动实施方案》的总体部署，提出要继续在离退休党支部中开展“支部班子好、党员队伍好、组织设置好、活动开展好、群众反映好”五好党支部创建活动，强调离退休党员要争做老有所为的模范，加强自身学习，永葆党员本色，为学校的发展与稳定做贡献。12月28日，组织党员干部学习及迎新年联欢活动。副校长张星臣参加并致新年贺词，介绍学校改革发展近况和校园规划。12月29日，邀请退休主任医师刘平川结合老年常见病作关于心血管和糖尿病方面的健康讲座。

（2）创新、优化离退休老干部党支部设置，一是指定在职人员担任离休党支部联络员，协助支部开展活动；二是为解决校外党员不便来校参加活动的问题，积极探索在行政隶属关系不便的情况下，按其意愿就近参加所在社区党组织活动的可能性，已见成效；三是按原退休单位划分党支部后，使原单位与离退休人员的联系日益递增，不仅在重阳节和元旦等节日邀请老同志座谈、联欢，给70岁和80岁老教师过生日，而且还资助离退休党支部开展党员活动，从而更加密切了与原单位的关系，增强了党组织凝聚力。

（3）在“创先争优”活动中，贯彻“创先争优”通知精神，广泛征求老同志意见，并根据离退休老干部党支部和党员特点，结合庆祝建党89周年开展主题系列活动，在服务人民群众中体现“创先争优”。

创建“五好党支部”活动：完成“离退休党委关于开展创先争优活动的建议”上报工作；结合党员思想教育在离退休党支部中开展“五好党支部”创建活动，促进党员作风建设；研究布置学习“群众心目中的好党员”活动，张贴通知，组织90名党员、群众参加投票评选活动，组织50多名老党员观看电影《第一书记》并展开讨论。

组织纪念建党89周年活动：6月29日，举行了庆祝中国共产党成立89周年文艺汇演。党委副书记颜吾佴参加大会并讲话，近500名党员聚集一堂，欢庆“七一”，450多名老党员登台表演了13个节目。6月30日，举办了庆祝中国共产党成立89周年书画摄影展，有48幅作品参展。东校区离退休党支部组织庆“七一”书画展及文艺汇演。组织离退休党员参观学习，丰富精神文化生活：7月18日组织参观中国大剧院，聆听中国芭蕾舞剧《红色娘子军》经典音乐。

深入“创先争优”活动，进一步为老干部办实事、做好事、解难事：12月分别组织离休老干部、离退休党员干部参观疗养和迎新年联欢活动。校长宁滨和副校长张星臣参加并向老同志表示亲切问候，通报了学校教学科研发展成果和校园建设整体规划与实施方案。组织捐款活动：4月中旬，248名老同志为灾区献爱心捐款共计35 820元；7月初，89名离退休党员“献爱心”捐款共计9 070元。

（4）建设离退休党委宣传阵地，办好内部刊物《心声》

2010年《心声》发刊24～26期共1 800份，结合学校中心工作和党员活动内容，宣传党的十七届四中、五中全会精神和贯彻学习实践科学发展观整改方案落实情况，刊登了离退休党委工作要点、创先争优活动、党员干部培训等工作简讯，发表了老同志学习体会、健康生活常识、参加学校“书香杯”获奖征文和抒情、追忆诗篇等。分别以“健康向上丰富多彩的老年生活”和“丰富多彩的各种活动给生活增添了无穷乐趣”为主题更换了2期宣传橱窗，突出反映了老同志多彩多姿的退休生活和老有所学、老有所为的精神面貌。

【落实两项待遇】

学校老干部工作以管理为基础、以服务为宗旨、以满意为目标，坚持不懈地落实离退休老干部的政治待遇和生活待遇。

1. 政治上关爱老同志

继续贯彻《北京市老干部工作领导责任制》实施细则，根据学校老干部工作精神与要求，不断加强离退休老干部思想政治工作和自身建设，落实老干部政治待遇和领导干部与老干部联系制度。

落实政治待遇，不断探讨推进老干部工作新途径。在重要节日与纪念活动中和老同志加强交流与沟通；在重大问题上倾听老同志的意见和建议，鼓励老同志为学校前景规划献计献策；在接待信访工作中注重疏导、发现焦点问题，用科学发展观分析主要矛盾。2010年组织学校情况通告会2次，离退休工作处情况通报会2次；各种座谈会3次；“元旦”、“七一”及国庆61周年，协同校领导慰问老战士、老专家、老干部、老党员和特困人员百余人次；全年接待、走访300多人次，针对历年遗留问题进行耐心细致、稳定情绪的思想工作，继续联系学校相关部门探讨解决办法；修订《工作人员联系困难家庭制度》和《离退休人员丧事处理办法》，要求每月至少联系一次离休人员；全年订报刊杂志等70余种。

2. 生活上关心老同志

将为特困人员服务作为重点工作之一，创造条件为老同志排忧解难，提供周到服务与舒适环境。

落实生活待遇，关心离休老干部晚年生活并帮助他们解决生活实际困难。组织离休老干部赴太申祥和山庄参观疗养；召开新退休人员座谈会，帮助他们尽快转换角色、调整心态，积极参加离退休工作处组织的各项活动，愉快度过退休生活；对特困户和空巢家庭服务，坚持每半个月电话联系一次，每学期家访一次；慰问生病住院和孤寡老人 425 人次；每月两次为享受医疗待遇的老同志派专车到合同医院就医约 300 人次；每月指派专人配合校医院为 178 位享受 102 待遇人员报销一次药费；参与组织 1 500 多位老同志体检并针对检查结果组织 2 次健康讲座，在《心声》上刊登体检分析报告；全年处理丧事 28 起。

【老年大学】

通过老年大学活动平台开展各种社团活动，以寓教于乐为原则，支持老干部根据自己的身体状况和个人爱好参加适宜活动，保持愉快、健康的心态，促进了老干部工作的发展。截至年底有 200 余名老同志加入老年大学社团，占离退休人员总数的 13% 。

老年大学发挥老有所学、老有所乐的积极作用，坚持以社团活动日形式定期开展丰富多彩、适合老年人特点的文体活动，开设了计算机培训班、书法绘画和摄影讲座，参加了校内外各种比赛和演出等活动。4 月 28 日参加北京市教委在首都经贸大学体育馆举办的“康乐晚年　激情飞扬”北京市高校老同志健身风采展示活动，舞蹈队、时装舞蹈队和木兰队表演的“我们还年轻”荣获激情风采奖；6 月举办庆“七一”书画摄影展；9 月 15 日时装舞蹈队节目“掀起你的盖头来”，参加北京市教育系统老教育工作者《建友谊　同欢乐》西北片高校文艺汇演获得好评；10 月 20 日在铁道部党校举行的“火车头体协北京市区老同志文体活动展示”中表演获优胜奖；10 月 28 日参加市委教工委、市教委和市教育系统活动中心主办的手工创意作品展，有 37 件作品参展；11 月门球队参加海淀区北下关街道办事处组织的该区域 12 个老年门球队比赛，荣获冠军。

【老教授协会】

北京交通大学老教授协会成立至今，已发展了 113 名会员。老教授协会作为老有所为的平台，在教学科研等方面发挥了重要作用。协会定期召开理事会研讨工作，加强了与教务处等部门的联系和对新聘教师的督导与检查，聘请的 10 位老教师在研讨和指导青年教师课堂教学中取得成效。5 月组织 70 多名会员参观中国铁道博物馆和中国电影博物馆；7 月底应邀出席中国老教授协会为庆祝高校实施素质教育十五周年在青岛大学召开的“全国高校文化素质教育专家论坛”。10 月 22 日应邀出席中国老教授协会举办的庆祝建会 25 周年暨第二届“协会先进单位”和第五届“科教兴国贡献奖”颁奖大会，学校老教授协会被评为第二届“协会先进单位”，洪涛院士荣获第五届“科教兴国贡献奖”。

【老龄活动】

结合创先争优活动，坚持以逐步发展为原则，积极开展适宜老同志身心健康的各项文体活动。

5 月 11—24 日，组织 1 100 多位老同志，分别前往蓟县独乐寺、金海湖、红螺寺和恭王府 4 个旅游景点郊游；6 月初组织部分离退休人员到河北承德参观游览避暑山庄等历史古迹；9 月 25 日组织离退休人员秋季运动会，有 1 100 多人参加了 11 个趣味项目；10 月初组织近 1 200 位老同志到南海子公园、黄花城水长城和石林峡 3 个旅游景点郊游；10 月 15 日，组织近 200 名老同志参加“登高庆重阳”活动；10 月 28 日组织参观市委教工委、市教委和市教育系统活动中心主办的“绿色生活　和谐家园”手工创意作品展；组织了麻将、象棋、台球、门球、乒乓球等比赛。

【关工委工作】

学校关心下一代工作委员会（简称关工委），在各学院成立了关工委分委会，离退休党支部书记大多担任分会副主任。关工委选聘17位有党务工作经验的离退休党员担任党建组织员，3月25日举行聘任仪式暨培训会；4月组织校、院关工委负责人培训与研讨；6月校关工委到各学院分会调研；参与教育部关工委理论研究工作，制定研究课题管理办法（暂行）并确定推荐课题的申请与立项工作，学校有2个课题已立项；参与高校关工委工作研讨会会务；坚持“两课”教育，组织讲座，参加学校“三个代表”学习研究会学生党员系列论坛。3月10日，召开北京交通大学关心下一代工作暨表彰大会，校、院（系）两级关工委成员、学校办、学工部、研工部、离退休处、组织部、宣传部、人事处等部门负责人出席。会议授予电子信息工程学院关工委等5个单位“先进集体”称号；授予电子信息工程学院赵岚等33名同志“先进个人”称号；授予陆廼震等4名同志“荣誉奖”称号。校长宁滨、党委副书记高艳、关工委主任李士群出席会议并讲话。

2010

人 才 培 养

研究生教育

【综述】

2010 年，学校研究生教育在校党委的领导下，围绕学校折子工程中和年初制定的工作要点，落实“调整结构、科学发展、注重创新、提高质量”的发展思路，进一步推动各项工作取得了新的进展。

【招生工作】

2010 年，北京交通大学硕士研究生计划招收 2 850 人，其中国家计划内 1 995 人；实际招收 2 949 人，国家计划内 2 565 人。博士研究生计划招收 395 人，其中国家计划内 337 人；实际招收 419 人，国家计划内 251 人。在职人员攻读工程硕士专业学位招收 863 人。在职人员攻读会计硕士专业学位招收 80 人。软件工程硕士领域自主招生 385 人。

【培养工作】

2010 年，北京交通大学毕业研究生 2 310 人，其中博士生 272 人，硕士生 2 038 人。截至年底在校研究生 8 286 人（不含非学历教育研究生），其中博士生 2 126 人，硕士生 6 160 人。春季，共开设硕士生课程 355 门，博士生课程 59 门。秋季，共开设硕士生课程 691 门，博士生课程 104 门。

硕博连读选拔工作方面，3 月，学校启动硕博连读选拔工作。根据教育部招生相关规定，学校取消提前攻博的入学类型，将原提前攻博与硕博连读合并考虑，统一按硕博连读生进行选拔。学校继续加大硕博连读比例，鼓励成绩优良、有创新精神和培养潜力的硕士生报名。各学院通过宣传动员、组织报名及面试，确定拟录名单，由研究生招生领导小组最终确定硕博连读生 136 名。

学籍管理工作方面，2010 年学校开展超期博士研究生学籍处理工作。对超过 8 年的博士研究生，经过发放警示和退学通知、个人申诉、校长办公会议通过等程序，确定清退超过学业年限的博士研究生 85 名。按程序对 2003 和 2004 级博士生及 2006 级硕士生发放了学业警示书。

教材工作方面，7 月，根据北京交通大学《关于 2010 年度教材出版基金资助教材公布的通知》（教通［2010］56 号、研通［2010］5 号），3 本研究生教材获校出版基金资助，见表 7。

表 7　2010 年度教材出版基金资助研究生教材名单

序号	单位	作者	教　材	适用范围
1	经管学院	刘延平	组织领导学	研究生
2	语言学院	周红红	高级英语视听说	研究生
3	运输学院	张秀媛 张国伍	综合交通运输结合部系统理论与方法	研究生

教学检查方面，9月，学校针对研究生专业课程的任课教师开课情况、教学态度、教学方法和课堂纪律几个方面，对全校研究生课程教学秩序进行了抽查。共抽查10个学院53门课程，其中48门专业课、5门公共课，平均抽查比例为7%。结果显示，研究生课堂教学整体状况良好，任课教师教学态度认真，教学方法灵活，能够理论联系实际，大部分学生学习积极性较高。存在的主要问题是部分学院的部分课堂纪律要求相对不严，学生出勤情况不理想。学校将抽查结果向各学院进行了通报，要求各学院对研究生课程的教学环节加强管理。

教改工作方面，12月，组织完成2010年研究生教育专项基金立项工作，共11项。分为重点课题和一般课题，包括拔尖人才培养的本硕博连读试点班及相关基础课程设置研究、专业学位培养质量监控、数字化研究生教育系统设计方案研究、奖助体系设计、开展数学建模提高创新能力培养研究以及学术诚信研究等方面，见表8。

表8　2010年研究生教育专项资金资助项目名称及资助金额

序号	学　院	项目负责人	项　目　名　称	资助经费/万元	项目编号
1	电信学院	娄淑琴	本硕博贯通培养模式的研究与实践	8	134081522
2	经管学院	马　忠	会计学硕博连读招生与培养创新模式	3	134082522
3	经管学院	谭　洁	研究生多元评价体系研究——基于奖助制度的重构	3	134083522
4	土建学院	王　勐	中美大学工程专业研究生培养模式比较研究	3	134084522
5	电气学院	和敬涵	全日制专业学位硕士研究生培养模式与运行机制研究	8	134085522
6	理学院	商朋见	基于加强研究生创新能力的数学课程系统化设计研究	9	134086522
7	理学院	王兵团	研究生数学应用能力培养战略研究	3	134087522
8	人文学院	毕　颖	法律硕士培养机制创新研究	3	134088522
9	人文学院	高晓莹	研究生教育的学风与学术诚信保障体系建设研究	3	134089522
10	语言学院	司显柱	网络环境下研究生英语自主学习能力培养	6	134090522
11	研究生院	孙　强	数字化研究生教育系统设计方案研究	8	134091522
合　计				57	

研究生公派出国项目方面，2010年经国家留学基金委评审，学校47位研究生获得资助，其中联合培养博士生27人，攻读博士学位20人。7月，组织推荐国家留学基金委2011—2012年西北欧互换奖学金项目，学校2名博士生被录取为联合培养博士生人员。11月，启动2011年“国家建设高水平大学公派研究生项目”申报工作，召开项目说明会、项目交流会，并配合开展3个博士生项目宣讲会。12月，组织推荐11名攻读博士学位研究生人员申报法国博士生项目。

培养机制改革方面，1月，根据教育部、财政部关于提高中央部委所属普通高等学校博士研究生奖助学金标准的通知精神，结合学校研究生培养机制改革工作实际，为进一步激励博士研究生勤奋学习，保证博士研究生在学期间基本生活需要，制订提高博士研究生基本奖学金标准落实方案。2010级博士研究生招收非定向研究生238名，获得学校专项基金资助的占 1.7%，对基础学科给予扶持的占 3.8%，依托国家级科研课题招收的占 71%，依托省部级科研课题招收的占 18%，依托其他科研课题招收的占 4%。5 月，召开各学院主管院长专题研讨会，结合学院学科特点，对各学院奖学金评定细则进行了修订。7 月，完成 2009 级硕士研究生第二学年奖助学金评定，参评硕士生 2 240 人，72% 的学生奖助学金等级发生变化，其中奖学金等级提高的占 44%，下降的占 28%。9 月，完成了博士生导师助研津贴的科研转账，共计转出 322 万元科研经费；全校硕士月发放助学金 55.4 万元，全校博士月发放助学金 108 万元。

创新人才培养。1 月，完成《北京交通大学博士教育创新基金实施方案》的征求意见及修改，并试运行。经学生申报、学院评审、研究生院审核，在 2007 及 2008 级博士研究生中，确定资助“优秀博士生创新研究基金” Ⅰ级 39 项、Ⅱ级 18 项。在创新工程原有出国访学和学术交流计划的基础上，依托“211 三期”建设，实施开展创新人才培养建设计划，2010 年完成出国访学 13 项，出国学术交流 17 项。

9 月，学校 15 个队参加“第七届全国研究生数学建模大赛”，获二等奖 4 项，三等奖 3 项。

根据全国工程硕士专业学位教育指导委员会《关于开展工程硕士研究生教育创新院校评选活动的通知》要求，依托学校优势特色学科，确定申报“工程硕士研究生教育创新院校”及“电子与通信工程”、“交通运输工程”、“建筑与土木工程”3 个“工程硕士研究生教育创新领域”。围绕工程硕士研究生教育培养模式创新和管理体制改革创新等方面进行了梳理与总结，并通过了全国工程硕士专业学位教育指导委员会评选。

【学位工作】

博士、硕士学位授予情况。1 月 13 日，北京交通大学第十一届学位评定委员会第四次全体会议讨论了学位授予工作，同意授予博士学位 116 人、硕士学位 451 人；7 月 8 日，北京交通大学第十一届学位评定委员会第六次全体会议讨论了学位授予工作，同意授予博士学位 153 人、硕士学位 2 170 人，名单见附件 2。

第十一次学位授权审核增列情况。根据国务院学位委员会《关于委托部分学位授予单位自行审核博士学位授权一级学科点和硕士学位授权一级学科点的通知》精神，结合学校具体情况，确定此次自行审核博士、硕士学位授权一级学科点的工作原则是：以科学发展观为指导，优化学科布局，调整学科结构，建立“有上有下”的动态调整机制。此次共增列一级学科博士点 6 个，一级学科硕士点 8 个，见表 9 和表 10。

表 9　增列一级学科博士点名单

序号	学科点名称	学科代码
1	应用经济学	0202
2	马克思主义理论	0305
3	数学	0701
4	物理学	0702
5	电子科学与技术	0809
6	控制科学与工程	0811

表 10　增列一级学科硕士点名单

序号	学科点名称	学科代码
1	法学	0301
2	外国语言文学	0502
3	新闻传播学	0503
4	生物学	0710
5	动力工程及工程热物理	0807
6	建筑学	0813
7	化学工程与技术	0817
8	地质资源与地质工程	0818

新增硕士专业学位授权点审核情况。5 月 13 日—6 月 25 日，按照国务院学位委员会学位［2010］20 号文件要求，学校自行审核硕士专业学位授权点。学校以适应需求，坚持标准，保证质量，宁缺毋滥为基本原则，经过学院学位评定分委会审议、公示、专家评审、校学位评定委员会审核等环节，确定新增 5 类硕士专业学位授权，分别为应用统计、资产评估、翻译、公共管理和工程管理硕士专业学位。

北京市产学研联合研究生培养基地建设项目管理情况。10 月，学校参加了北京市教委组织的北京高校产学研联合及国内外联合研究生培养基地建设项目的中期总结交流工作会，并在大会上交流发言。学校在产学研联合研究生培养基地建设方面取得丰富的经验，得到与会代表的广泛关注和北京市教委领导的肯定，北京市教委委托北京林业大学“产学研联合及国内外联合研究生培养基地建设”项目课题组的相关专家，专程来校进行调研工作。11 月，学校召开了“产学研联合博士研究生培养基地建设项目”的结题专家评审会，邀请校内外同行专家对 2009 年的 9 个产学研联合博士研究生培养基地建设项目的实施情况进行了评审。对照各任务书所列条款：建设内容、建设计划、预期目标、建设经费支出计划等，专家分别给出了具体建议。

优秀博士论文培育、推荐情况。2010 年，通过全面实施研究生教育创新工程，重点推荐优秀博士科技创新基金获得者、出国访学基金获得者、专项研究基金获得者参加优秀博士论文的评选，加强调研和有关信息跟踪服务工作。4 月，启动了校级优秀博士学位论文评选工作，评选校级优秀博士论文 14 篇，推荐北京市优秀博士论文 5 篇，其中 1 篇博士学位论文入选 2010 年北京市优秀博士学位论文：赵耀教授指导的翁韶伟博士的学位论文《数字图像的高容量可逆水印的研究》。11 月，教育部、国务院学位委员会公布《关于批准 2010 年全国优秀博士学位论文的决定》，高自友教授指导吴建军博士完成的学位论文《城市交通网络拓扑结构复杂性研究》获得 2010 年全国优秀博士学位论文，是 2010 年交通运输工程学科唯一一篇入选的全国优秀博士论文。同时，简水生院士指导的张帆博士的学位论文《大功率光纤激光器的关键单元技术研究》、翟洪祥教授指导的黄振莺博士的学位论文《高速列车受电弓滑板用 Ti3SiC2 系材料的制备与性能研究》获 2010 年全国优秀博士学位论文提名论文。

导师遴选情况。1 月，学校开展博士、硕士生指导教师遴选工作。各学院学位分委会共推荐 61 人参加博士生导师遴选，其中副教授 16 人，兼职教授 9 人。经初审，共有 52 人外送评审。经校外专家评审和第十一届校学位评定委员会第五次全体会议投票表决共有 22 名校内教授和10名具有博士学位的副教授通过博导遴选，此外还增加兼职博士生导师7人，已是外单位博导，且符合学校资格认定条件的7人，新增硕士生导师65人。名单见附件2。

【管理工作】

1. 围绕创先争优活动，加强研究生学风建设和党员教育

（1）开展研究生学风现状调查，加强研究生学风建设。

开展研究生学风现状调查，发放《北京交通大学研究生学风状况调查》调查问卷1 798份，选取12个院系的研究生典型案例进行个别访谈，形成研究生学风调研报告。以党支部为单位，组织学习《北京交通大学处理学术不端行为的办法》、《北京交通大学研究生学术规范》等规定。通过学校座谈和支部讨论的形式组织研究生开展关于学风建设的学习讨论活动。以研究生学风建设为主题，开展主题征文活动。在研究生中开展北京交通大学研究生"成才表率"标准讨论，参与学校的党员"成才表率"标准的制定。

（2）制订《北京交通大学研究生党员创先争优活动实施方案》，加强研究生党员教育。

举办研究生党员骨干培训班。邀请校长宁滨、校党委副书记高艳作培训报告，指导研究生党员骨干。通过团队训练和体验活动，加深研究生党员骨干间的沟通，拓展日常工作交流方式，培养团队协作精神。组织研究生党员党支部书记参观北京延安文化展示中心，学习延安精神，感受革命先辈的艰苦奋斗史，进行爱国主义教育。开展北京高校研究生党员代表与学校研究生党员骨干交流学习活动，充分发挥研究生党员先锋模范作用。组织《就业中的党性修养和职业道德》主题报告会，加强毕业研究生党员教育。组织研究生党员代表观看红色戏剧《红叶》，拓展创先争优活动有效载体，引导研究生向先进人物学习。

2. 统筹协调各部门的教育资源，深入开展研究生"学期教育计划"

以解决研究生实际需要、提高研究生的社会适应能力为目的，统筹协调各部门的教育资源，系统规划研究生的形势政策、学术道德规范、职业发展、就业创业、心理健康和安全教育等教育内容。

组织召开各相关部门协调会，完善《北京交通大学研究生学期教育计划实施方案》，推进研究生学期教育计划。组织开展"研究生安全教育周"活动。在对宿舍用电和防火安全隐患进行排查的基础上，组织2010级全体研究生学习安全管理相关条例，举办安全专题知识讲座，签订《安全责任书》，切实提高研究生处置突发事件和自救自护的能力。举办"研究生心理健康培训周"，邀请专家对2010级研究生做主题为"积极心态，为学业与生活续航"的培训。开展毕业研究生心理排查和研究生新生心理普查。开展研究生就业指导专场活动，举办简历指导、职业生涯规划与职业发展专题讲座、就业交流座谈会等活动。组织数据库培训和图书馆资源利用讲座，指导研究生获取和利用图书馆资源。

3. 深入开展研究生学术活动，推进校园学术文化的建设

开展名师讲坛和院士校园行系列活动。修订完善了名师讲坛活动管理办法。2010年共组织了8场"院士校园行"活动和117场"与大师面对面"名师讲坛活动，培养研究生树立正确的价值观和科学精神，营造了浓厚的学术文化氛围，成为学校品牌学术活动。

组织开展"研究生学术论坛"。2010年校院两级共组织研究生学术论坛139次。举办第二十届"慧光杯"研究生学术文化节，组织9场学术沙龙、3期优秀校友面对面活动、2期博闻论坛活动和研究生辩论赛活动，收到研究生学术论文718篇，《慧光杯优秀论文集》收录优秀论文356篇。组织14名研究生参加了中国科技大学、北京航空航天大学、湖南大学、

东南大学等学校举办的全国研究生暑期学校、博士生学术论坛，促进研究生的交流。

4. 积极开展社会实践活动，培养研究生实践能力和服务社会意识

2010 年，共组织 37 支研究生暑期社会实践团 376 人，结合专业特长深入基层开展社会实践活动。获 4 项首都高校社会实践优秀成果，7 支实践团获首都高校社会实践优秀团队，5 名研究生获首都高校社会实践优秀个人，2 名指导教师获首都高校社会实践先进工作者。

按照“自愿报名、专业对口、择优录取、组织选派”的原则，2010 年选拔推荐 15 名优秀博士生参加北京市挂职锻炼，召开挂职博士生动员培训会。在其挂职期间，组织召开了 3 次挂职博士生交流会，通过挂职博士生博客及《交大研究生》专栏，建立了挂职博士生的沟通交流机制，实现学校和挂职单位全过程的规范管理。

把研究生“三助”工作作为研究生日常实习实践，使研究生助教、助管工作与育人紧密结合，锻炼上岗研究生能力。2010 年设置岗位 1 618 个，上岗研究生 2 139 人次。

5. 启动研究生艺术工作坊

以“创意 · 合作 · 分享”为宗旨，在学苑研究生创新活动中心，筹备并启动了研究生艺术工作坊，分别以“陶艺制作”及“电影艺术”为主题，面向全体研究生共举办 6 场开放日活动，提升研究生的艺术素养，激发了他们的创意，丰富研究生课余文化生活。

6. 加强研究生专兼职辅导员队伍及研究生骨干队伍建设

在加强对研究生专职辅导员工作指导的基础上，继续完善研究生专兼职辅导员队伍建设。2010 年以“辅导员博客建设”、“学风建设”、“798 艺术之旅”、“心理危机预警”等为主题举办了 4 次研究生辅导员沙龙活动。选派了 3 名研究生辅导员参加北京市挂职锻炼，拓展辅导员工作视野。

7. 加强研究生安全稳定教育，促进校园平安和谐

坚持执行重大纪念日和关键时期专、兼职辅导员值班制度，加强对公寓文化自律委员会、伙食建设工作委员会和网络宣传员三支德育工作队伍的指导，开展消防安全卫生检查和实战演练，对维护研究生群体的安全稳定发挥了重要的作用。

研究生伙食建设工作委员会每两周与后勤集团饮食服务中心进行一次座谈，2010 年共举办 18 次活动。召开校院两级“共建文明餐厅”座谈会，做好宣传解释工作，共同努力办好餐厅。

组织“研究生学苑公寓文化月”活动，开展交大研究生棋类比赛、学苑餐厅美食周和特色宿舍评比等活动，加强学苑公寓的精神文明建设，丰富研究生的课余文化生活。

开展毕业研究生文明离校活动，向毕业离校研究生发放《2010 年研究生文明离校倡议》，并组织毕业研究生捐书捐物。

制订研究生消防安全卫生工作检查方案，确定了由学院自查、研究生检查组互查、辅导员检查组互查、学校大检查等多阶段的检查方案，严密排查各种安全隐患，及时发现问题并整改。组织研究生参加安全疏散演练和消防栓使用培训，提高了研究生应对火情等突发事件的能力。

8. 积极开展研究生思想政治教育工作研究

高艳、屈晓婷、秦莹、胡滢撰写的论文《坚持“以人为本”构筑促进研究生全面发展的综合素质教育平台》荣获 2009—2010 年首度大学生思想政治教育优秀科研成果论文类三等奖，屈晓婷、秦莹撰写的论文《基于学风现状的研究生思想政治教育研究》荣获“中国学位与研究生教育学会德育委员会第七届学术年会”特等奖，屈晓婷、高艳、秦莹撰写的

论文《基于创新能力培养的研究生思想政治教育研究现状》荣获北京市2010年“丹柯杯”优秀研究成果一等奖。

9. 加强研究生思想政治教育工作平台建设

开展信息化建设工作，开发研究生信息系统模块，建设研究生个人信息查询、评优评先、社会实践管理、学术活动通知、调研查询等功能模块，规范管理流程，提高工作效率。以寓教于乐的竞赛形式主办第七届研究生英语文化之夜活动，激发了研究生英语学习兴趣，共有40个团队、626人参加初赛，选拔出10个团队、176人参加决赛。举办2010年“师生情”研究生毕业晚会，师生同台表演节目，表达毕业研究生对母校的眷恋和对老师的感激，使毕业生铭记“饮水思源，爱国荣校”。举办研究生学术、文化等交流活动，为研究生开展学术交流、创新实践、就业创业培训提供了开放性的“平台”。继续以自办刊物为载体，加强研究生思想政治教育工作交流平台建设。刊印了4期《交大研究生》杂志，出版了4期德育工作简报。利用学位授予仪式、研究生迎新、重大节日以及研究生评优评先等工作平台，加强对研究生的日常思想政治教育工作，取得了良好的工作效果。

北京交通大学2009—2010学年研究生先进集体、先进个人情况：

（1）北京交通大学优良学风班（29个）；

（2）北京交通大学优秀研究生（26名）；

（3）北京交通大学三好研究生（578名）；

（4）北京交通大学优秀研究生干部（422名）；

（5）北京交通大学道德建设先进个人（10名）；

（6）北京交通大学社会实践优秀团队（25个）、北京交通大学社会实践优秀个人（74名）、北京交通大学社会实践优秀带队教师（11名）；

（7）北京交通大学研究生优秀奖学金（27名）；

（8）北京交通大学智瑾奖学金（19名）；

（9）京东方奖学金获得者（20名）、京东方奖教金获得者（教师4名）、京东方管理贡献奖（教师1名）；

（10）西门子铁路奖学金（3名）；

（11）校友奖学金（1名）；

（12）宝钢优秀学生奖学金（4名）；

（13）尖峰奖学金获得者（3名）；

（14）光宝助研奖学金（15名）；

（15）电力节能奖学金（5名）；

（16）利德华福电气奖学金（6名）；

（17）万桥奖学金（3名）；

（18）唐车奖学金（7名）；

（19）曦明助学金（10名）；

（20）华为技术奖学金（6名）；

（21）日立中国奖学金（9名）；

（22）九阳助学金（15名）；

（23）新誉奖学金（17名）。

【附件2】

2010年北京交通大学博士生指导教师及授予博士、硕士学位人员情况

1. 北京交通大学博士生指导教师一览表

表11　北京交通大学博士生指导教师一览表（分专业统计）

专业名称	新增博士生导师	已有招生博导名单
产业经济学	冯　华　潘浩然 李朴民（兼） 王　灏（兼） 周道许（兼）	荣朝和　李文兴　欧国立　赵　坚　袁伦渠　林玳玳　张瑞萍 石美遐　叶蜀君　谭克虎　李孟刚　曹玉书（兼）　张　雷（兼） 奚晓明（兼）　王稼琼（兼）　吴彤彫（兼）　叶茂林（兼） 张国祚（兼）
运筹学与控制论	渠刚荣	常彦勋　修乃华　冯衍全　商朋见　王　军　王金亭
光学	段武彪　金光日	徐叙瑢　冯其波　王永生　黄世华　邓振波　何志群　侯延冰 张希清　徐　征　洪　涛　何大伟　吕燕伍　陈云琳　滕　枫 刘　博　王淀佐（兼）　张书练（兼）　沈建中（兼） 马志明（兼）　衣宝廉（兼）　许祖彦（兼）　朱　红（兼）
系统分析与集成	李克平	高自友　徐维祥　贾　斌　孙会君
固体力学	刘　颖	石志飞　章梓茂　汪越胜　于桂兰　兑关锁　郭雅芳 刘金喜（兼）
机械设计及理论		查建中　方跃法　李德才　姚燕安　张朝辉
车辆工程	任尊松	孙守光　谢基龙　李　强　张　鹏　刘志明　杜彦良（兼） 杨绍普（兼）　张曙光（兼）
电力系统及其自动化		范　瑜　王　毅　金新民　刘明光　张小青　王　玮　吴命利 吴俊勇　和敬涵　张　黎（兼）　宋永华（兼）　胡兆光（兼） 叶柏洪（兼）　雷清泉（兼）
电力电子与电力传动		郑琼林　王立德　刘志刚　游小杰　姜久春　叶云岳（兼） 刘小河（兼）　阮新波（兼）　刘友梅（兼）
通信与信息系统	周华春　荆　涛　艾　渤	简水生　陈常嘉　李　洵　张宏科　王均宏　延凤平　刘　云 钟章队　娄淑琴　朱　刚　李唐军　裴　丽　杨　维　宁提纲 秦雅娟　陈根祥　郭宇春　高德云　蒋林涛（兼） 黄卫平（特聘教授）　孙　玉（兼）　吕家国（兼）
信号与信息处理	孙冬梅	阮秋琦　肖　杨　赵　耀　梁满贵　杨义先（兼）　田　捷（兼）
信息安全	刘吉强	毕　颖　杜　虹（兼）　夏　勇（兼）　张　斌（兼）
计算机应用技术		韩　臻　于　剑　王志海　沈昌祥（兼）　孟洛明（兼） 林宙辰（兼）　石　勇（兼）　陈性元（兼）　李凡长（兼）

续表

专业名称	新增博士生导师	已有招生博导名单
计算机软件与理论		吴尽昭（兼）
计算机科学与技术	卢　苇　孙永奇　樊建平（兼）	
系统工程	陈志南	侯忠生　贾元华　申金升（兼）　吕永波　王喜富　关　伟　钱大琳　张　喜　吴建平（特聘教授）　张智文（兼）　石定寰（兼）
岩土工程	赵伯明	赵成刚　张鸿儒　乔春生　刘建坤　刘保国　张顶立　王　哲　何　平　项彦勇　白　冰
桥梁与隧道工程	陈铁林　张　楠	王梦恕　夏　禾　刘维宁　施仲衡　朱尔玉　雷俊卿　谭忠盛　季文玉　高　日　袁大军　黄　卫（兼）
道路与铁道工程	雷晓燕（兼）	许兆义　魏庆朝　王连俊　杨成永　高　亮　陈　峰　杨松林　白明洲　张鲁新（兼）　赵国堂（兼）
结构工程	安明喆	杨庆山　朋改非　杨　娜　张　荫（兼）　王元丰（兼）
交通信息工程及控制	王化深　杨华中（兼）	谈振辉　唐　涛　魏学业　陈后金　宁　滨　侯建军　徐洪泽　赵会兵　闻映红　李邓化（兼）　宋永端（兼）
交通运输规划与管理	姚恩建　闫学东　郭继孚（兼）	刘　凯　毛保华　周磊山　张星臣　林柏梁　邵春福　刘　军　何世伟　袁振州　韩宝明　董宝田　朱晓宁　马建军（兼）　贾利民　孙全欣　宋　瑞　郎茂祥　赵　鹏　季常煦　聂　磊　于　雷（特聘教授）　傅志寰（兼）　董　焰（兼）
载运工具运用工程	杨中平　耿志修（兼）	朱衡君　翟洪祥　邢书明　徐宇工　贾　力　张　欣　宁　智　韩建民　李国岫　周　洋　何伯述　余祖俊　杨庆新（兼）　曾广商（兼）　刘　石（兼）
管理科学与工程		徐寿波　李学伟　刘伊生　张润彤　汝宜红　关忠良　鞠颂东　黄　磊　穆　东　张真继　姚　兵（兼）　王庆云（兼）　赖　明（兼）
企业管理	张文松　唐方成	张明玉　丁慧平　张秋生　刘延平　邬文兵　叶　龙　周守华（兼）　张　新（兼）　刘玉廷（兼）　葛新权（兼）　杨　华（兼）
信息网络与安全		何德全（兼）
地下工程		贺少辉
安全管理与工程		
物流管理与工程	侯汉平	王耀球　张菊亮
电工理论与新技术		张晓冬　张和生
电机与电器		张奕黄　葛宝明　顾国彪（兼）
电气工程	陈树勇（兼）	杨庆新（兼）
机械制造及其自动化	王太勇（兼）	李建勇
机械电子工程		李平康　王爽心　李长春

续表

专业名称	新增博士生导师	已有招生博导名单
安全技术及工程		方卫宁　谭南林　肖贵平　秦　勇
光学工程	衣立新　赵谡玲	盛新志　王　智　郑　义
技术经济及管理		林晓言
一般力学与力学基础		戈新生（兼）
城市轨道工程		梁青槐
防灾减灾工程及防护工程		齐梅兰　陈文化
市政工程	夏海山	李　进
思想政治教育	韩振峰	颜吾佴　林建成　路日亮　陈树文　刘秀萍　张雷声（兼）荆学民（兼）
工程与项目管理		郝生跃　孙永福（兼）
旅游管理		张　辉
工程力学		金　明　王正道
供热、供燃气、通风及空调工程		李德英（兼）
会计学	程小可　张立民	郭雪萌　马　忠
运输与物流		张长青
系统理论	曹鸿钧	彭名书　邓红文（兼）
管理科学	周　静（兼）	陈喜庆（兼）　王岳森（兼）
土木工程		岳祖润（兼）
信息管理	刘世峰	许立达（讲座教授）
合计	46 人（兼职 11 人）	313 人（兼职 78 人）

2. 学位授予名单

北京交通大学第十一届校学位评定委员会第四次全体会议授予博士学位人员名单（116 人）

（2010 年 1 月 13 日）

电子信息工程学院（11 名）

通信与信息系统

王　嵚　李常茗　尉伟峰　郭铁英　关建峰　任文华　毛向桥　马　震

交通信息工程及控制

王　钰　姚　畅　肖　硕

计算机与信息技术学院（15名）

计算机应用技术

郑　宇　杨树忠　师智斌　童向荣

信号与信息处理

胡　俊　魏小涛　赵　莹　任　娟　熊　轲　曹振臻　金　一

计算机软件与理论

赵　翔　汪廷华

信息与通信工程　信息安全

蔡　英　廖年冬

经济管理学院（40名）

产业经济学（经济学）

彭兆琪　陈　钟　王红梅　季晓南　方春阳　王在广　陈宏伟　张梅青　贾　洪　段建宇　黄志刚　王　刚　董方军　薛　辉　徐东云　李旭颖

管理科学与工程（管理学）

施青春　沈吉仁　唐永忠　柯新生　张卫国　王　超　戴　宏　余　晖

管理科学与工程　物流管理与工程（管理学）

李永芳　王忠平　孙　敏　周绍妮　张　涛　赖斌慧　刘　岩　彭　芬　田立东　王志亮

管理科学与工程　管理科学（管理学）

兰荣娟　张　壮

管理科学与工程　信息管理（管理学）

刘培德　刘紫玉　林　华

企业管理（管理学）

刘文炳

交通运输学院（17名）

交通运输规划与管理

马叶江　谷远利　熊　杰　龙建成　李俊卫　狄　威　耿雪霏　赵　慧　马小宁　孟令云　李新刚　王永明

系统工程

葛　芳　王作功　艾新波

系统分析与集成（理学）

陈振起　姜丽莉

土木建筑工程学院（17名）

道路与铁道工程

邓亚士

桥梁与隧道工程

孙国富　丁德云　张明波　魏鹏勃　陈建国　刘永胜

岩土工程

鞠文君　姚宣德　刘文彬　郭富利　焦　健　张成平

结构工程

张　杰

交通运输工程　城市轨道工程

刘卫丰　贾颖绚

土木工程　水文地质与工程地质

姜　龙

机械与电子控制工程学院（7 名）

车辆工程

陈梅倩　胡晓依　徐步青　李剑芝

机械设计及理论

李　楠

载运工具运用工程

周素霞　孟亚东

电气工程学院（4 名）

电力电子与电力传动

李哲峰　文　锋

电力系统及其自动化

刘慧娟　王晓辉

理学院（5 名）

光学（理学）

王俊玲　董力强　黄　毅

运筹学与控制论（理学）

尹君毅　袁继红

北京交通大学第十一届校学位评定委员会第四次全体会议授予硕士学位人员名单（451 人）

（2010 年 1 月 13 日）

电子信息工程学院（22 人）

通信与信息系统

梁　轩　曾庆茁　贺　寅　江岸明　王霄鹂　戚小玉　强　薇　夏　颖　张　谦

赵鹏飞　桂　煌　张　弛

交通信息工程及控制

赵丹忱　张　健　覃定明　付海涛

电路与系统

刘　芳

微电子学与固体电子学

宋　鹏　杨　妍　熊凯南

智能交通工程

曹　涛

环境工程

周华生

计算机与信息技术学院（7人）

计算机科学与技术

刘　博　武　琳　崔　文　陶　昆　朱振宇

信息安全

郝　悦

生物医学工程

周　焜

经济管理学院（19人）

劳动经济学

李　智

产业经济学

李晓宁　左　璐　段新颖　熊　飞　李晓倩

企业管理

郭伦位

信息管理

陆　音

物流管理与工程

赵　睿　郎济芳　张坤良　袁　远　赵　睿

工程与项目管理

付　婧　李楠楠　胡玉洁　张　敏

安全技术及工程

粟柏霖

会计学

高明明

交通运输学院（23 人）

系统理论

单庆超

系统分析与集成

沈亚巍　许廷霆　毕克玲

系统工程

肖　倩　马金锋　姚云东　季全刚　洪啸天　郭　芸

安全技术及工程

黄利丹

交通运输规划与管理

孙　琪　魏志宏　严　青　吴　思　金巍巍　何润珠　方开莎　曾　春

智能交通工程

刘宝云

交通安全工程

高　峰　郝　博

环境工程

顾立川

土木建筑工程学院（51 人）

固体力学

汤笑之

工程力学

苏　芳　何章权

岩土工程

肖　涛　田鲁鲁　赵　凯　章　东　蔡　军　曲世韡　贾晋成

结构工程

马胜男　杨慧萍　宁艳红　郭　婷　孟庆铜　单瑞增　林如锴

市政工程

沈　燕

桥梁与隧道工程

肖　亮　严文翔　肖　明　蔺亚虎　雍　飞　江　成　郭建涛　尹　凡　李　超
楚志坚　刘志东　吕吉应　汪文秋

摄影测量与遥感

张金钟

地质工程

樊玉芳　李光辉

道路与铁道工程

马军瑞　肖　亮　刘　莉　潘　意

环境科学

富一琳　陈　晨　李小玥　孙素霞

环境工程

李玉山　焦　迪　王国田　何瑞兰　武　甲　吴　洁　辛琳琳

环境岩土工程

李尽旺　王　胤

机械与电子控制工程学院（23 人）

机械制造及其自动化

江文强

机械电子工程

张　斌

机械设计及理论

黄晓鸿　李霄霄　赵晓光　王曦鸣　王　燕

车辆工程

江　冰　杨　超

材料学

吕丽平　张少兰

工程热物理

董　瑞　王　凯

动力机械及工程

朱伟胜

安全技术及工程

丑丽杰　刘　莹　胡冬冬

载运工具运用工程

王洁宇　崔少斐　谢成芬

环境工程

许鑫星　朱　玲　曹　哲

电气工程学院（9 人）

电机与电器

李宗臣

电气工程

于伟伟　李墨雪　宋　丹　张东亮　王皆庆　宋更付　成　龙　张彦丽

理学院（20 人）

基础数学

傅雅琦　赵　路

计算数学

汪顺军　贾旭辉

概率论与数理统计

杜志阔

应用数学

苑呈芹　庞宇磊　潘信飞

运筹学与控制论

胡　伟

理论物理

王倩霞

生物物理学

王　丹

光学工程

刘世勇　刘　华

物理电子学

王　赟

化学工程

常　进

应用化学

付生军　李小莉　袁　逖　孙美焕　邹浩明

人文社会科学学院（2 人）

马克思主义理论与思想政治教育

黄晓玉

思想政治教育

徐文华

语言与传播学院（1 人）

英语语言文学

赵瑞雪

专业学位硕士（269 人）

电子与通信工程

张军明　马　锋　谢彩文　熊卫华　于　冰　张　英　王新南　王金良　王　平
荣　健　陈　杨　何锦芳　孙　雷　吴胜岳　许光桥　程　磊　刘　坤　吕星迪
徐　纯　代　军　王　军　鲁铁铮　顾　东　李　群

控制工程

李　赵　曹延飞

计算机技术

齐昊鹏　顾建荣　李寅波

软件工程

吴　翔　刘　伟　张　晨　李永超　扈　圆

物流工程

石青华　王国文　陈　磊　陈建华　茅瑞恒　胡军珠　刘世萌　张　澎　张　赟
郭德铭　俞　箐　栾建非　张雅伦　李东艳　张明辉　吴　昊　张钢锋　陈　亮
陈晓婕　王海洋　孙志军　付险峰　李　蕾　余文利　董江涛

项目管理

白志华　陈拥军　崔增坡　雷章彬　李东生　刘　启　刘涛瑞　卢永鑫　徐　慧
张继民　张瑞鑫　许广震　李海鹏　孙兴凯　闫秀芳　梁　晨　崔　妍　邓建军
张　静　赵爱锋　王文群　李　波　李　磊　王昭娟　姚同锋　嵇正永　杨　奕
栾立维　林雅妮　徐　英　杨　征　孟　旸　张　伟　高　峰　杨润莲　李翠荣
黄　洋　李　辉　王　超　郭长江　李太权　柯　彦　崔继风　秦远平　杨志刚
范永军　冯进阁　付忠岭　王　斌　李灵玉　李永卿　姜文彬　郝晓鹏　贾卓文
王小平　贾　平　李　薇　王利铭　李　青　徐嘉庚　卢　笛　赵　锐　魏浩义
于华欣　郭丽强　宋江卫　任　远　吕世及　刘爱国　张灵通　张敬杰　刘雅平
王振杰　黄　凯

交通运输工程

付恒友　李志峰　卢　悦　张文霞　张一丁　祁光辉　段晨明　宋蔚峰　齐润亮
金永刚　赵为民　张琳文　赵相臣　董晓军　林晓雪

环境工程

刘　鲲

车辆工程

王延飞　王克明　孙志刚　赵　春

建筑与土木工程

尚志强　蒋　锋　米　刚　张旭东　朱占峰　曾　勃　魏　峰　陈如意

电气工程

李林松　袁德强　石　颖　赵　峰　万　平　朱明硕

工商管理硕士

陈　彬　黄志先　王　梅　吕品品　周　浩　李　钢　任龙凤　徐泳斌　于伟军
李颂扬　彭佑华　孙殿君　方红涛　赵洪海　刘泽南　刘学法　程　晟　高向明
向世远　程高升　佘红光　于新权　尹作华　赵　媛　许贵阳　于树利　杜　凌
武永涛　张晓毅　曹苏晋　马玉峰　于建杰　宋文胜　王　勇　李亚峰　杨莉莉
赵　丽　黄乖亚　张典强　原新军　宋春生　吴翔宇　潘桂波　李立新　徐永坚
吴中华　梁建希　陈蕙勤　邹伟明　黄　伟　傅小琼　谢绮雯　谢潮浪　许圣彬
刘志翔　熊　宇　王显举　赵　俊　张　霞　周建忠　韩加林　贺耀林

MOHAMMED HI ELLADA（1 人）

高级管理人员工商管理硕士

冯君山　吴　颖　肖景先　涂　斌　徐道珊　朱　宁　王　森　张立志　郑颖晖
朱俊福　和　龙　李宇雄　蔡文强　李向阳　刘理彬　姜义仁　刘　民　刘　鹍
彭　雷　强岱民　张军强　韦文江　江文豪　郑婷月　易　磊　申顺更　谭茂村
张立军　訾向阳　张生亮　苏亿愿　赵路忠　王艳钊　邢　芬　刘慧发　么海卿
张志豪　薛　雷　夏　炀

高等学校教师在职攻读硕士学位（2 人）

企业管理

陈　燕　李　艳

同等学力人员申请硕士学位（3 人）

信息管理

高　勃

产业经济学

朱婧达

电力电子与电力传动

曹宏发

北京交通大学第十一届校学位评定委员会第六次全体会议授予博士学位人员名单（153 人）

（2010 年 7 月 8 日）

电子信息工程学院（26 名）

通信与信息系统

秦建存　妥艳君　王俊芳　李永昊　李　昕　冯素春　姚　磊　耿　蕊　陆玉春
李宏雷　卢　丹　刘　留　李纯喜　龚桃荣　霍宏伟　宋　飞　陈一帅

交通信息工程及控制

蔡伯根　牛　儒　王　轶　李星毅　杨　飞　张令文　宋　伟　晏静文　刘　坤

计算机与信息技术学院（12 名）

计算机应用技术

尹　辉　蒋轶玮　王　娇　钟晶晶　高　瞻　李　宁　王金华　李　万　周丽平
唐为民

信号与信息处理

曾高荣　韦世奎

经济管理学院（32 名）

产业经济学（经济学）

赵洪武　潘振锋　佟常兵　文海涛　姜革锋　齐振法　石永昌　王杨堃　郑　翔
张泽一　郭广良　郑林昌　张影强　滕顺祥　萧新桥　郑明高

管理科学与工程（管理学）

刘虎兴　孟范祥

管理科学与工程　物流管理与工程（管理学）

李伊松　黄　芳　范文姬　王瑞江　孙清华

管理科学与工程　安全管理与工程

李志伟

管理科学与工程　管理科学（管理学）

童　佳

管理科学与工程　信息管理（管理学）

王　秦

企业管理（管理学）

赵启兰　叶广辉　段嘉尚　王昌盛　孙启萌　田　飞

交通运输学院（22 名）

交通运输规划与管理

许　红　海　涛　杨　静　王保华　孙　琦　高利平　黄　荣　郝合瑞　余　柳
张　烨　邵俊杰　柏　赟　刘明君　马壮林　李　霞　许旺土

系统工程

卫振林　卢志舟　蒋　蕊　管小俊

系统分析与集成（理学）

贾文峥　郑建风

土木建筑工程学院（26 名）

道路与铁道工程

白　雁　杨广武　王冬梅

桥梁与隧道工程

王树栋　姚锦宝　张新金　黄清飞　李　宇　房　倩　孙　锋

岩土工程

时洪斌　黄　璐　崔少东　侯艳娟　高　博

结构工程

钟　铭　申彦利　李玉学

固体力学

王　足　吴文平

防灾减灾工程及防护工程

王　蕾　张雪东

土木工程　地下工程

高保彬　李　兵　罗彦斌

土木工程　水文地质与工程地质

丁桂伶

机械与电子控制工程学院（9名）

车辆工程

杨俊杰　姚淑卿　高占凤　宋　颖　宋雷鸣

机械设计及理论

叶　伟　崔海蓉

载运工具运用工程

杨　晖　宋泾舸

电气工程学院（4名）

电力电子与电力传动

张　钢　林文立

电力系统及其自动化

周　晖　李　娜

理学院（22名）

光学工程

张　立　丁金运　田雪雁　封　宾　王亚平　杨双收　赵　爽　程志明

光学（理学）

邓立儿　王丽伟　李娟娟　冯　颖　张永明　张文官　朱海娜　王　琰

运筹学与控制论（理学）

王小苗　罗自炎　吕胜祥　吴　艳　李艳涛　刘玉婷

北京交通大学第十一届校学位评定委员会第六次全体会议授予硕士学位人员名单（2 170人）

（2010年7月8日）

电子信息工程学院（11人）

电路与系统

李敏钰　党　金

通信与信息系统

韩柏涛　李亚光　郭英慧　侯一凡

微电子学与固体电子学

柳宛辰

交通信息工程及控制

吴飞云　吴道华　杨　帆　陆德彪

计算机与信息技术学院（195 人）

教育技术学（理学）

亢　净　杜　梅　邱　瑛

模式识别与智能系统

朱　杰　王书雁　张　永　常海锐　余菁菁　户　磊　李亚东　王　磊　刘文娟
刘亚新　张娟丽

生物医学工程

董欣媛　王　莉　任燕敏　李　玲　李　雪　谢瑛瑛

信号与信息处理

刘之幸　龚文青　李　成　马　宁　叶永鑫　胡健楠　刘　晔　施　柳　范丹丹
齐高亮　王　励　韦卫嫦　李晓红　李庆玲　李竞超　车丹丹　雷丽坤　孙砚铭
王梦思　丁　璐　梁　燕　刘　璐　肖　虹　颜希超　张盈盈　党　兵　高海燕
李倩颖　冉　冉　李晓娟　吴文东　远财贸　张苏萍　刘　静　刘晓丽　宋丽丽
王春燕　车志富　李小波　周灿梅　高晓玲　施雪梅　郑子薇　范文洋　刘灵芝

信息与通信工程　人机交互工程

刘　伟　刘　杰　谢朝强　刘晏昌

计算机应用技术

黄　昆

信息与通信工程　信息安全

鞠召艳　曹香港　李生智　魏　何　吴晓武　齐晓彤　杨翰文　邱勇杰　陈　朴
郭　健　韩　识　廖　毅　曲晓晶　张静勤　孙艳茹　朱陶丽　施　展

计算机科学与技术

史贞军　田　甜　冯　超　李雪锋　陈佳希　焦　磊　牟　敏　裴赟昶　陈　颖
耿方新　陶佰明　史运涛　陶思敏　杨春勇　李彬彬　马　威　李　勇　王立鹏
吴银卫　郝会娟　李红梅　尚治宇　王　屾　朱　振　严孙荣　张美珍　张彦博
刘　涛　徐海朝　张金良　李　凤　张　熠　胡谦谦　黎　雷　谭　迅　王　熙
闫海蓉　王华伟　卓　灵　吴　倩　陈方圆　常宏达　谢业海　王　欣　王　飞
杨　扬　余志俊　张小研　刘　琦　鹿跃群　孙庆嘉　向杨峰　贺　鹏　黄翔星
王文丽　侯虹霞　钞　萌　苏景春　田广隽　徐　勇　杨子江　李志尧　刘雪莲
毛佳敏　武婷婷　杨　磊　张　森　迟伟琛　杜　晶　李　罗　尹景磊　陈　科
付　宇　丁　雷　高　勋　付　宇　李金泓　魏　超　杨焕新　余金城　刘金永
刘冉冉　柳俊彦　张兴华　蔡　敏　张尚超　张子婧　刘承玉　田民丽　杨　娜
陈　菁　周伟荣　朱岳龙　李　强　吴建林　周　正　李元鹏　王　举　吴文斌
姚丽娟　徐　剑　刘幸奇　张素静　刘丽平　冯　静　胡鹏飞　穆利伟　谢倩倩

经济管理学院（309 人）

安全技术及工程

苏　松 张海琪 陈丽艳 周　宏

产业经济学（经济学）

田　添 汪　淼 邹惠华 郝　艺 胡　迪 黄嘉兴 姜小丽 王　琳 于瑞宁
李　平 刘　芳 袁加林 张宗刚 于丽香 杨莹萤 张　晶 何　军 刘　铮
鞠　颂 郑颖昊 崔力心 李　莹 刘美婵 王峰林 王玲婕 张佳仪

管理科学与工程　安全管理与工程（管理学）

王　亮

管理科学与工程　工程与项目管理（管理学）

温　泉 梅　苇 文　静 赵　旻 赵　喆 李　菁 李　欣 马　鑫 冯丽晓
魏文杰 吴旭丹 郭俊平 秦　海 朱春妃 刘　英 王　淇 张丁丁 王剑南
王墨飞 杨启帆

管理科学与工程　管理科学（管理学）

曾　升 王　璇 胡春兰 任亦开 王春凤 罗　葵 杨　赛 吴秀婷 罗　锋

管理科学与工程　物流管理与工程（管理学）

温　迪 陶　春 萨茹拉 王东妹 梅振国 王　妍 梁启超 刘波林 薛昕昀
杨欢欢 陈　琳 贺厉锋 向　斌 张　敏 郭　磊 郭　睿 徐晓红 姚明志
张雪燕 朱文平 饶　艳 谢慧娟 雒彩莲 武翀宇 陈红萍 焦雨洁 楼　颐
杨东升 艾　新 胡海涛 刘文杰 吴念蔚 侯文圣 王　兵 许舒婷 周敬敬
周英英 刘　玲 张　倩 张潇文 袁　杰 朱立力 张　绿 郭　旻 王世伟
卢亚杰 谢　红 尹巍巍 董全周 李少蓉 张文峰 刘　莅

管理科学与工程　信息管理（管理学）

徐振华 张　博 徐　婷 窦　娟 赵　倩 任静妮 张　琼 卢　康 马　宁
曹巧艳 陈铁东 孟刘青 易佳丽 靳巧乐 李文清 贾滇宁 陶　承 赵银飞
陈文珍 张强林 左　晨 张晓敬 李晓川 苏钧儒 孙文秀 邢　婷 曹伟涛
曹振飞 冯军维 刘　娟 王　珊 赵美琳

会计学（管理学）

马　婷 李鲁卉 马洪达 于　珊 杨小雪 翟　宇 周　菲 周　阳 董　娟
赵亚坤 曹龄方 韩　雪 李　燕 宋　岩 翟小屋 王多思 许雁舒 崔　雪
吴　琼 张庆娟 薛晶晶 苏　子 武　凯 张红艳 周倩倩 刘青霞 张沭苏
刘莎日娜 杨银燕 刘扬帆 许超伊 许隽孜 李　晖 王　颖 侣方方 孙静丽
檀丽阳 焦团团 尹　兰 郭　莉 郭新兴 孙大地 张艳青 邸晋英 韩玲珍
孙　薇 张　洁 张丽娜 金　征 田晓琳

技术经济及管理（管理学）

熊　伟 陈寒松 高艳红 裴会颖 刘　莉 白云峰 陈小君 王明路 赵　娟
陈禹彤 曲永祥 薛静娴 樊娟娟 穆文杨 程　璐

金融学（经济学）

吴晓娟　段雅超　管莉莉　韩　笑　孟庆莉　张　涛　郝　亮　铁志海　王　帅
孟　倩　倪　悦　王　静　赵方磊

劳动经济学（经济学）

李沫萱　谢奕玲　赵　夕　沈艳杰　石博文　尉　玮　李　丽

旅游管理（管理学）

贺晓敏　陈琳琳　黄　悦　钟　睿　宫连虎　林盛兰　黄小芳　孙新宇　赵湘湘
吴亚东　于玲玲　朱　亮

企业管理（管理学）

戴　航　康力博　张　博　郝　红　刘庆远　钟海涛　苏　丽　张　华　何　鹏
刘　鹏　肖　娅　陈玉婷　霍玉强　尤佳佳　梅　绘　聂　姝　任　远　刘显波
徐慧娟　孙福萍　吴美清　张　磊　谢　屿　蓝玉巧　高福滋　郭姗姗　夏　岚
俎　超　林乐碳　王莺莺　张峰征　周子涵　王俊男　王　轲　杨雨泽　张一村
邓延伟　孙　焰　徐维娜　魏雪飞　赵　慧　郑洁琦　孙华敏
BOUNTAY PAKAYSITH（1 人）

区域经济学（经济学）

丁　汀

社会保障（管理学）

陆春阳　焦　伟　罗英恒　张　妍　何　松　聂宁宁　杨恩艳　郭　磊　王　璇
王　丹　郝　琳　何　敏　黄丽珍　孙　琳　刘　鹏　裴　婕　刘钰桃　马兰兰
张宏伟　赵　昂

统计学（经济学）

陈　蓓　郗志芳　宋　淞

交通运输学院（211 人）

系统理论（理学）

刘苏庆　张翠平　彭　建　田钧方

系统分析与集成（理学）

范宏强　李年源　高雪娇　马　丹　徐尚义　李海鸥　曹　征

系统工程

雷　凯　李伶伶　李桂萍　林　磊　牛　虎　曾　鸣　李宇航　陈国兵　刘　潇
袁舒平　郝　琪　张　磊　赵　佳　房　磊　代　辉　李　杰　谢子佳　徐晖朋
徐　曦　贾献博　韩向雨　冯　雪　赵　婧　陈晓菲　蒋　波　于雅岑　赵　迪
陈彩霞　艾姝琳　杨　洁　张　博　井国龙　刘立荣　马金元　韩艳欣　李　阳
王　梦　张素芳　王　静　李　杰　王少华　文曦珠　王　雪　刘大材　李　彬
王婉莹

安全技术及工程

刘　蓉　杨晓明　谢正媛　武中婧　包娜娜　张新媛　李学伟　裴贺蕊　宋著坚
武小琪

交通运输规划与管理

李　元　乔庆杰　管淑琴　马超云　李　倩　周　华　杜　光　朱丽颖　刘丰之
邸　晶　但　媛　常　丹　胡秀秀　刘　娜　彭宇拓　席锦池　朱清兰　张立员
刘江涛　刘　军　王　琦　武云霞　张　薇　旷　绚　李　鹏　姚金娈　张　力
李　岩　王帅刚　李莹英　柳　林　聂正英　赵雅芳　陈　亮　赵　菲　张素兰
丁　杰　高　嵩　贺协腾　王　旭　王　璇　李　广　徐　荣　汤国防　杜　颖
高永峰　鞠　昕　马　琳　李　臬　谭宇燕　杨淑娟　唐勍勍　董　伟　李明星
穆　蕊　曲秋莳　任恒宽　赵　玥　黄一华　高奎红　刘环宇　唐文君　李金海
毛益兵　罗　俊　江　波　刘　健　孟文君　陈君福　王　珂　王琳颖　吴美娥
甄彦芳　郭沛亮　胡　婷　刘娟娟　王宏图　章　玉　李瑞杰　吴　非　杨云超
叶　芳　苑静蕾　张　进　周华英　杜翠霞　金　磊　冯书霞　黄治华　黄晓波
郭春江　刘晨光　朱正玲　宋桂翠　李慧珠　成浩然　宋光明　刘韵光　孟国连
汪　涛

管理科学与工程　电子商务（管理学）

冯　欢　左美琳　姚　敏　宋晓芳

交通运输工程　智能交通工程

李博文　李晨曦　唐源洁　李　昂　王啸啸　张竹梅　赵路宁　高寅寅　谷　媛

交通运输工程　运输与物流

郭义荣　王丹竹　何　婷　曹新磊　王　伟　车　帅　杜　波　吴雪靖　刘红元
廖美亮　吴兴华　刘　斌　王立娟　单亚辉　李　波

交通运输工程　城市交通工程

王冬博　郭根材　李全东　黄隆飞　黄　宇　徐　岚　胡志刚　李　媛
TRAN THU PHUONG（1 人）

交通运输工程　交通安全工程

任淑云　韩　星　王祎雯　张雅琴　孙彩红　李鹏翱　邢云磊

土木建筑工程学院（236 人）

工程力学

端木正　弓　飞　刘铭轩　王益鹤

防灾减灾工程及防护工程

肖　玮　龙金涛　周亚坤　刘　钊　黄允宜　陈　浩　冯　丽　王光裕　吴　瑶
梁克鹏　郑　静　曹卫卫　田雪娟

固体力学

王大鹏　吴云章　吕　扬

岩土工程

陈　进　张清林　崔　凯　肖　谊　袁　杰　饶　增　薄帅帅　马程昊　王富强
李　化　尹文平　武　恒　陈　岩　张建楠　万　飞　方　华　李　斌　李晓伟
冯　落　刘建荣　习志雄　苏钟琴　李　萌　刘　利　杜　艳　李　慧　曹　茜
王　震　杨　娜　王　娜

流体力学

纪慧琢

结构工程

陈　强　黄广华　王玉建　张九峰　崔大鹏　高政斌　郭青骅　邢石磊　安　毅
程文锦　管　帅　刘　浩　刘　昌　刘　浩　李昕欣　梁仁钟　纪万金　张　岩
钟延营　王开飞　曾敏敏　刘武华　李　挺　汤　丁　张子荣　高　斌　蒋　平
王文思　贾永新　张罗鹏　张艾荣　赵　锋　潘　攀　李名佳　周晓璐　孟　兮
张　霞　鞠红梅　胡芳芳　杨冬玲　张菁菁　陈　丹　赵　雅　王砾瑶
FABIO ALBERTO OREJARENA ESPARZA（1 人）

市政工程

杨　杰　李　桐　闫　旌　苏　敏　赵　静

桥梁与隧道工程

杨佳璇　施正城　王剑晨　程亚平　张建强　黄　华　卢宁宁　蔡志敏　张　磊
王俊生　魏　博　李　利　杨红春　禹　林　刘学艳　周海波　杨志新　常永立
刘　辉　丁文娟　高　康　梁　磊　要荆荆　吴捧捧　乔美丽　孙学子　王　涛
杨　健　杨　旸　石秋君　张阐尹　张武奇　邹镇宇　陈　翔　凌　敏　田继科
赵　涛　邹立群　高　超　肖英楠　李好学　白　苹　方　笑　高　策　郜　旭
田国栋　韩金秀　申　昊　郑　毅　檀维超　李　洪　陈亚戈　方　震　官显金
潘南泉　王月钱　邢贝贝　郝玉松　张红艳　周勇政　刘建平　杨　独　林　强

土地资源管理

郑云云　任　媛

摄影测量与遥感

张建旭　高姣姣　范　晨

地质工程

王成亮　王亚奇　魏　巍　秦洪雨　柏　青

道路与铁道工程

刘智荣　郭　欢　马　杰　郑晓莉　李　刚　高　鑫　朱义城　戴春阳　贺　欣
唐　云　张旭东　王　扬　艾山丁　杨　坤　马嘉琪　郭丽娜　李江卫　李　娜
田永生　张倩倩　姚章军　李　喆　郭　强　李　菲　彭　超　郑小康　朱宝玲
朱萧湃　董卫华　田智良　徐前前　王慧彬　张利民　邢明全　鲍凤麒　陈立涛
刘润招

环境科学

杨　彦　操升敏　黄　雪　郅二铨

环境工程

王　俊　李玉玉　王蕴杰　于姗姗　翟羽佳　黄　姗

交通运输工程　城市轨道工程

任兵杰　廉功乙　李　鹏　刘　涛　熊智阳　于海滟

土木工程　地下工程

公茂文　彭世民　杜楠馨　赵　胤　徐　昀　倪鲁肃　孔　飚　张　琦　羊逸君

机械与电子控制工程学院（158 人）

机械制造及其自动化

齐　伟　张国旗　李振华　付高阁　翟　明　杨　帆　吴小虎　谢　芳　李苏威
王自上　李香山　孔　涛　商执一　蔡修军

机械电子工程

郭　锴　刘　斌　张东亮　陈志鸿　韩继华　刘　磊　杨相正　李继红　王　磊
刘　玉　董　旸　牟书男　刘月新　田艳云　张亚飞　吕　宠　赵　鑫

机械设计及理论

任海川　陆　国　章　湛　郑显良　孙梦莹　许　慧　赵婷婷　王积尚　刘俊铭
杨慧慧　杨　春　智少丹　赵　晶　刘　磊　王　洋　俞笔奇　刘安军

车辆工程

党文秒　占　彦　张丹华　黄　倩　赵　雷　杨子森　王润姣　李振平　郑福印
党鹏飞　张　恒　张　双　杜瑞涛　江锦涛　李　超　王爱彬　左顺宏　龚　明
邹晓龙　李　敢　马晓龙　李　浩

材料加工工程

葛继兵　李振江　梁　松　刘　硕　郭冬梅　韩军雷　陈德强　刘　毓　马乾力
杨晓林

工程热物理

潘绪霞　刘亚奇　周敬博　郝俊勇　薛纪纬　胡朝发　王　电　赵　楠　李苗倩
黄　迎　贾子乐　苟少清

动力机械及工程

李雪冬　靳　彪　李成文　关秀玲　李永平　杨晨波　张　健　侯效森　吴雨亭
郭　伟　余　冰　刘晓丽　孙红飞　范龙飞　沈志勇　张　伟　赵立金

安全技术及工程

张　嫱　王雅楠　王秀红　毛昱洁　陈　优　杨　琼　杨　冉　陶　玥　赵一洁
邓圣鹏　王　辉　刘　杰　杨　宽　陈颖峰　刘　晨　张啸雨　刘朝辉

载运工具运用工程

刘晓静　郭晓倩　白　燕　李喜娟　吴小磊　徐国祥　张金鹏　林　磊　关怡多
赵金方

检测技术与自动化装置

马应林　丁　猛　游彦辉　欧阳晓燕　曲云腾　王　洋　高　莺　刘海瑞　朱海旺
王　尧　袁　源

材料学

孙　明　李　熹　于文波　孙维威　赵会美　宋新丰　祝　楷　赵亮华　黄黎明
颜世韬　赵鸿滨

电气工程学院（127 人）

电气工程

宋海峰　刘春秋　胡文杰　张　斌　王朝宁　刘春海　王勇喆　李凡红　张思博
时荣超　郭云峥　王艺新　杨　斌　崔娟娟　刘智勇　裴丽娜　邱培春　王文亮
赵帅央　郭显达　李　娜　王明才　张光昕　韩　笑　刘　宝　刘忠其　牛　萌
夏　辉　刘　阳　马腾昊　任西周　施　韵　郁　灿　赵　新　周　倩　郭宗志
毛晶鑫　张　千　赵　铮　薛福成　庄秋月　马　菁　王运华　郑鹤玲　郝宇翀
童　达　张　超　韦中利　张　曦　张桂芳　汪浩洋　杨日荣　张文铎　赵茵茵
杜　芳　李丽娜　王蒙蒙　张　瑜　丁威介　刘　斌　马　钊　张　良　杨权新
岳仁超　张倩倩　张智博　陈　胜　李　鹏　钱　康　王晓波　黄鹏洲　宋洪磊
吴林峰　刘　栋　王天健　许晓康　关　炀　刘　浩　赵璐璐　郑　娜　陆　峰
马　华　王　迅　戴隽文　胡　庚　李　康　刘玉洁　安国平　刘　蔚　谢　晨
赵梦觉　赵　倩　崔鹏琨　赵亚萍　周卓楠　蔡群英　刘　峥　邱　慧　王有珺
张金灵　李建修　卢中山　柴庆冕　王　琳　郑保磊　蔡兴龙　曹园园　李晓尚
周立峰　李志君　孙　浩　支　刚　徐　言　刘　畅　胡正海　许　蔚　朱洁琳
李成钢　李甜甜　王　维　白耀鹏　杨绪英　肖万骏　陈昆灿　黄　真　赵明桂
谷杨心

理学院（136 人）

基础数学（理学）

郝　琴　高　宁　李文俏　王春梅　王茗茗　朱　凯

概率论与数理统计（理学）

李红岩　石　淼　戴张敏　殷允乐　丁　蓉　李颖红　王　璟　白冬蕾　沈艺霖

运筹学与控制论（理学）

史凯华　张　锐　陈上宝　高玉峰　蒋　宁　刘会静　刘　慧　周　玎　金政国
马海丽　冯丽荣　李　鑫　徐默莅　刁　淼　王　莎　张莉莉

凝聚态物理（理学）

陶颖镭　李彦彩　邹邵华　赵　翼　邹　辉　张建楠　郑剑杰　张英新　李　慧
张新国　章　强

生物化学与分子生物学（理学）

庞思媛　尹　凡　刘晨霄　郭韶霞

物理电子学

吴　楠　朱海容　王　阳　乔东坡　王子谦　曹文喆　张国亮

生物物理学（理学）

张继林　唐亚宁

计算数学（理学）

曹　鹏　梁　雷　向买阳　孙　笋　宋沛然　薛　单　罗志坤　孙宇轩　田　静
邢　淼

光学（理学）
赵玉晶　赵爱伦　陈震旻　杨　光　齐艳芳　任　武　石茵汀　石　磊　姜立伟
郭　旋　李永娣　宋晶路　范学东　马　军　彭宽军

光学工程
任纪华　陈艳丽　黄　睿　李元轩　陈筱磊　林泽鸣　丁　冬　杨　帆　杨瑞年
林　斌　张荟英　谢鑫斐　施　军　高亚成　余建辉　孙凌宇　王　晶　张慧源
张清涛　邹四化　陈志敏　任均宇　郭　宇　刘　瑞　杨　杨　张　良　张　涛
王大伟　闫　悦　苏　凯　胡　伟

材料物理与化学
殷月红　陈登岳　鲁启鹏　谷洪亮　表会川　史大为　侯晓宁　贾智帅

应用化学
杨雪芹　王爱军　廉　琪　卢　真　申开愉

应用数学
崔晓丽　马瑞敏　杨　帆　赵　霞　邢慧娟　梁　倩　司涛涛

语言与传播学院（32 人）

外国语言学及应用语言学（文学）
陆　玫　李　敏　伍　伟　陈　浮　关丽丽　王梦颖　徐　奕　于　洋　杜　鹃
郝奇斐　谭　畅　高　静　张　婷　商　洋　赵丽娜

英语语言文学（文学）
安　蕾　李芙蓉　苗　禾　王桂菊　颜莉莉　董　捷　杨　晨　朱　娜　李　杰
梁雅玲　陈小宁　顾琰非　王徐卉　杨　蕾　丁晓贤　石　静　高晓娟

人文社会科学学院（71 人）

马克思主义哲学（哲学）
闫利颖　樊淑芳　吴　艳　颜佩静　孙冠杰　王　斌　王　婷　潘丹丹　陶蕾韬

国际法学（法学）
蔡渝萍　王晓燕　程广耀　刘　睿　王　婧　杨　帆　石　琳　杨丽玉　阴晓霞
GAVAABADAMJUNAI（1 人）

经济法学（法学）
王嘉彧　王　鑫　梁鸿鹤　段晓雁　尚　莹　张　冬　黄　金　王　超　王　莉
赵小琴　朱惜丹　赵　建　刘　菲　苏　倩　刘　颖　邬　希　耿智霞　杨魏巍
曾改娥　刘　欣　王瑞瑞　魏　巍　张新明　付新华　李天琪　马晓丹

马克思主义中国化研究（法学）
管　洁　乔阿妮

科学技术哲学（哲学）
于喜涛　杜雅萍　刘　烁

马克思主义基本原理（法学）
范　鹏　陈敏侨　王步前　刘胜起　许贺新　李　岩　靳　磊　姬云鹏　欧阳文崎

思想政治教育（法学）

李　京　袁　芳　李燕军　朱　力　逯宏杰　杨　璐　范　景　郭玉芝　林　昕
代华一　毕　玉　张嘉薇

建筑与艺术系（23 人）

建筑设计及其理论

葛　建　毕　毅　陈　岚　王　一　刘　婷　苏　涛　曹　奕　牟巧祯　哈腾夫
王力恒　袁　芳　陈晓茜　刘析谛　乔　凯　佟　华

设计艺术学（文学）

刘　静　孙元辉　魏　欣　张莎莎　周　铄　张少帅　周娅汝　罗　洁

专业学位硕士（642 名）

电子与通信工程（45 人）

刘　辉　王海晗　樊瑞强　王洪亮　刘世杰　赵成刚　张　波　雷　燕　戴志广
周学义　杨　锐　张红秀　曹　剑　于志鹏　孙　峰　韩　晶　刘　佳　王　丹
张　勇　王姗姗　朱晓松　李　强　刘　飞　李　敏　杨照东　李全振　孟繁华
周　岩　牛　睿　孙　晶　党　卿　赵伟博　蒋　鑫　李　然　赵　静　段士连
魏　巍　杜建泽　宋立廷　陈　蕙　韩雪松　张严霜　李小平　孟驰宇　刘默涵

控制工程（3 人）

郑　民　李宏昭　王　鹏

计算机技术（28 人）

王社会　杨　芳　段　疆　陈悦敏　贾彦军　侯军飞　陈正国　薛虹飞　窦招辉
支朝朋　蔡　鹏　王孝一　杨永茂　刘春花　邵　军　谭振古　马　英　于　滨
姜　彬　李　澎　杨　锷　武兴才　郭　东　尚新勇　陈　超　刘光龙　王文军
刘　昕

会计硕士专业学位（47 人）

孙　岩　周惠梅　田文丽　吴　丹　吴妍青　韩　莹　陈　叶　耿　慧　李　巍
刘永霞　罗晓华　潘磊明　苏文魁　谭艳群　汤文华　王　芳　王琳君　徐敦盛
尹师州　张鸣镝　张　蕴　赵莉萍　郦　霞　郭春玲　余　俊　赵英东　李　勇
朱　瑞　万　娟　邓亚芳　申林方　张　帆　李志海　吴滴浪　雷　浩　张　菁
梁慧峰　任　心　庞　惠　曾　颜　刘先华　单红雷　朱远东　赵庆杰　杨祎程
张　惠　万　菲

软件工程（88 人）

高　鹏　于　洋　薛晓朕　苏　哲　陈　鹏　董　睿　郝　琨　客　斌　王　征

叶彧飞　余　涛　付　林　林君宇　刘丽云　鲁　博　申吉成　宋　健　朱　傲
李　曜　斯　鹏　曹思千　池　济　余　博　鲍晓玲　尹忠兴　李向东　洪弋斐
胡　玥　籍九洲　李红娇　徐茜如　严广学　尤一名　于大钊　袁文旗　张　驰
郑　勇　侯　磊　姜天宇　张　粟　官酩杰　刘　倩　王　倩　温　阳　姚　远
郭　杰　黄浦益　角筱皎　李　季　金文超　孙博蔚　吴　超　章　勇　鲍　鹏
苑　磊　朱　珠　刘江涛　齐红霞　王桂波　刘中一　梅元勋　董书建　柳　青
谈　丽　郑安宁　赵羚佐　刘　斌　宋　越　姜　玮　熊晓飞　杨　明　郑耀明
黄福成　马涤非　王　岩　王子光　叶　奇　周亚卫　关博鹏　缪　旭　任丽秋
杨全文　张　娜　查方勇　李　轩　杨玉春　吴林海　PLETSCHER ROBERT（1 人）

物流工程（9 人）

张大利　孙姝婷　郝　钢　杨玲玲　苗方田　韩　勇　白秀伟　饶长海　张　鹏

项目管理（8 人）

邓少波　严　强　王雪松　秦质朴　刘　静　张秀姝　陆　洋　宋鹏举

交通运输工程（9 人）

秦明志　肖铁鹰　王崇伟　崔　昱　李　刚　赵晓海　罗建涛　孟祥茹　王文宁

机械工程（7 人）

温翔宇　蒋鸣雷

电气工程（3 人）

倪梅娟　徐　震　杨小双

车辆工程（5 人）

董亚庚　米立柱　彭永明　王福成　邢建华

建筑与土木工程（11 人）

程贵锋　胡丽英　裴吉星　胡友刚　姬海东　康兆光　李燕旌　王　林　张　昊
马晓晖　李光辉

工商管理硕士（284 人）

李慧鹏　康　健　郭建康　戴　宏　李冬东　李　宁　陈　晔　庞泓韬　康宏玲
刘　安　李鸣江　蓝晓庆　王增琪　彭　磊　苏智勇　何元斌　姜昆仑　李　晓
李　勇　范慧艳　林文雄　汪　剑　矫培海　钱爱芹　薛小康　田志欣　邱旺兴
张京昌　董　珊　冯东岳　蒋学成　王立刚　曹　艳　孔祥瑞　靳　铮　黄湘泳
高宇宏　李雅茹　聂永亚　刘　星　谭春珍　陈　涛　李　琳　朱　峰　聂文书
傅广梅　李　蕾　宋　琳　唐海军　韩　松　于　杰　周　义　贺晶晶　刘　媛

王萌	朱波	何仕军	李参	许志国	覃斌	郑国梁	常春	董大伟
冯春晓	曹晓潞	李洁	李晓彬	王辉	尹丽华	张丽红	段兵	程帅
贺浩	黄玉海	马晓	邵清	王亮	姜海青	李勇	罗胜福	周信祥
凌袁薇	谢海琴	杨强先	梁春艳	庞瑞英	唐海荣	王宏宇	姜旭	赵明
李忠	徐佩祎	董雪芬	李鑫伟	王海贝	徐顾洲	刘春堂	张朝峰	董雷
刘奕辉	石淑梅	何欣	文雯	游明洁	张江	胡庆军	金磊	李军
宋志伟	张瑞	江伟淼	邢雪莲	薛玺	邓博	李艳梅	俞顺	吴宏哲
杨春艳	刘启明	范红丽	赵党党	宋会颖	侯林海	王媛媛	谷二米	贾斐超
李晴	杨雪	张宝武	魏存铭	谢飞凌	王飞	董文杰	焦自春	马琳
王代红	王进仿	武婧	关欣	薛乃存	邵勇	王志强	王胜强	张威
王静	樊俊杰	贾瑛	李锐颖	唐桂增	刘晓楠	王晓浠	费雷	张明
窦会民	章银武	杨莉	陈晓锋	陶蓉	李峥	刘华	高斌	李伟
张连军	芦健	马艳秋	谢滋	田军	刘玉涛	范金龙	郭沛鑫	李小霞
张晓明	郑雅真	张卓儒	梁成侃	刘宏玥	崔佳	陈航	周庆竑	王瑾
杨扬	甘阳平	高利成	孙露菡	徐胜	杨慧峰	李刚	吴静芳	张贺铭
高兵	于文涛	李先登	杨国利	陈毅贤	高婷	曾广颜	石林	张天骄
范振涛	高少辉	赵博旸	关怡	胡坚	师厚纪	杨珺	刘志毅	王宏建
叶圣锋	焦岩	袁良国	孔晓丽	陈玲	王晓琳	赵凤存	滕茂胜	赵明
董剑英	勾志鹏	孙雷	付海臣	陈坤	刘潇	刘海玲	任耀东	谢云
周显山	刘心想	唐宏伟	李鹏	马明哲	彭亚凯	陶冶	张帆	邓胜
黄红如	张善刚	高会娟	刘伟平	朱婧达	焦静	李强	张瑞清	于悦
黄宝民	秦立红	谭达刚	安志昌	董海侠	费宏东	张鹏	覃丽贞	韩乐
孙欣	段润	谢海忠	张永锋	孙慧兰	王蓓	赵烁	徐家利	贾琳
张姜涛	张彤	曹洪波	王英峰	温丹	林萌	姜国明	李斌	欧亚丽
彭颖霞	于鹏	李小单	罗炜斌	刘华	梁海珍	王列红	鲁建敏	何毓婕
王媛媛	张奉岱	李芸云	吴志新	王鹏				

高级管理人员工商管理硕士（100 人）

马正兰	陆中华	段莉	贺先锋	孙青松	潘龙	郑默杰	洪剑	邹志强
张志文	周剑	刘文玉	王拉明	刘建军	王晓军	孙奎业	王平	韩卫民
赵大奇	荀诚	刘庆强	袁宝根	楚雷	杜成华	安源	杜刚	李长在
郭子华	李振坤	李全胜	范刚	张建楼	曹智	王立民	钱胜	陈金毅
王和贤	杨永君	张元	王庆新	蔺刚	杜习海	张海涛	王盛蓬	王芳
付文靖	廖晶	李俊英	连立红	李丽虹	邢雅萍	王海华	付利	李新
李永刚	刘春萍	李春亭	张勇	毛志涛	方征	郑进贤	王志峰	孟振亚
张国强	张占成	刘俊峰	张险峰	李俊	韩民	赵煜	曹云全	王晖
庄守江	崔耕	陈旭	孙宇桥	李国庆	李明朝	于明兴	韩福明	詹复亮
胡小东	徐兴华	王琳	高兰梅	李泠洁	翟建丽	李冬静	焦海燕	刘颖
周枎	段晓丽	康文哲	赵彩虹	何新	安晓海	贾宇昆	肖刚	杨文良

余国明

高等学校教师在职攻读硕士学位（19 名）

通信与信息系统

罗秀波　宋有才

计算机软件与理论

冯庆峰　马晓娟　吕琳琳

计算机应用技术

周艳秋　吴效莹　黄　瑜　毛克乐　李春艳　贾　青

企业管理

张前程　石　岩　任书娟

会计学

许璟旻

劳动经济学

刘志英

旅游管理

郭景婷　兀　婷　赵强生

本、专科教育

【综述】

2010年，学校本、专科教学工作的主要任务是：大力培养三类拔尖创新人才；强化国际交流合作，大力培养学生跨文化交流能力；用改革创新的精神不断破解教育难题，全面提高人才培养质量。

【质量工程】

2010年按照教育部和学校实施“质量工程”实施方案的部署，进一步加快质量工程建设步伐，形成了一批重要建设成果。“轨道交通工程师教育计划”入选教育部“卓越工程师教育培养计划”第一批实施学校。申报成功2个国家级特色专业建设点、8门国家级精品课程（含3门网络精品课程）、2门国家级双语教学示范课程、2个国家级教学团队、60个国家级大学生创新计划项目。申报成功1个北京市实验教学示范中心、1个大学生素质教育基地、7门精品课程、2名教学名师、2个教学团队、2个校外人才培养基地、30个北京市级大学生创新计划项目。建筑学专业通过了全国高等教育建筑学专业教育评估。

4月22日，学校召开2010年教学工作会议，宁滨校长作了题为《着力培养三类创新人才，构建有特色高水平研究型大学创新人才培养体系》的报告，提出要大力推进三类创新人才培养、推进本科人才培养国际化、强化校企合作、加强内涵建设、加强师德学风建设，全面提升本科人才培养质量。围绕推进三类创新人才培养和本科人才培养国际化，聘请查建中教授和美国工程院院士 David C. Wisler 博士两位专家做专题报告；组织召开“创新人才培养模式改革”、“校外人才培养基地建设”、“双语课程建设”、“国际交流项目”4场经验交流会，交流教学研究论文10篇；学院层面共组织32次不同规模的专题研讨会，开展教育思想大讨论，并结合学院情况研讨形成了学院推进三类创新人才培养和本科人才培养国际化的具体措施办法。通过校长报告、专家报告、经验交流会、专题研讨会等系列活动和思想交流，理清思路、达成共识，进一步明确了学术型、工程型和复合型三类拔尖创新人才培养的目标定位和工作方向。

7月19日，学校发布了《推进“国际化”人才培养战略，着力培养创新人才的相关指导性文件》，印发了《北京交通大学关于推进本科人才培养国际化的指导性意见》、《北京交通大学关于推进“卓越工程师培养计划”主干课程建设的指导性意见》、《北京交通大学关于“卓越工程师培养计划”运行指导性意见》、《北京交通大学关于校外实习基地建设的指导性意见》等4个文件。12月3日，学校发布了《北京交通大学本科生参加国际及港澳台交流项目管理办法》，通过指导性意见和管理办法，引导建设和改革工作，规范学生参加国际交流合作项目，为拔尖人才的成长创造更加有利的条件和环境。

5月20日，按照教育部《关于开展“质量工程”总结工作的通知》要求，在组织开展全部质量工程项目建设实施情况总结凝练的基础上，完成了《北京交通大学关于国家级质量工程项目实施情况总结报告》、《北京交通大学校级“质量工程”项目实施情况总结报告》，以及国家级“质量工程”的实验教学示范中心、国家级“质量工程”的特色专业建设点等共计10个报告和相关附件。

10月19—21日，学校物理、电工电子、土木工程、交通运输4个国家级实验教学示范中心参加了教育部国家级实验教学示范中心成果展。以展板、实物和视频等形式分别展示了4个国家级实验教学示范中心建设成果和自制教学仪器设备成果，参加了国家级实验教学示范中心建设典型成果总结交流报告会，开放并接待了来自全国各学校的教学管理人员和实验教学示范中心教师参观、学习交流。

【专业建设】

学校积极开展特色专业点的建设，根据国家经济、科技、社会发展对高素质人才的需求和学校定位，突出办学特色，着力培养工程型、研究型、复合型三类拔尖创新人才。

实施“轨道交通卓越工程师培养计划”，大力培养工程型创新人才。建立组织机构，细化工作职责，在7个专业中启动了试点工作；完善了工作方案、培养方案、运行管理办法，以及各专业培养标准、培养计划、企业学习方案等方面教学和管理文件，初步形成了轨道交通卓越工程师人才培养管理运行机制；制定了《北京交通大学推进“卓越工程师培养计划”主干课程建设的指导性意见》、《北京交通大学校外实习基地建设指导性意见》等指导性文件，推进相关主干课程和校外人才培养基地建设；设立4个校级重点教改立项建设项目，重点解决校企实体合作问题，切实落实实习环节、实践课程和双导师制。轨道交通人才培养模式创新试验区进一步探索工程型拔尖人才培养。实施导师制，建立各学科的导师工作组，制定导师制工作流程，完成了本科阶段第一轮“3+1”培养模式试点，学生均已在导师指导下参与到科技部“8+8”和国家自然科学基金等导师的科研项目中，并顺利完成了本科毕业设计；形成了由7门课程组成的轨道交通系统工程专题课程群。

实施“厚数博理，倡导探索”，进一步探索研究型创新人才培养。加强多学科复合型人才培养模式创新实验区建设，进一步修订培养方案，凸显牢固的数学基础；实验区网站更新，突出教师与学生的交互功能和个性化指导，突出学生科技和竞赛成果展示；完善“思源班”管理运行机制，进一步发挥导师指导作用，使集体导师制学业指导模式更加精细化、专题项目导师制的指导模式更加规范化；强化数学分析、几何代数、大学物理3门重要公共基础课程和8门专业主干课程建设，全面推进研究性教学模式；建设“思源班”科研训练平台，营造“探索与研究”学习氛围，开展“思源班科技创新日”成果展示活动。拔尖创新人才培养模式进一步取得成效。2006级思源班54名学生，深造率为87%，9名学生参加“2+2”合作办学交流项目，进一步推进了“思源班”人才培养国际化。

实施“做中学、研中学”，探索复合型创新人才培养。国际化创业型工程与管理复合型人才培养模式创新试验区围绕工业工程培养目标能力大纲进行一体化课程体系设计，建立课程之间基于项目的关联，突出了工业工程的培养目标，拓宽了学生从事基于项目学习和自我发展空间；与美国著名高校伍斯特理工学院（WPI）合作开展了国际合作项目CDIO综合训练，积极探索项目训练培养模式。6门课程实施了基于项目的“做中学、研中学”研究性教学模式。新获批的北京市大学生素质教育基地项目——“引导服务型、自主合作式”创新、创业教育基地，构建了“2+1+5”&“融合提升”培养模式，将创业教育融入专业教育；形成了由计算机专业课程和7门管理与创新创业类课程，以及5类实践训练环节组成的课程体系；启动2009级试点班，制订管理运行工作方案、管理机制、导师制和评价体系等相关文件或方案。

12月，学校对2007年以来批准建设的国家级和市级特色专业建设点项目进行年度建设工作的检查评估，通过年度进展报告检查形式，促进了各特色专业建设点的建设和改革工作。

2010年各特色专业相关实验室建设经费投入总计850万元，进行设备更新、升级，数字化实验室建设和环境建设等，重点推动了交通运输、土木工程、计算机科学与技术、建筑学、软件工程等学科专业与实验室的一体化建设，自动化专业和电气工程与自动化专业进入国家级特色专业建设点行列，软件服务外包实验教学中心被评为北京市实验教学示范中心。加强与铁路行业的紧密联系与合作，以自动化和运输等专业为核心与郑州铁路局合作的“铁路交通及控制专业校外人才培养基地”，以及以物流、运输专业和北京物资学院为核心与中铁快运股份有限公司合作申报的“物流与交通运输校外人才培养基地”均成功申报北京市级校外人才培养基地。进一步强化专业主干课程建设：教授上课率提升到75.4%；专业主干课程评教成绩高于学院平均值的比例达到68.4%。10个特色专业、共计15个课堂开设了专业研究方法论课程。软件工程专业和交通运输类专业平台系列课程教学团队被评为国家级教学团队，软件工程专业和物流管理专业主干课程2个教学团队被评为北京市级教学团队。

【人才培养国际化】

2010年学校从4个方面强化人才培养的国际化进程，进一步促进学生跨文化交流能力。

推进相关制度建设，规范国际交流合作项目管理。制定《北京交通大学关于推进本科人才培养国际化的指导性意见》、《北京交通大学关于来华留学本科生培养的管理办法》，修订《北京交通大学本科生参加国际及港澳台交流项目的管理办法》，重点指导学院建设多元化的国际化人才培养环境，建立健全中外交流合作机制，形成规范管理与服务体系；加强对学生参加交流项目的指导和服务；制定切实可行的学籍管理办法，在转专业、保研等政策上鼓励本科生参加交流项目。加强相关基础性工作，建立条件保障。组织召开本科教学国际化专题研讨会，推广各个学院国际交流项目管理经验；组织完成1 217门课程的英文课程简介编写，完善国际交流合作项目的相关课程学分互认办法；网站设置国际交流项目专题栏目。

推进与国外大学的联合培养，探索试办国际班。机械工程及自动化国际班积极探索与比利时鲁汶工程大学国际联合培养模式，制订了管理实施方案、2010级国际班培养计划；组建外教与校内教师相结合的主干课程教学团队，几何与代数、计算机系统、交流与沟通三门课程用全英文授课；启动国际班网站和网络资源建设。软件工程国际班制订了基于“0+4”和“2+2”两种模式的中英文培养方案；组建了由外教、有海外高校工作经验的教师、校内教师、研究生助教组成的教学队伍，2010级国际班第一学期的微积分、计算机系统集成、程序设计基础等课程采取全英文授课，并为留学生开设了汉语课程。启动“探索有特色高水平大学国际化人才培养模式”国家教育体制改革试点项目研究，第一批试点在交通运输学院的交通运输大类专业和电子信息工程学院的通信工程专业启动，并完成了该国际试点班的工作方案、人才培养方案的制订工作。

推进双语课程建设，着力教学内容国际化。以立项方式推进主干课程的双语教学建设。设立了2个双语教学系列课程建设校重点项目，探索与研究双语教学模式和方法，实施系列课程双语教学；加强国家级双语示范课程建设，在全校层面组织了双语教学建设情况教学专题研讨会，交流《数字电子技术》、《大学物理》2 门国家双语示范课程。2010 年春季和秋季学期全校有 7 个学院开设了共计 56 门双语课程，92 个课堂，4 920 人次学生受益。

推进英语平台建设，提高学生英语学习效果。进一步深化英语课程分级教学改革，修订并完善大学英语教学大纲和课程体系。在原有分类、分级、分课型、分模块的基础上，细化了各级教学与考评指标；调整大学英语学分要求和教学安排，采用“集中学习，强化训练”的模式；配合英语课程分级教学改革目标，形成了大学英语平台课程建设方案，学生可以选修课程方式、选择不同模式和类型的英语平台课程完成学分要求。完成了 11 门平台课程的网络教学系统建设，8 门平台课程的机考试题库建设，9 类外语教学平台证书和竞赛获奖学分认定。

【课程教学】

推进重要公共基础课程按类分级教学。大学英语以校内考级、国际国内考试认证、竞赛等为目标管理，制订了课程改革与平台建设方案。数学课改进教学方法，将理论教学与实验教学结合起来，讲解数学知识和传授数学思想结合起来，开设了高等数学方法Ⅰ、Ⅱ、Ⅲ系列课程，通过训练、巩固、提高，帮助学生在竞赛中发挥较高的水平。计算机课构建了“1 + X + Y”的计算机基础理论教学课程体系，构建了基于三层结构的计算机实验实践课程体系，创建以能力为主导的课程考试机制。

推进专业主干课程研究性教学。开展优秀研究性教学方案设计、优秀研究性教学训练载体和优秀学生作品评选，评出优秀研究性教学方案 6 份，评出优秀研究性教学载体 30 项，优秀学生作品 45 项，培育学生研究性学习能力，拉动了全校主干课程研究性教学水平的提高。积极开展教学研究，2010 年全校 8 109 人次参与了 353 次各个层面的教学研究和研讨活动，发表相关论文 199 篇。

推进专业（学科）研究方法论课程群建设。以项目拉动方式促进专业研究方法课程群建设研究与实践，在教学内容、教学模式、资源建设、考评体系等方面开展研究和实践。2010 年全校研究方法论课程开设 15 门课程 25 个课堂，覆盖了全校 70% 以上专业，学生选课 1 781 人次，专业导论课程开设 28 门课程 46 个课堂，覆盖了全校 90% 以上专业，学生选课 4 287 人次。学生反馈意见表明，很多学生提高了科学研究的兴趣，增强了自信，初步掌握了科学研究的思维方式、基本技能和基本方法。

《电子系统课程设计》、《城市轨道交通系统运营管理》、《工程力学》、《ERP 理论与实践》、《电子商务系统的分析与设计》、《信号与系统（网络）》、《多媒体技术应用（网络）》、《铁路运输设备（网络）》8 门课程获批国家级精品课程建设项目；《电子系统课程设计》、《城市轨道交通系统运营管理》2 门课程获批北京市精品课程建设项目；《弹性力学》、《数字电子技术》2 门课程获批国家级双语教学示范课程建设项目；《计算机体系结构》课程获批“教育部—英特尔精品课程”立项建设项目，见表 12。

表 12　北京交通大学 2010 年获批国家级精品课程清单

序号	学院	课程名称	负责人	职称	批文号
1	电信学院	电子系统课程设计	侯建军	教授	教高函［2010］14 号
2	运输学院	城市轨道交通系统运营管理	张星臣	教授	教高函［2010］14 号
3	土建学院	工程力学	汪越胜	教授	教高函［2010］14 号
4	经管学院	ERP 理论与实践	张真继	教授	教高函［2010］14 号

续表

序号	学院	课 程 名 称	负责人	职称	批 文 号
5	运输学院	电子商务系统的分析与设计	刘 军	教授	教高函［2010］14 号
6	远程学院	信号与系统（网络）	陈后金	教授	教高函［2010］14 号
7	远程学院	多媒体技术应用（网络）	赵 耀	教授	教高函［2010］14 号
8	远程学院	铁路运输设备（网络）	宋 瑞	教授	教高函［2010］14 号

【教材建设】

积极固化改革成果，支持精品教材和特色教材建设，不断加强教材建设的服务与管理，进一步提高教材建设的水平与质量。2010 年共出版各类教材 63 种，其中国家“十一五”规划教材 15 种，铁路特色教材 7 本。2010 年全校教材选用先进教材的比例达 95%。2010 年学校教材出版基金资助了《结构工程课程设计指导书》等 7 种教材。

【教学改革】

学校以树立先进的教育教学理念为龙头，以全面提高学生实践和创新能力为目标，以人才培养模式改革为核心，以课程体系、教学内容、教学模式及方法改革为重点，以项目拉动为抓手，促进全校教育教学改革的开展。2010 年新增主持国家级、部级教改项目 4 项，校级教改项目 17 项；新增各类质量工程项目经费 1 359. 84 万元。

进一步加强了对教改项目的过程管理，促进教改项目研究按期保质完成。学校组织召开开题报告和中期交流；对往年已完成的教改项目进行项目结题验收，通过材料审核、专家组评审等过程，确定 5 个项目通过学校验收准予结题。

【实践教学】

继续推动国家和北京市级实验教学示范中心建设，进行设备更新、升级，数字化实验室和环境建设，促进优质资源共享和数字化运行。对 4 个国家级和 8 个北京市级实验中心进行了校内模拟验收评估。组织开展优秀实验项目评选，评出优秀实验项目 5 项；8 个国家级、北京市级实验教学示范中心开出实验课程 283 门，实验项目 839 个，新开与完善实验项目 131 个。继续推进实验室对本科生开放，开设《主要实验室功能介绍》、《主要实验室学术前沿讲座》、《主要实验室科技专题案例》课程共 21 440 人时数。加强与企业共建实验室，交通运输实验中心、计算机实验中心、土木工程实验中心等接受企业捐赠设备或软件 83 套，价值 86 万元。深化实验教学内容体系建设，促进教师将科学研究成果转化为创新性的实验项目和高水平实验仪器设备、软件和其他教学资源。自行开发实验教学系统软件 11 种，其中土木工程实验中心 5 种，获专利 4 项；经济管理实验中心 5 种，交通运输实验中心 1 种。

积极探索与企业联合培养人才的模式与方法，组建一批高水平校外人才培养和实践基地。2010 年学校启动了第一批校外人才培养基地的评选，制定了《北京交通大学校外人才培养示范基地评价指标体系》，评选出“城市轨道交通校外人才培养基地”、“铁路交通及控制专业校外人才培养基地”和“青岛轨道客车校外人才培养基地”为北京交通大学校外人才培养示范基地。2010 年与郑州铁路局合作的“铁路交通及控制专业校外人才培养基地”、与铁道部中铁快运股份有限公司合作的“物流与交通运输校外人才培养基地”获批北京高等学校校外人才培养基地建设项目。进一步规范校外实践基地的建设与管理，制定了《北京交通大学校外实习基地建设指导性意见》、《北京交通大学校外实习基地建设管理办法》

和相关企业实习指导文件、实习管理文件。成功申报“探索行业高校产学联合培养人才的模式和机制”国家教育体制改革项目，并完成了项目建设方案的制订。《教育部简报》单篇报道了学校积极创建实践创新平台推进工程型创新。

【科研训练与学科竞赛】

2010 年学校进一步实施本科生科研训练一体化方案，完善了《北京交通大学创新性实验计划项目管理办法》和《北京交通大学本科生参加大学生创新性实验计划项目的管理与激励办法》，更加合理的激励和评价机制为学生科研创新活动提供政策支持。组织 2009 年立项的 299 项大学生创新性实验计划项目结题验收，有 256 项通过结题，共有 1 090 名学生、336 名指导教师参与。其中，国家级项目 50 项，北京市级项目 27 项，校级项目 179 项。新增 2010 年大学生创新性实验计划项目 309 项，其中国家级项目 60 个，北京市项目 30 个，共有 1 296 名学生、313 名指导教师参与。举办首届“北京市大学生科学研究与创业行动计划”成果展示与经验交流会，共 51 所北京高校参加，以展板、实物展示、优秀作品专集和报告会等多种形式推广和宣传项目成果，营造了浓郁的创新教育氛围；学校参展创新项目成果 113 项。2 项大学生创新性实验计划项目优秀成果参加了教育部组织的“2010 年科技活动周开幕式大学生创新创业成果展”；2 项大学生创新性实验计划项目优秀成果参加了“第三届全国大学生创新论坛”成果展示交流；5 项大学生创新性实验计划项目优秀成果参加北京市教委组织的“第七届北京国际教育博览会北京市大学生科技创新成果展”，并获“北京市大学生科学研究与创业行动计划”科技创新成果一等奖。

进一步完善学科竞赛平台，设置覆盖各学科的 3 大类 50 多项重要学科竞赛，形成了所有学生都有机会参与、分层选拔的运作模式；承办 2 项全国竞赛和 1 项北京市学科竞赛，举办 27 项校内竞赛，近 8 000 人次参加各级学科竞赛 76 项，获国家级以上奖 311 项。在第 34 届 ACM/ICPC 国际大学生程序设计竞赛全球总决赛中，获排名第 36 位；在第 35 届 ACM/ICPC 大赛中，再次晋级全球总决赛。在美国大学生数学建模竞赛中获 1 项特等奖，是北京高校中唯一获得特等奖的学校。6 名学生获 2010 年“全国大学生英语竞赛”特等奖。2010 年学校学生参加学科竞赛获奖统计见表 13。

表 13　2010 学生参加学科竞赛获奖统计表

竞赛范围	获奖情况											
	特等奖		一等奖		二等奖		三等奖		单项奖		汇总	
	项数	人数	项数	人数	项数	人数	项数	人数	项数	人数	项数	人数
全球	1	3	3	9	11	33	—	—	12	36	27	81
全国	7	11	33	70	87	152	146	190	11	30	284	454
北京市	2	10	35	97	60	161	65	129	5	19	167	416

【毕业设计】

对毕业设计（论文）的初期工作抽查结果显示，教师提供任务书的整体质量较高，优良率达 89.8%，学生开题报告的优良率达到 81.6%。对毕业设计（论文）工作进行中期检查的结果显示，学生选题大部分能体现专业特色，理论联系实际，体现工程背景，真题真做；绝大部分学生能按要求查阅所需的资料，大部分指导教师能定期与学生见面，按时检查学生毕业设计的进度，把握其整体进行情况，保证了毕业设计的质量。根据统计，毕业设计

（论文）的选题属于工程设计的占 34.69%，软件开发的占 13.09%，理论研究的占 42.09%，其他占 10.14%，见表 14。从毕业设计（论文）题目来源看，属于导师科研项目的占 36.69%，导师自拟的占 51.72%，其他占 11.58%，见表 15。经过毕业设计（论文）答辩考核，最终成绩优秀占 14.41%，良好占 40.23%，中等占 33.22%，及格占 11.17%，不及格占 1.09%，见表 16。

表 14　2010 年毕业设计（论文）题目类型统计表

理论研究		工程设计		软件开发		其他		总计	
数量	百分比/%	数量	百分比/%	数量	百分比/%	数量	百分比/%	数量	百分比/%
1 428	42.09	1 177	34.69	444	13.09	344	10.14	3 393	100

表 15　2010 年毕业设计（论文）题目来源统计表

导师科研项目		导师自拟		其他		总计	
数量	百分比/%	数量	百分比/%	数量	百分比/%	数量	百分比/%
1 245	36.69	1 755	51.72	393	11.58	3 363	100

表 16　2010 年毕业设计（论文）成绩统计表

项目	优	良	中	及格	不及格	合计
人数	489	1 365	1 127	379	37	3 393
百分比%	14.41	40.23	33.22	11.17	1.09	100

【质量监控】

学校教学督导组由在教学管理、教学实践方面有突出成绩的离退休教授和专家组成，他们对教学过程全程随机监控，及时收集、汇总、反馈教学一线信息并提出改进措施，为教学管理提供参考依据。学校教学督导组成员：纪嘉伦、王庆贵、任国臣、张凡、王凤至、朱莉莉、梅贻凯。

本年度两个学期学校都进行了教学日历和教案、试卷命题与阅卷等常规检查，通过学院普查和学校抽查，掌握了试卷重复率等教育教学质量的第一手资料，为正确决策以及建立和改进教学管理规章与措施提供了必要的信息保证。

学校每个学期均对所有理论课、实验课和体育课进行学生网上评教，并将学生评教数据和督导教师听课情况与学院进行充分交流，作为学校优秀主讲教师和优秀实验指导教师评选的主要依据。本学年新评选出优秀主讲教师 52 名。

为促进学校整体教学水平的提高，学校举办第八届青年教师教学基本功比赛，比赛内容分为教学方案设计与教学演示（教学内容、组织、语言与教态、板书、思想性等）两部分。经过学院初赛选拔，学校复赛和决赛，共评选出一等奖 4 人，二等奖 8 人，三等奖 30 人，最佳教案奖 12 个、最受学生欢迎奖 12 个和优秀指导教师奖 4 个。

学校不断加强研究性教学改革，加强专业方法论课程建设，注重基础知识，采取讨论式、启发式的教学方式，积极推进注重平时形成性分数与灵活期末考核方式的考试改革，引导学生改变学习方式，解决学生学习目的性不强、兴趣不高的问题。进一步完善转专业制度等激励政策，给学生提供柔性的自主发展空间。定期开展关于课堂教学状况的学生和教师交流会，设立专门的接待日和邮箱，完善课堂教学质量信息反馈渠道，提高教学管理与服务水平。为鼓励和表彰长期为本科生授课，爱岗敬业、勤勤恳恳、严谨治学、学生评教一贯优异的教师，两个学期共评选出课堂教学教风标兵 10 名。每个学期进行 3 次教学秩序检查，严抓课程教学质量和教学秩序，抓好教师上课规范，以良好的教风带动学风。

【教学管理】

2010 年是学校教风学风建设年，学校出台了《关于在教学工作中强化教风学风建设几点意见》，指导各教学单位，以学生不同学习阶段的需求特点为导向，以“强调三个注重，深化课程教学模式改革；推进考试改革，细化考试管理；树立教风标兵，推进高水平教师上讲台；严格教学秩序，强化教学过程管理”4 件实事为抓手，树立典型，推动了严谨、认真、奉献的教风与学风形成。

以信息化建设提高管理服务水平。加快新教务管理系统建设进度，2010 年秋季学期新系统的选课模块正式启用。新系统打破原来培养方案只能对应专业的模式，拓展到培养方案可以对应到个体或特殊人员组成的群体，支持学生个性化的培养方案，为各实验班开展教学活动提供了支撑，有力地保障人才培养模式改革。进一步优化选课流程，通过改进选课模式提高学生选课的成功率，保证学生选课的公平性。加强选课系统对学生的信息服务功能，增加了课程冲突等信息提示，更好地服务学生。新选课系统对学生选课的指导作用更加突出，学校教务部门制作选课系统操作视频讲解、及时向学生公布预分配未中签课堂等信息，强化对学生的服务理念。

2010 年学校针对当前课程教学改革在考核环节的新特点，采取多项措施，加强考试管理，杜绝了严重作弊事件的发生，考试违纪大为减少，顺利完成了期末考试工作。第一是进行考试改革。根据统计，本学期约 60% 的主干课程采取了各种形式的开卷考核方式，其中以完全开卷、限携带文字资料、限携带教材和 1 页纸开卷等形式为主，占全部开卷考试课程数的 90% 以上。第二是加强考试管理与服务，严肃考场纪律，精心做好考试安排、营造良好考试氛围。第三是加强考试过程的管理与服务。由教务处、学生工作处领导和各学院教学副院长、主管学生工作副书记共计 23 人组成院系领导巡视组，安排监考教师 2 172 人次，流动监考 189 人次，维护考场秩序，并及时处理考试中的特殊情况，取得了良好的效果。第四是加强对学生的服务工作。教务处和各学院教学科设立接待日，设立课堂意见信箱，建立与教师和学生沟通渠道，及时解决教学过程中存在的问题；考前通过邮箱、网站、橱窗张贴等方式公布考试信息，考试期间安排专人值班，方便与学生的沟通和及时解决问题，体现了人性化的管理理念。第五是采取专项措施，防止考生作弊。在所有考场安装手机信号屏蔽仪，以技术手段防止学生通过通信工具作弊，起到了很好的效果；借鉴国家英语四、六级的考场管理方式，分工明确、团结协作，大大加强了对考试过程的监管力度。

【高职教育】

2010 年，学校继续面向高中毕业生招收专科新生 449 人（其中清河 171 人，燕郊 278 人），进入学校高职学院学习。北京交通大学职业技术学院有 2 个分院：清河职业技术学院、燕郊职业技术学院，是北京交通大学分别与北京公共交通控股（集团）有限公司党校和交通部管理干部学院合办的高等职业教育。

高职学生在校学习期间，由北京交通大学负责审定专业培养计划、教学大纲、专业课程设置、实训计划和实践教学安排。负责对高职教学过程和教育质量的检查、评估和指导，部分专业基础课、专业课及实践环节的指导教师由总校选派有经验的教师担当。

为了满足科学技术与社会经济发展的需要，适应市场需求，学校在教育部专业设置的框架内自行调整职业技术学院的专业设置。2010 年高职学院设有 7 个专业：计算机网络技术、公路运输与管理、高等级公路维护管理、道路桥梁工程技术、城市交通运输、旅游英语、计算机应用技术。在校生共计 1 320 人。

学校职业技术教育特别注重实际动手能力的培养。两个高职分院分别与相关企业或与企业有直接联系的管理单位联合办学，给实践教学和学生就业提供了有利的条件。在实践教学中，学生与用人单位可以相互了解，双向选择。2010 年两个高职分院就业率达到了 90%以上。

2010 年学校高职学院 33 名优秀应届毕业生通过考试进入北京信息科技大学行政管理、工商管理、英语及计算机科学与技术专业本科三年级继续学习，成为正式的本科生。

根据上级及学校《北京交通大学 2010 年应届毕业生入伍预征工作通知》精神，燕郊学院王绰、国明珠、田洪立、沈迎新、田春清、周永杰 6 位同学被批准入伍。

【附件3】

2010年北京交通大学本、专科专业目录及本、专科在校生人数

1. 北京交通大学本科专业目录

表17 北京交通大学本科专业目录

学院	专业	年级			
电信学院	电子科学与技术	2007	2008	2009	2010
	通信工程	2007	2008	2009	2010
	通信工程（试点班）	2007	2008	2009	
	自动化	2007	2008	2009	2010
	自动化（轨道交通实验班）	2007			
	自动化（铁道信号）	2007	2008	2009	2010
计算机学院	计算机科学与技术	2007	2008	2009	2010
	计算机科学与技术（轨道交通实验）	2007			
	计算机科学与技术（铁路信息技术）				2010
	生物医学工程	2007	2008	2009	2010
	信息安全		2008	2009	2010
经管学院	财务管理		2008		
	工程管理	2007	2008	2009	2010
	工商管理类	2007		2009	2010
	会计学	2007	2008		
	金融学		2008		
	经济学		2008		
	经济学类	2007		2009	2010
	市场营销	2007	2008		
	物流管理	2007	2008	2009	2010
	旅游管理				
	信息管理与信息系统	2007	2008	2009	2010
土建学院	环境工程	2007	2008	2009	2010
	土木工程	2007	2008	2009	2010
	土木工程（城市轨道工程）				2010
	土木工程（轨道交通实验班）	2007			
	土木工程（铁道工程）	2007	2008	2009	2010

续表

学院	专业	年级
运输学院	电子商务	2007 2008 2009 2010
	交通运输	
	交通工程	
	交通运输（轨道交通实验）	2007
	交通运输类	2007 2008 2009 2010
	交通运输类（城市轨道交通）	2008 2009 2010
	交通运输类（铁道运输）	2010
	交通运输类（铁路运输）	2007 2008 2009
	交通运输类（智能运输工程）	2010
机电学院	测控技术与仪器	2007 2008 2009 2010
	工业工程	2007 2008 2009 2010
	机电类	2007 2008 2009
	机械工程及自动化	2007 2008 2009 2010
	机械工程及自动化（轨道交通实验）	2007
	机械工程及自动化（铁路信息技术）	2007 2008 2009 2010
	热能与动力工程	2007 2008 2010
	热能与动力工程（汽车）	2009
电气学院	电气工程与自动化	
	电气工程与自动化（轨道交通实验）	2007
	电气信息类	2007 2008 2009 2010
	电气信息类（轨道电气化）	2007 2008 2009 2010
理学院	材料化学	2007 2008 2009 2010
	光信息科学与技术	2007 2008 2009 2010
	信息与计算科学	2007 2008 2009 2010
人文学院	法学	2007 2008 2009 2010
语言与传播学院	英语	2007 2008 2009 2010
	传播学	2007 2008 2009 2010
软件学院	软件工程	2007 2008 2009 2010
建筑艺术系	建筑学	2006 2007 2008 2009 2010
	数字媒体艺术	2009 2010
	艺术设计	2007 2008 2009 2010

说明：2010 年在校留学生 315 人，本科生 13 744 人。

2. 北京交通大学高职学院专业目录

表 18 高职学院专业目录

学院	专业	年级					
燕郊职业技术学院	法律事务专业	2005	2006	2007	2008	2009	
	计算机应用技术	2005					
	计算机网络技术	2005	2006	2007	2008	2009	2010
	公路运输与管理	2005	2006	2007	2008	2009	2010
	高等级公路维护管理	2005	2006	2007	2008	2009	2010
	道路桥梁工程技术	2005	2006	2007	2008	2009	2010
清河职业技术学院	城市交通运输	2005	2006		2008	2009	2010
	计算机应用技术			2007		2009	2010
	旅游英语		2006	2007	2008	2009	2010

3. 北京交通大学2010年本科各专业在校生人数

表 19 北京交通大学 2010 年本科各专业在校生人数

学院	专业	延期	2006	2007	2008	2009	2010	合计
电信学院	电子科学与技术	2		85	86	80	79	330
	通信工程	5		200	194	196	203	793
	通信工程（试点班）	6		68	54	49		171
	自动化	4		117	127	126	90	460
	自动化（轨道交通实验班）			8				8
	自动化（铁道信号）			57	56	64	91	268
	小 计	17		535	517	515	463	2030
机电学院	测控技术与仪器	9		77	81	72	85	315
	工业工程	2		19	22	18	31	90
	机电类			1	1	1		3
	机械工程及自动化	8		141	146	137	178	602
	机械工程及自动化（轨道交通实验）			7				7
	机械工程及自动化（铁路机车车辆）	5		42	59	52	54	207
	热能与动力工程	3		79	75		85	239
	热能与动力工程（汽车工程方向）					66		66
	小 计	27		366	384	346	433	1 529
土建学院	环境工程			52	47	31	29	159
	土木工程	17		254	279	274	267	1 074
	土木工程（城市轨道工程）						29	29
	土木工程（轨道交通实验班）			10				10
	土木工程（铁道工程）	2		60	60	61	56	237
	小 计	19		376	386	366	381	1 509

续表

学院	专 业	延期	2006	2007	2008	2009	2010	合计
建筑艺术系	建筑学	2	44	41	44	47	43	219
	数字媒体艺术					30	27	57
	艺术设计			48	46	48	50	192
	小 计	2	44	89	90	125	120	468
经管学院	财务管理				44			44
	工程管理			30	27	28	35	120
	工商管理类			135		152	117	404
	会计学	1		1	91			92
	金融学	1			83			83
	经济学	3			47			47
	经济学类			113		119	88	320
	市场营销			4	15			19
	物流管理			66	72	97	74	309
	旅游管理	1						
	信息管理与信息系统			53	56	29	50	188
	小 计	6		402	435	425	364	1 626
运输学院	电子商务	3		50	43	29	34	156
	交通运输	10						0
	交通工程	1						0
	交通运输（轨道交通实验班）			7				7
	交通运输类			205	197	203	90	695
	交通运输类（城市轨道交通）				29	62	59	150
	交通运输类（铁道运输）						110	110
	交通运输类（铁路运输）	1		60	61	88		209
	交通运输类（智能运输工程）						29	29
	小 计	15		322	330	382	322	1 356
人文学院	法学	8		98	97	96	96	387
	小 计	8		98	97	96	96	387
语言与传播学院	传播学	1		45	43	42	51	181
	英语	3		56	56	49	72	233
	小 计	4		101	99	91	123	414
理学院	材料化学	2		51	45	45	62	203
	光信息科学与技术	3		135	138	109	118	500
	理科试验班	1					109	109
	理科试验班类			55	63	105		223
	信息与计算科学	2		141	132	98	114	485
	小 计	8		382	378	357	403	1 520

续表

学院	专　业	延期	2006	2007	2008	2009	2010	合计
计算机学院	计算机科学与技术	14		155	165	145	101	566
	计算机科学与技术（轨道交通实验）			6				6
	计算机科学与技术（铁路信息技术）						54	54
	生物医学工程	2		52	45	47	55	199
	信息安全				25	52	52	129
	小　计	16		213	235	244	262	954
软件学院	软件工程	14		166	176	164	170	676
	小　计	14		166	176	164	170	676
电气学院	电气工程与自动化	2						0
	电气工程与自动化（轨道交通实验）			9				9
	电气信息类	4		250	259	272	256	1 037
	电气信息类（轨道牵引电气化）	2		55	53	63	58	229
	小　计	8		314	312	335	314	1 275
合　计		144	44	3 364	3 439	3 446	3 451	13 744

4. 北京交通大学2010—2011 学年高职学院各专业在校生人数

表 20　北京交通大学 2010 年高职学院专科各专业在校生人数

学院	专　业	2008	2009	2010	合计
燕郊学院	法律事务	78	47	—	125
	计算机网络技术	40	44	47	131
	公路运输与管理	41	47	55	143
	高等级公路维护与管理	40	47	53	140
	道路桥梁工程技术	50	95	123	268
	小　计	249	280	278	807
清河学院	城市交通运输	81	58	82	221
	计算机应用技术	1（延）	59	46	106
	旅游英语	81	62	43	186
	小　计	163	179	171	513
合　计		412	410	449	1 320

远程与继续教育

【综述】

2010年，学校远程与继续教育工作以全面提高全员素质、加强人力资源管理为推动力，在规范各项管理、基本教学建设、教学管理、学生管理、学历教育招生、非学历教育、对外合作办学等方面都取得了较大发展。

全年学校成人函授招生录取本专科学生1 847人（其中本科1 040人、专科807人），毕业学生3 164人（其中本科1 516人、专科1 648人），在籍3 467人（其中本科1 802人、专科1 665人）；夜大招生录取1 700人（其中本科1 335人、专科365人），在籍3 283人；成人脱产毕业生270人，在籍348人；网络教育招生录取本专科学生27 044（其中本科8 329人、专科18 715人），毕业学生16 178人（其中本科6 332人、专科9 846人），在籍67 582人（其中本科23 045人、专科44 537人）。全年函授、夜大学、网络学历教育总计招生30 591人，毕业21 234人，在籍学生达74 680人。高等教育自学考试在考20 670人，毕业学生8 252人。

【成人学历教育】

截至12月底，学校在全国各地区建立函授站共计8个，即上海局函授站、天津函授站、柳州铁路函授站、济南局函授站、郑州局函授站、南昌局函授站、乌鲁木齐局函授站、深圳函授站。成人教育专业设置见表21。

表21　成人教育专业设置

层　次	专　业　名　称	层　次	专　业　名　称
本科	会计学	专科	公共事务管理
本科	计算机科学与技术	专科	人力资源管理
本科	人力资源管理	专科	汽车运用技术
本科	交通运输	专科	物流管理
专升本	土木工程	专科	财务会计
专升本	英语	专科	铁道机车车辆
专升本	艺术设计	专科	铁道车辆
专升本	人力资源管理	专科	铁道工程技术
专升本	自动化	专科	建筑工程技术
专升本	电气工程及其自动化	专科	工商企业管理
专升本	机械设计制造及其自动化	专科	工商行政管理
专升本	工商管理	专科	铁道交通运营管理
专升本	会计学	专科	机电一体化技术
专升本	计算机科学与技术	专科	通信技术

续表

层 次	专 业 名 称	层 次	专 业 名 称
专升本	物流管理	专科	计算机应用技术
专升本	电子商务	专科	电气化铁道技术
专升本	通信工程	专科	铁道通信信号
专升本	交通运输		
专升本	录音艺术		

【远程网络教育】

学校强化服务合作伙伴、服务考生、服务相关部门的工作理念、加强内部各环节管理，积极主动为相关部门和合作伙伴提供全方位的服务。截至 12 月底，学校在全国各地区建立了 67 个网络教学中心，保证了网络教育的不断发展。网络教育专业设置见表 22。

表 22 网络教育专业设置表

层 次	专 业 名 称	层 次	专 业 名 称
专升本	交通运输	专科	铁道通信信号
专升本	土木工程	专科	铁道交通运营管理
专升本	工商管理	专科	电气化铁道技术
专升本	物流管理	专科	机电一体化技术
专升本	会计学	专科	工商企业管理
专升本	电气工程及其自动化	专科	物流管理
专升本	计算机科学与技术	专科	城市轨道交通运营管理
专升本	交通运输（铁道运输方面）	专科	建筑工程技术
专升本	自动化（交通信号与控制方面）	专科	财务会计
专升本	机械设计制造及其自动化	专科	计算机应用技术
专升本	土木工程（工民建方向）	专科	旅游管理
专升本	土木工程（铁道工程方向）	专科	物业管理
专升本	旅游管理	专科	汽车技术服务与营销
专升本	房地产经营管理	专科	人力资源管理
专升本	人力资源管理	专科	供用电技术
专升本	车辆工程	专科	铁道工程技术
专科	铁道车辆	专科	铁道机车车辆
专科	市场营销		

【高等教育自学考试】

学校高等教育自学考试在吉林、河北、内蒙古、新疆、江苏和北京 6 个省、市、自治区开考。2010 年设有独立本科 9 个专业（新增 1 个本科专业），专科 13 个专业。自学考试专业设置见表 23。

表 23　自学考试专业设置

层　次	专　　业	层　次	专　　业
独立本科	人力资源管理	专科	地铁运输与管理
独立本科	交通（铁道）运输	专科	地铁通信系统
独立本科	物流管理	专科	物流管理
独立本科	铁道财务会计	专科	人力资源管理
独立本科	运输工程	专科	交通（铁道）运输
独立本科	旅游管理	专科	机车车辆
独立本科	采购与供应管理	专科	铁道财务会计
独立本科	劳动社会保障	专科	劳动社会保障
独立本科	电子政务	专科	铁道工程
专科	地铁供用电技术	专科	通信信号
专科	地铁电动客车技术	专科	采购与供应管理

【培训工作】

全年共举办各类培训 99 期，培训 9 490 人次；参加各类考试 11 854 人次，完成培训和考试 21 344 人次，见表 24。

2010 年新开发的培训项目有 5 个，分别是铁道部路局职教处长培训班、铁道部路局职教科长培训班、铁道部大学生持续培养班、铁道部新技术师资培训班、物业管理培训班。

表 24　2010 年培训情况统计表

序号	分类	项　目　名　称	期次	培训人数
1	铁路系统	铁道部职教处长培训班	2	70
2		铁道部职教科长培训班	2	36
3		铁道部工务系统师资培训班	1	50
4		铁道部供电系统新技术师资培训班	1	50
5		铁道部动车组与客车新技术师资培训班	1	50
6		铁道部客车师资培训班	1	50
7		铁道部机车师资培训班	1	50
8		铁道部货车师资培训班	1	50
9		铁道部信号师资培训班	1	50
10		优秀大学生持续培养培训班（信号）	3	178
11		优秀大学生持续培养培训班（动车组）	1	61
12		优秀大学生客车持续培养培训班	1	61
13		优秀大学生持续培养培训班（客运）	1	70
14		优秀大学生持续培养培训班（货运）	1	62
15		优秀大学生持续培养培训班（通信）	1	64
16		广铁集团信号培训班	1	51
17		广铁集团职教科长培训班	1	61

续表

序号	分类	项 目 名 称	期次	培训人数
18	铁路系统	广铁集团电务车间主任培训班	2	104
19		广铁集团电务高新人才培训班	2	89
20		沈阳铁路局后备干部培养工程脱产培训班	1	154
21		沈阳铁路局职教干部培训班	2	117
22		武汉铁路局优秀青年干部培训班	1	40
23		武汉铁路局领导干部（总工程师）培训班	1	43
24		哈尔滨铁路局物业管理知识培训班	1	50
25		哈尔滨铁路局优秀青年班组长培训班	2	109
26		哈局工务培训班	1	40
27		哈局运输管理干部培训班	2	102
28		郑州局青年班组长培训班	1	100
29		南宁铁路局职教科长培训班	1	48
30		呼局技术干部培训班	6	236
31		青藏公司客运专线培训班	1	40
32		中国南车财经管理培训班	1	49
33		中国南车 PMP 培训班	1	62
34		中国南车招聘培训班	1	44
35		神华班组长培训	1	47
		小 计	49	2 538
36	其他企业培训	北京地铁通信信号专业培训班	3	145
37		轨道交通培训	4	263
38		中国棉花协会棉花仓储分会第一期高级管理人员培训班	1	50
39		大同煤矿集团大唐热点有限公司集控运行人员培训班	1	34
40		国网新源会计软件培训班	1	40
41		大唐国际会计人员继续教育培训班	4	354
42		国家电网公司直属单位会计调考培训班	3	110
43		大唐国际财务调考培训班	2	168
44		国电集团审计人员培训	1	71
		小 计	20	1 235
45	涉外培训	利比亚铁路工程师综合专业培训班	1	19
46	其他培训	高级会计人员继续教育	3	1 264
47		中级会计人员继续教育	19	3 637
48		内部审核员资格培训	1	57
49		英语三级	1	17
50		职业中专	1	29
51		一级建造师	1	152

续表

序号	分类	项目名称	期次	培训人数
52	其他培训	二级建造师	1	146
53		房地产协理	1	78
54		会计从业资格	1	318
		小计	29	5 698
培训合计			99	9 490
55	考试	物流师考试	2	409
56		在校生国家机关会计从业资格考试	1	450
57		中央国家机关会计从业资格考试	1	717
58		托业考试	7	50
59		房地产经纪人协理考试	1	900
60		翻译考试	1	900
61		一级建造师考试	1	3 150
62		造价师考试	1	1 350
63		软件工程师考试	1	1 350
64		国家公务员	1	930
65		托福考试	31	1 648
	考试合计		48	11 854

【留学服务工作】

与美国夏威夷太平洋大学签署了合作协议。完成了对2010级120名学生的入学教育和分班教学工作安排。毕业学生134名，其中73名顺利出国，全年完成留学中介95名。2010年国际项目学生情况统计见表25。

表25　2010年国际项目学生情况统计表

招生专业	各专业人数
多媒体艺术设计	38
国际贸易与商务	65
会计与理财	55
旅游产业管理	4
商科	56
物流管理	84
合　计	302

招生与毕业生就业工作

【综述】

2010年，学校招生工作以提高生源质量为主要目标，扩大宣传力度，加强生源基地建设，认真落实阳光工程；就业工作中积极加强就业指导课程体系建设，做好就业困难学生帮扶工作，积极探索大学生创业教育的新模式。

【招生工作】

1. 完成计划情况

2010年招生计划总数为4 000人，其中本科3 500人，高职500人。实际录取本科新生3 468人，高职502人；录取港澳台本科新生6人，预科21人。

本科录取国防生60人，企业定向生33人，民族班35人，西藏内地班21人，新疆高中班24人，预科升本学生20人。有艺术特长生45人，高水平运动员37人，艺术类专业学生77人，自主选拔录取335人，中学保送生40人。

2. 生源质量

2010年各省录取线继续上扬，统招录取生源质量比2009年有一定提高。全国共有6个省区的录取线超过重点线80分以上，占省区总数的19.35%；有22个省区的录取线超过重点线50分以上，占70.96%，比2009年增加了3.22%。超过重点线30分的省区有28个，达到90.32%，比2009年增加了3.22%。除了甘肃理工类断档外，其他各省文理科生源充足。

在全国15个省的重点线比2009年下降的情况下，学校在河北、吉林、山东、安徽等7个省区的录取线仍然超过了600分。北京、天津、河北、内蒙古、吉林、黑龙江、浙江、安徽、福建等21个省区录取线与2009年持平或继续提高，达到了2004年以来的最高值。

高分尖子考生数量大幅增加。理工类有内蒙古、吉林、海南、贵州、云南、青海、宁夏7个省区的录取最低分考生进入全省前3 000名以内。文史类有河北、内蒙古、吉林3个省的录取最低分考生进入全省前500名以内。学校录取考生中，理工类考生中有683人高考成绩进入各省前2 000名以内，占学校理工类录取考生总数的20.33%；文史类考生中有11人高考成绩进入各省前2 000名以内，占学校文史类录取考生总数的4.14%。高考成绩进入各省3 000名以内，有理工考生1 442人，占45.03%；有文史考生24人，占9.4%。

3. 主要工作及突出特点

（1）运用招生—培养—就业联动机制，调整招生专业结构比例及录取政策。

针对近两年各专业的报考热度及就业情况，以“从就业看培养，从培养看招生”为主题，分别与各学院进行了深入座谈，结合各学院的发展规划、教学培养特点，适应铁路和城市轨道交通大发展趋势对人才的需求，增加了自动化（铁道信号）、交通运输类（城市轨道交通）、交通运输类（铁路运输）3个专业的招生计划。为响应教育部“卓越工程师计划”，打造和巩固学校的专业优势和重点学科，新增的交通运输（智能运输工程）、计算机科学与技术（铁路信息技术）、土木工程（城市轨道工程）三大专业开始招生。

针对平行志愿省区录取考生分数扁平化特点，适当调整了理科试验班类的录取原则，将报考要求中的“投档成绩高于提档线20分以上”调整为“投档成绩排名达到投档考生数的前三分之一”，调整后该专业一志愿录取率比2009年增加1.08%。

（2）学校领导高度重视，校领导率队招生宣传，效果显著。

校领导继续对招生宣传工作给予高度的重视和极大的支持，宁滨校长多次对此作出指示，校党委高福廷副书记、高艳副书记和王永生副校长亲自带队奔赴内蒙古、吉林、陕西等地进行高考招生宣传，对扩大学校在当地的知名度和影响力，吸引高分考生报考起到了极大的促进作用。

（3）全方位多角度开展形式多样的高招宣传咨询活动，努力做好考生服务工作。

继续完善传统的招生宣传方式。精心编制招生简章、本科报考指南、招生电子书以及光盘等各类宣传资料，并专门编印了各省招生政策指导折页。共组织26个宣传组150名老师赴各地招生宣传。参加各地区大型高招咨询会56场，到48所中学进行了宣讲、座谈或参加中学咨询会，共走访中学134所。在校内设立了咨询电话服务平台、开辟了招生资讯网的高考论坛。学校还参与了教育部“阳光高考”网站和各地区招办组织的网站在线答疑。

着力加强媒体宣传，主动引导媒体为学校进行招生宣传。4月8日，学校邀请向中央电视台、人民日报等21家大型媒体召开2010年招生政策新闻发布会，解读学校2010年招生计划特点及招生政策新变化。参加北京人民广播电台、人民网、中国教育新闻网等知名媒体和网站的高招政策访谈栏目。通过在北京教育考试院发行的《北京考试报》刊登解读学校招生政策的宣传文章。在北京高考填报志愿首页添加学校招生咨询网链接，使北京考生更便捷的查询学校招生政策。全国有8个省市近29家媒体以专访、新闻发布会、访谈等方式对学校2010年高招政策进行了宣传，吸引了社会各界特别是考生及家长的高度关注。

邀请三所交大及部分高水平大学成功举办校园开放日。4月24日，邀请上海交大、西安交大、西南交大、南开大学、武汉大学等10多所京外知名大学，以及20所京内高校共同为考生家长提供咨询。

继续加强与中学的联系，生源基地中学增长到194所。2010年新增建立生源基地中学90所，签署了《共建生源基地协议书》，并对大多数生源基地学校进行了授牌。在自主招生中给予了生源基地中学推荐名额的倾斜。在高招宣传活动中，招生联络组对生源基地中学进行了重点宣传和考生志愿指导，取得了较好的效果。

紧密配合学校国际化战略，完成首届国际班生源选拔。2010年学校在机械与电子控制工程学院的机械工程及自动化专业开设国际班项目。国际班招生以2010年报到新生自愿报名、择优选拔为原则组建。为加强该项目的宣传，在高考填报志愿期间，利用招生资讯网进行了专题宣传，还专门印制了宣传单随录取通知书一起发到了新生手中。新生报到后，申请参加该项目的各专业新生共有152人，经过初选、复试和面试3个环节，最终有41人进入该项目。

【就业工作】

1. 毕业生基本情况

（1）基本数据。

2010年学校共有毕业生5 658人，其中毕业研究生1 975人，本科毕业生3 270人，高职毕业生413人。毕业研究生就业率为98.58%，本科毕业生就业率为97.65%，高职毕业生就业率为92.74%。共有322名毕业生在西部地区就业，其中非西部生源50人，2人志愿服务西部，24人应聘村主任、村支书助理，68人入伍（其中高职毕业生30人），24人参加重大科研项目研究。毕业生就业去向见表26。

表26 毕业生就业去向一览表

学历	人数	出国	升学	签三方	灵活就业	待就业	深造率/%	签约率/%	就业率/%
本科	3 270	227	1 157	1 360	449	77	42.32	83.91	97.65
硕士	1 816	40	67	1 411	274	24	5.89	83.59	98.68
博士	159	1	30	115	9	4	19.50	91.82	97.48
高职	413	0	36	68	279	30	8.72	25.18	92.74
本专合计	3 683	227	1 193	1 428	728	107	38.56	77.33	97.09
研究生合计	1 975	41	97	1 526	283	28	6.99	84.25	98.58

（2）本科生就业流向。

本科毕业生约1/3选择留在北京。2010年就业地区为北京市的453名毕业生中，174人为北京生源，279人为非北京生源（其中男生225人，比例在80%以上）。上海就业毕业生所占比例仅有0.4%，广东省相对其他省份所占比例较高，约占10%，沿海地区及东北三省也是京外就业的重要区域。本科毕业生就业地区流向见表27及图1。

表27 本科毕业生就业地区流向

地区	北京市	上海市	广东省	其他沿海地区	东北	西部	其他	总计
总计	453	6	129	298	92	213	169	1 360
百分比/%	33.31	0.44	9.49	21.91	6.76	15.66	12.43	100.00

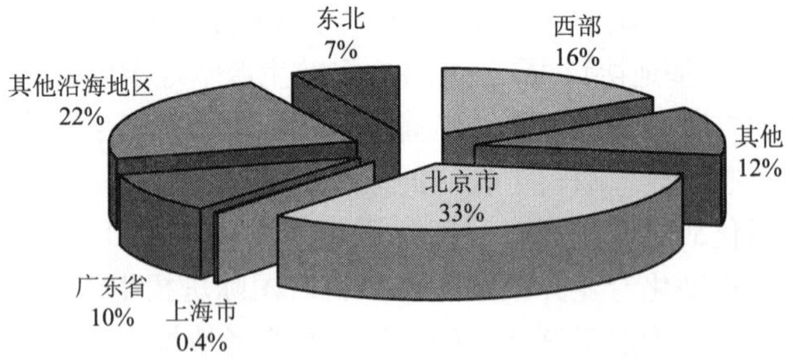

图1 本科毕业生就业地区流向

在本科生签约单位中，国有企业超过60%。其余去向中，科研、部队也占据了一定的比例。党政机关、教育单位、地方基层项目等服务性岗位的就业，表现出有相当一部分毕业生将贡献于国家基层及教育事业，为社会的基础建设奉献力量。在签约单位经济类型中可看出私有及外商经济占据了相当大比例，可看到我国经济结构的调整后，该类经济发展势头良好，影响了毕业生的择业观念。具体见表28和表29。

表 28　本科毕业生签约单位性质流向

单位性质	国有企业	三资企业	党政机关	科研单位	教育单位	地方基层项目	部队	其他企业
人数	829	76	28	31	22	11	94	269
百分比/%	60.96	5.59	2.06	2.28	1.62	0.81	6.91	19.78

表 29　本科毕业生签约单位经济类型流向

经济类型	国有经济	集体经济	私有经济	外商经济	总计
人数	1 000	87	204	69	1 360
百分比/%	73.53	6.40	15.00	5.07	100.00

（3）研究生就业流向。

2010 年毕业研究生 1 975 人中，有硕士 1 816 人，博士 159 人。毕业研究生就业率为 98.58%，其中硕士就业率为 98.68%，博士就业率为 97.48%。见表 30。

表 30　研究生毕业流向

	总计	出国	升学	签三方	灵活就业	待就业
人数	1975	41	97	1 526	283	28
百分比/%	100	2.08	4.91	77.27	14.33	1.42

毕业研究生留京比例明显高于本科生，约占签约总数的 65%，其中仅有北京生源 95 人，占签约总数的 6.2%。西部地区和部分内地等其他类别的就业比例都低于 10%，明显低于本科生。见表 31 及图 2。

表 31　签约毕业研究生的就业地区流向

	北京市	上海市	广东省	其他沿海地区	东北	西部地区	其他	总计
人数	981	4	61	249	28	107	96	1 526
百分比/%	64.29	0.26	4.00	16.32	1.83	7.01	6.29	100.00

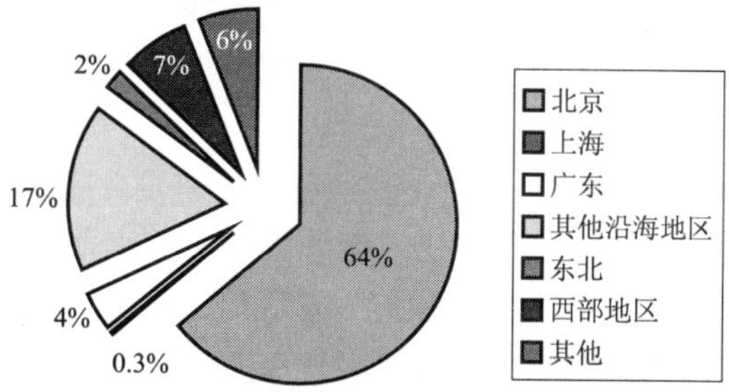

图 2　签约毕业研究生的就业地区

2010 届毕业研究生中有 1 526 人签订就业协议。从签约单位性质上看，国有企业仍然是主流，占 54.52%，其次是科研单位，占 11.93%。其他类型单位就业比例小，且分布相对分散。与本科生就业有所不同的是，研究生去科研单位比例明显增高，外商经济的选择率也略高于本科生。见表 32 和表 33。

表 32　毕业研究生签约单位性质流向

单位性质	国有企业	三资企业	党政机关	科研单位	教育单位	地方基层项目	部队	其他企业
人数	832	92	53	182	137	4	10	216
百分比/%	54.52	6.03	3.47	11.93	8.98	0.26	0.66	14.15

表 33　毕业研究生签约单位经济类型流向

经济类型	国有经济	集体经济	私有经济	外商经济	总计
人数	1 166	74	161	125	1 526
百分比/%	76.41	4.85	10.55	8.19	100.00

2. 主要做法与特点

（1）推进信息化建设，依托网格化管理，提高服务效率和服务质量。

借鉴学习其他高校在网格化管理方面的经验做法，继续加大毕业生就业管理信息系统的开发和建设力度，为全校就业工作顺利开展和就业管理水平的不断提高提供了有力保障。学校就业网站基本实现了就业手续、就业指导、招聘服务信息化，搭建起了企业与毕业生之间、毕业生与学校学院之间的联系桥梁。2010 年通过就业资讯网累计发布各类招聘信息 3 758 条，其中招聘信息 3 229 条，招聘会信息 529 条。

（2）开展全方位立体式就业指导与服务。

2010 年邀请知名就业指导专家面向学生开展各类就业指导讲座 22 场，内容涵盖毕业生职业定位与规划、公务员考试辅导与准备、职场礼仪、求职中的法律问题等同学们关切的问题。

举办了“成长之路—北京交通大学优秀校友系列报告会”，邀请校友返校分享自己的心路历程，帮助广大同学明确自我价值实现的路径和方向，提升就业力。

继续开设就业指导咨询室，每天专人接待学生来访咨询；定期组织“职业发展与就业指导咨询”开放日活动，为学生提供现场职业测评、求职技巧指导、就业法律咨询等 6 项内容的咨询服务；依托就业类社团定期举办就业征文大赛、就业沙龙等活动；成功举办了北京交通大学第五届模拟面试大赛、第三届职业生涯规划大赛、第二届大学生创业项目选拔大赛，辅导学生开展职业生涯规划。

（3）积极拓展协作领域，努力促进毕业生就业市场建设发展。

大力加强与电力、航天科技、航天科工、南车集团、核工业、中建集团等行业单位的深入联系，举办与学校主要专业相关联的行业类招聘活动；积极与南京、唐山、盘锦等地方单位联系，举办区域类招聘活动；组织队伍分赴全国各地走访用人单位，沟通人才需求信息，了解用人单位对学校学生培养、教育、管理等方面的意见和建议；重视与中国广东核电集团、华为技术有限公司、中兴通讯有限责任公司等业内领先的优质企业开展全方位、宽口径的业务合作，引导学生投身重点行业重点单位建功立业；带领毕业生赴重点企业参观学习，为毕业生求职、企业求才提供便利条件。

2010 年举办专场招聘会 316 场次，举办百家规模以上的大型毕业生招聘会 2 场，举办行业类、地区类中等规模毕业生招聘会 9 场次。2010 年进入航天系统就业的毕业生同比增加 45. 7% ，进入航空工业领域就业的毕业生同比增加 66% 。

（4）实施“彩虹助力”计划，针对不同需求群体全力帮扶就业。

2010 年学校继续对就业困难学生实施“彩虹助力”计划，通过摸查登记、专项训练、全面辅导、个体咨询、专项资助、特殊推荐等 6 项措施，对家庭经济困难、交流与协作能力较弱、实践动手能力较差、学习综合排名后 10% 等 4 类学生实施特殊帮扶措施。4 月，就业指导中心组织 30 多名家庭经济困难毕业生进行素质拓展。高度重视藏族和维吾尔族等少数民族毕业生的就业工作，多次组织藏族和维吾尔族毕业生召开专题座谈会，了解困难和需求，帮助他们联系单位推荐就业。

（5）加强课程建设，开展就业研究，不断提高就业指导工作水平。

学校就业指导课程体系基本完善，开设《大学生就业指导》、《学业及职业生涯发展》和《大学生 KAB 创业基础》等课程，师资队伍增加到 30 人左右。2010 年再次选派 10 名老师参加全球职业规划师培训，学校全球职业规划师人数达到了 54 人，13 人获得国家职业指导师二级证书，3 人取得创业指导师资格，5 人参加了 TTT 职业生涯师资课程培训，就业指导类课程师资队伍的数量和质量有较大提升。承担教育部高校学生司委托课题《关于进一步完善高校毕业生就业率统计和发布制度的研究》，为推动国家建立更为科学的毕业生就业率统计发布体系提供决策支持。

【附件4】

2010年本、专科招生录取状况

1. 2010年本科招生专业

通信工程、自动化、自动化（铁道信号）、电子科学与技术、计算机科学与技术、计算机科学与技术（铁路信息技术）、信息安全、生物医学工程、软件工程、经济学类、经济学类-文、工商管理类、信息管理与信息系统、物流管理、工程管理、交通运输类、交通运输类（智能运输工程）、交通运输类（铁道运输）、交通运输类（城市轨道交通）、电子商务、土木工程、土木工程（铁道工程）、土木工程（城市轨道工程）、环境工程、机械工程及自动化、机械工程及自动化（铁路机车车辆）、测控技术与仪器、热能与动力工程（汽车工程方向）、工业工程、电气信息类、电气信息类（轨道牵引电气化）、理科试验班类、信息与计算科学、光信息科学与技术、材料化学、法学、英语、传播学、建筑学、艺术设计、数字媒体艺术。

计算机科学与技术（铁路信息技术）、交通运输类（智能运输工程）、土木工程（城市轨道工程）是新增专业。

2. 2010年高职招生专业

燕郊学院：公路运输与管理、高等级公路维护与管理、道路桥梁工程技术、计算机网络技术。

清河学院：城市交通运输、计算机应用技术、旅游英语（文理兼招）。

3. 2010年各省本科及高职录取分数线

表34　2010年各省区录取情况统计表——本科

地区	计划数	录取数	理工类							文史类						
			提档线	最低分	最高分	一批	二批	三批	艺术	提档线	最低分	最高分	一批	二批	三批	艺术
北京市	216	357	586	586	643	494	441	401	287	557	557	595	524	474	439	308
天津市	69	82	587	587	643	509	445	355	289	584	584	593	519	466	390	302
河北省	185	208	619	619	643	561	518	396	337	586	586	593	539	504	423	328
山西省	146	164	566	566	646	536	491	360	348	539	539	565	533	492	418	346
内蒙古	120	125	592	593	641	510	442	326	190	532	532	566	475	423	345	190
辽宁省	129	188	598	598	633	518	442	365	220	565	565	590	531	465	415	220
吉林省	131	182	609	609	627	530	427	366	277	567	567	569	517	425	346	276
黑龙江	107	117	589	589	636	532	448		261	556	556	593	523	450		263
上海市	25	30	464	464	495	465	400						464	404		
江苏省	57	60	381	381	392	355	328			355	355	372	345	321		

续表

地区	计划数	录取数	理工类							文史类						
			提档线	最低分	最高分	一批	二批	三批	艺术	提档线	最低分	最高分	一批	二批	三批	艺术
浙江省	83	87	611	611	624	551			321				590			355
安徽省	100	104	624	624	642	562	507	477	316				573	534	516	334
福建省	93	100	596	596	618	539	472	433					557	494	464	
江西省	116	126	569	569	589	515	462	366	277	558	558	564	521	479	411	277
山东省	139	163	643	643	661	580	450		300	645	645	652	606	470		300
河南省	135	155	598	598	624	552	500	444	317	561	561	568	532	489	450	317
湖北省	110	115	594	594	611	557	506	400	318	549	549	563	530	488	413	318
湖南省	125	139	613	613	636	567	494	460	327	610	610	616	578	523	495	385
广东省	75	81	631	631	668	621	567	450	373	624	624	628	595	554	448	373
广　西	82	83	549	549	604	500	433	351	281				510	453	383	294
海南省	25	26	731	731	762	624	563		390				670	600		390
重庆市	64	68	598	598	627	533	478	445	338	611	611	626	573	510	462	338
四川省	102	108	568	568	597	512	441	413	330	576	576	581	543	483	451	330
贵州省	85	87	569	569	610	481	415						514	448		
云南省	84	86	581	581	629	500	430	400					495	450	415	
西藏汉/民	4	25	575/314	575/314	575/387	455/282	315/224						455/293	315/255		
陕西省	95	103	613	613	639	556	500	400		598	598	606	559	500	400	
甘肃省	78	80	531	531	615	531	481			539	539	539	511	467		
青海省	20	22	456	456	575	405	363	328					430	386	350	
宁　夏	51	52	542	542	582	474	436						496	464		
新　疆	94	145	532	549	622	471	415	380	270	539	544	565	485	433	385	270
预科	20	21	373	383	454	364										
港澳台		6	402	425	402	400							400			

说明：实际录取数含保送、自主、文艺、体育特长生、台湾免试等各类招生。西藏、新疆实际录取中分别含内地西藏班和新疆高中班。

表 35　2010 年各省区录取情况统计表——高职

地区	理工类							文史类						
	提档线	最高分	最低分	一批	二批	三批	高职	提档线	最高分	最低分	一批	二批	三批	高职
北京	203	286	203	494	441	401		252	310	252	524	474	439	
天津	322	438	322	509	445	355	245				519	466	390	275
河北	527	562	527	561	518	396	200	509	509	521	539	504	423	288
山西	471	598	471	536	491	360		460	514	462	533	492	418	
内蒙古	412	457	412	510	442	326	200	382	388	409	475	423	345	234
辽宁	433	484	433	518	442	365	290				531	465	415	338
吉林	438	505	438	530	427	366	366				517	425	346	

4. 2010 年本科专科新生基本信息

表 36　2010 本科录取新生基本信息

项　目	内　　容
新生总数	普通本科新生 3 468 人；此外有港澳台新生 6 人 （本表仅统计普通本科新生 3 468 人情况）
性　　别	男生 2 083 人，占 60.06%，比上年降低 1.84%； 女生 1 385 人，占 39.94%
培养方式	统招生 3 275 人，占 94.43%； 内地西藏班 21 人，内地新疆班 24 人，占 1.30%； 定向生 148 人，占 4.27%；其中：国防生 60 人，企业定向生 33 人，民族班 35 人，预科升本学生 20 人
科　　类	理工类考生 3 192 人，占 92.04%； 文史类考生 199 人，占 5.74%，比上年增加 0.33%； 艺术类考生 77 人，占 2.22%
政治面目	党员 7 人，占 0.20%；预备党员 12 人，占 0.35%； 新生报到后登记党员和预备党员数为 161 人，为近年登记人数最多的一年； 团员 3 364 人，占 97.00%； 群众 85 人，占 2.45%（比上年降低 0.17%）
民　　族	汉族 3 006 人，占 86.68%； 少数民族分布在 30 个民族，共计 462 人，占 13.32%；其中：满族 110 人，蒙古族 62 人，回族 60 人，土家族 34 人，壮族 32 人，维吾尔族 31 人，藏族 22 人，彝族 15 人
来　　源	城镇考生 2 493 人，占 71.89%，比上年减少 1.03%；农村考生 975 人，占 28.11%； 应届考生 2 971 人，占 85.67%，比上年增加 3.17%；往届考生 497 人，占 14.33%； 应届考生和农村考生比例达到近 2 年的最高点，农村应届考生人数为近 3 年最多。 其中：城镇应届 2 231 人，占 64.33%；城镇往届 262 人，占 7.55%； 农村应届 740 人，占 21.34%；农村往届 235 人，占 6.78%
外语语种	英语 3 467 人，占 99.97%； 日语 1 人，占 0.03%，非英语语种人数达到了自 2001 年以来的最低值
年龄分布	14 岁 1 人，15 岁 8 人，16 岁 59 人，17 岁 435 人，18 岁 1 784 人，19 岁 917 人，20 岁 201 人，21 岁 46 人，22 岁 12 人，23 岁 4 人，24 岁 1 人； 考生平均年龄约为 18.17 岁，是近 5 年的最低值，但低年龄段新生比例下降，16 岁及以下新生比 2009 年减少 1.12%，占 1.96%；22 岁及以上年龄段占 0.49%，比上年增加 0.23%
录取志愿	一志愿 3 408 人，占新生总数的 98.27%； 二志愿 31 人；其他志愿 29 人
特 长 生	通过学校认定的文艺特长生 45 人，占 1.30%；体育特长生 37 人，占 1.07%； 特长生总计共占新生的 2.37%，比上年增加 0.33%
西部地区	西部新生 984 人，占录取新生总数的 28.37%。录取西部地区人数及比例均达到近 5 年的最高值。其中专门为玉树灾区增加了 2 名计划，录取本科及预科各 1 人

续表

项　目	内　　容
高分考生	高考成绩高分段考生占 48.7% （其中江苏 384 分以上；海南 720 分以上，其他省为 600 分以上）
港 澳 台	男生 4 人，女生 2 人；3 人来自台湾，2 人来自香港，1 人来自澳门

表 37　2010 年高职录取新生情况

项　目	内　　容
新生总数	502 人
性　　别	男生 330 人，占 65.74%； 女生 172 人，占 34.26%
来源地区	北京 337 人、天津 30 人、河北 41 人、山西 41 人、内蒙古 41 人、辽宁 5 人、吉林 7 人
所属学院	清河学院 199 人；燕郊学院 303 人
科　　类	理工类考生 451 人，占 89.84%； 文史类考生 51 人，占 10.16%
政治面目	团员 475 人，占 94.62%； 群众 27 人，占 5.38%（比去年增加 2.76%）
民　　族	汉族 469 人，占 93.43%； 少数民族有 33 人，占 6.57%；其中：满族 17 人，蒙古族 10 人，回族 5 人，朝鲜族 1 人
来　　源	城镇应届 156 人，占 31.08%；城镇往届 20 人，占 3.98%； 农村应届 241 人，占 48.01%；农村往届 85 人，占 16.93%； 应届考生 397 人，占 79.08%；往届考生 105 人，占 20.92%； 城镇考生 176 人，占 35.06%；农村考生 326 人，占 64.94%
年龄分布	16 岁 3 人，17 岁 24 人，18 岁 226 人，19 岁 150 人，20 岁 75 人，21 岁 20 人，22 岁 3 人，24 岁 1 人； 考生平均年龄约为 19 岁，16 岁及以下年龄段占 0.60%；22 岁及以上年龄段占 0.80%
录取志愿	一志愿 100%
分数情况	成绩在二本线上的有 70 人，占新生总数的 13.94%； 二本线下 10 分以内的有 40 人，占 7.97%； 二本线下 20 分以内的有 23 人，占 4.58%； 三本线上的有 223 人，达到新生的 44.42%

体育工作

【综述】

2010年，学校体育工作认真贯彻健康第一的思想，以“运动、健康、快乐”为理念，广泛开展“全国亿万学生阳光体育运动”，提高师生员工的身体素质和健康水平，提高了学校体育竞争实力。

【条件建设】

学校召开校长办公会听取学校体育工作情况汇报，确定2010年学校体育工作计划。完成田径场、篮球场、网球场维护，方便日常锻炼。新增攀岩设施投入教学使用，丰富了学校体育教学和锻炼内容。

【体育教学】

研究落实“全国亿万学生阳光体育运动”和《国家学生体质健康标准》实施工作。全面落实教师岗位聘任，完成副教授晋升工作，现有教授1人、副教授14人、讲师19人、助教1人，聘用4人。加强体育课程建设，新开设攀岩课、体育理论课，扩大了学生选课范围。全年共计安排498个班级，15 000人左右的教学工作量，圆满完成了学校教学任务。

为提高教学水平，组织年轻教师“说课”交流，选派太玉参加北京市大学生体育协会组织的北京高校体育教师说课交流活动，推荐周艳茹参加学校青年教师教学基本功大赛。组织征集21篇论文，并选拔15篇论文参加北京市高校第十五届体育科学论文报告会，有10篇论文获奖。全面实施《国家学生体质健康标准》，完善日常测试，加强指导，95%以上的学生达到及格等级以上标准。

【群众体育】

以学生体育“学院杯”的评比为主线，精心策划、合理安排校内外群众性体育赛事，活跃校园体育文化，其中学生体育“学院杯”全年安排22项校级赛事。上半年举办全校万人综合性运动会，参与运动会的运动员首次超过万人，共计10 766人；下半年以举办万人“体育节”为龙头，结合阳光体育运动，设置11大项和63小项，参与人数达16 000多人次，形成全校联动、上下互动、月月有活动、阶段有高潮、常年不断线的健身氛围，真正发挥体育竞赛活动对群众体育活动的带动和促进作用。

5月，电信学院、经管学院、土建学院获评2009年度学生体育“学院杯”；其中电信学院已连续三届获得“学院杯”流动杯，拥有永久保留“学院杯”的殊荣。在各学院本科生和研究生体育部长中评选出5位优秀体育部长。

学校羽毛球协会、飞翎舞协会、跆拳道协会、网球协会、精武功夫协会、篮球协会、足球协会、排球协会、橄榄球协会、裁判协会、乒乓球协会、健美操协会等22个学生体育运动项目协会，积极组队参加北京市高校的业余比赛交流。12月，学校学生参加首都高校第二届体育舞蹈比赛再次获得甲组团体二等奖，单项比赛获一项第一、两项第二和两项第三。

【竞技体育】

高水平运动队建设工作通过了教育部组织的高水平运动队检查评审，5 个项目全部通过评审，圆满完成了 2010 级体育特长生测试、招生工作。顺利完成推优保研工作，有 5 名体育特长生被推荐保送研究生。体育竞赛成绩取得新的突破，共计获得 2 项世界大学生冠军，8 项全国大学生冠军，3 项全国专业比赛分站赛冠军，19 项北京市大学生冠军。

受教育部委派，北京交通大学羽毛球队 5 名队员参加了在中国台北举行的 2010 年第十一届世界大学生羽毛球锦标赛，获得 2 枚金牌，新添 3 名世界大学生冠军，再次为中国、为学校争得荣誉。羽毛球代表队全年获得北京市大学生羽毛球锦标赛 6 项第一，3 项第二，1 项第三；在全国大学生羽毛球锦标赛取得 6 项冠军，1 项亚军，3 项第三。男、女排球队分别获得 2010 年北京市大学生排球联赛专业组、高水平组冠军，男排冲进全国大学生排球联赛超级赛，女排获得了超级赛第五名。跆拳道队获得 2010 年首都高校跆拳道锦标赛 9 项冠军，1 项第三。田径队获得了 2010 年首都高校田径运动会 2 项冠军，1 项第二，1 项第三；在第十一届全国大学生田径锦标赛上获得 1 项冠军。篮球队水平稳步提升，获得 2010 年北京高校联赛第二名，再次进军 CUBA 东北分区赛。田径队员赵宽松获得 1 次 2010 年全国田径（室内）锦标赛分站赛跳高第一名，2 次获得 2010 年全国田径大奖赛系列赛跳高第一名。体育部教师韩松入选广州第十届残疾人亚运会代表团，指导队员获 3 项冠军，详见表 38。

加强体育工作交流学习。接待丹麦羽毛球协会教练交流团来校交流，接待台湾大学生乒乓球、羽毛球交流团来校比赛交流。选派体育教师蒋涛、梁凤波随中国大学生羽毛球交流团赴丹麦访问交流，选派体育部教师廖生波赴美国培训学习。

表 38　2010 年运动队比赛成绩一览表

竞　赛　名　称	时间	组别	项目	名次	获得荣誉的集体或个人队员
2010 年北京市大学生羽毛球锦标赛	5 月	甲组	男子团体	第一名	曹子龙　张昌龙　宋宗耀　杨力骁
2010 年北京市大学生羽毛球锦标赛	5 月	甲组	女子团体	第一名	王文筱　刘芳晓　方思敏　李　智　李驭风
2010 年北京市大学生羽毛球锦标赛	5 月	甲组	男子单打	第一名	宋宗耀
2010 年北京市大学生羽毛球锦标赛	5 月	甲组	男子单打	第二名	张昌龙
2010 年北京市大学生羽毛球锦标赛	5 月	甲组	女子单打	第一名	刘芳晓
2010 年北京市大学生羽毛球锦标赛	5 月	甲组	男子双打	第一名	曹子龙　钱　景
2010 年北京市大学生羽毛球锦标赛	5 月	甲组	男子双打	第二名	袁　亮　孙思远
2010 年北京市大学生羽毛球锦标赛	5 月	甲组	女子双打	第一名	刘芳晓　王文筱
2010 年北京市大学生羽毛球锦标赛	5 月	甲组	女子双打	第二名	方思敏　李　智
2010 年北京市大学生羽毛球锦标赛	5 月	乙组	女子单打	第三名	陈钰璐
第十四届全国大学生羽毛球锦标赛	7 月	甲组	男子团体	第一名	曹子龙　钱　景　袁　亮　孙思远　张昌龙　宋宗耀
第十四届全国大学生羽毛球锦标赛	7 月	甲组	女子团体	第一名	王文筱　刘芳晓　方思敏　李　智　李驭风
第十四届全国大学生羽毛球锦标赛	7 月	甲组	男子单打	第一名	宋宗耀

续表

竞　赛　名　称	时间	组别	项目	名次	获得荣誉的集体或个人队员
第十四届全国大学生羽毛球锦标赛	7 月	甲组	男子单打	第三名	张昌龙
第十四届全国大学生羽毛球锦标赛	7 月	甲组	女子单打	第一名	刘芳晓
第十四届全国大学生羽毛球锦标赛	7 月	甲组	男子双打	第一名	钱　景　曹子龙
第十四届全国大学生羽毛球锦标赛	7 月	甲组	男子双打	第三名	袁　亮　孙思远
第十四届全国大学生羽毛球锦标赛	7 月	甲组	混合双打	第一名	钱　景　王文筱
第十四届全国大学生羽毛球锦标赛	7 月	乙组	男子单打	第二名	陈天宇
第十一届世界大学生羽毛球锦标赛	9 月		混合团体	第一名	杜鹏宇　陈天宇　成　淑　陈钰璐　刘芳晓
第十一届世界大学生羽毛球锦标赛	9 月		女子双打	第一名	成　淑
2010 年北京市大学生排球联赛	12 月	高水平组	女子排球	第一名	高特席　张　硕　高　雅　刘　瑜　秦　远　赵　莎　洪　研　许梦媛　赵　曦　任　艺　许佳雯　游雅文　许若楚　马　丹
2010 年北京市大学生排球联赛	12 月	专业组	男子排球	第一名	刘　杰　王　明　孙玉博　徐　君　尹世明　王　玺　王　帆　林　博　王宇帆　孟子舒　傅　棣　储博超　孙恭平
2009—2010 赛季全国大学生排球超级联赛	3 月		女子排球	第五名	张　硕　高　雅　刘　瑜　秦　远　赵　莎　李孔祎　高特席　陈颖曦　洪　研　许梦媛　赵　曦　任　艺
2010 年北京市大学生篮球联赛	11 月		男子篮球	第二名	田　根　赵天宇　赵天明　李昂迪　唐玺添　王　政　王　想　邹大龙　魏上淳　高　远　刘　威
2010 年北京市大学生田径运动会	5 月		男子跳高	第一名	赵宽松
2010 年北京市大学生田径运动会	5 月		男子链球	第一名	公　健
2010 年北京市大学生田径运动会	5 月		男子链球	第二名	沈　锐
2010 年北京市大学生田径运动会	5 月		女子跳高	第三名	汪　宇
2010 年第十一届全国大学生田径锦标赛	7 月		男子跳高	第一名	赵宽松
2010 年全国田径大奖赛系列赛（苏州）	4 月		男子跳高	第一名	赵宽松
2010 年全国田径大奖赛系列赛（肇庆）	5 月		男子跳高	第一名	赵宽松
2010 年全国室内田径锦标赛（成都）	3 月		男子跳高	第一名	赵宽松
2010 年北京市跆拳道锦标赛	11 月		男 58 kg	第一名	陈雪驰

续表

竞　赛　名　称	时间	组别	项目	名次	获得荣誉的集体或个人队员
2010年北京市跆拳道锦标赛	11月		男 62 kg	第一名	史　硕
2010年北京市跆拳道锦标赛	11月		男 67 kg	第一名	倪铭泽
2010年北京市跆拳道锦标赛	11月		男 84 kg	第一名	曹全聚
2010年北京市跆拳道锦标赛	11月		男 84 kg	第一名	张　杰
2010年北京市跆拳道锦标赛	11月		女 51 kg	第一名	甄心怡
2010年北京市跆拳道锦标赛	11月		女 55 kg	第一名	韩晶晶
2010年北京市跆拳道锦标赛	11月		女 72 kg	第一名	任　驰
2010年第六届全国大学生跆拳道锦标赛	12月		女 51 kg	第一名	甄心怡
2010年第六届全国大学生跆拳道锦标赛	12月		女 55 kg	第二名	韩晶晶
2010年第六届全国大学生跆拳道锦标赛	12月		女 72 kg	第二名	任　驰
2010年第六届全国大学生跆拳道锦标赛	12月		男 84 kg	第二名	张　杰
2010年第六届全国大学生跆拳道锦标赛	12月		男 54 kg	第三名	贾　露
2010年第六届全国大学生跆拳道锦标赛	12月		男 54 kg	第三名	吴生健
2010年第六届全国大学生跆拳道锦标赛	12月		男 62 kg	第三名	倪铭泽

2010

学科、科研与社会服务

学科建设与“211 工程”建设

【综述】

2010 年是“211 工程”三期建设的第三年，随着建设经费的到位，“211 工程”三期重点学科建设进入关键性实施阶段，完成了建设项目的中期检查。

【学科建设】

5 月，企业管理二级学科和信息运筹学交叉学科，在北京市教委组织的北京市重点学科增列工作中通过专家评审，分别成为二级学科北京市重点学科和交叉学科北京市重点学科。至此，学校现有 3 个一级学科北京市重点学科、6 个二级学科北京市重点学科和 2 个交叉学科北京市重点学科。

11 月至 12 月，北京市教委组织进行了北京市重点学科建设的中期检查，学校 11 个北京市重点学科以优秀和良好的成绩通过检查。

【“211 工程”建设】

6 月至 7 月，学校组织进行“211 工程”三期重点学科建设项目的中期检查，并于 7 月 20 日将《北京交通大学“211 工程”三期建设中期检查报告》上报“211 部际协调办公室”。

8 月，国家发改委下拨第二批“211 工程”三期建设专项经费 1 200 万元。

11 月，国家发改委下拨第三批“211 工程”三期建设专项经费 1 209 万元。至此，“211 工程”三期建设国拨经费全部到位。

【附件5】

2010年北京交通大学重点学科情况

表39 北京交通大学重点学科列表

重点学科分类	一级学科名称	二级学科名称
一级学科国家重点学科	交通运输工程	道路与铁道工程
		交通信息工程及控制
		交通运输规划与管理
		载运工具运用工程
	信息与通信工程	通信与信息系统
		信号与信息处理
二级学科国家重点学科		产业经济学
		桥梁与隧道工程
一级学科北京市重点学科	土木工程	岩土工程
		结构工程
		市政工程
		供热、供燃气、通风及空调工程
		防灾减灾工程及防护工程
		桥梁与隧道工程
	管理科学与工程	
	光学工程	
二级学科北京市重点学科		计算机应用技术
		固体力学
		电力电子与电力传动
		系统分析与集成
		思想政治教育
		企业管理
交叉学科北京市重点学科		信息安全学
		信息运筹学
二级学科铁道部重点学科		电力系统及其自动化
		电磁场与微波技术
		车辆工程
		系统工程

续表

重点学科分类	一级学科名称	二级学科名称
校级重点学科		机械设计及理论
		会计学
		计算机软件与理论
		高电压与绝缘技术

自然科学研究

【综述】

2010年，学校科技工作在承担科研项目、科研经费、创新团队建设、科技成果、军工科研管理、科技成果推广等方面取得了新的成绩。

【科研基地建设】

新增土木工程检测国家认可实验室、城市轨道交通CBTC系统北京市高等学校工程研究中心2个自然科学研究基地。截至年底，学校拥有省部级及以上自然科学研究基地26个，其中：国家重点实验室1个，国家工程研究中心1个，国家工程实验室2个（其中1个与铁道科学研究院合作），国家认可实验室4个，国家工程技术研究中心（分中心）1个，国家大学科技园1个，教育部重点实验室5个（包括教育部军工重点实验室1个），教育部工程研究中心4个，教育部基础数据平台1个，教育部行业特色研究型大学发展战略研究中心1个，北京市重点实验室3个，北京市高等学校工程研究中心1个，城市交通北京技术转移中心1个，见表40。

表40　2010年北京交通大学自然科学研究基地统计表

序号	实验室名称	批准时间	依托单位
1	轨道交通控制与安全国家重点实验室	2006年	国家重点实验室
2	轨道交通运行控制系统国家工程研究中心	2008年	电信学院
3	下一代互联网互联设备国家工程实验室	2008年	电信学院
4	电磁兼容实验室国家认可实验室	2006年	电信学院
5	结构强度检测实验室国家认可实验室	2006年	机电学院
6	网络管理实验室国家认可实验室	2008年	计算机学院
7	土木工程检测国家认可实验室	2010年	土建学院
8	国家风力发电北京检测站国家工程技术研究中心（分中心）	2006年	电气学院
9	国家大学科技园	2006年	校资产经营有限公司
10	高速铁路系统试验国家工程实验室（参与）	2007年	铁科院、北交大
11	全光网络与现代通信网教育部重点实验室	2002年	电信学院
12	发光与光信息技术教育部重点实验室	2005年	理学院
13	城市交通复杂系统理论与技术教育部重点实验室	2008年	运输学院
14	城市地下工程教育部重点实验室	2009年	土建学院
15	载运工具先进制造与测控技术教育部重点实验室（B）	2009年	机电学院
16	隧道及地下工程教育部工程研究中心	2006年	土建学院
17	电力牵引教育部工程研究中心	2006年	电气学院
18	高速铁路网络管理教育部工程研究中心	2007年	计算机学院

续表

序号	实验室名称	批准时间	依托单位
19	轨道车辆结构可靠性与运用检测技术教育部工程研究中心	2007 年	机电学院
20	教育部、铁道部基础数据平台——铁路基础数据库	2007 年	经管学院
21	教育部战略研究培育基地——北京交通大学行业特色研究型大学发展战略研究中心	2009 年	科技处
22	城市轨道交通自动化与控制北京市重点实验室	2001 年	电信学院
23	通信与信息系统北京市重点实验室	2001 年	电信学院
24	现代信息科学与网络技术北京市重点实验室	2001 年	计算机学院
25	城市轨道交通 CBTC 系统北京市高等学校工程研究中心	2010 年	电信学院
26	城市交通北京技术转移中心	2006 年	校资产经营有限公司

轨道交通控制与安全国家重点实验室通过了科技部组织的建设验收；土木工程检测国家认可实验室分别通过了国家认证认可监督管理委员会和中国合格评定国家认可委员会的评审，独立获得国家认可（CNAS）和国家计量认证（CMA）资质。

城市轨道交通 CBTC 系统北京市高等学校工程研究中心获得北京市教委正式批复立项建设；城市地下工程教育部重点实验室通过了教育部科技司组织的建设计划论证；轨道交通安全科学与技术优势学科创新平台二期建设进展顺利；与北京市交通委共建的 CBTC 研发中心获得了北京市 1.19 亿元资金支持，用于科产大厦的基础设施建设。

在建设实体化科研平台的同时，还先后成立了低碳研究与教育中心、中国现代轨道交通科学与技术研究院等虚体科研机构；加入了首都科技条件平台能源环保领域平台及电子信息领域平台，对社会开放了部分省部级及以上科研平台及大型仪器设备等科技资源。

【科研项目与经费】

学校全年共签订科研合同 1 988 项，总经费 6.2 亿元，比 2009 年增长 1.2%。其中纵向科研合同项目 914 项，合同经费 2.54 亿元；横向项目 1 074 项，合同经费 3.70 亿元，纵向经费占总经费的 40.7%。实到经费 4.81 亿元。100 万元（含 100 万）以上的项目 47 项（见表 41），合同经费 11 198 万元，其中纵向 36 项，经费 8 274 万元；横向 11 项，经费 2 924 万元。

新增“973”计划项目 9 项，经费 1 436 万元。其中，以张顶立教授为首席科学家的“973”计划项目“城市地下工程安全性的基础理论研究”正式启动；娄淑琴教授作为课题负责人承担了“面向光路交换网络的光纤器件理论与关键技术研究”课题。

新增“863”计划项目 20 项，经费 1 478 万元。“城市轨道列车在途监测与安全预警关键技术”、“大城市区域交通协同联动控制关键技术”等项目列入国家“863”计划“十二五”规划和主题项目指南。

新增国家科技支撑计划项目 37 项，经费 4 863 万元。孙守光教授主持的“高速列车关键材料及部件可靠性”课题正式启动。

新增国家自然科学基金项目 103 项，经费 3 075 万元。获批项目数在全国高校中排名 47 位，经费排名 46 位。

新增铁道部项目 75 项，经费 2 348 万元。新增北京市科委科研经费 2 782 万元，项目

20 项，其中唐涛教授主持的“北京轨道交通信号系统核心技术研发及工程示范”项目列入北京市科委重大项目，王永生教授主持的“聚合物光电材料和器件研究”列入北京重点产业技术竞争力提升主题计划，牛利勇主持的“纯电动乘用车示范充电站建设与示范运行”获科技工作基础专项——市区两级政府重大科技需求项目立项。

中央高校基本科研业务费项目顺利实施；2009 和 2010 年，学校基本科研业务费专项经费均为 1 900 万元；2009—2010 年度共立项教师项目 251 项，研究生创新项目 50 项。

表 41　2010 年纵横向 100 万元以上项目统计表

序号	项目名称	合同金额/万元	负责人	主持/参加	项目来源	承担部门
1	线路视频在线监测系统	120	王　玮	主持	吉林省电力有限公司吉林供电公司	电气学院
2	牵引供电、直线电机设计制造及驱动关键技术与装备研制	385	姜学东	参加	科技部“科技支撑”	电气学院
3	高速列车顶层技术指标及边界设计技术研究	300	杨中平	主持	科技部“科技支撑”	电气学院
4	高速列车牵引传动与制动系统仿真	192	刘志刚	参加	科技部“科技支撑”	电气学院
5	高速列车牵引供电技术	145	王　毅	主持	科技部“科技支撑”	电气学院
6	风电机组仿真建模技术研究	174	梁　晖	参加	科技部“科技支撑”	电气学院
7	防误送电装置	258	刘明光	主持	兰州铁路局	电气学院
8	“低压无功补偿装置专用开关电寿命试验平台”试验控制系统研制与集成	150	王　毅	主持	中国电力科学研究院	电气学院
9	机车信号测试系统改进	700	邱宽民	主持	北京交大思诺科技有限公司	电信学院
10	高速铁路应答器、轨道电路检测技术研究	150	刘中田	主持	科技部“863”	电信学院
11	北京市轨道交通信号系统核心技术研发及工程示范	1308	唐　涛	主持	北京市科委	国家重点实验室
12	铁路安全关键技术研究与仿真项目	200	袁　磊	主持	华为技术有限公司	国家重点实验室
13	基于高精度 GPS/GIS 三维信息的检测数据动态可视化展现及全息展示技术研究	150	秦　勇	主持	科技部“863”	国家重点实验室
14	检测数据相关分析研究	100	秦　勇	主持	科技部“863”	国家重点实验室
15	高速列车运行组织方案优化设计关键技术与系统 -1	1 280	贾利民	主持	科技部“科技支撑”	国家重点实验室
16	高速列车运行组织方案优化设计关键技术与系统 -6	100	秦　勇	主持	科技部“科技支撑”	国家重点实验室

续表

序号	项目名称	合同金额/万元	负责人	主持/参加	项目来源	承担部门
17	高速列车运行组织方案优化设计关键技术与系统－系统集成与测试	100	苗建瑞	参加	科技部“科技支撑”	国家重点实验室
18	大尺寸旋转密封技术研究	150	李德才	主持	军工专项	机电学院
19	转向架测力构架研制（动车和拖车各1个）	250	李　强	参加	科技部“863”	机电学院
20	高速铁路线路环境状态智能识别技术研究及设备研制	180	余祖俊	主持	科技部“863”	机电学院
21	高速列车车体气密疲劳强度试验技术及规范研究	200	李国岫	主持	科技部“科技支撑”	机电学院
22	高速转向架技术－转向架构架强度试验技术研究	110	金新灿	主持	科技部“科技支撑”	机电学院
23	3/4/5 轴数控系统技术服务，风电齿轮箱设计	118	姜　虹	主持	深圳市海纳科数控科技有限公司	机电学院
24	大型养路机械关键技术研究钢轨打磨列车打磨控制技术研究	100	李建勇	主持	铁道部科技司	机电学院
25	6k 型电力机车牵引座补强改造	118	刘志明	主持	郑州铁路局洛阳机务段	机电学院
26	鲁棒的可伸缩视频编码及其在异构网络中的传输	177	赵　耀	主持	国际科技合作计划	计算机学院
27	中医药防治艾滋病、病毒性肝炎等疾病临床科研一体化技术平台系构建及应用研究	100	周雪忠	主持	国家重大科学工程	计算机学院
28	图像视频编码与数字水印	200	赵　耀	主持	国家自然科学基金“杰出青年”	计算机学院
29	山西省古村镇保护利用与减贫方略研究－测绘与导则	101	薛林平	主持	其他部市	建筑与艺术系
30	高速列车运行组织方案优化设计关键技术与系统－2	100	李雪梅	主持	科技部“科技支撑”	经管学院
31	共性基础及系统集成技术	100	郭雪萌	参加	科技部“科技支撑”	经管学院
32	药品安全追溯管理射频识别技术研究之示范工程	114	林自葵	主持	科技部“科技支撑”	经管学院
33	高速铁路与城市化发展的互动机理研究	100	柯新生	参加	科技部“科技支撑”	经管学院
34	先验统计模型的建立与非线性优化理论	131	修乃华	主持	科技部“973”	理学院

续表

序号	项目名称	合同金额/万元	负责人	主持/参加	项目来源	承担部门
35	镉污染损害人体健康的生物监测与应急处置研究	146	柯　屾	主持	其他部市	理学院
36	施工扰动下复杂地层的变形机制研究	725	张顶立	主持	科技部“973”	土建学院
37	城市地下工程灾变演化规律及预测	306	陈铁林	主持	科技部“973”	土建学院
38	广西全兴高速公路长乡河大桥维修工程	190	韩　冰	主持	路桥华东全兴高速公路——合同项目经理部	土建学院
39	特大跨海桥梁水下无封底混凝土套箱关键技术研究	110	韩　冰	主持	中国公路学会	土建学院
40	RPC 电缆槽盖板技术服务	100	高　日	主持	中国建筑材料科学研究总院	土建学院
41	共建北京交通大学连接技术研究所合作合同的补充合同	860	张　宁	主持	中宁建科技有限公司	校内其他部门
42	高速列车运行组织方案优化设计关键技术与系统 -3	100	马敏书	主持	科技部“科技支撑”	运输学院
43	高速列车运行组织方案优化设计关键技术与系统 -4	100	韩宝明	主持	科技部“科技支撑”	运输学院
44	高速列车运行组织方案优化设计关键技术与系统 -7	100	周磊山	主持	科技部“科技支撑”	运输学院
45	高速列车运行组织方案优化设计关键技术与系统 -8	100	刘仍奎	主持	科技部“科技支撑”	运输学院
46	高速列车运行组织方案优化设计关键技术与系统 -5	100	聂　磊	主持	科技部“科技支撑”	运输学院
47	公路运输温室气体排放影响评价及应对技术研究	100	于　雷	主持	其他部市	运输学院

【科技成果及奖励】

学校全年主持和参加完成的自然科学研究成果获得省部级及其以上奖励 11 项，其中，电信学院参加完成的“遂渝线无砟轨道综合关键研究与应用”项目获得 2010 年度国家科技进步一等奖；省部级科技奖励 10 项，其中一等奖 5 项，二等奖 4 项，三等奖 1 项（详见表 42）。

赵耀教授主持完成的“结合视觉特性的图像视频编码”和李德才教授主持完成的“磁性液体密封设计及应用”获 2009 年度北京市科学技术奖一等奖，这是学校继 2005 年之后再次获得该奖项一等奖，并实现了在基础理论类和发明类奖励上零的突破。

学校 9 项主持、参加完成项目通过了省部级科技成果鉴定（详见表 43）。

第十届詹天佑铁道科技奖17人获奖，孙守光、钟章队获得成就奖，杨中平、张楠、王剑获得青年奖；和敬涵、任尊松、何大伟、张宁、裴丽、杨娜、唐方成、何玉芳、欧国立、刘颖、杨培飞、陈莹等12人获北京交通大学詹天佑专项基金奖。

全年申请专利430项，比上年增长30.7%，发明专利占申请总量的91.6%，其中申请美国专利1项，PCT国际专利4项；授权专利185项（详见表44），发明专利授权占授权总量的77.3%；获批准计算机软件著作权登记179项；申请注册商标2项；发明专利转让及实施许可4项。

表42　2010年度北京交通大学获科学技术奖成果统计一览表

序号	成果名称	奖励名称	奖励等级	获奖时间	颁奖单位名称	单位排序	学校第一完成人及排序
1	遂渝线无砟轨道综合关键研究与应用	国家科技进步奖	一等奖	2010	国务院	北京交通大学（10）	
2	图的对称性	高等学校科学研究优秀成果奖（科学技术）自然科学奖	二等奖	2010	教育部	北京交通大学（1）	冯衍全（1）
3	特大城市交通移动资源监控与智能调度关键技术及系统	高等学校科学研究优秀成果奖（科学技术）科技进步奖	二等奖	2010	教育部	北京交通大学（1）	贾利民（1）
4	高速铁路轨道设计理论体系及在关键结构技术中的应用	高等学校科学研究优秀成果奖（科学技术）科技进步奖	一等奖	2010	教育部	北京交通大学（2）	高亮（3）
5	基于虚拟化技术的可信网络终端系统	高等学校科学研究优秀成果奖（科学技术）科技进步奖	一等奖	2010	教育部	北京交通大学（3）	韩臻（4）
6	70吨级铁路通用敞车关键技术研发与应用	黑龙江省科学技术奖	二等奖	2010	黑龙江省人民政府	北京交通大学（3）	孙守光（3）
7	轻钢结构抗震节能体系的关键技术及其在“塞上农民新居”中的应用研究	宁夏回族自治区科学技术进步奖	一等奖	2010	宁夏回族自治区人民政府	北京交通大学（2）	杨维国（2）
8	物流网络：物流资源的整合与共享	北京市第十一届哲学社会科学优秀成果奖	一等奖	2010	北京市人民政府	北京交通大学（1）	鞠颂东（1）
9	《北京交通史》	北京市第十一届哲学社会科学优秀成果奖	二等奖	2010	北京市人民政府	北京交通大学（1）	颜吾佴（1）
10	《旅游经济学原理》教材编著	国家旅游局优秀旅游学术成果奖	一等奖	2010	国家旅游局	北京交通大学（1）	张辉（2）

续表

序号	成果名称	奖励名称	奖励等级	获奖时间	颁奖单位名称	单位排序	学校第一完成人及排序
11	电铁供电关键技术研究	国家电网公司科学技术进步奖	三等奖	2010	国家电网公司	北京交通大学（2）	郑琼林（5）
12	工业射线数字成像管道缺陷检测技术研究与设备研制	科技兴检奖	二等奖	2009	国家质量监督检验检疫总局	北京交通大学（2）	冯其波（3）
13	异构无线网络安全技术及应用	陕西省科学技术奖	一等奖	2009	陕西省人民政府	北京交通大学（3）	吴昊（3）

表 43　2010 年北京交通大学鉴定（评审）成果统计

序号	成果名称	主持/参加（排名）	我校第一完成人	批准并组织鉴定部门	鉴定日期	成果评价	证书号
1	山区特色产业区域品牌研究——以河北燕山板栗产业为例	主持	黎群	河北省科技成果转化服务中心	2009. 12. 26	国内领先	冀科成转软评字［2009］第 2－046 号
2	基于山区特色产业带的“京东板栗”区域品牌发展研究	参加	黎群	河北省科技成果转化服务中心	2009. 12. 29	国内领先	冀科成转软评字［2009］第 2－045 号
3	低碳耐震建筑结构体系关键技术及应用研究	主持	姚谦峰	教育部	2010. 5. 13	国际领先	鉴字［教 NF2010］第 003 号
4	特大城市交通移动资源监控与智能调度关键技术与系统	主持	贾利民	教育部	2010. 6. 18	国际先进	鉴字［教 CW2010］第 009 号
5	编组计划、大编组站作业分工和中远程直达的联合优化技术	主持	林柏梁	铁道部	2010. 7. 2	国际领先	铁道部鉴字［2010］第 001 号
6	大型跨海隧道钻爆法修建核心技术研究	主持	张顶立	教育部	2010. 8. 2	国际先进	鉴字［教 TP2010］第 007 号
7	高速公路电缆、电力设备智能监测防盗管理系统关键技术研究及系统师范应用	参加	赵建东	河北省交通厅	2010. 5. 21	国内领先	冀交鉴字［2010］第 28 号
8	轨检车检测里程精确校准系统	参加	姚冬苹	北京铁路局科学技术委员会	2010. 5. 6	审查通过，推广使用	京铁科委［2010］19 号（技术审查）

续表

序号	成果名称	主持/参加（排名）	我校第一完成人	批准并组织鉴定部门	鉴定日期	成果评价	证书号
9	地铁换乘车站新型暗挖建造关键技术研究	参加	张顶立	北京市住房和城乡建设委员会	2010.12.4	国际领先	京建科鉴字［2010］第020号

表44　2010年北京交通大学申请专利、授权专利和计算机软件著作权登记统计

序号	单位	申请专利				授权专利				软件登记
		发明	实用新型	外观设计	总数	发明	实用新型	外观设计	总数	
1	电信学院	139	9	0	148	44	12	0	56	69
2	理学院	42	4	0	46	26	4	0	30	0
3	经管学院	3	0	0	3	0	0	0	0	0
4	机电学院	80	8	0	88	21	5	0	26	3
5	电气学院	25	5	0	30	24	6	0	30	2
6	计算机学院	26	2	1	29	16	1	1	18	9
7	土建学院	34	5	0	39	10	5	0	15	18
8	运输学院	7	2	0	9	2	7	0	9	40
9	建筑与艺术系	0	0	0	0	0	0	1	1	0
10	国家重点实验室	37	0	0	37	0	0	0	0	38
11	其他	1	0	0	1	0	0	0	0	0
合计		394	35	1	430	143	40	2	185	179

【科研论文】

2010年公布的2009年科技论文统计数据中，学校SCI检索系统收录论文387篇，比2008年增加39篇，全国高校排名58位；EI检索论文634篇，比2008年减少了11篇，全国高校排名38位；ISTP检索论文665篇，比2008年减少了169篇，全国高校排名15位。科学引文索引（SCI）论文被引用152篇、324次，比2008年被引用302篇、611次分别减少了150篇、287次，全国高校排名82位。

全年学校教师、研究生共发表学术论文2 209篇，出版著作107部，见表45。

表45　2010年教师、研究生发表科技论文著作情况

年份	国内（篇）	国际（篇）	合计（篇）	著作（部）
2010年	790	1 419	2 209	107

2010年公布2009年国内检索系统收录学校论文1 144篇，比2008年国内检索论文1 111篇增加33篇，全国高校排名第76位，见表46。

表 46　2009 年学校被国际三大检索/国内检索系统收录论文数、SCI 引用情况及全国高校排名

年份	SCIE/排名	EI/排名	ISTP/排名	国内检索/排名	SCI 被引篇数/次数/排名
2009 年	387/58	634/38	665/15	1 144/76	152/324/82

【学术交流】

举办“交大学术沙龙”系列活动，围绕重要科研项目启动、奖励申报、科技政策等主题，定期邀请有关部门领导或专家来校交流，为学校师生搭建了科技交流平台。

全年共举办大型学术讲座活动 187 次，其中邀请院士讲座 5 次，邀请国外专家学者讲座 34 次，邀请国内专家学者讲座 112 次。

【学术会议】

共主办或承办大型国际、国内学术会议共 24 次，其中：大型国际学术会议 11 次，国内会议 13 次。

1. 主办（承办）国际性学术会议

主办首届物流信息化与服务科学国际学术会议（LISS’2010）6 月在京召开；主办第四届海峡两岸信息科学与信息技术学术交流会议 7 月在河北召开；主办 2010 年排队论及网络应用国际学术会议（QTNA2010）7 月在北京召开；主办第十二届国际信息学与组织符号学学术年会（ICISO2010）年 7 月在北京召开；主办第一届铁道工程关键技术国际学术会（ICRE2010）8 月在北京召开；主办第七届交通运输研究国际会议（ICTTS’2010）8 月在昆明召开；承办第十二届计算机系统在铁路及轨道交通中的应用国际会议（COMPRAIL 2010）8 月在北京召开；承办第三届 IET 国际无线、移动和多媒体网络会议（ICWMMN 2010）9 月在北京召开；承办第十届国际信号处理学术会议（ICSP 2010）10 月在北京召开；承办第五届粗糙集与知识技术国际学术会议（RSKT 2010）10 月在北京召开；主办 2010 移动源排放测试与模型建立国际研讨会（2010 International Workshop on Mobile Source Emission Testing and Modeling）12 月在厦门召开。

2. 主办（承办）全国性学术会议

主办 2010 中国物流广西发展论坛 1 月 17 日在广西召开，由北京交通大学物流研究院和广西企业与企业家联合会共同举办；轨道交通系统安全论坛 4 月 16 日在北京召开，由轨道交通控制与安全国家重点实验室和国际合作交流处共同举办；主办低碳经济发展与 CO_2 减排技术论坛 4 月 23 日在京召开，由北京电机工程学会化学环保专业委员会和北京交通大学中美二氧化碳捕获与封存研发中心共同举办；第八届两岸大学生青年论坛 7 月 12 日召开，由学校港澳台办举办；2010 新青年创业高峰论坛暨首届全国高校创业者大会 8 月 8 日在校召开，由《大学生周刊》主办、北京交通大学承办；主办“交通 7 + 1 论坛”第二十次会议 9 月 25 日召开，由学校运输学院和中国综合交通研究中心共同举办；“京津城际铁路与区域经济社会发展”研讨会 9 月 25 日在校召开，由北京交通大学经管学院和科技处共同举办；第六届中国交通高层论坛 10 月 16 日在学校召开，由中国系统工程学会和北京交通大学共同主办；首届全国企业并购课程教学研讨 10 月 23 日在学校召开，由北京交通大学经管学院主办；2010 年人才发展高峰论坛 10 月 23 日在学校召开，会议由经管学院和中国企业竞争力研究中心共同举办；第八届电力电子论坛 11 月 20 日在学校召开，由北京交通大学电气学院主办；北京运筹学会 2010 年学术年会 12 月 20 日在学校召开，由北京交通大学理学院主办。

人文社会科学研究

【综述】

2010 年，学校人文社科科研总量取得新的突破，整体实力进一步提升。新增北京市哲学社会科学研究基地 2 个，2 项成果分获“北京市第十一届哲学社会科学优秀成果奖”一等奖和二等奖。

【科研项目】

新增人文社会科学科研项目 314 项，其中纵向项目 193 项，横向项目 121 项，合同经费 5 022.48 万元。获批国家社科基金项目 5 项，其中国家社科基金项目 3 项、国家社科基金艺术专项 1 项、国家社科基金教育专项 1 项。获批教育部人文社科项目 13 项，其中教育部人文社科规划项目 10 项、教育部人文社科专项任务纪念建党九十周年项目 2 项、全国教育科学“十一五”规划项目 1 项。获批北京市哲学社会科学“十一五”规划项目 7 项、首都大学生思想政治教育项目 5 项。

【科研成果】

学校 2 项成果分别获得北京市第十一届哲学社会科学优秀成果奖一等奖和二等奖，其中经管学院鞠颂东教授的专著《物流网络：物流资源的整合与共享》获得北京市第十一届哲学社会科学优秀成果奖一等奖，人文学院颜吾佴教授等编著的《北京交通史》获得优秀成果奖二等奖。奖励 76 篇高水平学术论文，进一步推动了学校人文社会科学上水平发展。

《北京交通大学学报》（社科版）再次入选中文社会科学引文索引（CSSCI）来源刊（2010—2011）；再次被评为“北京高校社科学报名刊”和“全国百强社科期刊”，特色栏目——物流研究，被评为“北京高校社科学报名栏”。

【科研基地建设】

“北京市哲学社会科学首都大学生思想政治教育研究基地”和“北京市哲学社会科学北京产业安全与发展研究基地”分别于 5 月和 12 月获得正式批复，前者依托人文社会科学学院，基地主任颜吾佴教授，首席专家韩振峰教授；后者依托经济管理学院，基地主任、首席专家李孟刚教授。至此学校共拥有 5 个省部级人文社科研究基地。继续加强“北京市哲学社会科学北京交通发展研究基地”、“物流管理与技术北京市重点实验室”、“首都大学生思想政治教育研究中心”等人文社科基地的建设和管理。整合资源，积极筹备教育部人文社会科学重点研究基地。

科技平台建设

【综述】

新增土木工程检测国家认可实验室、城市轨道交通 CBTC 系统北京市高等学校工程研究中心、首都大学生思想政治教育研究基地、北京产业安全与发展研究基地等 4 个科研平台。截至年底，学校拥有省部级及以上科研平台 31 个，其中：国家重点实验室 1 个，国家工程研究中心 1 个，国家工程实验室 2 个（其中 1 个与铁道科学研究院合作），国家认可实验室 4 个，国家工程技术研究中心（分中心）1 个，国家大学科技园 1 个，教育部重点实验室 5 个（包括教育部军工重点实验室 1 个），教育部工程研究中心 4 个，教育部基础数据平台 1 个，教育部行业特色研究型大学发展战略研究中心 1 个，北京市重点实验室 4 个，北京市高等学校工程研究中心 1 个，北京市人文社科基地 4 个，城市交通北京技术转移中心 1 个。2010 年新增教育部创新团队 1 个，学校共拥有 3 个教育部创新团队和 3 个校级红果园创新团队。

【轨道交通控制与安全国家重点实验室】

6 月 23 日，轨道交通控制与安全国家重点实验室通过了科技部组织的建设验收，完成了建设期的所有任务，正式进入运行阶段。实验室目前已建成城市轨道交通运行控制仿真平台、铁路工务基础数据平台、GSM－R 通信网络实验平台等研究实验平台。7 月 17 日，国家重点实验室召开了学术委员会会议及中长期发展规划研讨会，对实验室在科研建设等方面的重点、难点问题及发展方向进行了探讨。11 月 25 日，实验室召开了 2010 年开放课题评审会。实验室共收到 19 份开放课题申请书，12 份自主课题申请书，本着“公平竞争、择优支持、注重创新、突出特色”的原则，完成了对申请课题的评审和遴选工作。

【下一代互联网互联设备国家工程实验室】

国家工程实验室获得了新一代宽带无线移动通信网科技重大专项合作项目 1 项，合同金额约 300 万元。基于 2009 年 12 月 21 日通过教育部鉴定的“一体化标识网络系统”成果，获得了“新一代宽带无线移动通信网科技重大专项”主持项目 1 项，目前进入预算评审阶段，合同金额预计 2 400 万元，完成“863”专题 2 个项目的初步立项。实验室出版著作 2 部，发表 SCI 论文 5 篇，获授权专利 12 项。在读研究生 93 人，其中博士生 32 人。11 月 7 日，召开年度工作会议，总结实验室建设一年来取得的成绩，同时也提出实验室要进一步加强移动互联网的研究，特别要加强与企业的合作，做好一体化标识网络系统的应用；明确实验室建设考核目标，做好 2011 年的验收工作。

【轨道交通运行控制系统国家工程研究中心】

5 月 26 日，轨道交通运行控制系统国家工程研究中心代表学校参加了铁道部科技司组织召开的铁路行业国家级研究开发实验平台工作会议。6 月 24 日，中国铁路建设投资公司、北京交通大学、中国铁路通信信号集团公司、中国铁道科学研究院四家股东代表及董事、监事在学校召开了轨道交通运行控制系统国家工程研究中心股东会、监事会、董事会等会议，选举产生新的董事长、常务副董事长、常务董事，并就《股东会议事规则》、《董事会议事规则》、《监事会议事规则》等11个文件进行了研究，讨论了2009年度公司财务决算报告、审议批准公司2010年度重点工作及项目建设推进计划等事项。明确了轨道交通运行控制系统国家工程研究中心各方的权利和义务，梳理了工程中心各方的关系，使各方对工程中心下一步建设达成了共识，有利于工程中心下一阶段工作的开展，并有利于完成工程中心建设的预期目标。11月15日，铁道部下发《关于轨道交通运行控制系统国家工程研究中心建设项目可行性研究报告的批复》（铁计函［2010］1508号）。学校轨道交通运行控制系统国家工程研究中心获得了铁道部1.5亿元的资金支持，用于工程中心5个平台（15个子平台）的建设。12月31日，校党委常委会第124次会议讨论通过了轨道交通运行控制系统国家工程研究中心机构设置建议方案，决定轨道交通运行控制系统国家工程研究中心为学校相对独立直属二级机构，要求进一步研究和探索中心的运行机制，制定中心建设的规划目标，切实做好中心的建设发展工作。

【部、市级重点实验室建设】

1. 新增土木工程检测国家认可实验室

10月9日、10月15日，“土木工程检测国家认可实验室”分别通过了国家认证认可监督管理委员会和中国合格评定国家认可委员会的评审，独立获得国家认可（CNAS）和国家计量认证（CMA）资质。标志着学校土木工程检测实验室在社会上具备了较高的管理和技术能力，其报告的权威性与可信度得到公认。

该实验室国家认可的检测能力范围及计量认证范围包括：桥梁工程及结构构件、结构混凝土、混凝土、地基基础、隧道和岩土工程等。

至此，学校共有4个国家认可实验室，分别是电磁兼容国家认可实验室、结构强度检测国家认可实验室、网络管理国家认可实验室、土木工程检测国家认可实验室。

2. 城市地下工程教育部重点实验室通过建设计划论证

4月13日，城市地下工程教育部重点实验室通过了教育部科技司组织的建设计划论证。专家组认为该实验室研究方向合理，目标明确，特色鲜明，并围绕其研究方向进行了长期的研究，积累了良好的研究基础；实验室队伍实力强大，结构合理，符合教育部重点实验室建设的要求；实验室建设运行经费及用房落实情况良好，制定了完善的人才引进、培养计划和配套政策，建立了可行的实验室学术交流、日常运行和开放合作的管理机制。同时，专家组建议实验室进一步整合资源，凝练方向，加强基础理论研究。

3. 学校2个实验室通过北京市科委的初评

根据北京市科委9月下发的申报通知，共有5个学院牵头申报了北京市重点实验室，有2个实验室通过了初审答辩及现场考察。

【部、市级研究中心建设】

1. 新增城市轨道交通CBTC系统北京市高等学校工程研究中心

城市轨道交通CBTC系统北京市高等学校工程研究中心获得北京市教委正式批复立项建设。中心主任为郜春海副教授。

中心主要研究方向为：城市轨道基于通信的CBTC系统基础理论研究；城市轨道基于通信的CBTC系统集成与仿真平台研究；基于通信的CBTC系统核心技术研究；基于通信的CBTC系统型式试验测试及产业化研究；城市轨道交通CBTC系统的安全评估与认证。

研究中心紧密结合CBTC系统基础研究、自主核心技术研发、核心技术产业化以及测试验证平台的建立，为城市轨道交通 CBTC 系统提供技术开发及科技成果工程化的试验、验证、检测、定标等环境条件和必需的技术装备，建设城市轨道交通 CBTC 关键技术和核心技术的展示与研究开发平台。

2. 与北京市共建 CBTC 研发中心进展顺利

学校与北京市交通委共建的 CBTC 研发中心，获得北京市 1.19 亿元的资金支持，用于科产大厦的基础设施建设。

【创新团队建设】

截至年底，学校共拥有 3 个教育部创新团队，分别是以高自友教授为带头人的“列车运行组织及控制的基础理论与方法”、以张宏科教授为带头人的“未来互联网络体系研究”和以钟章队教授为带头人的“面向高速铁路控制的无线移动通信系统研究”教育部创新团队。还拥有 3 个校级红果园创新团队，分别是以李强教授、侯延冰教授、姜久春教授为带头人在轨道车辆结构安全可靠性研究方向、光电材料和器件研究方向、新能源发电技术研究方向的红果园创新团队。

新增的“面向高速铁路控制的无线移动通信系统研究”教育部创新团队，5 月 19 日获得教育部正式批复立项建设。团队依托信息与通信工程、交通运输工程和控制科学与工程 3 个国家一级学科进行建设，主要研究方向为：高速铁路电波传播基础理论；高速铁路无线通信干扰理论与关键技术；高速铁路宽带移动通信；高速铁路电磁兼容基础理论与关键技术；基于轨道的短距离无线通信理论与技术。团队开展的科研工作为铁路成功实施六次大提速、青藏铁路的开通、大秦线实现年运量近 4 亿吨等作出了重要贡献。

科技产业

【综述】

2010 年，北京交大资产经营有限公司（以下简称交大资产公司）直接投资企业 16 家，北京交通大学投资并委托交大资产公司管理的企业 11 家，交大资产公司为北京交通大学直接投资的法人独资有限责任公司。交大资产公司及投资、管理的企业共 28 家企业，注册资本金 25 560 万元。截至年底，28 家企业汇总财务报表显示，资产总额 130 021 万元，净资产 81 128 万元，年产值 103 051 万元，税后净利润 21 153 万元，实际缴纳各项税金 13 011 万元，上缴及捐赠学校款 2 372 万元，由于国家扶持高新技术产业及软件产业而获得退税 4 965 万元，免税 1 106 万元。

28 家企业就业人员 1 344 人，其中：学校事业编制人员 110 人，学校非事业编制外聘人员 2 人，返聘退休人员 1 人，部门返聘退休人员 1 人，企业编制人员 1 232 人。学校事业编制人员中：副高职称 34 人、中级职称 49 人、初级职称 5 人、高级工 17 人、中级工 5 人。

【产业规范化建设】

交大资产公司继续推进产业规范化建设，贯彻“规范管理　科学发展”的指导思想，完成了北京交通大学出版社改制工作，依据新闻出版总署《关于同意北京交通大学出版社更名为北京交通大学出版社有限公司的批复》，及教育部财务司《批转〈财政部关于确认教育部所属北京大学医学院出版社等 7 家转制单位清产核资结果的函〉的通知》和《教育部关于同意北京交通大学出版社改制并无偿划转的批复》等文件，北京交通大学出版社全部净资产投入改制后的企业，改制后的企业注册资本为 2 000 万元，其余净资产 542.83 万元列入改制后的企业资本公积。12 月 30 日，北京交通大学出版社有限公司完成了工商注册登记。

【产业结构及经营】

2010 年，共有校办企业 28 家，其中，一级企业（学校直接投资的企业）12 家：

（1）北京交大资产经营有限公司；

（2）北京交大科技发展中心；

（3）北京交大创新科技中心；

（4）北京交大印刷厂；

（5）北京交大天佑科技集团；

（6）北京交大天则科技发展公司；

（7）北京交大铁科科技园有限公司；

（8）北京中北通信息技术有限公司；

（9）北京北交物业管理有限公司商泰葩分公司；

（10）北京交大网通信息技术有限公司；

（11）北京华电宇科技有限公司；

（12）北京交大讯通科技发展有限公司。

二级企业（由北京交大资产经营有限公司直接投资的企业）16家：
（1）北京交通大学出版社有限公司；
（2）北京方达工程管理有限公司；
（3）北京交大科技孵化器有限公司；
（4）北京《都市快轨交通》杂志社有限公司；
（5）北京北交信通科技有限公司；
（6）北京交大微联科技有限公司；
（7）北京筑通建筑勘察设计院有限公司；
（8）北京中铁益安科技有限公司；
（9）北京交大思诺科技有限公司；
（10）北京交大思源科技有限公司；
（11）北京新远环球通信技术有限公司；
（12）北京北交致远发展有限公司；
（13）北京国铁源通科技有限公司；
（14）北京平和源机电设备有限公司；
（15）北京紫海投资咨询有限公司；
（16）中基兰德（北京）投资管理有限公司。见表47。

表47　交大资产公司2010年投资企业行业、规模、资产、年产值状况分析表

投资状况	资产公司	控股企业 占股份50%及以上	参股企业 占股份50%以下	
经营领域		图书、杂志出版、工程设计、工程监理、孵化科技企业	铁路通信信号、铁路通讯控制、军事通讯控制	投资管理、咨询
企业数量	16	5	9	2
企业简称及资产公司所占股份		出版社100% 杂志社50% 方达监理78.87% 设计院76% 孵化器75%	北交信通44.30% 益安21.34% 微联10% 思诺10% 平和源10% 新远环球10% 北交致远10% 国铁源通10%	紫海10% 中基兰德10%
资产总额（万元）	110 130	6 815	101 307	2 008
各类行业占资产总额%	100%	6.19%	91.99%	1.82%
年产值（万元）	85 653	9 729	75 872	52
各类行业占年产值%	100%	11.36%	88.58%	0.06%
企业注册资金（万元）	19 288	2 630	15 658	1 000
各类行业占企业注册资金%	100%	13.64%	81.18%	5.18%

2010 年度，企业投资开展科研项目 12 项、登记专利 5 项、取得软件著作权证书 76 项，突出了学科优势，促进了企业可持续发展。思诺公司为加强知识产权的管理，引入了知识产权专员，负责公司与商标权、著作权和专利权等相关的知识产权工作。

【国家大学科技园建设】

科技园以技术中心为平台，帮助北京交大思诺科技有限公司就“复杂与高速条件下车载信号安全控制系统关键技术及应用”项目，获得工业和信息化部、财政部 2010 年国家重大科技成果转化项目专项支持资金 600 万元。该项目是工业和信息化部、财政部首批支持北京市 4 个项目之一，所获专项支持资金数额位列第二。

紧密配合“北京海外人才聚集工程”和“中关村高端领军人才聚集工程”开展工作，全年引进了 8 位留学回国人员创业。目前已创办企业 9 家。园内 11 位留学人员学历全部为硕士及以上，其中“千人计划”人才 1 名，博士 5 名。

科技园以“围绕主业，凝聚共识、开拓创新”为指导思想，和招生与就业工作处、校团委等部门联合举办了第二届北京交通大学创业大赛，选拔出 10 支优秀创业团队，进入大学生创业园创业，为大学生实习、就业、创业搭建了平台。科技园按照“培养辅导 - 竞赛选拔 - 政策支持 - 项目孵化”的服务流程开展工作，拟定了《北京交通大学大学生创业园管理暂行办法》和《北京交通大学大学生创业扶持基金管理暂行办法》。大学生创业基地已培育企业 15 家，注册资金 240 万元；从业人员 75 人，创业人员学历为博士、硕士、本科；15 家企业均获得创业资助，共计 43 万元，3 家企业获得科研资助 97 万元；经营面积 544 平方米；截至年底资产总额 292 万元，年产值 131 万元。主要产品和领域为：网络软件、网络开发、网络游戏开发、电子商务、广告、媒体设计、教育、医疗培训、油田泵销售与技术支持等。5 月，大学生产业基地被北京市高科技创业服务中心认定为科技创业体验基地。11 月，被科技部、教育部正式认定为全国首批高校学生科技创业实习基地。

2010

教职工队伍建设与管理

队伍建设

【综述】

2010 年，学校出台了《北京交通大学非全职高层次人才聘用及管理暂行办法》、《北京交通大学优秀人才专业技术职务岗位高聘暂行办法》、《关于 2010 年专业技术职务晋升与岗位晋级评聘工作的通知》等文件，不断推进制度规范与创新。新引进全职来校工作的“千人计划”人选 1 人；从海外引进优秀青年教授 9 人；顺利完成了专业技术职务晋升晋级工作，继续实施了“红果园创新人才培育计划”；发布了关于报送《2011—2013 年教师出国研修三年规划》、《2011 年教师出国研修年度计划》的通知；对学校的各类教师公派出国的规划制定、分类实施标准和要求等方面作出了明确的规定；在站博士后规模大幅增长。

【教职工队伍概况】

截至年底，教职工总数 2 670 人。教师总数 1 476 人，教授 327 人，副教授 617 人，讲师及以下 532 人。技术人员及管理人员 850 人，正高职 16 人，副高职 253 人。

人员流动情况：本年度全校增员 62 人，减员 119 人。

增员情况：增员 62 人，其中新进一线教师 53 人，非一线教师 10 人。新进一线教师 53 人，按人才结构划分：教授四级 8 人，副教授 10 人、讲师及以下 35 人；按学历结构划分：博士后 14 人、博士 34 人、硕士 5 人。非一线教师人员 9 人，按学历结构划分：博士 2 人、硕士 4 人、本科 3 人；按从事岗位划分：管理人员 3 人、其他专业技术人员 6 人。

减员情况：减员 119 人，其中调出 18 人（含保留学籍期满调出 9 人），退休 62 人，在职去世 4 人，处理长期出国人员 32 人，开除 1 人，离职 2 人。调出 18 人按职称结构划分：正高级 3 人、副高级 1 人、中级 3 人、初级 10 人（保留学籍期满调出 9 人全部为初级职称）、无职称 1 人。调出人员中教师 3 人，包括教授 1 人、副教授 1 人、讲师 1 人。退休 62 人按职称结构划分：正高级 7 人、副高级 9 人、中级及以下 20 人、工人 26 人。因工作需要办理延长退休人员 6 人。

截至年底，专任教师中具有博士学位人员 908 人，占专任教师总人数 61.5%，具有硕士以上学位人员 1 336 人，占专任教师总人数 90.5%，40 岁及以下专任教师共 764 人，占专任教师总数的 51.8%，具有副教授及以上高级职称的教师 944 人，占专任教师总数 64.0%。

【人才培养与引进】

学校稳步推进和巩固人才队伍建设相关举措，探索和完善人才引进机制体制，通过科学设岗，合理布局，严把进口关，有针对性地引进人才，确保人才引进质量；同时积极采取措施，着力构建优秀教师可持续发展的培养支持体系，完善晋升晋级制度，大大地提高了师资队伍的总体水平。

1. 继续加强创新人才引进和培养的力度

依托国家高层次人才工程，加大高层次人才引进力度，取得显著成效：2010 年，引进

"千人计划"入选者1名（教授二级岗），教授四级岗5名。另达成协议尚未报到的教授四级岗7名。

1名海外知名学者成为学校名誉教授，5名海外知名学者受聘学校顾问教授，3名海外知名学者受聘学校讲座教授，3名海外知名学者受聘学校客座教授，45名国内知名学者及社会知名人士受聘学校兼职教授。

全年共批准师资补充（含师资博士后）共75人，其中本校生源24人，严格遵循了"三分之一原则"；其中24人具有博士后研究经历，从美国、英国、德国、澳大利亚、日本等海外留学归国人员22人，占师资补充总量的24%；师资博士后26人中进校外或海外流动站的有19人，占73%。

2. 注重对现有教师的培养，通过多种手段和途径，全面提升教师队伍素质

经管学院张力副教授入选北京市新世纪社科理论人才百人工程第二批培养人选。

继续实施"红果园创新人才培育计划"，加强青年骨干教师培养。第二批人选遴选工作于3月启动，遴选出A类人选2名，B类人选1名，C类人选12名，D类人选41名。

鼓励教师在职攻读博士、硕士学位。2010年共批准128人在职攻读学位，其中117人攻读博士学位，11人进修单独考试硕士。在职考取博士学位的人员共28人（校外1人）。取得博士学位22人（3人取得校外知名大学博士学位），取得硕士学位12人。

三个月及以上公派教师出国研修项目共录取57人，其中获得国家留学基金资助14人，获得学校与国家留学基金委共同资助22人，获得学校资助17人，获得外方资助4人。短期公派出国（境）执行公务、参加国际会议等共113人次。共派出75名中青年骨干教师赴国外一流高校或研修机构。学校选派的70名中青年骨干教师学成回校服务。如表48所示。

表48　2010年选派出国研修人员名单（三个月及以上）

序号	单位	姓名	性别	派出渠道	国别或地区	出国日期	出国期限/月	出国任务
1	经管学院	吕海军	男	学校公派	美国	2010.01.16	6	访问学者
2	土建学院	刘　颖	女	国家公派	英国	2010.01.21	12	访问学者
3	运输学院	朱广宇	男	学校公派	美国	2010.01.23	12	访问学者
4	电信学院	钱满义	男	学校公派	荷兰	2010.02.01	6	访问学者
5	经管学院	何　琳	女	学校公派	美国	2010.01.30	6	访问学者
6	计算机学院	张　宁	男	学校公派	美国	2010.02.01	6	访问学者
7	土建学院	白明洲	男	学校公派	美国	2010.01.26	12	访问学者
8	经管学院	任　英	女	学校公派	美国	2010.02.05	6	访问学者
9	经管学院	崔永梅	女	学校公派	美国	2010.02.05	6	访问学者
10	语言学院	王建荣	女	学校公派	美国	2010.01.31	12	访问学者
11	经管学院	李红昌	男	学校公派	美国	2010.02.15	6	访问学者
12	经管学院	刘德红	男	学校公派	美国	2010.02.15	6	访问学者
13	经管学院	鲁晓春	男	学校公派	美国	2010.02.16	6	访问学者

续表

序号	单位	姓名	性别	派出渠道	国别或地区	出国日期	出国期限/月	出国任务
14	经管学院	胡杰武	男	学校公派	美国	2010. 02. 16	6	访问学者
15	理学院	由芳田	女	学校公派	荷兰	2010. 01. 30	12	访问学者
16	机电学院	鄂明成	男	学校公派	美国	2010. 02. 24	6	访问学者
17	学校办	阮　圆	女	国家公派	新加坡	2010. 03. 02	12	硕士研究生
18	电信学院	魏　淮	男	学校公派	美国	2010. 03. 24	6	访问学者
19	计算机学院	肖　扬	男	学校公派	美国	2010. 03. 29	4	访问学者
20	理学院	邵双运	男	学校公派	美国	2010. 03. 25	6	访问学者
21	理学院	赵红敏	女	学校公派	美国	2010. 03. 25	6	访问学者
22	计算机学院	朱振峰	男	学校公派	美国	2010. 03. 30	12	访问学者
23	机电学院	吴　斌	女	学校公派	美国	2010. 04. 08	6	访问学者
24	电气学院	方　进	男	学校公派	美国	2010. 04. 23	6	访问学者
25	土建学院	姚　宏	女	学校公派	美国	2010. 06. 06	12	访问学者
26	计算机学院	孙冬梅	女	国家公派	美国	2010. 02. 27	12	访问学者
27	机电学院	李长春	男	学校公派	英国	2010. 06. 15	3	访问学者
28	理学院	滕　枫	男	国家公派	加拿大	2010. 07. 13	6	高级研究学者
29	理学院	丁克俭	男	学校公派	加拿大	2010. 07. 30	12	访问学者
30	运输学院	孙会君	女	学校公派	美国	2010. 07. 16	6	访问学者
31	语言学院	姜玉珍	女	学校公派	美国	2010. 08. 10	6	访问学者
32	语言学院	陈　英	女	学校公派	美国	2010. 08. 16	6	访问学者
33	经管学院	刘似臣	女	学校公派	美国	2010. 08. 03	12	访问学者
34	软件学院	张红延	女	自费公派	澳大利亚	2010. 08. 10	12	访问学者
35	运输学院	卫振林	男	学校公派	美国	2010. 07. 16	6	访问学者
36	经管学院	陈秀平	女	学校公派	美国	2010. 08. 13	6	访问学者
37	经管学院	李卫东	男	学校公派	美国	2010. 08. 13	6	访问学者
38	经管学院	张明玉	男	学校公派	美国	2010. 08. 19	6	访问学者
39	经管学院	王树祥	男	学校公派	美国	2010. 08. 19	6	访问学者
40	机电学院	郭　盛	男	学校公派	美国	2010. 08. 18	12	访问学者
41	理学院	王周宏	男	学校公派	美国	2010. 09. 26	6	访问学者
42	国家重点实验室	朱　刚	男	国家公派	加拿大	2010. 07. 29	6	高级研究学者
43	计算机学院	朱维彬	男	学校公派	美国	2010. 08. 28	6	访问学者
44	经管学院	李远慧	女	学校公派	美国	2010. 08. 29	6	访问学者
45	经管学院	王馨迪	女	学校公派	美国	2010. 09. 01	6	访问学者

续表

序号	单位	姓名	性别	派出渠道	国别或地区	出国日期	出国期限/月	出国任务
46	经管学院	宋伯慧	女	学校公派	美国	2010.09.01	6	访问学者
47	人文学院	鲁　竹	女	国家公派	爱尔兰	2010.09.07	24	汉语教师
48	人文学院	施惠玲	女	学校公派	美国	2010.08.26	12	访问学者
49	计算机学院	李清勇	男	学校公派	美国	2010.09.10	12	访问学者
50	经管学院	刘　菁	女	学校公派	美国	2010.09.08	4	访问学者
51	经管学院	郭春芳	女	学校公派	美国	2010.09.08	4	访问学者
52	计算机学院	尹　辉	女	学校公派	美国	2010.09.05	6	访问学者
53	电信学院	谭中伟	男	学校公派	美国	2010.09.26	12	访问学者
54	经管学院	李津京	女	学校公派	美国	2010.09.21	12	访问学者
55	经管学院	王雅璨	女	国家公派	荷兰	2010.09.25	10	访问学者
56	理学院	张尚立	男	学校公派	美国	2010.09.28	6	访问学者
57	经管学院	汤小华	女	学校公派	美国	2010.10.02	6	访问学者
58	经管学院	张金鑫	男	学校公派	美国	2010.10.06	6	访问学者
59	经管学院	李孟刚	男	学校公派	美国	2010.11.19	12	访问学者
60	土建学院	向宏军	男	学校公派	美国	2010.09.30	12	访问学者
61	电气学院	葛宝明	男	自费公派	美国	2010.10.13	12	访问学者
62	学生工作处	蔡红建	男	国家公派	美国	2010.09.10	3	访问学者
63	人文学院	田立年	男	自费公派	德国	2010.10.13	6	访问学者
64	语言学院	李　佐	男	国家公派	白俄罗斯	2010.10.26	24	汉语教师
65	机电学院	张乐乐	女	国家公派	德国	2010.11.01	3	短期研修生
66	计算机学院	刘蕴辉	女	自费公派	美国	2010.11.01	12	博士后
67	经管学院	秦秋莉	女	学校公派	美国	2010.11.16	12	访问学者
68	土建学院	王　斌	女	学校公派	美国	2010.11.20	6	访问学者
69	电信学院	陶　丹	女	学校公派	美国	2010.11.20	12	访问学者
70	计算机学院	赵嘉莉	女	自费公派	加拿大	2010.11.28	12	访问学者
71	计算机学院	郎丛妍	女	学校公派	新加坡	2010.12.04	6	访问学者
72	运输学院	徐　猛	男	国家公派	德国	2010.11.21	3	短期研修生
73	语言学院	卢明玉	女	学校公派	英国	2010.12.27	12	博士后
74	建筑与艺术系	夏海山	男	学校公派	美国	2010.12.28	6	访问学者
75	理学院	李政勇	男	学校公派	英国	2010.12.30	12	访问学者

3. 组织青年教师岗前培训，加强入职培训工作

2010年度组织学校2009至2010年新入职的青年教师68人参加岗前培训。在安排教学名师介绍教学经验的基础上，还安排了校史介绍和人事、科技、教务、财务、学校办、图书馆等多个职能部处的讲座，以及心理素质中心的拓展训练等，着重提高青年教师的教书育人水平，加强其教学和科研能力的培养，使青年教师尽快熟悉学校各项政策，顺利开展教学科研工作。

根据北京市统一部署，学校于2010年秋季组织了教师资格认定工作。新认定高等学校教师资格65人。

4. 教师英语教学培训项目

人事处、国际合作交流处与教务处联合组织举办蒙特克莱州立大学—北京交通大学教师英语教学培训项目。此项目由蒙特克莱州立大学的3位外教老师进行授课，6月28日开班，历时3周，有22位拟开设双语课或全英文授课的老师参加了培训，为开设双语课程，提高学校国际化水平打下了良好基础。

5. 国内访问学者工作

全年共接受各类国内访问学者12人，其中接收“西部之光”访问学者1人；接收教育部骨干国内访问学者4人；一般国内访问学者7人。学校派1名教师作为教育部骨干国内访问学者到人民大学访学1年。上报教育部2011—2012年度高等学校接受青年骨干教师国内访问学者计划，学校共有15名教授、博导拟接受骨干教师国内访问学者。

【岗位设置与聘用】

2010年，专业技术职务岗位评聘晋升、晋级工作同时进行，申报人数创历史新高。在总结近两年岗位评聘工作的基础上，采取了如下改进措施：增设虚岗，解决学科设岗不平衡问题；加大了同行专家评议力度，全部为校外专家进行评审；进一步完善了有利于优秀人才脱颖而出的破格晋升机制；成立专职研究学科组及其他专技学科合议组。最终申报人数：职务晋升180人，岗位晋级272人，总计452人。

2010年专业技术职务岗位评聘结果为：

职务晋升：教授四级岗20人；副教授三级岗53人；讲师三级岗9人；其他专技正高四级岗3人；其他专技副高三级岗9人；中级三级岗9人；委托代评副研究员1人。如表49所示。

岗位晋级：教授二级岗4人；教授三级岗10人；副教授一级岗31人；副教授二级岗32人；讲师一级岗39人；讲师二级岗7人；助教一级岗1人；副高一级岗1人；副高二级岗4人；中级一级岗7人；中级二级岗12人；助理一级岗5人。如表50所示。

表49　专业技术职务晋升人员名单

序号	单位	姓名	任职资格	系列	所聘岗位	聘用时间
1	电信学院	陶　成	教授	教师	教授四级岗	2010. 11. 5
2		董海荣	教授	教师	教授四级岗	2010. 11. 5
3	计算机学院	刘　杰	教授	教师	教授四级岗	2010. 11. 5
4		刘吉强	教授	教师	教授四级岗	2010. 11. 5
5		赵瑞珍	教授	教师	教授四级岗	2010. 11. 5

续表

序号	单位	姓名	任职资格	系列	所聘岗位	聘用时间
6	经管学院	张梅青	教授	教师	教授四级岗	2010. 11. 5
7		施先亮	教授	教师	教授四级岗	2010. 11. 5
8		李雪梅	教授	教师	教授四级岗	2010. 11. 5
9		李孟刚	教授	教师	教授四级岗	2010. 11. 5
10	运输学院	李海鹰	教授	教师	教授四级岗	2010. 11. 5
11		贾　斌	教授	教师	教授四级岗	2010. 11. 5
12	土建学院	张　楠	教授	教师	教授四级岗	2010. 11. 5
13		安明喆	教授	教师	教授四级岗	2010. 11. 5
14		陈铁林	教授	教师	教授四级岗	2010. 11. 5
15	机电学院	张朝辉	教授	教师	教授四级岗	2010. 11. 5
16		刘　伟	教授	教师	教授四级岗	2010. 11. 5
17		陈梅倩	教授	教师	教授四级岗	2010. 11. 5
18	理学院	谢　芳	教授	教师	教授四级岗	2010. 11. 5
19		于永光	教授	教师	教授四级岗	2010. 11. 5
20	学生工作处	蔡红建	教授	大学生思想政治教育	—	—
21	电信学院	李　勇	副教授	教师	副教授三级岗	2010. 11. 5
22		黄　清	副教授	教师	副教授三级岗	2010. 11. 5
23		董小伟	副教授	教师	副教授三级岗	2010. 11. 5
24		穆海冰	副教授	教师	副教授三级岗	2010. 11. 5
25		王　剑	副教授	教师	副教授三级岗	2010. 11. 5
26		衣法臻	副教授	教师	副教授三级岗	2010. 11. 5
27		李修函	副教授	教师	副教授三级岗	2010. 11. 5
28		陶　丹	副教授	教师	副教授三级岗	2010. 11. 5
29		王春灿	副教授	教师	副教授三级岗	2010. 11. 5
30	计算机学院	田丽霞	副教授	教师	副教授三级岗	2010. 11. 5
31		杜　晔	副教授	教师	副教授三级岗	2010. 11. 5
32		徐　薇	副教授	教师	副教授三级岗	2010. 11. 5
33		景丽萍	副教授	教师	副教授三级岗	2010. 11. 5
34		周雪忠	副教授	教师	副教授三级岗	2010. 11. 5
35		姜文红	副教授	教师	副教授三级岗	2010. 11. 5
36		岑翼刚	副教授	教师	副教授三级岗	2010. 11. 5
37		万丽莉	副教授	教师	副教授三级岗	2010. 11. 5
38	经管学院	李远慧	副教授	教师	副教授三级岗	2010. 11. 5
39		陈永东	副教授	教师	副教授三级岗	2010. 11. 5
40		汤小华	副教授	教师	副教授三级岗	2010. 11. 5

续表

序号	单位	姓名	任职资格	系列	所聘岗位	聘用时间
41	运输学院	马继辉	副教授	教师	副教授三级岗	2010. 11. 5
42		陈绍宽	副教授	教师	副教授三级岗	2010. 11. 5
43		冯雪松	副教授	教师	副教授三级岗	2010. 11. 5
44	土建学院	向宏军	副教授	教师	副教授三级岗	2010. 11. 5
45		张成平	副教授	教师	副教授三级岗	2010. 11. 5
46		陈　祥	副教授	教师	副教授三级岗	2010. 11. 5
47		肖　宏	副教授	教师	副教授三级岗	2010. 11. 5
48		郭　璇	副教授	教师	副教授三级岗	2010. 11. 5
49		柯燎亮	副教授	教师	副教授三级岗	2010. 11. 5
50	机电学院	黄振莺	副教授	教师	副教授三级岗	2010. 11. 5
51		张秀丽	副教授	教师	副教授三级岗	2010. 11. 5
52		张　英	副教授	教师	副教授三级岗	2010. 11. 5
53	电气学院	王健强	副教授	教师	副教授三级岗	2010. 11. 5
54		宁　涛	副教授	教师	副教授三级岗	2010. 11. 5
55	理学院	彭洪尚	副教授	教师	副教授三级岗	2010. 11. 5
56		孔令臣	副教授	教师	副教授三级岗	2010. 11. 5
57		万良霞	副教授	教师	副教授三级岗	2010. 11. 5
58		张　莹	副教授	教师	副教授三级岗	2010. 11. 5
59		康晓红	副教授	教师	副教授三级岗	2010. 11. 5
60		富　鸣	副教授	教师	副教授三级岗	2010. 11. 5
61	人文学院	朱本欣	副教授	教师	副教授三级岗	2010. 11. 5
62	语言学院	张亚峰	副教授	教师	副教授三级岗	2010. 11. 5
63		王建荣	副教授	教师	副教授三级岗	2010. 11. 5
64		郭　佳	副教授	教师	副教授三级岗	2010. 11. 5
65	软件学院	魏小涛	副教授	教师	副教授三级岗	2010. 11. 5
66	体育部	赵　歌	副教授	教师	副教授三级岗	2010. 11. 5
67	建筑与艺术系	余高红	副教授	教师	副教授三级岗	2010. 11. 5
68		陈　岚	副教授	教师	副教授三级岗	2010. 11. 5
69		刘　捷	副教授	教师	副教授三级岗	2010. 11. 5
70		王丽君	副教授	教师	副教授三级岗	2010. 11. 5
71	国家重点实验室	徐田华	副教授	教师	副教授三级岗	2010. 11. 5
72		许荣涛	副教授	教师	副教授三级岗	2010. 11. 5
73	团委	王　莹	副教授	大学生思想政治教育	—	—
74	电信学院	马庆龙	讲师	教师	讲师三级岗	2010. 11. 5
75		赵波波	讲师	教师	讲师三级岗	2010. 11. 5
76	计算机学院	刘美琴	讲师	教师	讲师三级岗	2010. 11. 5

续表

序号	单位	姓名	任职资格	系列	所聘岗位	聘用时间
77	运输学院	刘　静	讲师	大学生思想政治教育	讲师三级岗	2010.11.5
78	理学院	尚　颖	讲师	大学生思想政治教育	讲师三级岗	2010.11.5
79	电气学院	王　浩	讲师	大学生思想政治教育	讲师三级岗	2010.11.5
80	语言学院	方宇鹏	讲师	大学生思想政治教育	讲师三级岗	2010.11.5
81	团委	何　洁	讲师	大学生思想政治教育	—	—
82	学生处	王友双	讲师	大学生思想政治教育	—	—
83	电信学院	蒋大明	研究员	专职研究	正高四级	2010.11.5
84	国家重点实验室	邱宽民	研究员	专职研究	正高四级	2010.11.5
85	基建处	祝虹煜	高级工程师	工程技术	副高三级	2010.11.5
86	电　气	龚敏明	高级工程师	工程技术	副高三级	2010.11.5
87	电　信	李维敏	高级实验师	实验技术	副高三级	2010.11.5
88	图书馆	宋　皎	副研究馆员	图书档案	副高三级	2010.11.5
89	校医院	林　伟	副主任医师	卫生技术	副高三级	2010.11.5
90	校医院	秦冬颖	副主任药师	卫生技术	副高三级	2010.11.5
91	计财处	刘晓薇	高级会计师	会计审计	副高三级	2010.11.5
92	实验设备处	张家栋	研究员	教育管理研究	—	—
93	研究生院	翟怀远	副研究员	教育管理研究	—	—
94	人事处	许安国	副研究员	教育管理研究	—	—
95	信息中心	于樊鹏	工程师	工程技术	中级三级	2010.11.5
96	理学院	常笑薇	工程师	工程技术	中级三级	2010.11.5
97	计财处	刘语佳	工程师	工程技术	中级三级	2010.11.5
98	图书馆	庞家乐	工程师	工程技术	中级三级	2010.11.5
99	图书馆	夏　杨	馆员	图书档案	中级三级	2010.11.5
100	图书馆	张　彦	馆员	图书档案	中级三级	2010.11.5
101	计财处	赵淑敏	会计师	会计	中级三级	2010.11.5
102	校医院	李素英	主治医师	卫生技术	中级三级	2010.11.5
103	档案馆	卢　强	馆员	图书档案	—	—

表 50　专业技术职务晋级人员名单

序号	单位	姓名	系列	所聘岗位	聘用时间
1	电信学院	侯忠生	教师	教授二级	2010.11.5
2	计算机学院	赵　耀	教师	教授二级	2010.11.5
3	经管学院	李学伟	教师	教授二级	2010.11.5
4	土建学院	张顶立	教师	教授二级	2010.11.5
5	电信学院	裴　丽	教师	教授三级	2010.11.5
6	计算机学院	于　剑	教师	教授三级	2010.11.5

续表

序号	单位	姓名	系列	所聘岗位	聘用时间
7	土建学院	何　平	教师	教授三级	2010.11.5
8	机电学院	何庆复	教师	教授三级	2010.11.5
9	电气学院	王　毅	教师	教授三级	2010.11.5
10		姜久春	教师	教授三级	2010.11.5
11	理学院	徐　征	教师	教授三级	2010.11.5
12	人文学院	林建成	教师	教授三级	2010.11.5
13	语言学院	皇甫晓涛	教师	教授三级	2010.11.5
14	软件学院	卢　苇	教师	教授三级	2010.11.5
15	电信学院	张　星	教师	副教授一级	2010.11.5
16		高德云	教师	副教授一级	2010.11.5
17		杨世武	教师	副教授一级	2010.11.5
18		戴胜华	教师	副教授一级	2010.11.5
19		邵小桃	教师	副教授一级	2010.11.5
20	计算机学院	周洪利	教师	副教授一级	2010.11.5
21		孙永奇	教师	副教授一级	2010.11.5
22		于双元	教师	副教授一级	2010.11.5
23		赵守国	教师	副教授一级	2010.11.5
24	经管学院	唐方成	教师	副教授一级	2010.11.5
25		赵健梅	教师	副教授一级	2010.11.5
26		姚家奕	教师	副教授一级	2010.11.5
27	运输学院	汪晓霞	教师	副教授一级	2010.11.5
28	土建学院	刘保东	教师	副教授一级	2010.11.5
29		傅洪贤	教师	副教授一级	2010.11.5
30		谢　楠	教师	副教授一级	2010.11.5
31		郭雅芳	教师	副教授一级	2010.11.5
32		王　锦	教师	副教授一级	2010.11.5
33		刘　颖	教师	副教授一级	2010.11.5
34	机电学院	史红梅	教师	副教授一级	2010.11.5
35	电气学院	梁　晖	教师	副教授一级	2010.11.5
36		周　晖	教师	副教授一级	2010.11.5
37		刘慧娟	教师	副教授一级	2010.11.5
38	理学院	付　俐	教师	副教授一级	2010.11.5
39		唐　莹	教师	副教授一级	2010.11.5
40		江　红	教师	副教授一级	2010.11.5
41		金光日	教师	副教授一级	2010.11.5
42	软件学院	赵　宏	教师	副教授一级	2010.11.5

续表

序号	单位	姓名	系列	所聘岗位	聘用时间
43	体育部	白雪清	教师	副教授一级	2010. 11. 5
44	国家重点实验室	艾　渤	教师	副教授一级	2010. 11. 5
45	团委	邱晓枫	教师	副教授一级	2010. 11. 5
46	电信学院	王国栋	教师	副教授二级	2010. 11. 5
47		郑陶雷	教师	副教授二级	2010. 11. 5
48		袁小龙	教师	副教授二级	2010. 11. 5
49	计算机学院	刘渭滨	教师	副教授二级	2010. 11. 5
50		倪蓉蓉	教师	副教授二级	2010. 11. 5
51		徐保民	教师	副教授二级	2010. 11. 5
52		尹　辉	教师	副教授二级	2010. 11. 5
53		林友芳	教师	副教授二级	2010. 11. 5
54	经管学院	周绍妮	教师	副教授二级	2010. 11. 5
55		秦秋莉	教师	副教授二级	2010. 11. 5
56		李卫东	教师	副教授二级	2010. 11. 5
57	运输学院	李笑红	教师	副教授二级	2010. 11. 5
58		赵小梅	教师	副教授二级	2010. 11. 5
59	土建学院	王秀英	教师	副教授二级	2010. 11. 5
60		杨维国	教师	副教授二级	2010. 11. 5
61	机电学院	王文静	教师	副教授二级	2010. 11. 5
62		兰惠清	教师	副教授二级	2010. 11. 5
63		邓　湘	教师	副教授二级	2010. 11. 5
64		吴　斌	教师	副教授二级	2010. 11. 5
65	电气学院	刘文正	教师	副教授二级	2010. 11. 5
66		郎　兵	教师	副教授二级	2010. 11. 5
67		刘瑞芳	教师	副教授二级	2010. 11. 5
68	理学院	李云白	教师	副教授二级	2010. 11. 5
69		章小丽	教师	副教授二级	2010. 11. 5
70		杨玉国	教师	副教授二级	2010. 11. 5
71		侯玲玲	教师	副教授二级	2010. 11. 5
72		廉巧芳	教师	副教授二级	2010. 11. 5
73	人文学院	刘建生	教师	副教授二级	2010. 11. 5
74		高晓莹	教师	副教授二级	2010. 11. 5
75	国家重点实验室	步　兵	教师	副教授二级	2010. 11. 5
76		王艳辉	教师	副教授二级	2010. 11. 5
77		蔡国强	教师	副教授二级	2010. 11. 5

续表

序号	单位	姓名	系列	所聘岗位	聘用时间
78	电信学院	苏　伟	教师	讲师一级	2010. 11. 5
79		上官伟	教师	讲师一级	2010. 11. 5
80		李赵红	教师	讲师一级	2010. 11. 5
81		黄　亮	教师	讲师一级	2010. 11. 5
82	计算机学院	刘建刚	教师	讲师一级	2010. 11. 5
83		刘　强	教师	讲师一级	2010. 11. 5
84		尹传环	教师	讲师一级	2010. 11. 5
85		赵宏智	教师	讲师一级	2010. 11. 5
86		彭双和	教师	讲师一级	2010. 11. 5
87		白慧慧	教师	讲师一级	2010. 11. 5
88		鲁凌云	教师	讲师一级	2010. 11. 5
89	经管学院	李　静	教师	讲师一级	2010. 11. 5
90		陈怡宁	教师	讲师一级	2010. 11. 5
91	运输学院	夏胜利	教师	讲师一级	2010. 11. 5
92		杨小宝	教师	讲师一级	2010. 11. 5
93	机电学院	唐天巧	教师	讲师一级	2010. 11. 5
94		张　淘	教师	讲师一级	2010. 11. 5
95		唐　宇	教师	讲师一级	2010. 11. 5
96	电气学院	张秀敏	教师	讲师一级	2010. 11. 5
97		焦超群	教师	讲师一级	2010. 11. 5
98		桂峻峰	教师	讲师一级	2010. 11. 5
99		沈茂盛	教师	讲师一级	2010. 11. 5
100	理学院	刘莲云	教师	讲师一级	2010. 11. 5
101		刘明惠	教师	讲师一级	2010. 11. 5
102		缪　萍	教师	讲师一级	2010. 11. 5
103		郑小秋	教师	讲师一级	2010. 11. 5
104	语言学院	张　杰	教师	讲师一级	2010. 11. 5
105		张　宏	教师	讲师一级	2010. 11. 5
106		郭艳秋	教师	讲师一级	2010. 11. 5
107		李　淞	教师	讲师一级	2010. 11. 5
108	建筑与艺术系	邓智勇	教师	讲师一级	2010. 11. 5
109		李旭佳	教师	讲师一级	2010. 11. 5
110	体育部	周艳茹	教师	讲师一级	2010. 11. 5
111		陈永发	教师	讲师一级	2010. 11. 5
112		赵　旸	教师	讲师一级	2010. 11. 5
113		廖生波	教师	讲师一级	2010. 11. 5

续表

序号	单位	姓名	系列	所聘岗位	聘用时间
114	国家重点实验室	熊　磊	教师	讲师一级	2010. 11. 5
115		吴建军	教师	讲师一级	2010. 11. 5
116	团委	刘　姗	教师	讲师一级	2010. 11. 5
117	运输学院	徐　彬	教师	讲师二级	2010. 11. 5
118		黄爱玲	教师	讲师二级	2010. 11. 5
119	机电学院	刘　伟	教师	讲师二级	2010. 11. 5
120	电气学院	荆　龙	教师	讲师二级	2010. 11. 5
121		牛利勇	教师	讲师二级	2010. 11. 5
122		王保华	教师	讲师二级	2010. 11. 5
123	学生处	鲁小华	教师	讲师二级	2010. 11. 5
124		胡心怡	教师	助教一级	2010. 11. 5
125	运输学院	李　菊	工程技术	副高一级	2010. 11. 5
126	理学院	陈志杰	工程技术	副高二级	2010. 11. 5
127	图书馆	韩志航	图书档案	副高二级	2010. 11. 5
128	科技处	闫　聪	新闻出版	副高二级	2010. 11. 5
129	校医院	刘　博	卫生技术	副高二级	2010. 11. 5
130	计算机学院	李志民	工程技术	中级一级	2010. 11. 5
131	机电学院	白晓旭		中级一级	2010. 11. 5
132	信息中心	王　芳		中级一级	2010. 11. 5
133	图书馆	姚淑萍	图书档案	中级一级	2010. 11. 5
134		刘丽侠		中级一级	2010. 11. 5
135	出版社	高振宇	新闻出版	中级一级	2010. 11. 5
136	校医院	黄业姣	卫生技术	中级一级	2010. 11. 5
137	电信学院	马　琳	工程技术	中级二级	2010. 11. 5
138		张　梅		中级二级	2010. 11. 5
139	远程学院	史正群		中级二级	2010. 11. 5
140	后勤集团	李京文		中级二级	2010. 11. 5
141		杨金泉		中级二级	2010. 11. 5
142	理学院	张进宏	实验技术	中级二级	2010. 11. 5
143	计财处	李小芳	会计	中级二级	2010. 11. 5
144		曹宝忠		中级二级	2010. 11. 5
145		李艳涛		中级二级	2010. 11. 5
146		刘春兰		中级二级	2010. 11. 5
147	后勤集团	徐瑞萍		中级二级	2010. 11. 5
148	图书馆	柯晓晴	图书档案	中级二级	2010. 11. 5

续表

序号	单位	姓名	系列	所聘岗位	聘用时间
149	计财处	范　磊	工程技术	助理一级	2010.11.5
150	后勤集团	姚学庆		助理一级	2010.11.5
151		杨文智		助理一级	2010.11.5
152	计财处	田　野	会计	助理一级	2010.11.5
153	校医院	杨洁宇		助理一级	2010.11.5

【职员职级晋升】

2010 年继续开展七级以下职员职级晋升工作。通过单位推荐与学校审批等环节，最终有 22 人获得了职级晋升，其中 7 人晋升八级职员，15 人晋升七级职员（其中 1 人为非事业编制），并从 10 月份开始兑现了新岗级的待遇。如表 51 所示。

表 51　2010 年职员职级晋升名单

序号	姓名	工作单位	原岗位职级	新聘岗位职级	定级时间
1	王会剑	保卫处	八级职员	七级职员	2010.9
2	翟庆生	保卫处	八级职员	七级职员	2010.9
3	江　涛	电气工程学院	九级职员	八级职员	2010.9
4	鲍　炯	电子信息工程学院	九级职员	八级职员	2010.9
5	黄　晨	对外联络合作处	九级职员	八级职员	2010.9
6	罗　军	国际合作交流处	八级职员	七级职员	2010.9
7	潘显钟	机械与电子控制工程学院	八级职员	七级职员	2010.9
8	杨　玲	计算机与信息技术学院	八级职员	七级职员	2010.9
9	李巍巍	教务处	八级职员	七级职员	2010.9
10	邱　奇	经济管理学院	八级职员	七级职员	2010.9
11	郝志强	科学技术处	八级职员	七级职员	2010.9
12	侯晓辉	科学技术处	八级职员	七级职员	2010.9
13	朱　珊	科学技术处	九级职员	八级职员	2010.9
14	张　丹	理学院	八级职员	七级职员	2010.9
15	刘大伟	人事处	九级职员	八级职员	2010.9
16	薛　刚	宣传部	八级职员	七级职员	2010.9
17	蒋　明	学生工作部	八级职员	七级职员	2010.9
18	赵冬玲	学校办公室	八级职员	七级职员	2010.9
19	秦　莹	研究生院	八级职员	七级职员	2010.9
20	任　杰	研究生院	九级职员	八级职员	2010.9
21	董乐贤	语言与传播学院	八级职员	七级职员	2010.9
22	王　琛	离退休工作处	非事业编制职员	八级职员	2010.9

【博士后工作】

进一步加大博士后的在站规模，新入站博士后 58 人，其中师资博士后 13 人，学科博士后 26 人，企业博士后 19 人；博士后出站（含退站）26 人。在站 153 人，较 2009 年增长了 18.6%；逐步优化博士后人员结构，超龄比例控制在 10% 以下，在职学科博士后所占比例为 34.6%。被抽查的 2 个博士后流动站顺利通过综合评估；先后与 7 家企业博士后工作站建立起合作关系；在站博士后中有 22 人获得中国博士后科学基金资助，其中 17 人获得面上资助，5 人获得特别资助。如表 52 所示。

表 52　2010 年获博士后基金资助人员名单

序号	类别	资助编号	姓名	学科	资助等级	资助金额/元	备注
1	面上	20100470193	陈淑萍	应用经济学	二等	3 万	
2	面上	20100470194	党夏宁	应用经济学	二等	3 万	工作站
3	面上	20100470196	付远辉	系统科学	二等	3 万	
4	面上	20100470197	金　一	计算机科学与技术	二等	3 万	
5	面上	20100470198	刘玉婷	系统科学	二等	3 万	
6	面上	20100470200	郑　凯	应用经济学	二等	3 万	
7	面上	20100470195	杜英歌	工商管理	二等	3 万	
8	面上	20100470199	田　甜	系统科学	二等	3 万	
9	特别	201003043	李妍峰	系统科学	特别	10 万	
10	特别	201003044	冯松鹤	信息与通信工程	特别	10 万	
11	特别	201003045	陈芬菲	应用经济学	特别	10 万	
12	特别	201003046	肖华茂	应用经济学	特别	10 万	工作站
13	特别	201003047	张晓永	应用经济学	特别	10 万	工作站
14	面上	20100480185	曹君慈	电气工程	二等	3 万	
15	面上	20100480186	李志刚	计算机科学与技术	二等	3 万	
16	面上	20100480187	陈雍君	交通运输工程	二等	3 万	
17	面上	20100480188	潘升勇	数学	二等	3 万	
18	面上	20100480189	刘胜春	土木工程	二等	3 万	
19	面上	20100480190	常冬霞	信息与通信工程	二等	3 万	
20	面上	20100480191	刘　留	信息与通信工程	二等	3 万	
21	面上	20100480192	昝　欣	应用经济学	二等	3 万	
22	面上	20100480193	卜　伟	应用经济学	二等	3 万	

教职工服务与管理

【综述】

学校在2009年试点的基础上全面推行了各学院人员经费和人才培养经费包干制度，出具了首份全校在职教职工收入分析简报，为领导科学决策提供了依据。出台了《北京交通大学非事业编制岗位人员聘用管理办法（试行）》等非事业编制人员管理相关文件，构建了非事业编制聘用人员管理制度体系，建立起设岗招聘、日常管理、晋升发展、薪酬福利、考核激励等配套管理机制。加强基础工作，编印了《教师服务手册》、《人才人事工作文件汇编》。完善了教职工履职考核系统，使之更加人性化。

【薪酬工作】

全年共发放在职职工工资25 437万元，其中基本工资及政策性补贴5 917万元，基础绩效7 608万元，其他绩效（含2009年年终绩效3 038万元）6 836万元，住房补贴1 321万元，非事业编制人员工资3 755万元。

1月核拨2010年年终绩效2 721万元。其中弹性绩效2 000万元，弹性绩效浮动部分47万元，上水平项目奖励50万元（其中奖金31万元，项目建设费19万元），校机关平均奖励绩效401万元，检索论文集专利资助现金168万元，单位考核及处级考核奖励74万元。

1月1日共为2 535名教职工正常增加薪级工资，人均月增资30元。7月为9名转正定级兑现工资，人均月增国拨工资56元。9月为19名职员晋级人员兑现工资，人均月增国拨工资63元。12月为245名专业技术职务晋升晋级人员兑现工资，人均月增国拨工资157元。

2010住房公积金年度缴存基数调整为国拨工资和基础绩效的1.68倍。调整后人均月公积金增加额为220元，全年公积金支出2 201万元。

6月共为4 125人发放防暑降温费，总金额为329 040元。

9月发放国庆慰问金（含离退休人员）216万元。

春节为生活困难的遗属及部分生病职工共21人开展送温暖活动，金额18 200元。

全年共发放离休人员工资693万元，退休人员工资5 424万元。2010年初，为离退休人员每人发放500元的春节慰问金。

全年共为22名遗属发放补助4.89万元，为29人发放抚恤金105.81万元、丧葬补助费14.5万元。

全年为教职工缴纳保险情况见表53。

表53　全年为教职工缴纳保险情况表

保险种类	单位缴费比例	个人缴费比例	缴费金额（单位+个人）/万元		备注
			事业编制职工	非事业编制职工	
医疗保险	10%	农业户口：不缴纳； 非农业户口：2% +3元	不缴纳	137.5	

续表

保险种类	单位缴费比例	个人缴费比例	缴费金额（单位+个人）/万元		备注
			事业编制职工	非事业编制职工	
养老保险	20%	8%	59.9	495.2	事业编制职工中只有30名合同制工人缴纳养老保险
失业保险	1%	农业户口：不缴纳； 非农业户口：0.2%	223.9	9.9	
工伤保险	0.4%	不缴纳	76.4	6.1	
总计	31.4%	事业编制人员：8.2%； 非事业编制人员：农业8%或非农业10.2% +3元	360.2	648.7	

为语言学院郜葆红、体育部高芸、保卫处满洪深及软件学院马波（非事业编制）4位教职工成功申报了工伤认定。

【合同管理及考核】

与新入校的65人签订聘用合同：其中A类合同61人（实行人事代理制度）；B类合同4人，为学校高层次引进人才；另与潘浩然、沈鸿、王太勇3人签订了工作合同。根据职员职级晋升和专业技术职务晋升晋级情况，完成了合同变更320份。

解除或终止聘用合同共计17份（含10名保留两年学籍人员）；为16位内部调动教师、8位借调教职工办理相关手续。累计为61人办理了退休手续、为6人办理了延聘手续。

教职工考核：2010年度全校纳入考核范围总数2 643人（含处职考核结果），实际参加考核人员2 613人，因劳保、出国、待岗等原因未参加考核人员30人。另有26人因提前退休、长期出国等原因未纳入本次考核。2 613名参加考核人员中，优秀406（处职领导）人，占15.5%；合格2 198（处职领导）人，占84.1%；基本合格7人，不合格2人。

【服务教职工工作】

组织申报京外调干1人，补充2人引进人才的落户材料，办理已审核通过的1位引进人才及家属的进京户口落户事宜。全年共计受理17位教职工要求解决两地分居的个人申请，经教育部同意上报书面申请材料8份，已经获批解决5位。为新接收的32名京外生源应届毕业生申办了北京市户口，为新接收的13名留学归国人员办理了在京落户审批手续。编印了《教师服务手册》、《人才人事工作文件汇编》。

为50位引进人才落实入校相关待遇。办理教职工探亲票报销33人，新办理家属医疗证60个，各种收入证明246份，为教职工办理出生公证、亲属关系公证和未受刑事制裁公证等各种证明300余人次。

为符合102医疗照顾条件的3人办理医疗证，组织安排专人陪同54人参加了102体检，落实接送4位院士体检的车辆及安排专人全程陪同。精心组织在校院士及二、三级教授近30人赴秦皇岛昌黎黄金海岸疗养。7月24日至31日，组织青年骨干教师和相关部处负责人近30人赴宁夏和兰州铁路局进行为期8天的社会实践活动。8月21日至24日，组织学校30名专家教授和先进模范代表与铁道部直属机关第二批先进模范代表一同参加了“感受世博，奉献铁路”主题教育活动。

【非事业编制岗位聘用人员管理】

构建了非事业编制聘用人员管理制度体系。严格按照劳动合同法和校务公开实施办法的程序要求，出台《北京交通大学非事业编制岗位人员聘用管理办法（试行）》、《北京交通大学非事业编制岗位人员聘用管理实施细则（试行）》、《关于进一步规范非事业编制人员薪酬管理的通知》3个文件，建立设岗招聘、日常管理、晋升发展、薪酬福利、考核激励等配套管理机制。5月13日，组织召开了面向全校各二级单位分管人事工作领导和人事秘书的文件宣讲会，贯彻落实文件精神。

根据国家和学校相关文件精神，重新修订了《北京交通大学非事业编制劳动合同书》和《北京交通大学返聘人员劳务协议书》，调整了学校统筹非事业编制聘用的120余人薪酬体系，平稳顺利地完成了相应合同变更书或劳务协议书的签订工作；起草、制定《北京交通大学非全日制用工劳动合同书》，并已在体育部的体育课兼职讲师中开始实施。

全年完成校内各单位新签订劳动合同人员118人的审批和入校报到程序、63人的合同续签、33人返聘人员的审批和协议签订，同时为42名外聘人员办理了解聘手续，保证了人员的流动有序。为配合国家科研助理政策，进一步促进大学生就业，办理了18名硕士研究生科研助理和6名学校科研助理入校工作流程，完成上年度37名科研助理的中期考核工作。

截至年底，全校非事业编制岗位聘用人员共1 492名，按照人员类型分类，其中签订劳动合同人员1 161人，返聘人员236人，其他从业人员95人，按照资金来源分类，其中学校统筹资金岗位193人，单位自筹资金岗位1 299人。

【表彰与获奖】

杨庆山、王均宏2名教授入选长江学者特聘教授，香港理工大学林兴强教授入选长江学者讲座教授；王均宏、汪越胜2名教授入选新世纪百千万人才工程国家级人选；新增教育部创新团队1个。

【附件6】

北京交通大学2009—2010年度获奖奖项及名单

一、综合类奖励

2009年度“长江学者奖励计划”特聘教授　王均宏　杨庆山

2009年度“长江学者奖励计划”讲座教授　林兴强

2010年“新世纪百千万人才工程”国家级人选　王均宏　汪越胜

2009年新增教育部创新团队

面向高速铁路控制的无线移动通信系统研究创新团队　　负责人：钟章队

2009年宝钢优秀教师奖特等奖　王移芝

2009年宝钢优秀教师奖　邵春福　汪越胜

2010年北京市先进工作者　谈振辉

2010年北京市“三八”红旗奖章　吴　萱

2010年北京市师德先进个人　冯凤娟　冯国臣　戴胜华

2010年北京交通大学优秀教师

查建中　鞠颂东　邵钦瑜　陈树文　林柏梁　刘　颖　江中豪

2010年北京交通大学优秀教育工作者

王绪厚　和敬涵　邢朝晖

2010年北京交通大学智瑾奖教金“优秀青年教师奖”

马敏书　王金亭　任　旭　姚燕安　闻映红　梁青槐　黄　辉　黄雅平

2010年北京交通大学智瑾奖教金“优秀青年教育工作者奖”

王翠肖　赵　岚

2010年北京交通大学“红果园”奖

王　勐　刘伊生　张立学　杨　玲　陈士谦　林　伟

秦　璐　高　琦　高晓莹　董丽敏

2010年北京交通大学课堂教学教风标兵

王玉凤　付　俐　张　星　邹翠荣　郭　静　戴胜华

2010年北京交通大学“三育人”先进集体

计算机与信息技术学院信息所　软件学院　心理素质教育中心

2010年北京交通大学“三育人”标兵

王　欣　冯凤娟　冯国臣　陈秀春　戴胜华

2010年北京交通大学“三育人”先进个人

王　璇　刘　杰　毕　军　张　宏　李　进　李　爽　谷季春　房海蓉

林立文 郑 兰 赵庆先 常 玲 黄 红 黄 辉 滕永平

二、人才培养类奖励

2009 年国家级教学团队

运输经济学系列课程教学团队	负责人：荣朝和
计算机基础系列课程教学团队	负责人：王移芝
交通工程专业系列课程教学团队	负责人：邵春福

2010 年国家级教学团队

软件工程专业教学团队	负责人：卢 苇
交通运输类专业平台系列课程教学团队	负责人：杨 浩

2009 年国家级精品课程

软件分析与设计技术	负责人：卢 苇
桥梁工程	负责人：夏 禾
道路交通管理与控制	负责人：袁振洲
大学英语（网络）	负责人：宫玉波
计算机安全（网络）	负责人：韩 臻
企业物流管理（网络）	负责人：赵启兰

2010 年国家级精品课程

电子系统课程设计	负责人：侯建军
城市轨道交通系统运营管理	负责人：张星臣
工程力学	负责人：汪越胜
ERP 理论与实践	负责人：张真继
电子商务系统的分析与设计	负责人：刘 军
信号与系统（网络）	负责人：陈后金
多媒体技术应用（网络）	负责人：赵 耀
铁路运输设备（网络）	负责人：宋 瑞

2009 年国家级特色专业建设点

交通工程	负责人：邵春福

2010 年国家级特色专业建设点

自动化	负责人：唐 涛
电气工程与自动化	负责人：王立德

2009 年国家级双语教学示范课程

数据库系统	负责人：王方石

2010 年国家级双语教学示范课程

弹性力学	负责人：于桂兰
数字电子技术	负责人：娄淑琴

2009 年国家级实验教学示范中心

交通运输实验中心	负责人：周磊山

2009 年国家级精品教材

数字信号处理（第二版） 负责人：陈后金
西方运输经济学（第二版） 负责人：荣朝和
电子商务系统的分析与设计（第二版） 负责人：刘　军　马敏书
2010 年国家级卓越工程师教育培养计划
轨道交通类卓越工程师教育培养计划 负责人：王永生
2010 年北京市教学名师奖：汪越胜　毛保华
2010 年北京市教学团队
软件工程专业教学团队 负责人：卢　苇
物流管理专业主干课程教学团队 负责人：汝宜红
2010 年北京市精品课程
电子系统课程设计 负责人：侯建军
城市轨道交通系统运营管理 负责人：张星臣
2010 年北京市实验教学示范中心
软件服务外包实验教学中心 负责人：卢　苇
2010 年北京市校外人才培养基地
铁路交通及控制专业校外人才培养基地 负责人：王永生
物流与交通运输校外人才培养基地 负责人：王永生
2009 年北京市人才培养模式创新实验区
轨道交通复合型工程拔尖人才培养模式创新试验区 负责人：宁　滨
2009 年北京市校外人才培养基地
铁路特色专业校外人才培养基地 负责人：王永生
2010 年北京市大学生素质教育基地
“引导服务型，自主合作式”大学生创新创业教育基地 负责人：王永生
2010 年北京市优秀博士学位论文 1 篇
计算机学院　学生：翁韶伟　指导教师：赵　耀
2009 年全国优秀博士学位论文提名论文 3 篇
经管学院　学生：李孟刚　指导教师：李文兴
土建学院　学生：柯燎亮　指导教师：汪越胜
计算机学院　学生：孙运达　指导教师：袁保宗
2010 年北京交通大学教学名师奖
夏　禾　刘　云　汪越胜　李德才
第 34 届 ACM – ICPC 国际大学生程序设计竞赛全球总决赛第 36 名
指导教师：李清勇　黄　华
2010 年美国大学生数学建模竞赛特等奖 1 队，一等奖 3 队，二等奖 10 队
指导教师：王兵团　赵　平　吴发恩　范秉理　刘明惠　汪维家
2010 年全国大学生英语竞赛特等奖 6 人，一等奖 18 人，二等奖 60 人，三等奖 121 人
指导教师：大学英语教学团队
2009 年全国大学生数学建模竞赛二等奖 2 队
指导教师：王兵团　吴发恩

2009 年全国大学生电子设计竞赛一等奖 1 队，二等奖 4 队
指导教师：戴胜华　马庆龙　闻　跃　高海林
2009 年第四届全国大学生交通科技大赛二等奖 1 队，三等奖 1 队，优秀奖 1 队
指导教师：何世伟　陈佳娟　邵春福
2009 年第十一届“挑战杯”大学生课外学术科技作品竞赛二等奖 1 队，三等奖 4 队
指导教师：徐　杰　石志飞　何世伟　吴重庆　张润彤
2009 年第二届全国大学生节能减排社会实践和科技竞赛二等奖 1 队，三等奖 4 队
指导教师：徐　征　张晓冬　洪建平　刘　颖
2009 年亚太机器人大赛国内选拔活动优秀奖、最佳风格奖
指导教师：鄂明成　张冬泉　孔繁征　刘　伟　戴胜华

三、科学研究类奖励

（注：标注“★”的科研项目主持单位为北京交通大学）
2009 年国家科技进步奖一等奖
项目名称：时速 250 公里动车组高速转向架及应用
获 奖 人：孙守光
2009 年国家科技进步奖二等奖 3 项
项目名称：复杂与高速条件下车载信号安全控制系统关键技术及应用★
获 奖 人：邱宽民　宁　滨　徐　迅　赵　明　赵胜凯　赵林海　张　民
赵会兵　王永和　张　勇
项目名称：列车过桥动力相互作用理论、安全评估技术及工程应用
获 奖 人：夏　禾　张　楠
项目名称：军工专用项目
获 奖 人：袁　泉　贾英杰
2009 年国家社科基金重大项目
项目名称：应对重大自然灾害与构建我国粮食安全保障体系对策研究
首席专家：李孟刚
2009 年中国铁道学会科学技术奖特等奖 2 项
项目名称：时速 350 公里高速动车组
获 奖 人：孙守光
项目名称：北京南站建设综合技术
获 奖 人：魏庆朝　杨　娜　时　瑾　石　磊
2009 年中国铁道学会科学技术奖一等奖
项目名称：大秦线重载列车可控列尾装置★
获 奖 人：蒋文怡　钟章队　武贵君　何建军　朱　刚
2009 年高等学校科学研究优秀成果奖（科学技术）自然科学奖一等奖 2 项
项目名称：面向交通运输系统的复杂网络理论与方法★
获 奖 人：高自友　吴建军　李克平　孙会君　赵小梅　赵　晖　李新刚
项目名称：固态阴极射线发光及相关发光材料★

获 奖 人：王永生　徐　征　赵谡玲　徐叙瑢　张福俊
2009 年四川省科学技术奖一等奖
项目名称：高速铁路道岔设计关键技术理论研究及工程应用
获 奖 人：高　亮
2009 年陕西省科学技术奖一等奖
项目名称：工程结构隔震基础理论及关键技术研究
获 奖 人：姚谦峰
2009 年广东省科学技术奖励一等奖
项目名称：双洞八车道高速公路隧道关键技术研究
获 奖 人：谭忠盛　朋改非　黄明利　王秀英
2009 年中冶集团科学技术奖一等奖
项目名称：新型复合板节能建筑关键技术与应用
获 奖 人：姚谦峰　袁　泉　贾英杰　常　鹏
2009 年高等学校科学研究优秀成果奖（人文社会科学）二等奖
项目名称：产业安全理论研究★
获 奖 人：李孟刚
2009 年中国铁道学会科学技术奖二等奖 7 项
项目名称：可视化的路网货流图、车流图、列流图和编组站负荷分布图研究★
获 奖 人：林柏梁　周磊山　张秀媛　胡吉平　乐逸祥
项目名称：铁路节约土地技术经济综合研究★
获 奖 人：张梅青　梁青槐　陈　峰　高宏伟　阚叔愚　魏庆朝
项目名称：青藏铁路应急救援体系及应急救援指挥信息系统的研发
获 奖 人：秦　勇　贾利民　王艳辉　程晓卿
项目名称：大型现代化综合交通枢纽运营管理方案研究
获 奖 人：刘　军　孙全欣　贾元华　张　喜
项目名称：客运专线桥梁抗震设计关键问题的研究
获 奖 人：赵冠远
项目名称：PJ 型 165t 架桥机
获 奖 人：谢基龙
项目名称：转 K6 型转向架
获 奖 人：李　强
2008 年北京市科学技术奖二等奖
项目名称：国家体育场大跨度钢结构设计成套技术
获 奖 人：杨庆山
2009 年河南省科学技术进步奖二等奖
项目名称：铁矿软弱破碎地段巷道安全快速施工关键技术研究
获 奖 人：王永红　傅洪贤　王　磊
2009 年重庆市科学技术奖二等奖
项目名称：新型 25m PC 轨道梁优化设计与制造工艺

获 奖 人：朱尔玉
2008 年中国机械工业科学技术奖二等奖
项目名称：电控 CNG 发动机关键技术研究及产业化
获 奖 人：张 欣 刘建华 郭林福 李国岫
2008 年北京市科学技术奖三等奖 2 项
项目名称：基于时空信息集成的交通运输综合监控系统 CMS－T 技术及应用★
获 奖 人：贾利民 秦 勇 蔡国强 王艳辉
项目名称：纳米复合破乳剂研究与应用★
获 奖 人：朱 红
2009 年高等学校科学研究优秀成果奖（人文社会科学）三等奖
项目名称：金字塔结构下终结所有权与控制权研究★
获 奖 人：马 忠
2009 年中国铁道学会科学技术奖三等奖 2 项
项目名称：编组站智能调度系统的研究与开发
获 奖 人：何世伟 宋 瑞
项目名称：太原铁路局列车编组计划图形化管理信息系统
获 奖 人：林柏梁
2009 年第十一届中国专利奖优秀奖
项目名称：低温大直径磁性液体密封装置★
获 奖 人：李德才 兰惠清
2009 年新增 2 个教育部级平台
城市地下工程教育部重点实验室
载运工具先进制造与测控技术教育部重点实验室（B 类）
2009 年新增 2 个省部级平台
城市轨道交通 CBTC 系统北京市高等学校工程研究中心
北京市哲社办首都大学生思想政治教育研究基地
教育部“新世纪优秀人才支持计划”2009 年度入选人员名单
艾 渤 李孟刚 孙会君 王目光 叶 龙 张朝辉
2009 年度京沪高速铁路技术创新成果奖特等奖 2 项
项目名称：京沪高速铁路 CFG 桩复合地基综合技术研究
获 奖 人：王连俊 陈 祥
项目名称：京沪高速铁路 CRTS Ⅱ 型板式无砟轨道台后锚固结构理论及试验研究
获 奖 人：高 亮 蔡小培 余祖俊 林子斌 肖 宏 廖 利
2009 年度京沪高速铁路技术创新成果奖二等奖
项目名称：京沪高速铁路岩溶地质施工实时监测及注浆效果评估技术试验研究★
获 奖 人：许兆义 白明洲 刘 莹 陈 祥 吴 堤 冯瑞玲 魏 静 沈宇鹏
2009 年度京沪高速铁路十大技术创新人物
获 奖 人：高 亮

四、党建及其他奖励

（一）党建类

北京高校党建研究会2009年度课题优秀奖
成果名称：北京高校学生党员教育情况调查及改进方式研究
获 奖 人：颜吾佴（主持人）　蔡红建　屈晓婷　林　芳　赵　岚　王德瑜
马　强　张立学　刘　颖　秦　莹　李义明　刘　寞

（二）其他奖励

集体奖：
2009年首都大学生思想政治教育工作实效奖一等奖
2009年首都大学生思想政治教育工作实效奖优秀奖
2009年度首都高校社会实践先进单位
首都国庆60周年群众游行优秀组织单位
首都国庆60周年群众游行支持贡献单位
首都国庆60周年联欢晚会群众联欢大学生联欢板块突出贡献单位
2009年度国家安全工作先进集体
2009年关爱女孩青年志愿者行动组织奖
2009年国庆安保工作先进集体
2010年首都文明单位标兵
2010年全国毕业生就业典型经验高校
2009年北京市教育信息化先进单位
2009年度北京市无偿献血先进单位
国庆60周年应急备血工作先进单位
2010年“1+2+1中美人才培养计划”贡献奖
2008—2009学年度北京市教育事业统计工作优秀集体一等奖
2010年北京地区学位信息年报先进集体称号
《北京交通大学学报》（自然科学版）获2009年“中国科技论文在线优秀期刊”一等奖
2010年《北京交通大学学报》（社科版）被评为北京市高校人文社科学报名刊
2009年校招生与就业工作处被评为北京地区高校毕业生就业工作先进集体
2010年校学生心理素质教育中心被评为中国心理卫生协会大学生心理咨询专业委员会大学生心理健康教育工作先进集体
2009年校保卫处被北京市公安局评为集体三等功
2009年校宣传部创作的《轨道交通安上中国芯》被评为中国广播电视协会DV类金奖
2009年校宣传部校报被评为北京高校优秀校报
校团委被评为2009年度全国五四红旗团委
校团委被评为2009年度北京市五四红旗团委

2009 年校图书馆获中国图书馆学会“全民阅读基地”称号
2009 年校图书馆被评为 BALIS 原文传递优质服务馆
校红十字会被评为 2009 年度首都高校红十字系统先进集体
校后勤集团被评为 2009 年全国高校后勤系统信息与宣传工作先进单位
校后勤集团饮食服务中心被评为 2009 年度北京高校先进餐饮中心
校后勤集团学生公寓管理中心获 2009 年“北京高校先进学生公寓中心”称号
2009 年校后勤集团公共中心被评为首都全民义务植树先进单位
校后勤集团幼教中心获 2010 年度北京市“青年文明号”称号
个人奖：
2009—2010 年度北京高校优秀辅导员：贾宏树
2010 年首届杜庆华力学与工程优秀青年学者奖：王正道
2009 年全国徐芝纶力学优秀教师奖：王正道
第三届北京高校思想政治理论课教学基本功比赛二等奖：杨德才
2010 年火车头奖：李开成
2009 年度首都高校社会实践先进工作者：房海蓉　丁金凤　赵亚宁　赵映奎　张　楠
2009 年北京地区高校毕业生就业工作先进个人：黄晓慧　梁　英
2009 北京铁道学会先进工作者：马　跃　张辰红　朱　珊
2010 年中国心理卫生协会大学生心理咨询专业委员会大学生心理健康教育工作先进个人：田宝伟
第五届中国贸易救济与产业安全研究奖三等奖：张瑞萍
2010 年“1 +2 +1 中美人才培养计划”贡献奖：刘　锐
2010 第二届北京外国留学生汉语之星大赛“汉语之星指导教师奖”：孟　群
2009 年教育部信息报送优秀个人：赵冬玲
2008—2009 年度北京市教育事业统计工作优秀个人一等奖：阮　圆
2009 年度北京市教育信息化工作先进个人：贾卓生
2009 年度北京地区学位信息年报工作先进个人：姜晓华
2009 年北京高校好新闻版面类一等奖：张先睿
2009 年北京高校好新闻言论类二等奖：李世珍
2009 年北京高校好新闻消息类二等奖：王虹英
2009 年北京高校好新闻图片类二等奖：沈　岩
高等院校科技情报专业委员会 2009 年度先进个人：郑　兰
2007—2011 年华北地区高等学校图书馆先进工作者：宋　雪　杨翠兰　柯晓晴
首都国庆 60 周年群众游行优秀工作者：
王　莹　王虹英　白永红　刘　姗　刘东平　安志强　何　洁　张　重
李泽惠　李燕华　杜永平　陈中伟　屈晓婷　郑广天　赵亚宁　郝春荣
徐　民　秦思阳　高沁翔　黄　宏　韩继华　翟　儒　裴劲松
首都国庆 60 周年庆祝活动筹备工作纪念奖：徐　民
首都国庆 60 周年联欢晚会群众联欢大学生联欢板块优秀编导奖：刘　姗
2009 年度国家安全工作先进个人：裴劲松　邓小凤

2009 年北京市公安局个人嘉奖：翟庆生　邵　虎
2009 年北京市公安局个人三等功：徐　民
2008—2009 年度北京市红十字系统先进个人：冯宝玺
2009 年北京市临床生化优秀质量管理员：南树娴
首届北京市新闻出版行业领军人才：孙秀翠
全国高校后勤系统信息与宣传工作先进工作者：郑广天
2009 年度北京高校伙食工作先进个人：张　重　李泽有　毛海岭
2009 年北京高校学生公寓工作先进个人：吕　兰　翟纪新　陈中伟
2009 年度首都绿化美化积极分子：戈树栋
2009 年度北京市节水系统先进个人：吴国煌

五、从事教育工作三十年表彰人员名单

（按姓氏笔画排序）

丁宝生	丁锡云	马维琴	孔宪民	文瑛华	王　飞	王计跃	王庆玲
王　齐	王宝春	王俊峰	王栋生	王娟莉	王海燕	王野平	王燕鹏
白海龙	关锋华	刘　东	刘丽侠	刘建华	刘绍波	吕　兰	孙　伟
孙淑媛	朱建军	许　勇	吴建明	张立民	张　红	张忠秀	张金英
张　秋	张家骏	张桂青	李长平	李克峰	李进芝	李京涛	李振岭
杨再青	杨若东	杨胜强	杨晓滨	杨　硕	步世华	沈　伟	邵钦瑜
陈其林	陈树文	陈　新	周渝慧	林柏梁	罗凯军	姜　惟	姜景山
赵云龙	赵生变	赵旭日	赵　红	赵　雁	郝春荣	闻啟荣	徐纪五
秦秋凤	耿增德	袁　岗	诸　诚	贾广会	贾祖强	钱春香	陶　成
高全增	崇　毅	曹茂达	黄　宏	黄革樑	龚守江	龚伯锋	葛东雪
葛正义	董利剑	窦学军	蓝　普	薄燕军	薛陆明	魏连顺	魏敏建

2010

国际交流合作及港澳台工作

国际交流与合作

【综述】

2010 年，学校接待了包括德国前总理施罗德、朝鲜铁道部副部长、非洲铁路联盟秘书长在内的代表团和个人总计 1 143 人次（其中港台地区 310 人次），新增各类校际合作协议 27 份，主办、承办及协办各类国际会议 10 个。留学生规模持续增长，总数达到 594 人，来自 84 个国家，其中学历生占 63. 8%，留学生总数比 2009 年净增 83 人；派出学生人数达到 424 人；教职员工出国出境共计 485 人次，出访目的地涉及 40 个国家和地区。

【出访交流】

全年共有 7 个校级代表团出访国外，情况如下：

5 月 17 日至 5 月 22 日，颜吾佴副书记率团 15 人赴朝鲜进行交流访问；

7 月 25 日至 8 月 14 日，高福廷副书记、孙守光副校长率干部培训团 15 人赴美国海外研修；

6 月 18 日至 6 月 27 日，宁滨校长等 5 人赴美国、加拿大，访问美洲校友总会、加拿大滑铁卢大学；

10 月 10 日至 10 日 15 日，陈峰副校长率团赴日本进行技术考察和交流；

11 月 27 日至 12 月 7 日，曹国永书记等 6 人赴加拿大、美国，访问加拿大滑铁卢大学、美国奥克兰大学、得克萨斯南方大学、纽约州立大学；

12 月 5 日至 12 月 8 日，陈峰副校长等 6 人赴德国、法国，访问德国布伦瑞克工业大学、法国里昂国立应用科学学院；

12 月 12 日至 12 月 17 日，孙守光副校长等 5 人赴德国进行技术交流。

全年共有 2 个校级代表团出访港澳台地区，情况如下：

4 月 16 日至 4 月 18 日，陈峰副校长等 3 人赴香港参加学校香港校友会成立暨第一届执行委员会就职主礼；

6 月 10 日至 6 月 17 日，王永生副校长等 5 人赴台参加 2010 年义守大学与大陆结盟大学校长论坛。

全校共计 485 人次赴境外进行考察、学习交流及科研合作等活动，其中 127 人次赴港澳台地区进行考察、学习交流及科研合作等活动。成功举办了 2010 两岸大学生青年论坛，8 名港澳台侨学生获得奖学金。

【引智工作】

全年学校共获得外国文教专家经费 288 万元，其中 2 位外籍专家入选国家外专局首次设立的“引进海外高层次文教专家重点支持计划”；获得教育部设立的“海外名师项目”1 项，项目周期 2 年；“学校特色项目”1 项，项目周期 3 年；学科创新引智计划继续得到支持。成功举办第二期为期 4 周的专业课教师“师资外语培训项目”。全年共聘请外籍名誉教授 1 人，海外顾问教授 5 人，海外兼职教授 13 人，外籍客座教授 3 人，海外长江学者讲座教授 1 人；邀请了包括德国前总理施罗德在内的 561 名海外知名人士、专家、学者来校讲学、参加国际会议和合作研究。

【留学生教育与管理】

2010 年留学生人数达到 594 名，比 2009 年净增 83 人，其中研究生 109 人，见表 54；哈萨克斯坦、沙特、印度尼西亚留学生成为新的增长点，软件工程英文授课项目的开办，使法国学生人数进入留学生人数前十位，在校生留学生人数居前十位的国家，见表 55。

表 54　2010/2009 年学生数量对比

	留学生总数	非学历生	学历生	博士生	硕士生	本科生
2010	594	215	379	21	88	270
2009	511	199	312	16	65	231

表 55　2010 年秋季在校生按国别人数前 10 个国家

序号	国　别	人数	序号	国　别	人数
1	哈萨克斯坦	74	6	俄罗斯	18
2	越南	51	7	泰国	18
3	蒙古	49	8	法国	15
4	沙特阿拉伯	38	9	朝鲜	12
5	韩国	18	10	印度尼西亚	12

学校协办的教育部 2010 年留华毕业生“精彩中国，有你见证”新春招待会取得圆满成功；4 月学校多组选手入围汉语之星大赛复赛，安哥拉留学生赢得第二届“北京十大汉语之星”荣誉称号，学校获最佳组织奖；在北京市举办的留学生厨艺大赛、陶艺大赛活动中学校均取得好成绩；在北京市市民学外语游园会及市公安局留学生安全教育活动中积极参与表演，展示了交大留学生的风采，受到多家媒体的关注，北京广播电台教育面对面、北京广播电台外语部、中央电台法语部都进行了专门采访。

“聆听工作室”充分发挥作用，及时化解留学生的心理隐患，解决了学习压力、文化冲突等问题，未发生高危事件。6 月在广州举办的跨文化交流国际会议上，留学生聆听工作室论文《留学生心理关怀的有效路径——跨文化对话》被选为年会分组会议的宣讲论文，并获得全国学会的表扬。学校 1 人被北京市公安局出入境管理处评为 2010 年安全工作优秀个人，1 人获得 2010 年北京高校来华留学生管理工作干部优秀奖二等奖。

2010 年学校分别组织了赴沙特、越南、印度尼西亚、马来西亚等国进行教育展。在沙特教育展上，学校制作的阿拉伯文宣传材料《留学交大》独具特色，给参展者留下深刻印象。

2 名汉语教师接受了国家汉办为期一年的小语种培训，现有 3 位教师以公派教师及汉语教师志愿者身份被汉办派往美国、埃及、哥伦比亚开展汉语推广工作。

【附件7】

2010年国（境）外交流情况

表56　2010年学校短期临时因公出国（出境）情况一览表

出访地点	参加会议	考察访问	合作交流	总　计
美　国	39	10	25	74
中国台湾	39	3	41	83
中国香港	13	12	16	41
中国澳门	1	1	1	3
加拿大	9	5	1	15
埃　及	6	—	1	7
奥地利	1	—	—	1
意大利	3	1	5	9
澳大利亚	19	9	3	31
巴　西	—	1	—	1
圭亚那	—	1	—	1
比利时	1	—	—	1
芬　兰	—	1	1	2
荷　兰	7	1	16	24
丹　麦	3	—	6	9
德　国	11	3	9	23
葡萄牙	8	—	—	8
俄罗斯	2	—	—	2
法　国	4	1	4	9
朝　鲜	—	13	—	13
菲律宾	1	—	—	1
西班牙	4	—	10	14
韩　国	3	3	10	16
斯洛伐克	—	—	1	1
马来西亚	2	—	1	3
日　本	14	15	8	37
马尔代夫	2	—	—	2
瑞　典	1	1	1	3
墨西哥	1	—	—	1

续表

出访地点	参加会议	考察访问	合作交流	总　计
斯洛文尼亚	1	—	—	1
新加坡	6	1	1	8
新西兰	—	—	1	1
印　度	—	—	1	1
伊　朗	—	—	1	1
瑞　士	2	—	1	3
挪　威	—	—	1	1
印度尼西亚	1	—	—	1
沙　特	4	—	—	4
土耳其	3	—	—	3
英　国	11	4	11	26
总　计	222	86	177	485

表 57　2010 年度在校学习的留学生分类情况

	年初数	本年增加	本年减少	年末数	本年平均数
外国留学生	358	256	158	456	407
自费生	248	211	118	341	294.5
国家奖学金生	110	45	40	115	112.5

表 58　2010 年在校工作的外籍教师和外国专家名单

序号	姓名	国籍	性别	职称/职务	工作学院
1	Michael Dean Knapp	美国	男	外籍教师	语言学院
2	Kip Oneal Rountree	美国	男	外籍教师	语言学院
3	Dr Henn Marc Ivo	德国	男	外籍教师	语言学院
4	Joseph Tyrale Kappel	美国	男	外籍教师	语言学院
5	Elizabeth Dean Luther	美国	女	外籍教师	语言学院
6	Seth Michael Bauer	美国	男	外籍教师	语言学院
7	Reid Evan Thompson	美国	男	外籍教师	语言学院
8	Donald Lefferts Taber	美国	男	外籍教师	语言学院
9	Manish Kumar Parmar	印度	男	外籍教师	机电学院
10	Zong Ling	美国	男	外籍教师	软件学院
11	Robert HSIUNG-FU Wang	美国	男	外籍教师	软件学院
12	Geetha Jayakumar	印度	女	外籍教师	软件学院
13	Thomas Corpetti	法国	男	外籍教师	软件学院
14	Robert John Gledhill	英国	男	外籍教师	软件学院
15	Marcus James Brady	英国	男	外籍教师	软件学院

续表

序号	姓名	国籍	性别	职称/职务	工作学院
16	Joe Dveto	美国	男	外籍教师	软件学院
17	John Haigh	澳大利亚	男	外籍教师	软件学院
18	Yu Lei	美国	男	特聘教授	运输学院
19	Zhang Xu	英国	男	重点引进专家	运输学院
20	Miguel Angel Fernandez Sanjuan	西班牙	男	教授 重点引进专家	理学院
21	Miao Zhenjiang	加拿大	男	教授	计算机学院
22	Pan Haoran	荷　兰	男	教授	经管学院
23	Song Yongduan	美国	男	教授 国家千人计划人选	电信学院
24	Satoru Sone 曾根悟	日本	男	教授 海外名师	电气学院

表 59　2010 年度聘请的海外名誉教授、兼职教授一览表

序号	姓名	单位及职称或职务	聘请职务	聘任单位	研究领域
1	陈思齐	美国圣托马斯大学副校长	名誉教授	语言学院	教育管理学、工商管理学
2	Douglas M. Lambert	美国俄亥俄州立大学 教授　主任	顾问教授	经管学院	市场营销、物流
3	融亦鸣	美国伍斯特理工学院 教授 学科主任	顾问教授	机电学院	机械制造系统与过程、CAD/CAM 及其集成、计算机辅助工具技术和基于网络的制造系统
4	谢志刚	香港理工大学电子及资讯工程学系讲座教授及系主任	顾问教授	电信学院	复杂网络、电力电子和混沌通信
5	Boris S. Mordukhovich	美国韦恩州立大学教授	顾问教授	理学院	变分分析、最优化和控制理论
6	Ali Haghani	美国马里兰大学土木工程系教授	顾问教授	运输学院	智能交通、物流管理、公交调度、应用运筹学、紧急事件对策、大规模网络分析、交通数据采集与分析等
7	Raymond Gorman	美国迈阿密大学经管学院副院长、教授	兼职教授	经管学院	金融、商务环境问题
8	David Chi Chung Yen	美国迈阿密大学系主任、教授	兼职教授	经管学院	管理信息系统

续表

序号	姓名	单位及职称或职务	聘请职务	聘任单位	研究领域
9	彭国伟	香港铁路公司经理	兼职教授	电信学院	铁路通信系统
10	Bzuno MERCIER	法国欧尚集团亚洲区总裁	兼职教授	经管学院	大型企业管理
11	Hervé SMADJA	瑞士七投金融集团董事长	兼职教授	经管学院	实用经济学、外汇交易
12	Burkhard Joachim Corves	德国亚琛工业大学机构理论与机器动力学研究所所长、教授	兼职教授	机电学院	机构理论与机器动力学
13	Jörg Rudolf Müller	德国布伦瑞克工业大学交通安全与自动化工程研究所 副教授	兼职教授	国家重点实验室	基于形式化语言与线形代数的系统诊断方法及其应用；复杂系统的形式化建模、仿真及分析等
14	Barkan Christopher P. L.	美国伊利诺伊大学香槟分校　副教授	兼职教授	土建学院	风险评估与管理、轨道交通安全与事故防范分析等
15	王英宏	台湾淡江大学资讯工程学系	兼职教授	电信学院	无线网络、行动通信、软件工程
16	许健平	台湾清华大学资讯工程系	兼职教授	电信学院	无线通信与行动计算、无线感测网络、物联网、平行处理与分布式系统
17	施国琛	台湾中央大学资讯工程学系	兼职教授	电信学院	远程教育技术、多媒体计算
18	Stephan Freudenstein	德国慕尼黑工业大学道路、铁路、航空结构研究所主任	兼职教授	土建学院	铁道工程、混凝土材料、轨枕设计与创新
19	高聪忠	台湾大学轨道科技研究中心 主任 教授	兼职教授	土建学院	铁道工程、高速铁路工程、项目管理、合约管理
20	朱全民	英国西英格兰大学 教授	客座教授	机电学院	非线性系统的分析和辨识
21	Janice M Barton	英国南安普顿大学	客座教授	机电学院	实验固体力学、结构测试、损害评估等
22	Hanselka Holger	德国弗朗霍夫研究院结构持久性和系统可靠性研究所	客座教授	机电学院	结构力学、材料科学、纤维合成技术等
23	林兴强	香港理工大学土木及结构工程学系讲座教授	长江学者讲座教授	运输学院	交通运输规划与管理、交通需求预测及评估、智能交通系统、公共交通系统、交通网络可靠性等

表60　2010年度《北京交通大学国际合作与交流专项基金资助项目》名单

序号	学院	姓名	执行项目时间	项目内容	审批金额/元
1	理学院	王金亭	2010.7.24－2010.7.26	承办国际会议	25 000
2	理学院	罗自炎	2010.12.1－2011.11.30	学生派出	47 000
3	电信学院	燕　飞	2010.9.21－2010.9.28	聘请国际知名专家学者	28 200
4	电信学院	陈常嘉	2011.2.20－2011.3.6	聘请国际知名专家学者	48 000
5	经管学院	张润彤	2011.6.8－2011.6.11	承办国际会议	48 000
6	土建学院	赵媛媛	2011.9.1－2012.8.31	学生派出	30 000
7	计算机学院	韩　臻	2010.7.9－2010.7.11	承办国际会议	40 000
8	土建学院	高　亮	2010.12.6－2010.12.10	聘请国际知名专家学者	2 800
9	土建学院	陈　曦	2011.10.8－2011.10.12	聘请国际知名专家学者	8 500

2010

国有资产管理

财务工作

【综述】

2010年，学校财务工作围绕学校改革与发展中心工作，严格遵守国家财经法规和学校规章制度，多渠道争取资金和资源，继续健全和优化科学有效的财务管理制度体系和内部控制体系，努力加强财务管理和会计核算工作，不断提高学校财务会计人员队伍的综合素质与服务水平，合法、安全、高效地管理学校资源，运作学校资金，提高资金使用效益，促进和保障学校各项事业的高速发展，为广大师生员工提供更加满意的服务。

【财务收支状况】

综合财务收入：2010年学校收入总额146 639万元，比上年（139 846万元）增收6 793万元，增长率4.86%。其中，财政拨款58 507万元，上级补助收入183万元，事业收入52 086万元，经营收入1 745万元，其他收入34 118万元。2010年财政拨款中，教育经费拨款52 716万元，教育部科研经费拨款2 241万元，其他经费拨款3 550万元。财政拨款占总收入39.90%，是办学经费的主要渠道。2010年事业收入和其他收入，分别占总收入35.52%和23.27%，是学校经费来源的重要组成部分。

综合财务支出：2010年学校支出总额134 563万元，比上年（131 646万元）增加2 917万元，增长率2.22%。其中，工资福利支出24 418万元，商品和服务支出70 121万元，对个人和家庭的补助支出18 057万元，其他资本性支出17 346万元，基本建设支出3 809万元，经营支出812万元。商品和服务支出占总支出的比例为52.11%，主要是学校教学科研中发生的日常公用支出；其次是工资福利支出，占总支出的18.15%。

年末财务状况：2010年年末，学校资产总额384 809万元，比上年年末（334 694万元）增加50 115万元。负债总额40 142万元，比上年年末（25 660万元）增加14 482万元。净资产344 667万元，比上年年末（309 035万元）增加35 632万元。

【财务管理】

1. 将财务内控体系建设推向深入，进一步健全财务管理制度，继续加强财务制度体系建设，不断提升财务风险防控能力

2010年，学校在近五年财务制度体系建设丰硕成果的基础上，继续加强财务内部控制体系建设。根据年内国家财经政策法规的变化和处内岗位、人员的变化，不断调整修订有关规章制度、工作流程和岗位职责等内部控制具体规定。

设立财务监察岗。按照高校财务监察工作有关规定和要求，对学校财务工作的整体流程和各个环节进行监督检查，审视财务制度规定中的缺陷和财务工作流程中的漏洞，针对高校财经工作中面对的新形势、出现的新问题、产生的新需求，每月提出财务监察意见和建议，对学校整体财务运行情况提出监察报告。设立财务监察岗是学校财务内控体系不断建设和完善的一个重要举措，也是财务风险防控能力建设的一个重要成果，为各项财经活动正常有序合法进行提供了更加充分的保障。

学校财经证件、财务印章、所有钥匙等重要物品进行登记造册，明确保管人、使用人及责任，建立了重要物品使用、交接、监督、检查制度，提高了各类重要物品使用和管理的安全性。

起草并印发《规范使用科研经费采购仪器设备具体操作细则》，使学校科研设备经费的预算、采购、使用、保管、报废的全流程纳入有效管理之中。印发《关于进一步规范非事业编制人员薪酬管理的通知》，对学校各单位聘用非事业编制人员的薪酬进行了明确规定。为加强对预借票据的管理，制定了《北京交通大学预借票据管理暂行办法》。根据近年国家财经政策的变化和学校发展中产生的新情况，修订了《北京交通大学暂付款管理暂行办法》。

2. 加强预算管理，控制一般性支出，为学校改革发展提供有力支撑

2010 年，学校进一步严格财务预算和管理，努力增收节支，强调量入为出，有效平衡收支，集中并盘活校内存量资金，突出重点安排，提高资金使用效率和效益，达到了“保人员、保运转、保重点、保安全”的预期目标。

为贯彻勤俭节约的预算宗旨，2010 年预算额度的 90% 下拨学院和部处，鼓励校内各单位在预算框架下厉行节约，提高效益，实现了全年学校行政经费下降 10% 的目标，压缩行政经费 1 253 万元。

学校出台《关于压缩 2010 年事业经费会议费支出的通知》，要求从 2010 年起，凡校内各单位因公使用事业经费自办会议（外出参加其他单位会议及承办上级单位会议除外），均需在校内会议场所召开，严格审核会议开支标准，控制会议开支总额。严格执行文件，全年压缩会议费支出 124 万元。

在 2009 年运输学院、理学院试点的基础上，2010 年学校选取了电气学院、人文学院等 4 个学院进一步推行“二级管理、集中核算”的财务管理模式。经过一年的试点和准备，试点学院对全面预算的资金掌控能力得到增强，办学自主性和能动性不断提高。学校决定，从 2011 年起在全校推广学院预算管理机制改革，各相关部处将提前启动二次分配专项资金的申报审批工作。

3. 多渠道争取资金，为学校改革发展提供充足的资金保障

（1）争取国家财政支持。经过多方努力，争取财政部、教育部、发改委等政府部门拨款超过 1. 8 亿元。以财政部高校化债奖励资金为例，2010 年学校争取到该项资金 5 000 万元，占当年全国高校化债奖励资金总额的 10%，获取拨款金额在全国高校中名列前茅。

（2）获得国家高校财务工作绩效奖励。学校在财务管理和财务风险控制工作中的优异表现得到了财政部、教育部的高度肯定，荣获财政部高校财务工作绩效奖金 2 500 万元，奖金总额居于获奖的 40 所教育部直属高校之首。总奖金包括两个奖项，其中高校财务管理绩效奖 1 500 万元，高校风险控制绩效奖 1 000 万元。

（3）提高资金使用效益。学校科学合理、基础扎实的财务管理工作，使财务管理在资源配置中的作用能够得到充分的发挥。2010 年计财处结合学校财力情况和资金流状况，在确保安全的前提下，向管理要效益，全年为学校获取利息收入 1 335 万元。

（4）加大学费收缴力度。在逐步加大资助力度的同时，不断提高学生交费的便利程度。通过新生批量开卡和学费统一划扣，大幅降低现场缴费的比例，为学生按时缴费提供了更大的便利。继续加强欠费催缴，将本科生交费情况纳入信息系统，方便查询和学院即时监控。

4. 稳健应对国家财经政策法规的快速变化，努力提升学校财经系统的适应性，保证学校财经工作平稳运行

高等学校新的会计制度即将正式颁布实施，对学校预算管理、财务管理、资产管理、绩效评价等方面工作提出了新的要求。学校按照新制度要求梳理和完善财务管理制度体系，设计和改造现有的财经运行系统。推进落实的日程表，适时组织有关部门进行学习研讨，确保新制度的顺利实施和新旧制度转换期中学校各项工作的平稳过渡。

5. 广泛调研、深挖潜力，以管理创新和科技创新提升财经系统管理服务能力和工作效率

学校开拓思路、创新思维，努力优化财务工作流程，利用现代科技手段不断提高工作效率，向管理创新和科技创新要效益。

不断扩大与在京高校的交流和沟通，多次派出相应岗位工作人员赴北京邮电大学、清华大学、北京科技大学等兄弟院校参观学习，就民口科技重大专项资金管理、网上报销运行模式、出国经费报销要求、银行支票、银行汇入款入账流程等财务管理工作交流工作心得，探讨发展方向。

加速推进“学校科研管理信息系统”之“科研经费财务管理信息子系统”的设计和研发。以目前工作流程为基础，综合考虑国家财经政策法规新变化、学校和教师科研工作的新需求，从科研经费预算、到款、通知、认款、入账、执行、决算等各个环节进行优化设计。新系统将使学校科研经费管理和使用的全流程实现高度信息化，管理部门将具备对科研经费进行实时管理与控制的能力，极大地提高了学校科研经费财务管理系统的管理服务能力和工作效率。

6. 继续加强财务人员教育和管理，培育学校财经人才队伍

创造性地将学校财务管理制度体系建设、国家财经法规学习和研究与财经人才队伍的培养和管理相结合，建设一支数量充足、质量优良、善于学习、敏于思考的财经工作队伍。在日常工作中，结合国家政策变化和学校发展需求等实际问题，建立学习和研究团队，对财务人员的学习能力、思考能力、组织管理能力、团队合作意识等各方面综合素质进行全方位的培养和锻炼。通过个人自学、科室研讨、全处学习、与兄弟院校交流沟通等多种方式，努力提高财务管理人员的职业道德、法律观念、风险意识和业务技能。

7—8 月，组织全校会计人员进行继续教育。承办了中国教育会计学会两期初、中级会计人员继续教育学习班，细致周到的组织和管理工作受到参会兄弟院校会计人员和中国教育会计学会的好评。

7. 按照上级部门要求和安排，接受各类审计检查并推动整改

2010 年，接待教育部修购评估小组，组织教务处、基建处、后勤管理处、研究生院、信息中心、图书馆、档案馆等有关单位进行项目申报并参加评估，为检查组提供各项数据，顺利完成 2011 年修购计划的申报及增报任务。

接待来自科技部、铁道部等各部委和有关部门的科研课题经费审计 73 次，涉及学校课题 125 个，接待校内科研教师查账、对账千余人次。受理课题经费中期、结题财务报表审核 483 次。

8. 转变工作作风，提高服务水平和工作效率

修改全校教职工的公积金基数计算方法，在合理避税的同时，在编人员公积金得以上调。与公积金中心、工商银行合作启动了为教职工制作公积金联名卡的工作，截至年底发卡

1 400 余张，使教职工按季提取公积金成为现实。

学校计财处启动了非现场报销的单据受理方式，师生办理财务报销业务告别了排队和等候。目前学校可以提供工行财务 POS 机刷卡、中行打卡和现金 3 种报销方式，极大提高了办理会计业务的便利和效率。

审计工作

【综述】

2010年，学校审计工作按照教育部《关于做好2010年教育审计工作的通知》及《北京交通大学2010年工作要点》要求，以“为防范学校经济活动风险服务、努力为学校节约资金”为目标，较好地完成了各项审计任务。全年开展各类审计项目71项，审计资金总额17.89亿元，为学校节约资金150.95万元，提出审计建议34条，咨询意见73份；重视基础工作，开发了工程审计信息管理系统，建立工程审计月例会制度。

【工程审计】

2010年度工程审计重点在管理审计，在一些工程管理方面提出切实可行的建议，明晰工程审计中各方的责任，进一步规范学校工程项目审计的流程，使审计过程中信息传递直接、透明。

1. 全过程工程审计

建设项目全过程跟踪审计3项，其中供热工程、学生活动服务中心工程是延续工程，机械工程楼是结算收尾工作。

学生活动服务中心按4方签订的全过程审计实施方案约定，对工程中涉及造价控制事项，做好现场察看、调研、沟通协调工作，及时出具审计咨询意见73份。

完成工程全过程审计中基建工程结算审计17项，工程审计提交审计报告14份；其中热力工程13项，机械工程楼3项，学生活动服务中心地基与基础1项。

2. 学校修缮改造工程

完成修缮、改造工程项目结算审计48项，送审金额1 205.99万元。

【经济责任审计】

完成2位处级领导干部经济责任审计工作，提交审计报告2份，涉及审计金额4 207.04万元。

【财经审计】

完成学校2009年财务预算执行情况及决算审计，提出审计建议5条；完成2009年基建财务决算审计，提出审计建议4条。完成计财处会计电算化核算内部控制、学校往来款管理情况、学校财务本级银行账户使用管理情况、学校重大科研项目经费使用情况等4项专项审计调查工作，涉及审计资金2.54亿元，提出审计建议18条。完成国家自然科学基金资助项目结题经费审签51项，高校博士学科点项目结题经费审签10项，提出审计建议4条，审计金额1 261.22万元。

房地产管理

【综述】

2010年，房地产管理工作根据学校工作重点和折子工程的安排，并结合实际，关注热点，办好实事，抓住难点，解决疑难问题，规范管理，提高服务水平，竭尽全力做好学校教学、科研和产业发展的用房保障工作，为全校师生员工提供良好的工作、学习和生活环境。

【房产管理】

1. 试行学校公用房屋使用机制改革方案

出台《北京交通大学公用房屋使用机制改革方案（试行）》。根据文件规定，经过半年多的实地走访与测量，摸清了各单位的用房情况，核实了各学院（系）的实际使用房屋面积，测算了其应核定的公用房屋面积，并于12月完成了全校12个院（系）的公用房屋测算汇总工作。

2. 加强科研周转房的管理

及时清理逾期占用的科研周转房，保证科研周转房的良性循环，为学校科研发展提供强有力的用房保障。与5个单位签订了科研周转房协议，共收取房屋资源占用费190.4万元，做到既科学、公正、合理地配置科研房产资源，又实现国有资产的保值增值。

3. 修改完善并试行周转房（床）暂行管理办法

修改、完善了《北京交通大学周转房（床）暂行管理办法》和《北京交通大学周转房（床）清理细则》，同时对新入职的教职工采取了逐步并轨的办法，待学校审核批准后正式实施。

4. 实现塔五楼通气

截至年底，塔五楼1、2、3、4、5、7、8号管道均已实现通气。由于个别住户阻挠，仅剩的6号管道开通天然气工程正在实施绕行方案，并已进入到最后的试压阶段，即将实现全面通气。11年来塔五楼住户无法使用天然气的问题即将彻底解决，方便了广大教职工的生活。

5. 积极推进“交大附小”的迁建工作

协助并配合海淀区教委完成了“交大附小”迁建项目建设用地规划许可和规划方案的审批手续。继续督促、协调海淀区教委加快办理该项目的规划审批和开工审批手续。拆迁公司、评估公司的招标工作已进入开标、公示阶段。其他相关的筹备工作正由海淀区教委按计划进行。

6. 做好教职工住宅项目建设与配售等各项工作

根据国管局《关于同意北京交通大学利用海淀区上园村3号部分自用土地新建职工住宅立项的函》（国房管地［2009］346号）文件，学校将利用自有土地集资建设教职工住宅，改善教职工的住房条件。1月25日，学校成立了住宅建设与配售工作委员会，下设两个工作小组：住宅建设与配售保障小组和住宅建设与配售工作小组。完成了拆迁政策、补偿办法和配售方案的调研任务，制定了学校的相关政策和方案。4 月份，启动了西七楼协议拆迁工作，但由于诸多原因，原定拆迁西七楼的目标没有实现，目前，基建处正在全力推进新建幼儿园的选址、报批等相关工作。

7. 多渠道改善青年教职工住房条件

积极收集租赁保障房信息，目前已联系了海淀区和西北旺人民政府，就唐家岭地区租赁保障房提出合作的意向需求，并一直保持联系，及时将信息通报给全校教职工。同时在周转房和集体宿舍管理等方面不断加大工作力度，积极解决青年教职工的住房困难问题。对已经入住周转房（床）的人员进行全面清理、整顿，共发放清退住房通知 350 余份次，清退到期周转用房 20 套（间）；同时，根据引进人才进校顺序及实际需要，最大限度地满足引进人才的周转房使用需求，安排博士后、引进人才入住周转房 38 户。

8. 启动 2001 价购房结算工作

积极推进 2001 价房价款的结算工作，完成了 2001 价第一批房价款的计算工作，在第一批次近 500 人中已发放计价单 330 份，剩余的计价单也在陆续发放。这标志着学校 2001 价购房工作进入了最后阶段。购房签约、房产证制作和发放工作也即将展开。

9. 完善公有住房的管理工作

年初，为配合学校利用自有土地建设教职工住宅，按照国务院机关事务管理局的要求，收集资料，及时完成了学校教职工的住房电子档案，并在国务院机关事务管理局中央国家机关央产房办公室备案，使公有住房管理工作更加规范、有序。同时，根据公有住房上市要求和超标处理办法，对 97 价和 99 价售房涉及的超标款进行了结算、收款。

加大对供暖费报销的审核力度。对自供暖方式报销供暖费的人员采取查验产权证和购房合同的方式，发现了部分人员产权变更，已经不适合学校的报销办法，清理出个别不符合条件的人员，保障了教职工的正当利益，也维护了学校的利益。完成个人供暖费审核、支付 288 笔，共计金额 62 万元；完成了 8 个小区（包括产权、使用权房屋）供暖费、物业费的审核、支付工作，共计金额 115.67 万元。

10. 完善住房补贴建档、调查、发放程序，做好广大教职工的住房补贴工作

为全校无房教职工 903 人发放无房按月住房补贴，累计 1 123 万元。2009—2010 年度学校新进教职工 140 人，截至年底通过多地的实际调查，已完成其中近 100 人的住房调查，其中 95 名无房教职工住房补贴数据的计算和审核已完成，即时随工资发放到位。

11. 人防工程管理工作

进一步加强规范人防设施的使用和管理工作，整顿和消除各类人防设施安全隐患，做好人防工程的日常维护工作。签订《2010 年教育部人民防空工作责任书》，与各使用单位签订《人民防空安全责任书》和《安全使用责任书》。加强安全检查，消除各种安全隐患，对不符合用电安全的使用单位强制加装了恶性用电负载识别器，对影响安全疏散的通道强制拆除。发放整改通知 4 次，约见谈话 3 次。学校获得了 2009 年教育部人防工作先进单位的称号，还获得了北下关街道办事处授予的 2010 年度地下空间安全管理先进单位称号。

12. 其他工作

12 月，完成了逸夫教学楼的上账工作，上账金额：76 509 861.45 元，上账面积：23 095.07 m^2。

【地产管理】

开展新校区选址考查工作。同经管学院和中介评估机构完成了学校部分土地资源的评估，为学校领导筹建新校区提供决策依据。

10 月，配合基建处完成了学校“十二五”规划用地、用房情况的填写与申报，将学校的全部用房情况与实际使用情况进行了梳理，为以后厘清固定资产的账目奠定了基础。

【附件8】

学校房产相关统计数据

表61　学校房产数据统计表

房　产　类　型	建筑面积/m^2
一、教学及辅助用房	225 638
其中：教室	54 255
图书馆	16 357
实验室、实习场所	139 005
体育馆	6 161
会堂	9 860
二、行政办公用房	37 658
三、生活用房	305 678
其中：学生宿舍（公寓）	211 080
学生食堂	11 446
教工单身宿舍	14 944
教工食堂	0
生活福利及其他用房	68 208
四、教工住宅	211 171
总　　计	780 145

实验室与设备管理

【综述】

2010 年，实验室与设备管理工作继续强化制度建设，加强服务职能，推行规范管理，提高工作水平，开展了建章立制、家具清查、贵重仪器设备共享、信息化建设等工作。在实验室建设与管理方面，通过摸底调查，认真梳理，完善实验队伍机制建设，强化实验室日常管理；在设备管理方面，以家具清查为契机，全面摸清家底，狠抓基础工作，加强信息化建设，通过数据挖掘分析，加强设备论证，并积极探索贵重仪器设备开放共享工作；在仪器设备招标采购方面，执行公开、公平、公正的阳光政策，通过项目管理等举措促进了管理水平的提升。

【实验室建设与管理】

1. 深入调研，认真梳理，全面掌握现有实验技术人员工作现状

按照实验技术队伍建设总体目标和基本思路，研究和探讨如何加强实验技术队伍建设，进一步推进学校实验室工作。组织召开了由部分学院主管领导、实验室主任及实验室骨干教师参加的系列专题座谈会，主要围绕实验室工作内容的划分、实验室人员工作质量及水平的评价、如何吸引和留住高水平的实验技术人员、实验室工作如何开展课题研究、建立评优机制、促进实验室工作水平提高等系列议题展开研究和探讨。通过座谈会全面掌握学校各类实验室工作的实际情况，对学校实验室工作内容进行了划分。编制完成《北京交通大学实验系列年度工作量统计表（试用）》，在 3 个试点学院的 12 个实验室试用，并不断修订完善。

2. 关注实验人员切身利益，完善实验队伍机制建设

2010 年，实验室设备处积极配合并参与人事处组织的专题研讨和调研活动，与教务处、科技处及相关学院加强沟通，共同研究和探索有关实验队伍机制建设、实验室人员管理的问题。

3. 以实验室安全检查为切入点，强化实验室日常管理

以实验室安全检查为切入点，加大实验室安全检查力度，强化“任务到室，责任到人”的安全责任制，要求各实验室安全责任人的基本信息登记备案。对存放和使用易燃、易爆危险物品，存放、使用和排放危险生化物品，存放和使用辐射及放射性物品的实验室一一登记备案，以督促他们按照国家相关管理办法严格管理。同时，带动了实验室卫生、环保及相关制度的落实与管理，收到了良好的效果。

【设备管理】

1. 家具清查工作

4 月中旬至 7 月中旬，分两个阶段，采用各单位自查、学校抽查相结合的办法，对全校家具进行了清查盘点。此次清查家具共计 6.22 万件、总金额 4 092 万元，涉及 32 个部处和 13 个学院。其中账物相符家具 5.82 万件、金额 3 802 万元，约占总金额的 92.9%；清查出有账无物家具 3 961 件、金额 290 万元，约占总金额的 7.1%。

清查达到了两个预期目的：一是掌握全校家具的分布和使用情况，完成固定资产管理工作；二是发现和掌握家具管理中存在的问题和不足，为更好更全面地开展家具管理工作做准备，积累经验。

2. 加强设备及家具的日常管理

通过加强设备建账、日常使用、效益考核、设备管理、调拨及报废各个环节的管理，优化资源配置，提高仪器设备的完好率、使用率，更好地为学校教学、科研及行政等各项工作服务。

加强信息化管理，以“北京交通大学仪器设备管理WEB系统”软件为平台，开展数据上报和设备审核上账等工作。2010年共审核新增仪器设备金额13 703.7万元，打印固定资产卡片、设备条形码6653条，报废仪器设备3 042台件，金额1 993.5万元，校内调转仪器设备339台件；同时结合家具清查工作，对全校的家具统一粘贴了家具条形码，打印家具条形码63 330条。

坚持强化设备日常盘点清查，派专门人员盘点清查设备和家具，要求新增仪器设备和家具及时贴条形码，逐一检查新增仪器设备和家具的账物相符情况和条形码粘贴情况，对账、卡、物日常管理不到位的单位，指导、督促设备管理人员及时整改。

3. 教学科研仪器设备情况

2010年学校实有教学科研仪器设备46 601台件、金额67 661.8万元；其中当年新增教学科研仪器设备5 679台件、金额13 194万元；10万元以上贵重仪器设备919台件、金额32 950.8万元；40万元以上的贵重仪器设备共202台件、金额18 408.9万元。

4. 开展贵重仪器设备共享

落实贵重仪器设备开放共享平台试点设备——电镜开放共享的各项准备工作，涉及场地条件、人员待遇、资金启动等方面；开展电镜开放共享的调研工作，完善各种规章制度、管理机制等。

实验室与设备管理处负责电镜的开放共享、基金管理、收费管理、效益考核等。由于电镜对操作人员要求较高，在对校内外开放使用初期委托理学院进行日常管理，由理学院配备专门管理和使用人员，保证设备正常运转，提高投资效益和设备使用率，为学校学科建设提供平台保障。

【设备采购】

1. 规范管理，提高管理水平

健全规章制度，印发《关于规范使用科研经费采购仪器设备工作的通知》（备通［2010］1号）及补充细则，进一步明确科研经费购置设备的相关规定及操作流程。补充了政府采购、协议供货、进口免税等三个流程，依照采购金额对协议供货进行细化，使设备采购工作进一步规范化。

2. 年度采购任务执行情况

2010年度共完成设备采购数量6 653台件，金额13 703.7万元。其中办理进口免税业务63台件，合同金额2 478.1万元，为学校节约资金520万余元；新增自制设备项目24项，总金额695.8万元，完成中期检查4项。

2010

办学条件保障

图书馆工作

【综述】

2010年，图书馆工作围绕着服务和特色两大宗旨，开拓进取、不断创新，从抓好基础建设、做好专项工作、开展创新服务等几个方面完成了预定的工作目标。先后获得人民邮电出版社颁发的优秀馆藏图书馆·书香奖、北京交通大学思想政治教育工作实效奖、2010年度BALIS馆际互借先进集体一等奖、2010年BALIS原文传递优质服务馆一等奖、BALIS原文传递服务最佳宣传奖、BALIS馆际互借服务最佳宣传奖等荣誉。图书馆现有办公室、采编部、流通部、阅览部、技术部、咨询部、东校区分馆、数字资源部8个部（室）；在编工作人员共计78人，其中事业编制62人，非事业编制17人。事业编制工作人员中，博士1人，硕士18人，大学本科18人，大学专科20人，其他5人。正高级专业技术职称2人，副高级专业技术职称15人，中级职称29人，无职称16人。年龄分布：20～30岁3人；30～40岁18人；40～50岁37人；50岁以上4人。

【经费与馆藏】

2010年共完成了710万经费的采访任务，新增纸本图书共计110 852册，比上年增长24%；共采购中文图书25 954种/83 406册，中文期刊2 817种/2 846份，外文图书522种/523册，外文期刊185种/185份；共验收入馆文献中文图书100 562册，中文赠书2 145册，外文图书1 968册，外文赠书50册，过刊2 357册，学位论文3 455册，光盘4 463种；共分编中文纸质图书26 413种，外文纸质图书1 651种，学位论文2 634种，光盘1 463种。

截至年底，图书馆馆藏资源量为177.39万册，电子图书33.55万册，音像资料（含随书光盘）2.88万册。

【读者服务】

1. 借阅服务

图书馆全年共接待读者1 124 486人次（未含自习室读者人数），外借图书418 006册，其中网上续借76 945册，还书333 670册，预约借书5 515册。

细化服务内容，服务手段多样化。在延长开馆时间、延长借阅期限、增加借阅册数等服务措施都已经实施的情况下，2010年9月开展了通过邮件服务器向读者发放预约到书通知单的业务。开展了超期催还服务，即在距离读者所借图书还书日期还有7天就以电子邮件的方式提醒读者，在读者所借图书过期后将每隔7天再以电子邮件的方式继续提醒。为缓解图书馆阅览座位紧张的矛盾，图书馆克服困难，允许读者带包进入阅览室和开架书库，方便了读者，读者入室阅览量有了大幅度的增长。

调整布局，努力挖潜，更好地为读者服务。为满足学校教学科研的需要，配合建筑与艺术系的学科评估验收工作，5月24日新设置的建筑与艺术综合阅览室正式对外服务。该室的文献集合了艺术类图书、期刊和建筑类图书、期刊共计2万多种图书和100余种期刊。同时，为了解决建筑与艺术阅览室开放后人员紧缺问题，合并了科技图书、科技期刊阅览室的管理工作，实现了在不增加人员的情况下增开建筑与艺术阅览室。

2. 扩大图书馆面积，改善图书馆环境

扩大了东校区图书馆分馆的使用面积一千多平方米，装修并购置了部分书架和阅览座椅，改善了分馆的阅览环境和条件，增加了图书资源。装修了图书馆二层卫生间，改善了楼道的照明环境。

3. 查新、查引，文检课教学和读者培训工作

2010 年，图书馆共完成查新课题 150 项，比上年增加 50% 左右。查新、查引 436 项，8 000 条，同时完成每年 4 次为科技处提供学校作者被 SCI、EI、ISTP&ISSHP 收录和引用情况的预检索报告。

2010 年度完成科技文献检索课教学 816 学时，约 4 164 人次，在北京市乃至全国高校中居前列。全年读者培训的次数达到 50 次，累计 1 500 人次，新生入馆教育 3 000 多人次，解答咨询、回复邮件 2 300 多人次。

学校图书馆原文传递工作在北京地区 79 所高校图书馆中，注册人数、使用人数、文献申请量位列第一名，综合排名第二，历经三年的考核、评估，学校图书馆被评为原文传递学科服务馆，成为六家学科服务馆之一。三年来，学校图书馆共传递各类文献近 4 000 余篇，2010 年获 BALIS 原文传递优质服务馆一等奖。

4. 学术资源门户建设（Metalib 和 SFX 工作）的利用

2010 年配合图书馆主页的调整，Metalib 和 SFX 进行了页面的全新改版，对系统操作的便捷性和检索效率进行了全面优化，一年来新页面使用反馈效果较好，页面的可访问性和操作性有较好的改善，SFX 使用量增长显著，截至 2010 年 11 月，Metalib 有效检索次数达 39 万次，SFX 使用量较 2009 年同期增长 78.8%。

新增 SFX 原文传递申请服务，该服务可以直接附带检索命令中的元数据，不需要作者提交文献题名、期刊名等信息，仅需提交邮箱就可以实现原文传递服务，提高了系统的使用频率和工作效率。

5. 电子阅览室利用情况

2010 年，主校区机房上机 122 533 人次，机时为 255 600 小时，利用率和上机人次和往年持平。

6. 文献资源建设

电子资源的编目纳入正轨。制定了随书光盘、视频资源的数据处理流程，制定了本馆随书光盘和音频资源 Digitool 数据转换规范。本年度人工回溯了随书光盘的数据 420 种，新书光盘将过渡到数据的程序批转换；本年度原编音频资源 879 种，完成 Digitool 转换。

逐渐外包新书数据加工业务。在反复考察、沟通和人员培训的基础上，及时改进工作流程，达成外包 + 审校、外包 + 取号的多层工作流程，效果逐渐显现。

【文化活动】

1. 开展“书香杯”征文活动和“读者奖”评选活动，营造文化氛围

第八届“书香杯”读书征文共收稿 221 篇，内容丰富，征文质量较高，优秀作品很多，真实地反映了作者的内心世界和精神境界，经过公正、公平和公开的评审，共评选出一等奖作品 4 篇、二等奖作品 6 篇、三等奖作品 10 篇、鼓励奖作品 13 篇，总计 33 篇，占征文总数的 14%。同时，组委会还评选出组织奖，包括北京林业大学方舟文艺社、北京交通大学

海滨学院、北京交通大学馥思文学社及博学社四个单位。

2. 开展了第八届“图书文化周”活动

活动期间举办了书展、实物展、讲座、读者座谈会等形式多样的活动，其中，“不能忘记的历史——满铁收藏展”主题展览既是一项科研教育活动，又是一堂爱国主义教育课，以文物实物开拓视野，教育师生勿忘国耻、牢记历史。本届图书文化周期间，图书馆还举办了图书馆服务知识有奖问答。

【研究与交流】

1. 图书馆学术活动

1月21日，图书馆第八届学术研讨会在图书馆举行。本次研讨会共征集论文及2009年内在国内外正式期刊和会议中发表的论文23篇，经评定，本届学术研讨会一等奖1名、二等奖2名、三等奖5名，纪念奖15名。

6月28日，图书馆举办了北京地区图书馆服务与创新研讨会，以促进北京地区图书馆和美国桥水州立学院图书馆间的学术交流。会议由北京交通大学图书馆馆长韩宝明教授主持，王永生副校长致辞，来自美国桥水州立学院和北京地区三所高校的五位图书馆领域的专家学者作了精彩的专题报告。

2. 对外交流活动

10月，满铁研究分会与CADAL项目管理中心签署《大学数字图书馆国际合作计划（CADAL）项目二期数字资源参建协议书》。

完成了2010年度分会基金项目申报工作并与相关单位签署项目合同。

完成满铁分会秘书处日常工作，召开了满铁分会学术年会。本届“满铁研究分会学术研讨会年会”于12月在东北师范大学召开，来自中央编译局、北京大学图书馆、吉林大学图书馆、大连图书馆、天津图书馆等国内近二十家图书情报单位的60余名代表参加了会议。会议提出“三个一”的发展思路，即建成一个数据服务平台，办好一个年度学术会议，出版一个学术期刊。这次会议不仅交流了学术，同时着重研讨了满铁研究平台的建设，取得了良好的效果。

3. 科研状况

2010年，图书馆在研项目共计7项；个人出版和发表的著作论文21篇（部）；53人次参加了学术交流或学术会议。

【党建工作】

图书馆直属党支部坚持民主管理，推进党务公开和民主决策，加强制度建设，修订、完善了一系列制度，加强对图书馆日常工作的监督和保障。

图书馆工会在图书馆党支部的领导下，开展了卓有成效的工作。一是党、政、工共建教职工之家。在校工会和图书馆行政的大力支持下，设立了“职工之家”，设置了活动室、休息室。添置了冰箱、微波炉等设施和乒乓球台、健步机、踏步机等健身器材。二是以教代会为平台，加强民主管理、民主监督，推进图书馆民主政治建设：以馆务公开为支撑，调动广大职工民主管理、民主监督的积极性。馆务公开的主要内容包括：绩效考核、文献购置、晋职进级、人员招聘、财务管理。尊重教代会意见，认真做好提案工作，2010年提交提案3个。三是配合图书馆中心工作，发挥工会群众组织的优势。关心教职工的工作和生活，帮助困难职工，包括：教职工生病慰问；教职工直系亲属住院慰问；教职工家里有重大困难慰问，并积极办理困难补助。活跃文化生活，开展丰富多彩的活动，并取得好成绩。

5 月 22 日，北京地区高校图书馆第八届田径运动会在学校举行。北京高校图工委从 1988 年开始举办田径运动会，每三年轮流举办一次。本届运动会由北京市教育委员会、北京地区高校图书馆工作委员会共同主办，北京交通大学承办。共有来自清华大学、北京大学等 39 所首都高校图书馆的 1 600 多人参加了此次盛会。其中共有 1 100 多名运动员参加了 44 个比赛项目的角逐。学校图书馆取得了团体第四名的好成绩，并荣获“体育道德风尚奖”。

出版社工作

【综述】

北京交通大学出版社（包括北京交通大学电子音像出版社）是教育部主管的中央级出版社。依托学校学科和学术优势，出版各级各类教材、教学工具书、教学参考书、通俗政治理论读物等，及时反映国内外教学科研的新水平、新成果，交流学术经验，促进文化和科研事业的发展。按新闻出版总署和教育部的要求，北京交通大学出版社于2010年底前完成转企改制的清产核资、资产评估和工商登记注册工作，改制后名称变更为“北京交通大学出版社有限责任公司”。2010年7月，成立电子音像与数字出版中心，使学校出版社从传统出版向立体化出版又向前迈进一步。

【主要出版物】

按新闻出版总署的文件规定，北京交通大学出版社主要出版与北京交通大学所设专业方向一致的学术专著、译著；适合高等学校教学需要的政治理论读物；根据学校主管部门确定的分工安排，为尚未成立出版社的高校出版同一专业系统的高校教材。现阶段的主要方向是出版电子信息、计算机、经济管理、交通运输、土木工程、电气、机械、物理、数学、社科、人文、外语等学科领域的教材和教学参考书。同时，可配合本版图书出版音像和电子制品。

【生产经营】

严格遵守教育部和新闻出版总署的各项政策法规，遵循社会主义精神文明建设的特点和规律，适应社会主义市场经济发展的要求，正确处理出版图书的意识形态和商品双重属性的关系。坚持社会主义先进文化的前进方向，坚持为人民服务、为社会主义服务、为教育事业的改革和发展服务的办社宗旨，坚持把社会效益放在首位，努力实现社会效益和经济效益的最佳结合。切实贯彻“创新体制、转换机制、面向市场、壮大实力”的方针。按照现代企业制度的要求，建立和完善出版社的法人治理结构，建设产权清晰、权责明确、管理科学的现代出版企业。

2010年出版图书1 285种，比2009年增长36.4%，其中：新书为519种，比2009年增长18.5%。生产码洋为12 929万元，比2009年增长34.7%；销售码洋为9 104.57万元，比2009年增长18.6%；销售实洋为5 663.81万元，比2009年增长16.7%；回款4 318.77万元。

2010年北京交通大学出版社出版的图书，有4种被中国书刊发行业协会评为2010年度全行业优秀畅销书；7种被中国大学出版社协会评为“中国大学出版社图书奖优秀教材奖”，1种被中国大学出版社协会评为“中国大学出版社图书奖优秀学术著作奖”。

【转企改制纪实】

6月13日，财政部发文（财教［2010］165号），对学校出版社清产核资结果进行了批复。

8 月 13 日，海淀工商局核准学校出版社名称变更，变更后的出版社名称为“北京交通大学出版社有限责任公司”。

8 月 30 日，完成资产评估工作并向教育部财务司申请国有资产评估备案。

9 月 20 日，新闻出版总署发文《关于同意北京交通大学出版社更名为北京交通大学出版社有限责任公司的批复》。

9 月 27 日，教育部核准学校出版社资产评估结果，经评估后的净资产为 2 542.83 万元。

12 月，学校召开党委常委会，讨论并通过了改制后出版社的管理体制、人员安置原则、资产划转及注册资本方案。

12 月 21 日，教育部发文（教技发函［2010］92 号）同意学校出版社改制，并同意将净资产 2 542.83 万元无偿划转至北京交通大学资产经营有限公司。

12 月 31 日，顺利完成工商登记注册工作。

在北京交通大学党委和主管领导的重视、关心和指导下，按时完成了工商注册登记工作，下一步将继续按教育部和新闻出版总署的部署不断完善法人治理结构，促进出版社实现更好更快发展。

网络与信息系统建设

【综述】

2010年，校园无线网二期建设全部完成，数字校园基础架构进一步完善，在不断丰富网上应用系统的同时，着重对信息安全防护体系进行了改善。

【校园网建设】

校园无线网二期建设全部完成。继2009年与中国电信合作，由中国电信投资283万元，在校园内进行学校的校园无线网WLAN部署后，2010年又与中国电信再次合作对校园室外区域、思源楼、思东、思西、招生就业处等的无线网络设备进行升级替换。同时，借鉴与电信合作的成功经验，与中国移动合作进行校园无线网WLAN覆盖，中国移动对建于2006年的8教、9教和综合楼进行了无线网的重新设计和密集覆盖，共为学校投资建设186个AP和2台无线控制器，总价值115万元。与两大运营商的合作，两年来共为学校节省投资超过500万元。

校园网主机房（数据中心）升级改造全部完成。本学期，新增80 kVAUPS一台，使校园网主机房的电力容量从原来的120 kVA提升至200 kVA，预计可以满足未来三年的机房用电需求。同时，完成了对主机房机柜的综合布线改造，所有主机房机柜都实现了千兆接入，核心交换设备实现了双机备份。

校园网IPv4出口带宽于年初和年末两次进行扩容。年初，从总带宽800 M（教育科研网300 M、电信通400 M、北京移动100 M）扩容到900 M（教育科研网200 M、电信通600 M、北京移动100 M），年底再次扩容至1 G（教育科研网200 M、电信通400 M、北京电信300 M、北京移动100 M）。校园网IPv6出口总带宽从年初的1 G升级至2 G。

【信息系统建设】

3月份，通过微软正版化合作项目，在全校推广微软正版操作系统和办公软件。正版软件的推广使用，有效地避免了因使用盗版软件而带来的病毒、木马泛滥和系统升级问题。

6月份，在全校范围推广安装正版网络版防病毒软件。学校共引入卡巴斯基、赛门铁克、趋势和金山毒霸四种正版杀毒软件，共22 000个安装许可，免费提供给全校教学区、宿舍区和家属区用户安装和升级。

交大电子邮件系统完成了软、硬件扩容，扩容后系统用户是8万，基本能满足学校3年内邮件用户的需求。并于10月份开放学生邮箱别名申请。校园一卡通系统于2010年寒假进行了软件平台升级，为2011年一卡通三期系统建设奠定了基础。此次升级共升级终端设备2 000多个；升级校园卡4.5万余张，投入人力50余人。

6月份，开通了研究生管理信息系统。成为全校研究生基本信息更新、信息查询以及社会实践、评优评先管理的综合业务系统。

9月份，交大知行信息交流平台试运行，为全校教师和学生提供了集论坛、BT下载、音乐、电视、博客、相册和群组为一体的综合的信息交流服务平台。“知行”平台通过丰富的、个性化的服务，成为学校丰富课余生活，方便同学、师生、学校信息交流的重要平台。12 月 28 日举行了正式开通仪式。

开展了校园信息系统等级保护工作，7 月份完成了对学校所有信息系统的摸底定级工作，并将被定为 2 级以上的 13 个系统到北京市公安局文保处进行了备案，目前已经取得了备案证书；学校的此项工作受到了教育部办公厅的通报表扬。

【其他】

全年为 2. 8 万校园网用户、5 万一卡通用户提供各类业务技术支持和咨询服务。运行维护 3. 5 万个网络信息点、2 000 多台网络设备、65 台各类服务器和应用系统、22 个一卡通应用系统及 2 000 多台一卡通硬件设备的维护。新办校园一卡通及校友卡 11 563 张。全年分三次对校园卡进行了清理，共清理及停用校园卡 4 000 余张，有效地保障了食堂的就餐秩序，维护了学生的利益。协助相关单位完成毕业生离校 7 155 人，网上招生录取及迎新、职称评审及年度考核等工作。

档案工作

【综述】

2010年，学校档案馆工作认真、贯彻落实国家档案局、教育部《高等学校档案管理办法》，全面实行《北京交通大学档案管理办法》，首次召开了全校档案工作考核表彰大会；继续加强校史博物馆建设，并与中国书画院等单位合作建立了书画艺术厅；1998—2010年北京交通大学志书的修志工作积极向前推进，档案日常业务开展良好，档案信息化工作又取得新进展。2010年9月学校档案馆当选为教育部直属高校档案工作协会第六届理事单位，12月当选为北京市高校档案研究会第六届理事单位，并荣获北京高等教育学会档案研究会2010年“北京高校档案工作先进集体”称号。

【综合档案】

自2010年开始施行新修订的《北京交通大学档案管理办法》，管理办法对档案管理体制、管理方法、查询利用、条件保障都进行了具体明确的说明，并对文书档案、研究生档案、科研档案、基建档案、声像档案、电子文件档案的管理实施细则进行了明确的规定，为档案工作和管理提供了依据。

全年档案馆共接收各类档案6 012卷。其中文书档案1 477卷、会计档案1 376卷、科研档案617卷、基建档案135卷、研究生档案2 376卷、出版物19卷、照片档案12卷，对所接收的档案全部进行了整理、编目、排列、上架，并编制了案卷目录、卷内文件目录等多种档案检索工具。与2009年同期相比，归档数量提高了2.9%。

自2010年开始，为优化档案馆馆藏，对研究生档案的归档范围进行了重新界定，停止接收硕士研究生论文，从而节省了库房面积，提高了档案库房的利用率。

2010年，学校首次将各业务单位的档案工作纳入年终工作考核范围，根据归档时间、归档完整率、归档质量进行了考评，表彰了2010年度全校档案工作先进集体10个、先进个人15名、积极分子16名。

在档案查询利用方面，档案馆积极开展档案利用服务工作，为学校的教学、科研、基本建设、达标升级、编史修志等各项工作提供了大量档案查询服务；为教育部认证部门及有关单位提供了大量的学历学位认证工作；为学校教职工和历届毕业生求职、出国、考研、落户等提供了大量的翻译证明材料。全年共提供档案编史修志档案利用900余卷、工作查考档案利用3 570余卷，共计1 600人次。

【人事档案】

2010年，人事档案进一步完善了信息化管理系统，充分利用系统功能，提高了工作效率，尤其是批量转递档案形成转递单和机要单时完全利用软件，减少了人工损耗。

人事档案室完成了全校人事档案及材料的收集、鉴别、分类、整理、组卷、装订、入库和转递工作。接收核查本科生、研究生、博士生新生档案6 464卷，接收并转递毕业生档案4 800卷，接收教职工考核表、调资表、职称评审表、工资令等4 100份，接收学生获奖材料 4 551 份，完成转学、退学、升学和出国留学等零散人事档案转递 800 份，办理新入职和调出教工档案转递 26 份。办理教工、学生档案查阅、借阅利用 2 000 份。接待毕业生档案查阅、查询、档案业务咨询、复印成绩单、出国公证等个人业务 1 500 份。

10 月，正式启动了教职工人事档案的重新编号与整理工作，编号由原来的四角号码编号变更为姓名首字母排序，归档材料规格由原来只能接收 19 cm × 26 cm 变为可以接收 A4 格式或其他格式材料，保证了新材料归档的完整性和查询利用。至年底已完成 1 400 份退休教师库的档案重新编号整理工作，完成了在职干部 2 409 份档案重新编号的准备工作。

【档案管理信息化】

2010 年档案馆利用 2009 年教育部修购项目二期经费，完成档案数字化加工、图片及专题档案发布管理软件以及数据库和文件容灾备份软件的对外招标工作。数据库和文件容灾备份系统已经投入使用，档案数字化加工已经完成 60 多万页的 1986 年以后学校各单位收发公文档案、基建图纸、成绩单等纸质档案的数字化工作，并已将原档案（原文图像、提供关键字检索）挂接到学校综合档案管理系统中。各单位档案员按查询权限及文件保密级可浏览或下载。图片及专题档案发布管理软件已经完成，正在进入安装调试阶段。

【校史博物馆建设】

加强校史博物馆建设，为建成北京市青少年爱国主义教育基地打好基础。学校已与中国书画院、北京铁路局等 3 家单位签订了共建协议，并在 2010 年重新装修书画艺术厅，装修完成后已经举办了 3 次书画展和馆藏珍贵艺术品。举办 2010 年度迎新展，完成了新生参观校史馆入学教育，接待了来自美国、马来西亚、英国、法国、俄罗斯、西班牙、丹麦、越南等国家和中国香港地区的高校师生、国际组织领导、专家和国内众多高校、企业、政府七千多人次对校史馆的参观。

【修志工作】

积极推进《北京交通大学志 1998—2010》第二轮修志工作，已经完成全校 100 余人修志知识的培训工作，在 2010 年编写、收集、整理、印刷了 4 册《史志知识简编》约 5 万字的学习材料，现在已进入到资料长编的编写阶段。

按照铁道部要求，组织编写《中国铁路志——线路卷》，经过 3 年筹备，现已经完成资料长编的撰写，正在进入试写稿阶段。

2010 年档案管理情况统计如表 62、表 63 所示。

【附件9】

2010年档案管理情况统计

表62　2010年度档案统计一览表（一）

类别＼年限		本年归档数	其中：永久	其中：长期	其中：短期	本年续卷数	其中：永久	其中：长期	其中：短期
文书档案		939	139	763	37	538	47	489	2
财会档案		1 100	9		1 091	276			276
科研档案		617		617					
基建档案	项目卷	135	135						
	蓝图								
	底图								
	设备								
照片	卷数	12	12						
	（照片：1 962张）								
研究生档案		2 376		2 376					
本科生论文									
出版物		19		19					
教材									
合计		5 198	295	3 775	1 128	814	47	489	278
人事档案		2010年馆藏29 286卷							
死亡档案		2010年馆藏565卷							

备注：永久卷＝295＋47＝342；
长期卷＝3 775＋489＝4 264；
短期卷＝1 128＋278＝1 406；
本年接收6 052卷＝5 198（归档卷数）＋814（续卷数）＋40（死亡增加）；
人事档案减少2 516卷

表 63　2010 年度档案统计一览表（二）

类别 \ 年限		历年总卷数	其中：永久	其中：长期	其中：短期	累计	其中：永久	其中：长期	其中：短期
文书档案		20 868	3 873	14 279	2 716	22 345	4 059	15 531	2 755
财会档案		12 610	78	12	12 520	13 986	87	12	13 887
科研档案		1 702		1 693	9	2 319		2 310	9
基建	项目	1 626	799	327	500	1 761	934	327	500
	（蓝图：8 107 张）					（蓝图：8 107 张）			
	（底图：4 497 张）					（底图：4 497 张）			
	设备	1 546	（部门存放，总数不计）			1 546	（部门存放，总数不计）		
照片	卷数	132	55	68	9	144	67	68	9
	（照片：5 567 张）					（照片：7 529 张）			
	（底片：3 095 张）					（底片：3 095 张）			
研究生档案		18 427		18 427		20 803		20 803	
本科生论文		755		755		755		755	
出版物		215	99	59	57	234	99	78	57
教材		114		114		114		114	
北京电力高等专科学校移交档案									
文书档案		4 911	1 719	1 596	1 596	4 911	1 719	1 596	1 596
财会档案		1 247	368	692	187	1 247	368	692	187
照片档案		72	72	（照片：1 761 张）		72	72	（照片：1 761 张）	
合计		62 679	7 063	38 022	17 594	68 691	7 405	42 286	19 000
人事档案		2009 年馆藏 31 802 卷				2010 年馆藏 29 286 卷			
死亡档案		2009 年馆藏 525 卷				2010 年馆藏 565 卷			
备注		1. 表中数据 68 691（截至 2010 年年底）=7 405（永久）+42 286（长期）+19 000（短期），此数据不包括设备档案、人事档案、死亡档案； 2. 截至 2009 年年底馆藏总数 100 088 卷 =68 691 +1 546（设备）+29 286（人事）+565（死亡），另有照片 9 290 张，底片 3 095 张，蓝图 8 107 张，底图 4 497 张							

后勤管理与服务

【综述】

2010 年，后勤集团以科学发展观为指导，坚持“三服务、两育人”的宗旨，围绕着建设“服务型、知识型、效益型、和谐型”后勤的目标，推动后勤社会化改革不断深化，圆满完成了学校布置的各项任务，服务质量和管理水平得到提升。克服食品原材料涨价、创收来源减少、用工成本上升等困难，完成上交学校 1 000 万元的任务。后勤集团被评为全国高校先进集体 1 项，市级先进集体 5 项，学校先进集体 3 项，56 人次获得校级及以上表彰。截至年底，后勤集团共有事业编制职工 240 人，非事业编制职工 871 人。

【后勤社会化改革】

1. 稳步推进后勤社会化改革

制定《北京交通大学后勤工作“十二五”规划专项调研报告》，对后勤“十一五”期间的主要工作完成情况和主要指标实现情况进行了总结，提出了“十二五”期间的指导思想、发展目标和主要任务。编写《前进中的交大后勤》、《1999—2009 年高校后勤社会化改革案例及〈建立适应首都高校需求的后勤保障体系研究〉报告》、《后勤集团“十二五”人才需求规划》、《后勤集团关于进一步深化改革的设想》等材料，分别召开专题研讨会，征求学校计财处、纪委、审计处、人事处等部门的意见，在此基础上，后勤集团同后勤管理处共同研究制订了《北京交通大学后勤改革方案（草案）》和《后勤服务产业集团非事业编制职工管理办法》。

2. 开展北京交通大学后勤社会化改革十周年庆祝活动

后勤集团和后勤管理处主办了以“服务育人谋发展，改革创新谱华章”为主题的庆祝活动，通过召开庆祝大会、举办学校后勤社会化改革十年成果展、举办文艺晚会等系列活动，回顾过去，分析现状，展望未来。教育部、北京市教委、中国高教学会后勤管理分会和北京高校后勤研究会的领导、北京 20 余所高校的后勤领导、云南 10 所高校来京挂职的后勤部门领导和学校部分校领导先后参加了庆祝活动。曹国永书记为后勤题词：“服务中心工作，创建一流业绩”，宁滨校长题词：“服务为本，育人为先；一流交大，一流后勤”。通过后勤社会化改革十周年庆祝活动，后勤集团对十年工作进行了系统的回顾和总结，进一步坚定了深化后勤社会化改革的信念，明确了后勤的发展目标，后勤职工的自豪感和凝聚力得到极大增强。

【节约型校园建设】

学校积极响应国家节能中心发起的“节能攻坚高校行动”，创建节能示范院校。在住建部、教育部、发改委的支持下，投资 400 余万元推进“建筑节能监管平台”建设。配合能源审计工作小组完成能源审计工作，进一步摸清了学校用能现状，为全面建成节约型校园运行体系奠定了基础。实施能源分级管理，按照“谁投资、谁受益”的原则，责任落实到人，各部门开展节能减排工作的积极性得到提高。积极进行供暖设施设备改造，完成改造工程

20 余项，跑冒滴漏现象得到明显改善。完成全校教室更换节能灯管工作，共更换节能灯管 30 000 多支。在学生数量和供暖面积不变、学校用电设施增加的情况下，与 2009 年同期相比，学校 2010 年耗水量减少 7.1 万吨，耗电量减少近 200 万度，耗气量减少约 4 万立方米。大力开展节能宣传教育，向 2010 级新生发放低碳节能宣传手册 5 000 余册，组织学生参观学校中水处理站等节能设施，提高学生的节能意识。在“全国高校节能联盟第一次会员大会”以及“2010 年全国高校节约型校园建设推进工作交流会”上，学校作为全国高校节能联盟的发起单位之一，后勤集团总经理郑广天当选为联盟常务理事，学校能源管理办公室副主任王海东当选为副秘书长并代表北京高校节能专业委员会作主题报告。

【后勤规范化管理】

1. 推进制度化建设

后勤集团制度清理工作全部完成。完善并制定了各类规章制度 61 项，内容涉及财务管理、人力资源管理、安全管理、质量监督检查以及党务和行政管理等六个方面，进一步提高了规章制度的科学性、规范性和可操作性。

2. 编纂《后勤服务、保障、管理系列丛书——探索之路》

后勤集团编纂以“探索之路”为主题的系列丛书 8 本，分别是《党委、行政及质检制度》、《财务管理制度》、《人事管理制度》、《安全管理制度》、《饮食管理制度》、《学生公寓管理制度》、《工作计划、总结及报告》和《饮食工作汇总》，共计 100 多万字。丛书对学校后勤改革的制度、经验和主要做法进行了系统的总结和梳理，如实反映了学校后勤在改革发展过程中进行探索实践的历程，为进一步提高后勤管理与服务水平提供了有益的借鉴。

3. 加强职工队伍建设

制定并实施《后勤服务产业集团非事业编制职工管理办法》，进一步畅通后勤用人渠道，4 名符合规定的非事业编制职工转为人事代理制职工。严格执行国家政策法规，规范务工人员管理流程，为务工人员缴纳社会保险及住房公积金，2010 年年未发生一例因工作失误引起的劳动纠纷案件。后勤集团的 3 名人力资源管理人员被海淀区劳动争议仲裁委员会聘为兼职调解仲裁员，学校成为北京首批拥有兼职调解仲裁员的学校之一。大力开展培训工作，修订了《后勤服务产业集团培训管理制度》，制订《2010 年度培训计划》，全年共计培训 3 万余人次。

4. 顺利完成 ISO 9000 国际质量体系换版工作并通过复审

11 月，环通认证公司的专家小组对后勤集团 ISO 9000 质量管理体系的运行情况进行了复审，认为运行有效，同意北京交通大学后勤服务产业集团质量管理体系由 ISO 9001：2000 版转换为 ISO 9001：2008 版，并通过 2010 年度质量管理体系监督审核。39 名职工获得 ISO 9001：2008 版质量管理体系内部审核员资格。

5. 规范财务管理

对后勤集团下设账户进行整理，公司账户资金更加安全。完成国企及国有控股企业小金库清理工作，对下属 7 个独立法人企业进行了自查自纠。后勤集团聘请中天恒会计师事务所对财务进行了外部审计。

6. 理顺经营管理行为

对经营性资产进行了清理。撤销劳动服务管理中心所属企业“北京尚宾斋饭庄”的营业执照，对润通节能公司的经营状况和资产情况进行清理，并制订润通节能公司领导班子的重组方案。

【安全工作】

全面推进人防、物防、技防相结合的全方位安全防控体系建设，2010 年实现安全零事故。层层落实安全责任，逐级签订安全责任书。自筹资金 60 多万元进行安全设施、设备更新改造，提高技防能力。大力开展安全培训和演习，全年共举行安全培训 30 余次，近万人次参加，编写《后勤集团消防安全知识手册》，举办消防安全知识竞赛，组织《食品安全突发事件应急预案》桌面演练和学生公寓楼疏散逃生演练。加大安检和整改力度，坚持安全定期月查、不定期抽查和重大活动、节假日重点检查，全年组织安全检查 60 余次。11 月，后勤集团和后勤处共同组织人员对管辖范围内 100 多所楼宇的消防设施、设备逐一排查，发现并上报问题 110 余个，建立起了基础数据台账。

【党建工作】

1. 完成创先争优活动第一阶段工作

后勤集团党委严格按照校党委的统一部署和要求，高度重视，周密部署，制订《在后勤集团基层党组织和党员中深入开展创先争优活动的实施方案》，提出后勤集团创先争优活动的指导思想、主要目标和基本要求，明确活动载体，将创先争优活动分为三个阶段扎实推进，第一阶段工作已基本完成。

2. 推进党风廉政建设工作

后勤集团党委结合学校党风廉政教育宣传月活动，召开集团党政干部会议，传达反腐倡廉相关文件精神、讲解案例，加强对党员，特别是党员领导干部的反腐倡廉教育。继续查找后勤各项工作中的廉政风险点，进一步制定和完善廉政风险防范体系。11 个党支部分别组织党员到北京市廉政教育基地参观，使党员们更加坚定了发扬共产党员艰苦奋斗精神和廉洁自律的信念。

3. 工会工作

依法维护职工的民主政治权益，召开 2010 年职工大会，审议 2009 年的工作报告、财务收支及凝聚工程费使用情况。核拨 30 余万元经费开展凝聚工程，深入开展送温暖活动，做好困难职工的帮扶工作。吸收非学校事业编制职工加入工会，现共有人事代理制会员 30 名，外来务工人员会员 263 名。开展丰富多彩的文化娱乐活动，工会获得 2010 年校运动会团体总分第一名，成立体育运动协会，筹建职工之家休息室和健身室。

4. 共青团工作

后勤集团团总支与电气学院青年志愿者服务团联合开展“迎五一·劳动月”活动，增进学生和后勤职工之间的沟通和理解。积极参加学校团委组织的各项活动，在“纪念一二·九运动 75 周年火炬接力比赛”等活动中均有良好表现。完成共青团基层组织团员基本信息采集工作。“凝聚力量，服务育人”后勤青年职工系列活动被评为北京交通大学“分类引导青年优秀项目”一等奖。

5. 挂职锻炼

根据北京市教委安排，云南警官学院马丽霞同志和玉溪师范学院杨丽珍同志到学校后勤集团挂职锻炼。经后勤集团党政联席会决定，两位同志挂职的岗位为总经理助理，并报学校组织部备案。针对两位同志在原单位的岗位和学习锻炼的需求，后勤集团安排他们到下属的饮食服务中心、万功公司等单位进行了学习。

【理论研究和宣传工作】

1. 组织课题研究

后勤集团开展了5项课题的研究工作，包括由中共北京市委教育工作委员会、北京市教育委员会委托后勤集团研究的《北京高校后勤队伍建设研究》，学校级课题《高校后勤围绕中心抓党建的研究》、《我校后勤服务岗位德育职责和育人形式研究》、《高校学生宿舍文化建设与大学生成长成才》，后勤集团学生公寓管理中心参与北京市教工委的课题《首都高校学生公寓安全稳定工作标准》。其中，《高校学生宿舍文化建设与大学生成长成才》、《首都高校学生公寓安全稳定工作标准》和《高校后勤围绕中心抓党建的研究》分别于2010年3月、4月、9月顺利结题。

2. 宣传报道工作

后勤集团全年在各类媒体上发表稿件200余篇，稿件的数量和质量和2009年相比显著提高。

3. 加强同全国高校后勤的信息交流与沟通

先后到清华大学、中国人民大学等20余所院校进行学习交流，并接待华南理工大学等30余所院校来校调研，与各兄弟院校形成了信息共享、交流互助的和谐关系。充分发挥全国高校后勤研究会副秘书长学校作用，积极推进行业建设，为政府出谋划策，在全国高校后勤中树立了良好形象。

【校内外市场开拓】

东校区积极承揽校外工程，创收150万元，网二公寓、飞力烤鸭店均实现盈利。红果园宾馆、专家公寓主动开拓市场，收入分别比上年提高18.8%和27.3%。车队在确保学校教学及重大活动用车的前提下，多方开拓服务市场，挖掘创收潜力，全年创收150万元。幼儿园增设服务项目，开办多种兴趣特长班，年创收100余万元。劳动服务管理中心下属水站和招待所的收入都较上年有所增长。万功公司、兆通公司等独立法人实体也都完成了各自的经济任务。

【后勤服务保障工作】

1. 饮食服务工作

后勤集团补贴食堂180多万元，积极采取措施，将食品原材料成本和人工成本上升带来的压力内部消化，实现了食堂饭菜的质量和价格稳定，确保学生正常就餐。全年同9 000多位同学进行面对面沟通，收集意见、建议及表扬7 000余条，同兄弟院校开展调研和组织座谈20余次。顺利通过北京市海淀区卫生局卫生监督所的“食品卫生量化分级管理A级单位”复查。

2. 学生公寓管理中心

圆满完成毕业生离校、学生宿舍调整与新生入住工作；重视学生公寓安全工作，成立安全检查组，加大安检力度；增加2项便民服务项目；通过学生座谈会、宿管会、BBS、意见箱等途径，增加同学生沟通的渠道。

3. 东校区后勤服务中心

东校区后勤服务中心围绕“安全规范、整顿提高、包容和谐”的十二字方针开展工作。共进行安全知识培训1次、安全实操培训1次、交通安全培训1次、职业技能培训1次。保证了东校区、学苑供暖的顺利进行，超额完成55万元/年的节能任务。

4. 幼儿教育中心

加强幼儿园安全防控力度，关注幼儿身心健康，在手足口及 H1N1 流感高发期，幼儿园无一例感染事件。学校青年教师子女回流率大幅提高，为青年教师解决了后顾之忧。幼儿园被评为海淀区管理创新集体，被美国蒙台梭利协会授予国际蒙台梭利教师实习学校，通过海淀区示范幼儿园验收。

5. 建设工程中心

圆满完成 2010 年春季供暖工作，完成校内工程 270 余项。加强对浴室设备和锅炉的检修保养，保证浴室全年正常使用。做好零修工作，全年处理报修 15 000 余项，收集有效意见和建议 315 条。

6. 接待服务中心

承办各类会议 2 000 多次，包括德国前总理施罗德来访等重要活动，车队出车 2 300 次，无事故运行 15 万公里。顺利通过市公安局、消防局等相关单位抽查。车队被评为高校系统交通安全工作先进单位，红果园宾馆被评为全国高校旅行接待服务先进单位。

7. 物业管理中心

协助学校推进塔 5 楼通天然气的工作，得到校领导的肯定。进行家属区环境卫生整治，清理美化家属区环境。完成 8 项重要维修工程。加入海淀区企业法人治安防范协会，杨金泉同志被该协会聘为大钟寺地区分会会长。获得北京市公安局海淀分局颁发的集体嘉奖和个人嘉奖。

8. 公共服务中心

完成了学校及后勤集团各项重要活动中摆放盆花、布置会场和校园景观、美化校园环境的任务。完成绿化工程 5 项，植树 4 500 余株。做好了 18 栋教学楼的管理工作。完成校园 13 万平方米和 20 座教学楼 8. 9 万平方米环境卫生清扫保洁工作。

9. 水电管理中心

完成全年安全供电 3 278. 55 万度、供水 152. 699 万立方米和水电费以收抵支 1 150 万元任务。完善 24 小时售电工作，保证电工零修 24 小时随叫随到。保证 78 部电梯的安全运行和达标取证工作。

10. 劳动服务管理中心

协助学校后勤管理处完成工程预算 14 项，预算工程额 1 061. 96 万元。不断完善中心管理制度，规范管理流程，规避经营风险。完成下属企业“综合工时制”申请工作并获得审批。关心 6 名残疾职工生活。

基本建设

【综述】

2010 年，学生活动服务中心结构封顶；住宅区改造一期工程项目、幼儿园迁建工程项目和 10 kV 外电源工程（校外部分）项目取得教育部可行性研究报告的批复；开展了科技创业大厦暨北京 CBTC 研发中心项目前期工作。

【基建投资完成情况】

学生活动服务中心项目位于学校主校区西区，建筑面积 5. 8 万平方米，其中地上 11 层 4 万平方米，地下 2 层 1. 8 万平方米。于 2009 年 3 月 18 日开工，2010 年 5 月 28 日结构封顶。计划总投资 2. 50 亿元，2010 年累计完成投资 8 134 万元。

科技创业大厦暨北京 CBTC 研发中心项目位于学校主校区体育馆北侧，已经取得规划意见书，获批面积为 6. 18 万平方米，计划总投资 3. 21 亿元，已将可行性研究报告上报教育部。2010 年 9 月获批北京市共建资金 1. 19 亿元。2010 年累计完成投资 183 万元。

住宅区改造一期工程项目位于主校区北侧，已经取得教育部立项批复，获批面积为 12. 21 万平方米（其中住宅 8. 45 万平方米，配套公建 5 210 平方米，地下 3. 24 万平方米），计划总投资 5. 58 亿元，资金来源为集资。需拆除 15 栋建筑共 1. 45 万平方米。

根据学校事业发展需要，为建设住宅区改造一期工程，扩大教学科研用地面积，现址幼儿园位于住宅区改造一期工程项目用地的中央，需要拆除，另选新址建设。幼儿园迁建工程项目位于东校区，北侧为原有住宅及离退休活动站，南侧为图书馆，西侧为操场，东侧为交大东路。主要建设的内容有：寝室、活动室、音体活动室、衣帽间、道具间、医务室、隔离室、洗衣间、卫生间、厨房、餐厅、会议室、办公室等。本项目已经取得教育部立项批复，获批面积为 4 275 平方米，计划总投资 1 762 万元，地上 3 层，地下 1 层，资金来源为自筹。需拆除 4 栋建筑共 2 868 平方米。

10 kV 外电源工程项目校外部分的方案由原来动物园变配电所至学校总配电室，经海淀供电公司批准，方案更改为由大钟寺变配电所至学校总配电室，全长约 3. 6 千米。

2010 年建设项目明细如表 64 所示。

表 64　2010 年建设项目明细表

序号	项　目　名　称	2010 年竣工、施工、立项		
		竣工规模/m^2	施工规模/m^2	立项规模/m^2
1	学生活动服务中心		58 000	
2	科技创业大厦暨北京 CBTC 研发中心			61 800
3	住宅区改造一期工程			122 127
4	幼儿园迁建工程			4 275
5	10 kV 外电源		√	

【基建管理】

贯彻以人为本、管理育人、服务育人的工作宗旨，努力提高基本建设项目的质量和文化内涵。深入了解师生员工的教学、科研、生活的实际需求，就设计功能进行充分沟通与交流，并落实到设计方案中，保证项目建设与学校事业发展、学校的专业设置需要、工程建筑建设特点相结合，并与学校总体布局相统一、协调；以教育教学科研需要为准绳，避免工程建设、建筑使用过程中不必要的变更和改造，有效管理和控制建设投资，减少不必要的资金浪费。

医疗保健与卫生工作

【综述】

北京交通大学医院占地面积 1 500 平方米，建筑总面积 4 300 平方米。2010 年有事业编制职工 49 人，非事业编制职工 39 人，其中卫生技术人员 71 人，具备正副高级职称 23 人，中级及以上职称 47 人，全科医师 22 人，社区护士 14 人，社区防保医师 4 人。2010 年学校医院被授予首都公共卫生文明单位称号。全年获得集体市级奖励 6 次、区（校）级奖励 7 次，个人获得市级奖励 4 人次、区（校）级奖励 4 人次。

【预防保健】

全年为成人（包括学生）预防接种 13 996 针次，儿童计划免疫 1 258 针次，为社区老年人免费接种流感疫苗 452 人次。全年共完成 4 095 名 PPD 强阳性学生的筛查工作，追踪服药 645 人，传染病流调 185 次。2010 年完成了传染科和儿童听力筛查室的装修改造工程。

全年完成各种健康体检（包括教工、学生集体体检）共计 15 101 人次。2010 年教职工体检调整了部分体检项目：为 45 岁以上的男职工增加了 PSA 检测、为 40 岁以上的女职工增加了阴式 B 超检查、为全体职工增加了尿常规检查、65 岁以下女职工提供女性 TCT 检查。2010 年职工体检共有 3 513 名教职工参检，其中男性 1 818 人（占 51.75%），女性 1 695 人（占 48.25%）。家属共有 967 人参检。

2010 年教工体检异常指标检出率（前十位）见表 65。

【基本医疗工作】

全年门急诊疗（中西医）总人次为 15.10 万人，其中门诊 13.41 万人，急诊 1.68 万人。各种上门医疗服务近 400 人次，家庭病床 59 人次，各种医疗保障外勤工作 60 余人次。

全年开展业务学习和培训 6 次，进行病历处方检查 2 次，制定和修改有关医疗质量方面的规章制度 5 个。编写北京交通大学医院药讯两期。

全年参加科研课题 7 项，开展校级大学生健康教育教改项目 1 项。全院职工发表论文 23 篇，其中核心期刊 21 篇。2010 年申请了科研项目“高校公共卫生安全保障研究”，参加了人民医院 863 计划“亚健康状态下血管功能异常的综合评价体系”的建立，通过课题的研究使医务人员理论水平和诊疗能力都有了一定的提高。

年内聘请 20 位教职工、学生为社会监督员，签订聘书，定期听取意见和建议。医院网站点击率超 14 万人次。

【健康促进】

作为海淀区首期唯一入选的试点功能社区，成立了健康管理中心。建立慢性病的监测和评价体系，按照 2009 年社区死因顺位以及主要危险因素进行高危人群和慢病管理，慢病规范管理率明显提高，达 95% 以上。

成立了 5 个健康管理团队；为 4 216 位职工新建健康档案，在慢病患者档案中增添了高血压、糖尿病规范管理年度评估表和年度患者评估反馈表；对高血压、糖尿病的重点患者

表 65　2010 年教工体检异常指标检出率（前十位）

名称	合计			年龄 < 35			35 ≤ 年龄 < 45			45 ≤ 年龄 < 55			55 ≤ 年龄 < 65			年龄 > =65		
	检出数	受检人数	患病率（%）	检出数	受检人数	患病率（%）	检出数	受检人数	患病率（%）	检出数	受检人数	患病率（%）	检出数	受检人数	患病率（%）	检出数	受检人数	患病率
女性乳腺增生	1 062	1 513	70. 19	141	181	77. 90	288	353	81. 59	338	407	83. 05	166	246	67. 48	128	323	39. 63
血脂异常	1 898	3 398	55. 86	131	393	33. 33	319	750	42. 53	531	871	60. 96	342	521	65. 64	575	863	66. 63
超重或肥胖	1 406	2 960	47. 50	113	372	30. 38	278	646	43. 03	375	747	50. 20	282	455	61. 98	358	740	48. 38
异常心电图	1 262	3 185	39. 62	85	367	23. 16	159	684	23. 25	229	798	28. 70	223	491	45. 42	566	845	66. 98
高血压	1 309	3 449	37. 95	37	397	9. 32	101	761	13. 27	285	876	32. 53	269	535	50. 28	617	880	70. 11
脂肪肝	918	3 266	28. 11	45	374	12. 03	132	702	18. 80	256	823	31. 11	206	518	39. 77	279	849	32. 86
男性前列腺增生/肥大	339	1 334	25. 41	1	164	0. 61	14	258	5. 43	43	273	15. 75	52	155	33. 55	229	350	65. 43
眼底动脉硬化	288	3 002	9. 59	2	352	0. 57	1	638	0. 16	16	762	2. 10	56	476	11. 76	213	774	27. 52
糖尿病	327	3 449	9. 48	7	397	1. 76	13	761	1. 71	54	876	6. 16	78	535	14. 58	175	880	19. 89
肝囊肿	284	3 266	8. 70	4	374	1. 07	22	702	3. 13	75	823	9. 11	61	518	11. 78	122	849	14. 37

注：（1）高血压统计原则为：本次体检收缩压 > =140 mmHg 或者 舒张压 > =90 mmHg 或者 有高血压病史，没有填入既往史的默认没有病史。

（2）血糖异常统计原则为：本次体检生化检查空腹血糖 > =7. 0 mmol/L 或者有糖尿病病史，没有填入既往史的默认没有病史。

（3）异常心电图：除了正常、大致正常、单纯心律不齐其余都称异常心电图。

（4）血脂异常：总胆固醇 > =5. 2 or 甘油三脂 > =1. 7 or 低密度脂蛋白 > =3. 36 or 高密度脂蛋白 < =1. 04。

给予家庭式的契约式服务；自主开发慢病管理软件；建立学院健康联系人制度，与土建学院和理学院分别签订健康管理服务试点协议；知己门诊管理慢病患者 56 人；培养学生健康使者 600 人；开设“知行”健康大讲堂，打造健康教育品牌，在全校范围内成功举办了三场讲座，在师生中收到了良好反响；培养家庭保健员 40 余人；创建了海淀区中医特色示范中心；成立“中医康体自助会”传播养生知识；制定 22 种常见病健康处方；年内组织医务人员进行义诊，为 300 余位师生免费测血压、血糖、体脂，宣传慢病防治知识，开展健康咨询。

全年完成 600 人次 128 学时的大学生健康教育选修课教学任务。针对学校存在的主要健康问题在全校开展社区慢病讲座 16 期，组织各类慢性干预活动 4 次，发放各类宣传材料 10 万余份，组织结核病防治宣教活动 5 次。

加强计生目标责任管理和在校生计生管理服务，晚婚晚育、计划生育率保持双百分百；组织 6 次同伴教育培训，培训 100 余人次；开展应急救护培训，全年培训初级急救员取证 811 人。

策划“汇聚力量热血浓，拯救生命学子情”校园大型无偿献血暨首都高校大学生发起无偿献血倡议活动，取得中国红十字会总会、北京市红十字会经费支持。活动当日 571 名献血志愿者捐献 121 200 mL 血，为历年来校园单日采血量最多。

2010 年全院职工为抗旱抗震救灾、思源助学金、爱心帮困基金、共产党员献爱心、“善行天下 温暖患儿”等捐款，共募得善款 2. 02 万元。

安全保卫

【综述】

2010年，学校安全保卫工作在校党委领导和上级部门指导下，紧紧围绕学校发展的新形势和学校2010年工作要点，继续固化“平安奥运”“国庆平安行动”工作成果与经验，全面落实安全稳定“十一五”规划最后一年的各项指标，推动学校安全稳定工作提升到更高层次，为学校建设国内一流、国际知名、有特色、高水平研究型的大学作出积极贡献。

【社会治安综合治理】

4月14日，学校召开了2010年安全稳定暨综合治理工作会议。会议肯定了2009年取得的成绩，分析了2010年安全稳定工作所面临的形势，部署了学校年度安全稳定工作任务。会后，宁滨校长代表学校与各二级单位签订了责任书。

综合各执法部门力量专项治理南门外60米路段和交大东路，配合北下关街道办事处“百日行动”，清理了家园A座西侧的水果摊。

根据中央综治维稳工作会议关于“加强学校安全保卫工作，为学生创造平安和谐社会环境”的精神、国家法律法规以及《北京交通大学校园交通安全管理规定》，自5月24日起开展禁止违法摩托车进校专项整治工作。规定教职工凭《摩托车准入证》进校，其他摩托车一律禁止入校，得到了师生员工的广泛理解，校园秩序得以改观。

完成对校园34家营业网点的营业执照、场所安全、外来人口检查登记和建立台账，加强对校内施工单位的现场及工作人员的检查和登记。共登记外来人口1 079人。

审批各类学生活动613次（其中主校区453次，东校区160次），为校园开放日、新生入学、就业招聘会、四六级考试、研究生考试、交通高层论坛等大型活动和德国前总理施罗德等重要领导及嘉宾来校提供优质安保410次（主校区310次，东校区100次）。检查携物出校10 900人次，拾到丢失物品上交500余次，处理各种矛盾纠纷200余起。

联合学生社团“阳光服务中心”筹建捡拾物品信息平台。全年接待捡拾物品事件60人次，联系失主发还物品42件，为学生办理自行车开锁证明60余人次。

学校被评为2010年海淀区社会治安综合治理先进单位和2010年北下关地区社会治安综合治理先进单位，王会剑荣立北京市公安局个人三等功，宋开太、王振峰获北京市公安局个人嘉奖。

【治安管理】

刑事案件发案51起，治安案件发案77起，破案28起。其中，盗窃案件发案108起，诈骗案件3起，流氓滋扰案件11起，其他案件6起；另外，自行车盗窃案件发案144起，破获5起，抓获盗车嫌疑人6名，刑事拘留2人，治安拘留2人，单位内部处理2人。全年查获嫌疑人员34名，移交公安机关处理20人，其中刑事拘留6人，治安拘留8人。调解解决矛盾纠纷13起。

2月18日，保卫处在思源西楼巡视时将屡次在学校进行系列盗窃活动的1名嫌疑人抓获；3 月 25 日，打击自行车盗窃专门小组在逸夫楼北侧抓获盗窃自行车嫌疑人 1 人，打掉一个专门盗车团伙；12 月 3 日，接学生报案称，学苑 7 号楼 7、8、9 层近期多次发生学生手机、钱包、笔记本电脑被盗案件。经回放并整理录像资料并联合学校物业、公安机关对事发地进行了周密布控蹲守，12 月 8 日 1 名犯罪嫌疑人被当场抓获。

保卫处被评为 2010 年海淀区高校治安管理工作先进单位。

【消防管理】

更换灭火器 8 400 具，安全出口指示牌 420 块，应急灯 260 个，清洗烟感探头 80 个，发放安全隐患整改通知书 9 份，动火申请 9 份，签订消防安全责任书 23 份，共安排校园安全自查和大检查 7 次，完善了消防安全隐患台账。

在《高等学校消防管理规定》的基础上对学校消防管理规定进行了全面修订，《北京交通大学消防管理规定》经 2010 年第 4 次校长办公会审议通过，4 月 12 日起执行。《北京交通大学消防管理规定》重申了消防工作“谁主管，谁负责”和“谁在岗，谁负责”的原则，明确了各级消防安全责任人及其职责。4 月 14 日，邀请教育部第一届应急咨询专家、《高等学校消防安全管理规定》（教育部、公安部 28 号令）主要起草人详细解读了《高等学校消防安全管理规定》，增进了师生员工对学校《消防安全管理规定》的理解。5 月 14 日学校教职工第 27 届、学生第 47 届田径运动会上，灭火器的使用和消防逃生混合接力首次列入比赛项目。

成功申报 2010 年教育部消防修购计划，为解决思源楼、东校区科教楼、1 教和 2 教的中控系统、消防广播系统、中控系统集成和日常维护共四个方面的问题提供了经费保障。

学校被评为 2010 年海淀区消防安全先进单位。

【交通管理】

全校共有机动车 2 030 辆，其中学校公车 63 辆、私车 1 967 辆，与 2030 名驾驶员签订了《北京交通大学 2010 年驾驶员交通安全责任书》。

年初与海淀高校交通安全委员会签订了《2010 年海淀区高等院校交通安全委员会与院、校安委会承包责任书》，明确了学校领导对交通安全工作的领导责任；“两会”召开前，与会驾驶员签订了《迎两会交通安全责任书》及政审，并完成削减 30% 车辆的任务，共削减公车 22 辆；强化校内交通管理，由保卫处代表校交通安委会与基建处、后勤管理处及校内各施工单位签订《交通安全协议书》，对施工车辆进入校园作出了规定并进行交通安全教育。

协助处理交通隐患，妥善处置校园内车辆意外事件 3 起，在重点地段加装减速带 2 条，在西门、南门、东门加装交通安全指示牌，在主要交通路口进行每日限行提示。

积极参加高校安委会组织的“文明交通万里行”活动、“11. 21”世界交通事故遇难者纪念日活动、“12. 13—12. 20”交通宣传周活动和“12. 9”交通社会实践日活动等。

学校被评为 2010 年度北京市交通安全工作先进单位，侯惠昌被评为 2010 年海淀区高校系统交通安全先进个人，王会剑被评为 2010 年海淀区交通安全先进个人。

【户政管理】

管理集体户籍 1. 75 万人。户籍迁出：本科生 2 386 人，研究生、博士生 1 115 人，教工 75 人；迁入：本科生 3 117 人（其中京外 3 113 人，京内 4 人），硕士生 2 751 人（其中京内 1 009 人，京外 1 742 人），博士生 238 人（京内 195 人，京外 43 人），教工 36 人。

根据《全国人口普查条例》和各级《关于做好第六次人口普查工作的通知》精神，配合做好第六次人口普查工作。本次普查涉及学校本科生 1.39 万人，研究生 7 167 人，挂靠在学校集体户口的教职工及其子女 1 174 人。普查中，与当地派出所协调，为涉及身份证号码重复的 12 名师生重新办理身份证和各项手续。

【安全教育与理论研究】

每学期坚持开设安全教育选修课，共 4 个班 1 000 人；组织宿舍安全员安全培训 2 次，听课人员达 1 500 人；利用新学期开学，对本科 3 500 人、研究生 3 300 人进行了安全培训；利用军训契机，邀请海淀消防中队、海淀交通支队对所有参加 2009 级军训的同学进行了消防和交通安全培训；指导并配合研工部，以学院为单位，分九个单元，对 3 032 名研究生进行了系统而详细的安全知识培训；先后 3 次对后勤集团共 800 人次进行了消防知识培训；为落实公安部教育部 28 号令，协助后勤集团、研工部、学工部及各学院组织本科生 1.4 万人、研究生 8 000 人参加疏散逃生演练，并对 2 000 多名研究生及宿舍周边有消火栓的 1 200 名本科生进行灭火器及消火栓使用培训。全年通过网络、展板、张贴等形式向师生进行防盗、防骗的治安防范宣传活动，发放防诈骗材料 1.08 万份，《大学生安全知识》教材、安全自护自救知识手册 1 万本，发放自编的安全防范宣传提示 1.1 万份，通过网络发布、展板、张贴、送达、发布警情通报等形式宣传 200 余次。

9 月 26 日，在学校加强和改进大学生思想政治教育创新论坛上，保卫处申报的项目“以科学发展观为统领着力构建大学生安全教育立体新格局”和裴劲松处长主持的“科学发展观指导下的大学生安全教育思路与实践研究”课题分别荣获北京交通大学思想政治教育工作实效优秀奖和 2007—2009 年度北京交通大学思想政治教育研究优秀课题一等奖。

11 月中国高教保卫学会华北学术研究协作区学术研究会上，保卫处 2 篇论文入选《新时期高校安全稳定工作的实践与创新》论文集，另 2 篇论文入选北京高教保卫学会第十一届学术年会优秀论文选集《平安校园建设的实践与探索》。

校友会　基金会　董事会　校企合作

【综述】

2010年，学校校友会、基金会、董事会、校企合作工作取得新进展。教育基金沉淀资金突破一亿大关；成立了学校北美、香港和湖南校友会，吸纳了董事会新成员单位4家，单位总数达70家；新建学校长三角研究院；与7家政府、企事业单位新签订了战略合作协议。

【校友会工作】

校友会围绕加强基础工作和保障大型活动两大方面展开工作，进一步加强地方校友会建设、校友信息库建设、校友会网站建设，同时积极培育校友文化，联络和服务校友，凝聚校友感情。

1. 组织开展114周年校庆暨1990届、2000届校友毕业值年纪念活动

10月16日，借鉴国内外高校经验，学校首次将校庆活动和校友毕业值年返校活动相结合，举行了114周年校庆暨90届、00届校友毕业值年纪念活动，共有1 000余名校友返校。配合毕业值年主题，计算机学院、机电学院、电气学院举办了十周年院庆，其他学院也举行了校友座谈会、文艺汇演等丰富多彩的联欢活动。

2. 成立校友企业家联合会，为校友企业间合作搭建有效平台

3月19日，召开北京交通大学校友企业家联合会成立大会暨第一次理事会。校友企业家联合会以支持和服务校友企业家，加强校友企业家与母校、校友企业家与校董事会成员单位、校企合作单位以及校友企业家之间的联系，同时方便校友企业家为母校的发展与建设贡献力量为宗旨和目标。首批有30位校友企业家入会。

联合会成立后，通过组织校友企业家出境交流、举办论坛、开展互访等形式，进一步加强了会员之间的交流和合作，影响力日益增强。截至年底，校友企业家联合会会员达32人，校友企业家联合会官方网站（http：//www. bjtuxyqyj. org）已正式投入使用。

3. 加强地方校友会建设，统筹组织地方校友会活动

4月—6月，先后成立香港、湖南、北美3个地方校友会；4月24日，在长沙组织召开第一届地方校友会秘书长联席会议，讨论并通过了《地方校友会工作指导意见》；10月30日，组织参与成都校友会联谊会，与成都铁路局、中铁二院、中铁二局部分校友座谈交流；12月7日至16日，校党委书记曹国永率团赴加拿大多伦多参加北京交通大学校友会活动。

4. 参与交通大学地方校友会组织的各项活动

4月，参加交通大学杭州校友会年会，与学校在杭校友进行交流；6月18—20日，宁滨校长率团赴美国休斯敦出席交通大学全球五校校友大团聚并作演讲。此项活动始于1965年，每五年举行一次；11月，参加了交通大学江西校友会理事会暨贫困学子助学金发放仪式。

5. 强化校友信息收集及信息库建设

加强校友联络员聘任和管理工作。继续加强校友联络员信息收集工作，向2009届联络员发送“致校友联络员的一封信”，号召各联络员反馈本班校友信息，共收到2009届校友

会联络员104个班级的回复，回复信息数量3 367条。6月底，组织召开2010届毕业生校友联络员聘任仪式，共聘任联络员209人，陆续收到17个班级回复。

通过校友返校活动，广泛收集校友信息。通过建校114周年校庆暨1990、2000届校友毕业值年纪念活动，共收集57个班级1 580名校友信息，总有效信息收集率达76%。

通过联系社会各界校友及校内教职员工，建立以点带面的信息收集渠道，已收集中铁快运、中铁建设集团、深圳地铁公司、郑州铁路局、昆明铁路局、太原铁路局、济南铁路局、成都铁路局、武汉铁路局、南昌铁路局、沪昆铁路、中铁电气化局、中铁二局、五局、十七局、十八局、中铁二院、首钢集团、南车石家庄车辆厂、久其软件等20多家单位的校友信息，累计9 500余条。

截至年底，库中信息总量7.39万条，其中有效信息数量29 230条，新增19 431条，同比去年增长198%。见图3。

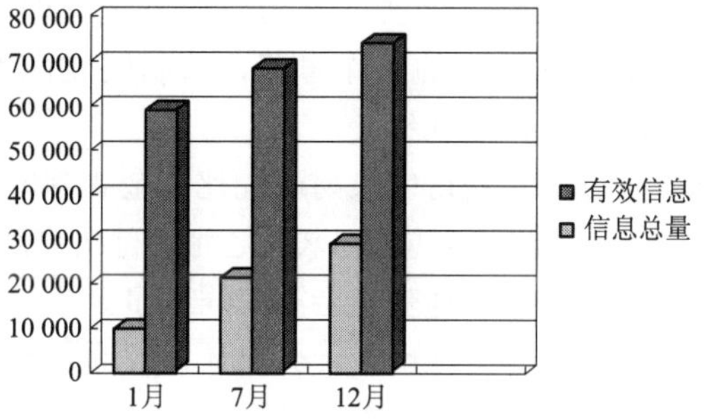

图3　2010年全年校友信息库增长情况（单位：个数）

6. 进一步加强与校友的联络沟通

组织电专8633和8634班校友、电信系1980级校友、铁道部第七期清华班校友返校开展座谈。走访并联系校友百余人次，走访单位10余家。

协助信息中心为2010届本硕博毕业生办理校友卡5 618张，单独为已毕业校友办理校友卡70张，累计校友卡办理近5 700张。

启动《校友通讯》改版工作，将原来的半年刊改为季刊。完成2010年4期《校友通讯》季刊的编辑及发行工作，向校友及校内师生发放2万余册。

利用群发邮件系统和短信平台功能，在各类节日期间向校友发送问候短信及祝福邮件，定期向校友发送生日祝福。年累计发送信息13.97万条，累计发送邮件约16万封。

7. 开展校友文化建设

策划组织第四期、第五期红果园名人讲堂之校友心声活动，分别邀请王志全校友和海峡两岸知名物联网领域校友为学生传授成功过程中的情商修炼与变革，畅谈物联网新科技，使同学们对校友成才及物联网技术的应用及发展趋势有了初步的了解，为学生结合本专业正确进行毕业规划提供了有益的指导和帮助。

在学生资助中心的配合下，组织学生赴云南走访校友及校友企业，在学习校友创业精神的同时，进一步加强了在校生与校友之间的近距离交流，成为挖掘校友育人资源的一项重要内容。

启动首个由校友自发为母校设立的基金，培育校友捐赠文化。10月16日，在建校114

周年庆祝大会暨1990届、2000届校友毕业值年纪念活动上，正式启动了首个由校友自发为母校设立的校友专项基金，推举产生了第一届理事会，审议通过了《基金管理办法》及《2011年工作计划草案》。目前已募集基金60余万元。

8. 启动走访调研工作，学习兄弟高校校友会先进经验

先后走访并调研了天津大学天津校友会、浙江大学校友会、上海交通大学校友会、南京大学校友会，学习校友工作的先进经验。

9. 继续推进校友总会日常工作

按照民政部有关要求，组织完成了交通大学校友总会年度财务审计及年度检查工作，完成账目管理及会费催缴工作，保障校友总会日常工作的有序进行。完成交通大学校友总会日常年审及财务管理工作。

【教育基金会工作】

教育基金会紧抓机遇，认真贯彻、落实“努力吸引基金资助、不断加强企业联系、建立健全基金管理、积极寻求工作突破”的工作思路，从制度建设到规范管理，从筹集资金到力争中央财政支持等方面都有了长足进步。

1. 全年筹集资金5 000余万元、获得中央财政配比资金2 446万元，共为学校筹集办学资金7 500万元。年末，基金会沉淀资金总量1.04亿元，首次突破一亿元大关。

2. 12月22日召开北京交通大学教育基金会第二届理事会第一次会议，顺利完成换届工作。党委书记曹国永当选第二届理事会理事长。会议还审议通过产生了北京交通大学教育基金会第二届理事会组成人员；修订通过了《北京交通大学教育基金会基金与财务管理办法》；审议通过了《北京交通大学教育基金会资金运作管理办法（试行）》；审议并通过了北京交通大学教育基金会资金运作管理机构名单；审定通过了北京交通大学教育基金会2011年度非限定性项目预算。此次理事会会议的召开，为基金会今后更好地开展工作奠定了良好基础。

北京交通大学教育基金会第二届理事会名单

理事长：曹国永

常务副理事长：陈峰

副理事长：关忠良

理事（按姓氏笔画排序）：

王化深、王幼君、王金源、刘军、刘志刚、刘延平、刘辉、邬永刚、李建勇、陈后金、武克钢、赵吉斌、郑琼林、康维韬、韩臻、薛继连、魏庆朝

监事：孙蓝烽

秘书长：尹激

另外，根据秘书长提名，增设副秘书长2名：徐劲松、吴俊。

北京交通大学教育基金会资金运作管理机构名单

咨询顾问组：叶蜀君、刘德红、王金源、王幼君

投资工作组：关忠良、尹激、徐劲松

监督检查组：孙蓝烽

3. 校内基金捐赠配比机制正式建立，出台了《北京交通大学捐赠项目配比资金管理办法（试行）》。2010年为10个院系和部处进行了两次校内基金配比，共配比资金513.34

万元。

4. 2010年基金会累计新增基金项目25项，截至12月底，全校基金项目总数合计88项。基金会根据不同捐赠者的需求，一方面确保资金的使用符合捐赠人意愿，编制项目工作情况汇报手册供捐赠人审阅，另一方面积极协助学校各部门做好项目的评审工作和颁奖工作，保证项目的顺利执行。

5. 教师陈后金和学生蔡国庆获得宝钢教育基金会优秀教师特等奖和优秀学生特等奖。学校连续三年获得宝钢教育基金会优秀教师特等奖和优秀学生特等奖。

6. 参与基金会评估。北京市民政局按照民政部《关于推进民间组织评估工作的指导意见》要求，在全市范围内对慈善、教育、文化、科技等领域的基金会开展评估工作。学校教育基金会在此次评估中得到了评估小组及北京市社团办的好评，获得了4A级的好成绩。

7. 完成北京交通大学教育基金会、北京市北京交通大学教育基金会有关日常工作。

完成两个基金会年检、财务审计、统计、捐赠收入免税申报、为捐赠人争取税前抵扣、日常财务管理等工作。完成上级主管部门及业务主管部门对于基金会的各项要求和各种资料的报送工作。

8. 北京交通大学教育基金会全年收入51 507 445.82元，其中捐赠收入50 548 564.73元（具体见表66），其他收入958 881.09元。

表66　2010年北京交通大学教育基金会捐赠收入

捐款单位或个人	捐　赠　项　目	捐赠金额/万元
镇江新区高新技术产业投资有限公司	镇江新区专项基金	3 000
山东天圆铜业有限公司	天圆铜业基金	300
北京交大思诺科技有限公司	思诺教育基金	200
北京汇博日新酒店管理有限责任公司等	后勤服务基金	178.5
中国神华能源股份有限责任公司等	后勤发展基金	167.95
中铁十七局集团有限公司	董事会基金	100
河南辉煌科技有限公司	董事会基金	100
镇江新区财政局	董事会基金	100
无锡锡北工业园发展有限公司	董事会基金	100
北京握奇数据系统有限公司	握奇奖教基金	100
上海麦迪儿投资管理有限公司	上海麦迪儿基金	100
1990、2000届校友	校友专项基金	60.12
校友企业家	校友企业家协会	51
中铁快运股份有限公司	运输学院教育基金	50
北京竞业达数码科技集团	学生艺术团交响乐团专场演出	30
北京万桥兴业机械有限公司	万桥兴业奖学金	30
中国扶贫基金会	新长城助学金	27.78
秦佩瑾女士、莫仲沛先生	智瑾奖	23.89
西门子（中国）有限公司	西门子奖学金	21.2

续表

捐款单位或个人	捐 赠 项 目	捐赠金额/万元
北京新联铁科技发展有限公司	新联铁教育基金	20
九阳股份有限公司	九阳奖助学金	20
秦皇岛泰信系统工程有限公司	交大泰信企业信息化联合实验室	18
宝钢教育基金会	宝钢教育奖	17.12
全校师生（思源助学金）	思源助学金	16.93
腾永平	波易达奖助学金	15.3
北京交通大学资产经营有限公司	资产公司捐赠款	15
全校教职员工（爱心帮困基金）	爱心帮困基金	14.04
青少年发展基金会	学子阳光助学金	11.5
英特尔亚太研发有限公司	软件学院院长论坛	10.2
北京爱博精电科技有限公司（王良校友）	电气学院基金	10
陕西通大天力高新节能有限公司	通大天力专项基金	10
国家电光源质量监督检验中心	NLTC 绿色照明奖学金	10
中旭建筑设计有限责任公司	中旭建筑设计奖学金	10
北京道林建筑规划设计咨询有限公司	道林建筑教育奖学金	10
华夏银行	华夏银行北京分行教育基金	10
北京交大微联科技有限公司	微联素质教育奖助金	10
新誉集团有限公司	常牵教育基金	10
日立（中国）有限公司	日立奖学金	10
宋庆龄基金会	宋庆龄基金会中海油	7.5
赠与亚洲（林幼令校友）	轨道交通状况调研	6.76
富士施乐高科技（深圳）有限公司	富士施乐奖学金	5
北京尖峰计算机系统有限公司	尖峰奖学金	5
光宝科技股份有限公司	光宝奖学金	5
王玉凤	理学院创新基金	5
希望工程北京捐助中心	希望工程北京捐助中心捐助款	4.99
韩淑芳等	钱仲侯奖助金	3.5
京华 101 高尔夫球队	软件学院基金	3.2
北京利德华福电气技术有限公司	利德华福电气奖	3
北京沛达国际旅行社	宏基助学金	3
台达环境与教育基金会	台达奖学金	2.99
07 级 MPAcc、EMBA 校友	经管学院基金	2.95
中国建设银行	捐赠款	2.13
交通大学江西校友会	江西校友会助学金	2.1

续表

捐款单位或个人	捐　赠　项　目	捐赠金额/万元
北京佳讯飞鸿电气股份有限公司	佳讯飞鸿奖学金	2
浙江海外交流协会	浩瀚助学金	2
计科86级1、2班	计算机学院素质教育基金	1.04
北京国富纵横管理咨询有限公司	国富纵横专业奖学金	1
张惠茹校友	校友基金	0.4
马来西亚留学生	校友基金	0.07
孙永源校友	校友基金	0.01

9. 北京交通大学教育基金会全年支出 27 867 224.3 元（具体见表 67），其中业务活动成本 27 650 934.5 元，管理费用 216 289.8 元。

表 67　2010 年北京交通大学教育基金会公益事业支出情况表

支　出　项　目	支出金额/万元
镇江新区专项基金	2 000
2009—2010 年度学校本科生奖学金	281.75
中国扶贫基金会新长城助学金	45.18
汉能李嘉宁奖助学金	34.2
学生艺术团交响乐团专场演出	29
后勤发展基金	28.93
力柏教育基金	26
2009—2010 年度学校研究生奖学金	24.42
金源教育基金	21.79
后勤服务基金	19.8
西门子奖学金	19.4
九阳奖助学金	19
智瑾奖	18.83
董事会基金	17.8
日立奖学金	13
万桥兴业奖学金	11.55
青少年发展基金会－学子阳光助学金	11.5
思诺教育基金	10.25
新联铁教育基金	10
理学院创新基金	7.65
常牵教育基金	7.56
宋庆龄基金会中海油	7.5

续表

支出项目	支出金额/万元
宝钢教育奖	7
新华都奖学金	6
华为奖学金	5.2
富士施乐奖学金	5
尖峰奖学金	5
光宝奖学金	5
希望工程北京捐助中心捐助款	4.99
北京公交人才基金	4.8
马忠科研铁通专项	4.72
微联素质教育奖助金	4.06
交大泰信企业信息化联合实验室	4.05
轨道交通状况调研	3.23
软件学院基金	3.2
经管专项基金	3.2
思源助学金	3.02
台达奖学金	3
利德华福电气奖	3
宏基助学金	3
上海铁路局基金	2.8
校友企业家协会	2.77
钱仲侯奖助金	2.4
波易达奖助学金	2.2
江西校友会助学金	2.1
佳讯飞鸿奖学金	2
浩瀚助学金	2
爱心帮困基金	2
金圣教育基金	1.38
计算机学院素质教育基金	1.11
国富纵横专业奖学金	1
高富浪基金	0.7
计算机专项技术推广基金	0.69
运输学院教育基金	0.54
计算机学院计算机课程团队建设基金	0.5
校友女大学生助学金	0.4
经管学院基金	0.15
软件学院院长论坛	0.06

【董事会工作】

11 月 19 日，学校董事会 2010 年年会暨高速铁路建设高层论坛召开。校董事会为适应新形势新要求进行了新尝试，首次联合学院召开以土建工程类为主的董事会年会，邀请到来自董事会成员单位、校友企业、密切合作的行业单位 41 家 74 名代表和学校人员共 120 余人与会。吸纳董事会新成员单位 4 家，分别是：中铁电气化局集团有限公司、河南辉煌科技股份有限公司、镇江新区管委会、无锡轨道交通装备产业园，董事会成员单位达到 70 家，董事会基金新增 400 万元，总量达到 3 100 万元。年会还举办了高速铁路建设高层论坛，邀请到铁道部总规划师郑健等专家做 4 场报告；召开了校企合作座谈会，与江苏省交通科学研究院股份有限公司等 4 家单位签订了校（院）企合作协议。

董事会成员单位名单：

1. 教育部直属高校工作司
2. 铁道部人事司
3. 中国中铁股份有限公司
4. 中国铁建股份有限公司
5. 中国北车股份有限公司
6. 中国南车股份有限公司
7. 中国铁通集团有限公司
8. 中国铁路物资总公司
9. 中国铁路通信信号集团公司
10. 哈尔滨铁路局
11. 沈阳铁路局
12. 北京铁路局
13. 呼和浩特铁路局
14. 郑州铁路局
15. 济南铁路局
16. 上海铁路局
17. 南昌铁路局
18. 广铁（集团）公司
19. 南宁铁路局
20. 成都铁路局
21. 昆明铁路局
22. 兰州铁路局
23. 乌鲁木齐铁路局
24. 中铁快运股份有限公司
25. 中铁特货运输有限责任公司
26. 中国铁道科学研究院
27. 铁道第三勘察设计院集团有限公司
28. 中铁一局集团有限公司
29. 中铁二局集团有限公司

30. 中铁三局集团有限公司
31. 中铁五局（集团）有限公司
32. 中铁大桥局集团有限公司
33. 中铁建工集团有限公司
34. 中铁电气化局集团有限公司
35. 中铁二院工程集团有限责任公司
36. 中铁工程设计咨询集团有限公司
37. 中国土木工程集团有限公司
38. 中铁十六局集团有限公司
39. 中铁十七局集团有限公司
40. 中铁第一勘察设计院集团有限公司
41. 中铁第四勘察设计院集团有限公司
42. 中铁第五勘察设计院集团有限公司
43. 齐齐哈尔轨道交通装备有限责任公司
44. 长春轨道客车装备有限责任公司
45. 长春轨道客车股份有限公司
46. 北京二七轨道交通装备有限责任公司
47. 大同电力机车有限责任公司
48. 永济新时速电机电器有限责任公司
49. 西安轨道交通装备有限责任公司
50. 株洲电力机车有限公司
51. 南车四方车辆有限公司
52. 中国南车集团眉山车辆有限公司
53. 南车成都机车车辆有限公司
54. 石家庄车辆有限公司
55. 吉林化工集团
56. 北京军区政治部干部部
57. 北京公共交通控股（集团）有限公司
58. 北京市轨道交通建设管理有限公司
59. 北京城建设计研究总院有限责任公司
60. 翁牛特旗人民政府
61. 朔黄铁路发展有限责任公司
62. 沁和能源有限公司
63. 通鼎集团有限公司
64. 北京万桥兴业机械有限公司
65. 耀华电器集团温州前龙轨道交通装备有限公司
66. 山东中凯风电设备制造有限公司
67. 中铁电气化局集团有限公司
68. 河南辉煌科技股份有限公司

69. 镇江新区管委会

70. 无锡轨道交通装备产业园

【校企合作】

2010 年，完成了学校长三角研究院选址签约落户工作；学校新签订了 7 份战略合作协议，分别是：《北京交通大学与北京新联铁科技发展有限公司战略合作框架协议》，《北京交通大学与镇江新区战略合作框架协议》，《北京交通大学与河南辉煌科技股份有限公司战略合作框架协议》，《北京交通大学与南京市人民政府战略合作框架协议》，《镇江市人民政府、镇江新区管委会、北京交通大学共建“北京交通大学长三角研究院”合作协议》，《山东天圆铜业、中铁建电气化局有限公司与学校共建“轨道交通专用高性能铜合金材料研究中心”合作协议》，《中兴通讯与北京交通大学 GSM－R 技术战略合作框架协议》；协助校领导开展调研 60 余次，组织校市、校地、校企互访百余次，认真落实校企合作协议内容。

2010 年度，学校开展的培训项目有铁道部高速铁路通信概论培训班、MPAcc 广西审计厅课程班、中铁快运股份有限公司项目管理工程硕士班、南车股份项目管理工程硕士班以及中铁建股份有限公司、中国土木工程集团有限公司等董事会成员单位开办的各类培训班 60 余期。

2010

学院情况

电子信息工程学院

【综述】

电子信息工程学院下设信息与通信工程系、控制工程系、电子科学与技术系、光波技术研究所、国家电工电子教学基地。2010 年在全院师生员工的共同努力下，学院各项事业取得了显著成绩，新增教育部创新团队、“新世纪百千万人才工程”国家级人选、教育部新世纪优秀人才、宝钢优秀教师特等奖、詹天佑铁道科技成就奖、詹天佑铁道科技青年奖、北京市先进工作者、北京市师德先进个人等奖项；新增国家级精品课程 2 门、国家级双语课程 1 门、国家级特色专业 1 个；新增 2 个一级学科博士授权点、3 个二级学科博士授权点；获得全国百篇优秀博士论文提名奖 1 篇，学科竞赛全国奖 5 项。

【队伍建设】

截至年底，学院拥有教职工 241 人（含国家重点实验室），专职教师 198 人，教授 45 人（含研究员），副教授 84 人，高工 14 人，具有博士学位的教师占教师总数的比例由 2009 年的 66. 34% 提高到 2010 年的 73% 。

2010 年新增博导 3 人（王化深、荆涛、周华春），新增硕导 3 人。晋升教授 2 人：陶成、董海荣。晋升研究员 2 人：蒋大明、邱宽民。晋升副教授 11 人：王春灿、李修函、陶丹、黄清、穆海冰、李勇、王剑、衣法臻、董小伟、徐田华、许荣涛。晋升高级实验师 1 人：李维敏。新引进教授 2 人（赵友平、黄琳琳），副教授 3 人（陈福恩、王忠立、田慧）。

教职工在学院系、所、中心、机关分布见表 68。

表 68　教职工在学院系、所、中心、机关分布表

职称 单位	教授	副教授	讲师	助教	高工	工程师	助工	工人	见习生	合计
信息与通信工程系	18	27	19	1	4	2	1			72
自动控制工程系	11	27	26		1	1	6	1		73
电子工程系	2	7								9
光波技术研究所	7	8	10		1					26
国家电工电子教学基地	2	14	10		4	6	1			37
学院机关	5	1	3		4	8		1	2	24
合　计	45	84	68	1	14	17	8	2	2	241

学院凝练出 15 个重点发展的学科方向，设置了责任教授，明确了岗位职责和建设内涵，促进了团队建设。加大人才引进和培养力度，积极营造青年教师成长环境，培养了大批优秀青年教师。优化了队伍结构，提高了队伍整体水平。2010 年入选第二批“红果园”计划 A 类 1 人（王均宏），C 类 1 人（宁提纲），D 类 3 人（刘艳、高德云、郑伟）。新引进教师 21

人，其中教授2人，副教授3人，讲师12人，师资博士后3人。选派骨干教师出国研修4人，青年教师在职取得博士学位1人。

2010年学院师生获得的标志性成果：王均宏教授入选“新世纪百千万人才工程”国家级人选，谈振辉教授荣获北京市先进工作者，陈后金教授荣获宝钢优秀教师特等奖，戴胜华副教授荣获北京市师德先进个人，董海荣入选教育部新世纪优秀人才，钟章队教授带领的团队入选教育部创新团队，钟章队教授获得詹天佑铁道科技成就奖，王剑副教授获得詹天佑铁道科技青年奖。“CBTC核心技术研发与亦庄线示范工程”在城轨亦庄线和昌平线开通运营；邱宽民研究员参加的项目获得国家级科技成果一等奖；李旭教授等参加的“机动自主应急通信系统”获武警科技进步二等奖；电磁兼容实验室顺利通过认可认证年度评审；SCI论文比去年提高17%；张帆博士的学位论文获得全国百篇优秀博士论文提名奖；本科生获得各类省部级以上学科竞赛奖117人次，其中全国大学生智能车竞赛全国二等奖2个队，华北赛区一等奖3个队，首次突破国家级奖项。全国大学生电子设计嵌入式系统竞赛获得全国二等奖1项；电脑鼠走迷宫大赛获得全国一等奖2项和二等奖1项；TI－DSP大奖赛获得全国一等奖1项和二等奖2项；第二届高校学生轨道交通技术应用创新竞赛获得全国二等奖和三等奖各1项。

【党建和思想政治工作】

截至2010年年底，学院共有党支部42个，其中教师支部8个，学生支部34个，学院党员总数863人，其中教工党员134人。各支部共发展党员82人，其中发展研究生党员26人，本科生党员56人。学院党委充分发挥政治核心作用，把创先争优作为深入学习实践科学发展观活动的延伸和拓展，紧紧围绕学校中心工作，保障了各项工作的顺利进行。具体见表69。

表69　学院党员情况统计表

类　别	教职工	研究生	本科生	小　计
党支部个数	8	29	6	42
在册党员人数	136	586	141	863
全年发展党员人数	0	39	38	77
党员比例	56.43%	51.86%	6.8%	

1. 教职工党建和思想政治工作

2010年4—12月，按照学校党委的统一部署和要求，学院以党员作风建设年活动为专题，把党员作风建设与学风校风建设结合起来，开展创先争优活动。召开了教师党支部委员工作研讨会，特别是对“党员公开承诺”活动及“抓党风、带教风、促学风”专题教育活动提出了明确的目标和要求。围绕当前教风、学风建设中存在的问题，分别在教工党支部、学生党支部中开展主题讨论，向全院师生发出强师德、促学风、带校风的倡议书。学院党政领导班子成员高度重视，目的是通过这次活动把学院教学、科研、管理等各项工作推上新台阶，使创先争优活动取得实实在在的成效。学院党建工作创新项目——“大手牵小手，共筑成才路”学生党支部服务党员群众方法途径创新获得北京交通大学优秀党建工作创新项目二等奖。

认真组织广大教师，结合庆祝建党89周年开展系列活动。组织全体党员赴狼牙山开展“继承革命传统、发扬党的作风、实现科学发展”主题党日活动；为配合党风廉政教学，支部组织党员群众到中国人民抗日战争纪念馆、焦庄户地道战遗址纪念馆等廉政教育基地参观学习；通过开展党支部优秀主题党日活动评选，激发了教师的爱国热情，增强了支部凝聚力，党建与思想工作取得了长足进步。

2. 本科生党建和思想政治工作

2010年，按照新形势下的新要求，学院重点做好基层工作，抓好学风建设。按照准、细、严、精的队伍建设要求，实现了学生工作精细化，准确把握学生需求；细化学生管理过程；严格执行管理制度；保证工作精致化，体现了工作水平的提升。学院强调内涵，用好载体，注重电信学生的精神塑造：借助传统赛事，塑造电信精神；调整育人理念，注重人文素养的提高。学院突出重点，整合资源，抓学风建设的同时强调学生工作的整体效果，把重点工作主题融入原有的活动组织形式中，突出体现工作的整体效果；找准问题，统一认识；加强班级和宿舍文化建设。

学院党委本年度举办了第19届党校培训班，共有211名入党积极分子参加了培训和考核；全年发展党员57人，预备期满转正党员43人；暑假期间派出40名志愿者服务世界首届武搏会；毕业学生551人，毕业率97.5%，应届毕业生毕业率98.4%；评选出北京市先进班集体1个，校级先进集体15个，校级先进个人152人；评选出专项奖学金获得者120人，单项奖学金获得者655人；465人获得各类助学金，其中获得学校专项助学金有120人，获得国家助学金有334人，获得其他专项助学金有11人，资助金额合计1 269 130元；组织安排120人参加了勤工助学，发放勤工助学工资153 600元；重点跟踪辅导了195名心理健康存在问题的学生。本年度学院获得校级以上奖励30余项，其中获得学校思想政治教育工作实效奖二等奖1项、三等奖1项；获得思想政治教育研究优秀课题三等奖1项；蝉联院长杯；“一二·九”文艺汇演一等奖；火炬接力比赛二等奖；学生2007级第二党支部与怀柔镇东四村党支部的红色“1+1”共建获得北京市二等奖；获关心下一代工作先进集体称号；2007级学生杨阳获得国家宝钢奖学金和“成才表率”荣誉称号。

3. 研究生党建和思想政治工作

2010年，研究生党建工作取得了一系列进展，继续做好入党积极分子和预备党员的选拔和转正，其中，共有48名学生成为积极分子，通过考核的37名同学被发展为预备党员；28名同学预备党员考察期合格，光荣转为中国共产党正式党员。11月，共有61名研究生参加了党课培训。3月组织参加了“慧光杯”学术论文活动，共收到论文40余篇，其中一等奖4篇，二等奖6篇，三等奖10篇。学院积极为同学申请贷款，2009级和2010级国家助学贷款成功签约31人。举办了就业工作说明会，形势分析会，政策传达会，支教、村官、支援西部动员会等，向毕业生宣传国家就业鼓励政策，全方位、多渠道地鼓励毕业生到祖国需要的地方就业。积极鼓励同学参加文体活动，学院研究生足球队再次获得“知行杯”冠军。学院3支队伍参加了学校社会实践活动，其中“科技服务农村，知识点亮希望”的暑期社会实践团获校级一等奖。学院招录2010级全日制研究生共499人，其中硕士448人，博士51人，硕士班11个，博士班1个。本年度学院首次实行工学硕士2.5年学制，62名应届研究生就业率达到98.3%。具体见表70～表73。

表 70　电子信息工程学院 2010 届研究生就业情况统计

毕业生情况	已　就　业				未就业
	签就业协议	单位用人证明	已出国	博士后	
硕士毕业生	22	2	6		1
博士毕业生	24	2		4	1
合　　计	46	4	6	4	2

表 71　电子信息工程学院 2010 届各专业研究生就业人数统计

专　　业	博士/人	硕士/人
交通信息工程及控制	10	8
通信与信息系统	20	15
电路与系统		3
环境工程		1
微电子学与固体电子学		3
信息网络与安全	1	
智能交通工程		1
合　　计	31	31

表 72　2010 年研究生获得贷款和资助统计

资　助　名　称	获得人数	资助金额
国家助学贷款	31	18.5 万
曦明助学金	1	2 500

表 73　研究生 2009—2010 年度各类奖学金统计表

奖学金名称	获奖人（班、组）次
优良学风班	7
校级研究生暑期社会实践	一等奖 1 项
校运动会	团体乙组总分第一名、男子乙组总分第三名、女子乙组总分第一名
优秀研究生	8
智瑾奖学金	1
西门子奖学金	1
京东方奖学金	5
校友奖学金	1
社会实践优秀个人	4
三好研究生	119
优秀奖学金	7
优秀研究生干部	95

续表

奖学金名称	获奖人（班、组）次
优秀团员	9
优秀团干	4
第七届全国研究生 EDA 设计大赛北京赛区团体三等奖	3
首都大学、中专院校“先锋杯”优秀基层团干部	1
国家数学建模竞赛三等奖	3
北京市首届高校舞蹈大赛	2
第六届“挑战杯”首都大学生创业计划大赛金奖	1
北京市“先锋杯”优秀团员	1

【教学工作】

1. 本科教学

截至年底，在校生总数为 2 082 人（含留学生 19 人），2010 届应届毕业生 537 人，2010 级新生总人数 468 人。2010 年度共开设 154 门课程，331 个课堂，全年教授上课率 86%，主干课程教授上课率 81%，开设双语课程 5 门。4 位教师被评为学校优秀主讲，教师发表教学论文 65 篇。院级教改立项 21 项，大学生创新实验项目立项 55 项。学院完成了大学生创新实验项目的结题验收工作，其中，共有国家级大学生创新实验项目 10 个，北京市级项目 3 个，校级 36 个。学生参加并获得各类省部级以上竞赛获奖 128 人次，学生发表科研论文 6 篇。106 人获得保研（直博）资格，其中校外 24 人、校内直博 12 人、工程硕士 27 人。当年毕业深造率平均为 48.6%。第三批中－瑞项目 11 名本科生赴瑞典中部大学留学，5 名本科生赴美国明尼苏达大学交流项目。

重点及特色工作：依据国家发展战略和教育对外开放的需求，学院成立了“通信工程专业国际化人才培养试点班”，以优势学科与国家特色专业为依托，培养具有国际视野、了解本领域国际规则、具备跨文化交流、竞争与合作能力的工程与管理人才。

教学获奖与表彰：（1）《电子系统课程设计》课程（侯建军教授负责）被评为 2010 年度本科国家精品课程；《信号与系统》课程（陈后金教授负责）被评为 2010 年度网络教育国家精品课程；《数字电子技术》课程（娄淑琴教授负责）被评为 2010 年度国家级双语教学示范课程；《电子系统课程设计》课程（侯建军教授负责）被评为北京市精品课程。（2）北京交通大学课堂教学教风标兵：戴胜华、张星。（3）校级教师教学基本功比赛二等奖：杨光，三等奖：刘颖、刘艳、李润梅、魏杰。（4）最佳教案奖：刘颖、杨光。（5）最受学生欢迎奖：杨光。（6）校优秀实验项目：IP 网络综合实验（负责人卢燕飞）；校优秀研究性教学训练载体：电磁场与电磁波、数字电路技术，课程负责人邵小桃、侯建军。

2. 研究生教学

2010 年 12 月在校硕士生 836 人、博士生 248 人，硕士学位授权点 10 个、博士学位授权点 6 个。2010 年 1 月授予博士学位的 11 名博士生在读期间发表论文 SCI12 篇，EI22 篇，ISTP11 篇；2010 年 6 月授予博士学位的 26 名博士生在读期间发表论文 SCI31 篇，EI82 篇，ISTP32 篇。

2010 年 1 月授予博士学位 11 人：

通信与信息系统：王嵚、李常茗、尉伟峰、郭铁英、关建峰、任文华、毛向桥、马震；

交通信息工程及控制：王钰、姚畅、肖硕。

2010 年 6 月授予博士学位 26 人：

通信与信息系统：秦建存、妥艳君、王俊芳、李永昊、李昕、冯素春、姚磊、耿蕊、陆玉春、李宏雷、卢丹、刘留、李纯喜、龚桃荣、霍宏伟、宋飞；

交通信息工程及控制：蔡伯根、牛儒、王轶、李星毅、杨飞、张令文、宋伟、晏静文、刘坤；

信息网络与安全：陈一帅。

学院严格按照《研究生课程教学管理条例》执行，规范了教学管理制度，圆满完成了研究生教学任务。学院启动了研究生课程调查系统，研究生可对所选课程的教学内容、教学质量进行网上评教。教师发表教育论文 6 篇，其中《全日制专业学位研究生思想政治教育工作探索》获首届全国“研究生思想政治教育工作研究”征文一等奖。为继续推进研究生课程的双语建设，2009 年立项的有 6 门学位课程、1 门非学位课程，2010 年 11 月考核完成，5 门研究生课程采用双语教学。

学院积极探索专业硕士培养问题，就如何确保培养质量、落实实践环节、定位专业学位论文标准展开研究。有关培养基地建设、专业硕士培养质量、专业学位论文标准等研究项目立项 5 项。聘请企业知名专家为 2009 级专业硕士讲授“电子与通信工程新技术讲座”、“控制工程新技术讲座”。2010 年建立了 6 个专业硕士培养基地，12 名专业硕士到培养基地实习。

【科研工作】

全年新增科研项目数 199 项、合同经费数 9 114. 55 万元（其中国家重点实验室人员牵头 2 238 万元）。检索论文总数 219 篇、SCI 检索 69 篇、EI 检索 85 篇、ISTP 检索 70 篇；出版教材 13 本，专著 2 本，国家级规划教材 2 本；软件著作权登记 69 项，专利授权 56 项，其中发明专利 44 项。

1. 2010 年新增国家自然科学基金项目负责人

刘泽、王海波、延凤平、谈振辉、周永华、王忠立、苏晓星、张振江、李兴华、荆涛、董小伟、王春灿、张宏科、陶成（参加）

2. 2010 年新增国家“863”计划课题负责人

谈振辉、刘中田、钟章队（参加）、陈福恩（参加）、闻映红（参加）、陶成（参加）

3. 2010 年新增国家“973”计划课题负责人

秦雅娟、娄淑琴

科研获奖与鉴定：邱宽民等参加“遂渝线无砟轨道综合关键研究与应用”获国务院颁发的国家科技进步奖一等奖。吴昊参加的项目“异构无线网络安全技术及应用”获陕西省人民政府颁发的陕西省科学技术奖一等奖。李旭等参加的“机动自主应急通信系统”获武警科技进步二等奖。孙昕主持的“特大城市交通移动资源监控与智能调度关键技术及系统”获教育部科技进步二等奖。姚冬萍参加的“轨检车检测里程精确校准系统”通过北京铁路局科学技术委员会组织的鉴定，鉴定证书号为京铁科委［2010］19 号（技术审查）。张宏科教授主持的 973 项目“一体化可信网络与普适服务体系基础研究”项目进行了结题预评估。

【学科与平台建设】

1. 新增“城市轨道交通 CBTC 系统”北京市高等学校工程研究中心。负责人：郜春海。

2. 新增教育部创新团队 1 个。

3. 宁滨教授被聘为第六届教育部科技委委员、“能源与土木建筑水利学部”常务副主任和“教育部科技委学风建设委员会委员”。

4. 学院召开电子信息工程学院学科方向责任教授启动大会，讨论并制定学院学科方向责任教授实施办法（试行），确定了 15 个学科方向及各方向责任教授。

2010 年学院省部级及以上科研平台统计见表 74。

表 74　2010 年学院省部级及以上科研平台统计表

序号	实验室名称	类　型	批准时间	负责人
1	轨道交通运行控制系统国家工程研究中心	国家工程研究中心	2008 年	李学伟 郜春海
2	下一代互联网互联设备	国家工程实验室	2008 年	张宏科
3	电磁兼容实验室	国家认可实验室	2006 年	闻映红
4	全光网络与现代通信网	教育部重点实验室	2002 年	娄淑琴
5	城市轨道交通自动化与控制	北京市重点实验室	2001 年	唐涛
6	通信与信息系统	北京市重点实验室	2001 年	刘云
7	城市轨道交通 CBTC 系统	北京市高等学校工程研究中心	2010 年	郜春海

【对外交流与合作】

2010 年，学院积极拓宽与海外院校的联系，大力推进国际交流与合作。在教师出访及海外学者来访等国际学术交流、项目合作等方面都取得较好成绩。接待外宾来访 50 余次，来访内容包括：合作科研、讲学、考察及学术访问。外籍教师或学者讲学 20 余次。教师和干部出访 60 余次。聘请 5 位海外专家为学校兼职教授。成功组织“与大师面对面”名师讲坛学术活动 20 次。

2010 年台湾淡江大学 24 名硕博士研究生做为期 15 天的共同交流学习。成功主办和协办高水平国际及港澳台地区的学术 2 次，即 2010 年数据驱动控制国际研讨会和 2010 年第四届海峡两岸信息科学与信息技术学术交流会议。

学院继续与中瑞典大学、美国明尼苏达大学、澳大利亚新南威尔士大学、丹麦奥尔堡大学等高校开展实质性学生交流。2010 年 11 月，同英国拉夫堡大学签署 3 +1 +1 和 4 +1 学生联合培养项目。同英国雷丁大学、美国密苏里大学、香港理工大学、美国佛罗里达国际大学等国际知名院校的相关合作也在积极推进中。

向中瑞典大学派出本科生 11 名（3 +1 项目），硕士研究生 2 名（1 +1 项目）；向美国明尼苏达大学派出本科生 5 名（2 +2 项目）。向台湾义守大学派出短期交流学生 5 名，向台湾科技大学派出短期交流学生 2 名，台湾淡江大学和宜兰大学短期交流学生 6 名。公派博士联合培养 8 人，公派出国攻读博士学位 6 人，学校创新人才出国交流项目联合培养博士生 4 人。共计 49 人次。

来华留学生培养：本科生 7 人，硕士生 4 人，博士生 1 人。

计算机与信息技术学院

【综述】

计算机与信息技术学院下设二级机构：计算机科学系、计算机工程系、生物医学工程系、计算机基础教学基地、信息科学研究所、网络管理研究中心、计算机综合教学实验室。2010 年，学院在师资队伍建设、科研、人才培养等方面都取得新的突破，多项工作创历史最好成绩。

【队伍建设】

截至年底，学院有教职工 176 人（其中含非事业编 6 人，退休返聘 3 人），其中专职教师 130 人，博士生导师 19 人（其中兼职博士生导师 10 人）、硕士生导师 88 人（其中兼职硕士生导师 10 人），具有博士学位的教师 86 人，占专任教师的 67% 。全年引进人才 7 人，其中 3 人直接从海外引进。具体分布见表 75。

表 75　教职工在学院系、所、中心、机关分布表

	教授	副教授	讲师	助教	高工	工程师	助工	工人	见习生	合计
计算机科学系	3	13	8		1					25
计算机工程系	3	16	16							35
生物医学工程系	1	5	4					1		11
信息科学研究所	8	7	8		1					24
计算机基础教学基地	1	5	6			6	3	2		23
网络管理研究中心	1	1	8		6	2	4	1		23
综合实验室		3	3		1	3	1			11
党政人员	2	4	4	3	1	8	1	1		24
合计	19	54	57	3	10	19	9	5		176

学院在青年学科带头人培育和海外杰出人才引进方面取得了突破性的进展。赵耀教授获得了国家自然科学杰出青年基金，对学校信号与信息处理及相关学科的建设和发展有标志性的作用。澳大利亚阿德莱特大学计算机系首席教授沈鸿全职应聘到学院工作，并获批国家千人计划，是学校第二位获得国家最高级别人才引进计划的海外专家，对学校计算机科学与技术及相关学科的发展将发挥积极的推进作用。

学院全面贯彻落实学校《红果园创新人才培育计划》以及学校《人才引进与师资补充管理办法》等文件精神，在人才培育方面，获得批准红果园创新人才培育计划 D 类计划 4 人。积极开展师资博士后和科研博士后的进站选拔工作，选拔师资博士后 5 人，进站学科博士后 1 人。积极选拔并鼓励中青年教师出国访问和进修，半年以上境外进修的有 9 人，并在符合条件的情况下给予延期经费资助。设立“握奇”青年教师奖教金，2010 年评选出 8 人，发放奖金 4 万元。学院成立了对外联络及服务工作的平台——“教育培训中心”，设置了专、兼职岗位，明确各类岗位职责、任务，并制定了相应的管理制度。

【党建和思想政治工作】

1. 党员基本情况

截至年底，学院共有党支部 37 个，其中教工党支部 7 个，学生党支部 30 个。学院共有党员 510 人，其中教工党员 90 人，学生党员 420 人。全年新发展党员 87 人，其中新发展研究生党员 52 人，本科生党员 35 人。教工党员比例为 54%，研究生党员比例为 50%，本科生党员比例为 9.5%。

2. 教职工党建和思想政治工作

积极开展学院“创先争优活动”，将创先争优活动与学风建设紧密结合，并围绕该主题，结合国家教育中长期规划内容组织了学风大讨论，并积极推进活动的每个过程。这为学院教学科研工作的顺利进行提供了坚实的保障。

继续发挥学院工会、青年教师联谊会在学院文化建设中的作用，为教职工营造愉快的工作、学习氛围。学院组织了青年教师素质拓展、青年教师学术沙龙、每周羽毛球运动等系列活动，在锻炼和培养青年教师、团结青年教师增加学院凝聚力等方面发挥了积极的作用。同时，大力开展三育人和师德建设工作，关心教职工生活，实施送温暖活动和“健康工程”，优先为教职工提供活动环境，建设职工之家。学院还召开教代会，通报了重点工作与财务情况，并就教职工所提出的议案进行了讨论。下半年还接受河南理工大学计算机学院党委书记付子仪同志到学院挂职任副院长。

3. 本科生党建和思想政治工作

学院团委获得 2010 年度北京市五四红旗团委荣誉称号。有 5 个班获校级先进班集体，6 个班获校优良学风班，177 人获得学习奖学金，294 人次获各类单项奖学金，54 人获各类专项奖学金，50 人获校三好学生荣誉称号，24 人获校级优秀学生干部荣誉称号，奖学金获奖面为 40.5%；共计 586 人次参加各类学生科技活动，获校级以上奖励（不含校级）35 人次，国家级以上奖励 30 人次。

2010 届本科毕业生共计 222 人，就业率为 100%。其中 14 人出国，82 人读研，深造率为 43.24%，就业率、签约率两项获学校就业工作表彰单项奖。

学院组织各类思想教育活动 50 余次，覆盖面达到 100%。2 个支部获首都高校“先锋杯”优秀团支部，3 名团干部获首都高校“先锋杯”优秀基层团干部，2 名团员获首都高校“先锋杯”优秀团员，4 个支部荣获学校甲级团支部，9 个支部荣获学校乙级团支部，1 个团日活动被评为校十佳团日活动；2 支社会实践团获学校二、三等奖；2010 年共资助学生 314 人，资助金额 183 794 元，为 47 名学生办理了国家助学贷款，新增贷款金额共计 258 200 元，提供勤工助学岗位种类 23 类，为 141 名学生提供勤工助学岗位，全年累计发放勤工助学经费 122 129 元；继续组织友爱基金捐赠，为 70 名学生购买了生活用品和学习用品。

4. 研究生党建和思想政治工作

2010 年获得校优秀班集体 3 个，优秀社会团队二等奖 2 个，优秀研究生 1 人，智瑾奖学金 2 人，道德先进个人 2 人，学校三好研究生 48 人，优秀奖学金 4 人，优秀研究生干部 32 人，社会实践优秀个人 2 人，社会实践优秀带队教师 1 人，全国研究生数学建模竞赛三等奖 5 人。获得北京市三好学生 1 人，北京市优秀干部 1 人；获得 IBM 奖学金 1 人，尖峰公司专项奖学金 3 人，华为公司专项奖学金 2 人；硕士生赵云颋、张凯获得第七届中国研究生电子设计大赛北京赛区的团体三等奖；硕士生李靖、王安、于宝龙获得 Altera 杯亚洲创新设计大赛优胜奖；硕士生杨司祺获得 IET 全球英语演讲竞赛 PATW 亚太区总决赛季军；获校田径运动会男子团体第三名；院研究生足球队获得“知行杯”研究生足球比赛冠军，院研究生篮球队获“知行杯”篮球比赛冠军。

2010 年毕业研究生总数 222 人，其中博士生 22 人，硕士生 200 人，就业率 100% 。毕业生升学 7 人，出国 2 人，签约率 71. 6% 。

全年学院共组织名师讲坛活动 19 次，博士生论坛 1 次，就业交流 3 次，组织了心理健康讲座、研究生篮球赛、班级风采大赛、研究生羽毛球活动等课余活动，研究生班级风采大赛参与度达到 100% ；加强学风建设，开展研究生学风主题班会、支部活动；关注贫困生，共办理研究生贷款 23 人，其中新生 20 人。承办了 2010 年“IET 全球英语演讲竞赛 PATW”北京赛区总决赛。

【教学工作】

1. 本科教学

2010 年计算机与信息技术学院在校本科生 983 人，下设 4 个本科专业，即计算机科学与技术专业、计算机科学与技术（铁路信息技术）专业、生物医学工程专业、信息安全专业。

（1）做好质量工程建设和验收工作，进一步提高教学质量。

积极申报质量工程建设项目，2010 年新增《多媒体技术应用》国家精品课程（网络）、《计算机体系结构》“教育部 - 英特尔”精品课程和《铁路信息技术导论》校级精品课程。现有国家级特色专业建设点 1 个；北京市实验教学示范中心 1 个；国家级精品课程 2 门，网络教育类国家精品课程 3 门，“教育部 - 英特尔精品课程”建设项目 2 门，北京市精品课程 3 门，校级精品课程 11 门；“十一五”规划教材 8 本，北京市精品教材 4 本；国家级教学团队 1 个，北京市教学团队 1 个；国家级教学名师 1 人，北京市教学名师 2 人，校优秀主讲教师 19 人。

切实做好现有质量工程项目的建设和验收工作，主要有北京市实验教学示范中心《计算机实验中心》，国家级特色专业《计算机科学与技术》，国家级教学团队《计算机基础教学团队》等，并使质量工程建设落到实处，提高了教学质量。

（2）继续加强创新实践能力培养，探索人才培养模式创新。

依照学校“卓越工程师计划”的要求，做好计算机科学与技术（铁路信息技术）专业的培养计划，落实工程型人才培养的各项工作；结合拔尖型和复合型人才培养，研究和制定有利于学生个性化发展的培养机制。计算机科学与技术（铁路信息技术）专业 2010 年首次招生 2 个班 54 名学生。作为教育部高等学校交通运输与工程学科教学指导委员会、轨道运输与工程教学指导分委员会和铁路信息技术教学指导组的挂靠学院，负责组织和起草了《铁路信息技术专业方向规范》。

完成了 2009 年大学生创新性实验项目的结题工作，其中国家级 6 项，北京市 3 项，校级 18 项，参与学生 127 人，1 项成果已申请国家发明专利；并启动了 2010 大学生创新性实验项目，共立项 36 项。

积极开展计算机科学类拔尖创新人才的培养工作，首次在计算机科学与技术专业中设立

"计算机科学"试验班，定制了由4门课程组成的特色课程模块，首届2009级已有28人进入试验班学习。与经管学院合作，在2009级设立"创新创业"试验班，首届学生23人。

获学校立项启动计算机实验中心优质资源共享系统建设项目。学院综合实验室进行了环境布局、功能和实验类课程的更新和完善，开辟了自主创新实验区，并新增"无线网络技术联合实验室"和"移动应用技术培训中心"2个平台。计算机基础教学基地东校区实验室扩大面积近700平方米，新增计算机200余台，目前，计算机基础教学基地实验用机达到670余台，对全校计算机基础教学起到了保障作用。

计算机基础教学基地结合"大学计算机基础"课程的教学改革，安排经验丰富的讲师投入到实验室工作中，承担起学生课外计算机应用技能的辅导工作。

学生科技竞赛获得国际、国家级比赛各类奖项23项。学校学生代表队在第三十四届ACM－ICP国际大学生程序设计竞赛中获全球第36名。学院组织了北京交通大学第四届ACM程序设计大赛，全校共有261人报名参赛，46人获奖，选拔了若干代表队参加ACM－ICPC亚洲各赛区决赛共荣获金奖1项、银奖3项、铜奖2项、优胜奖6项。学院还组织了第二届北京交通大学（文科）计算机设计大赛，评出一等奖和二等奖各2项，并推荐参加2010年第三届中国大学生（文科）计算机设计大赛，获得了1项二等奖和1项入围奖。学生团队获得2010年第二届全国大学生电子设计竞赛信息安全专题邀请赛一等奖、二等奖、三等奖各1项，在2010年第三届全国大学生信息安全竞赛中荣获优胜奖。学院学生获得Altera杯亚洲创新设计大赛单项奖1项、全国入围奖1项。在第二届开放源码与嵌入式大赛中，获得全国决赛三等奖和入围奖各1项。组织了第六届"前方杯"学生课外科技作品大赛、DIY攒机大赛、百科知识竞赛、通途杯Android手机应用设计开发大赛等，并选出7项优秀作品参加北京市手机应用开发大赛，选出10项优秀作品参加团中央和中国移动联合主办的"MM（mobile market）百万青年创业计划"。有2项获得校级挑战杯一等奖，1项获得北京市挑战杯三等奖。

2. 研究生教学

2010年招收硕士生237人，其中学术型硕士生195人，专业学位硕士生42人，录取博士生32人，其中硕博连读10人，直读博生3人，委培生17人。学院在校硕士生总数达到473人，在校博士生达到187人。

2010年已毕业和已统计即将毕业的24位博士生共发表第一作者学术论文168篇，人均约7篇；其中一类论文137篇，人均约5.7篇；SCI论文31篇，人均1.3篇。博士学位论文送审共165份次，评价为优秀的110份（其中特优4份），占67%，评价为良好的53份，占32%。其中，赵耀教授指导的博士生翁韶伟获得2010年北京市优秀博士论文奖。阮秋琦教授指导的博士生安高云获得2010年校优秀博士论文。

学院对硕士培养方案进行了重新修订，进一步规范了学术型与专业学位的培养目标，补充了新的培养方向。首批全日制专业学位已进入实践阶段，对学院全日制专业学位研究生实践情况进行了摸底统计，为今后专业学位研究生的培养和实习基地的建设奠定了基础。在公派留学方面，学院与国家留学基金委签约4个名额博士研究生联合培养，2名硕士出国攻读博士学位。在研究生教学方面，本着"尊重导师、尊重研究生教学规律"的原则，开展研究生课程情况调研，并对研究生课程的教学环节进行规范。申报学校博士研究生的创新科技基金1类4人，2类2人。2010年授予硕士学位202人，授予博士学位23人。共有研究生联合培养基地7个。

【科研工作】

全年新增科研项目经费约3 650万元，比上年增加了75%，首次突破3 000万元大关。新增超过百万元的项目7项，其中2项超过500万元，另有3项超过200万元，军工项目经费约650万元，达到了学院“十一五”年度科研经费的努力目标。发表SCI检索论文55篇，比上年增加13篇，增长了31%，其中平均影响因子之上的总共13篇、超过上平均影响因子的有7篇；发表EI检索论文43篇；获得授权发明专利16项；软件著作权等其他专利共7项。

赵耀教授主持的“结合视觉特性的图像视频编码”项目获评2010年度北京市科学技术一等奖，信息安全研究团队参加的“基于虚拟化技术的可信网络终端系统”项目获评2010年度教育部科技进步一等奖，参加的“新型3G移动用户识别卡”获得北京市朝阳区科技发展进步奖一等奖。获得1项由国家质量监督检验检疫总局和国家标准化管理委员会颁发的“中国标准创新贡献奖”。

【学科与平台建设】

国家级重点学科信号与信息处理建设取得很大进展。北京市重点学科计算机应用技术和北京市重点交叉学科信息安全通过三年的建设，积累了丰富的成果和经验，接受了北京市教委组织的中期检查。学院基本完成“211工程”三期建设的任务，基本建成高性能计算平台和数字媒体综合处理平台。积极组织申报“海量数据分析与安全”北京市重点实验室。

认真总结“十一五”各项工作，启动了学院“十二五”计划的制订工作。开展了多次研讨和调研活动，初步凝练出了8个重点发展领域和8个重点培育方向。并积极推进国家保密学院的各项筹建工作。

完成了东校区机房的改建工作，扩充了300台机器，机房环境得到改善。同时，着手谋划基地实验室服务的重新定位，对个别实验技术岗位进行了调整，加强了实验室管理队伍的技术力量，并引导教师进入实验室，提升实验室的服务层次及服务水平。

【对外交流与合作】

全年学院共接待外国专家、访问团31人次，举办研究生学术讲座17次。先后派出15名学生赴荷兰、美国、瑞典，以及我国台湾地区访学或交流。接待来自台湾淡江大学的10名研究生作为期两周的学习交流，并派出4名硕士生、博士生赴台湾淡江大学交流学习两周。全年新接收外国留学生9名。与台湾淡江大学签署了双边合作协议并已于8月启动，与美国密苏里大学、印第安纳－普渡大学印第安波利斯分校、佛罗里达国际大学洽谈本科生2+2和研究生3+2联合培养的合作，达成初步协定，将正式签署合作协议。在学术活动方面，学院共主办和承办国际学术会议4个、海峡两岸学术会议1个。其中第十届IEEE信号处理国际会议已经成为信号处理领域国际上影响力很大的品牌会议，到会的国外专家学者约80人，国内专家学者约200人；成功举办第四届海峡两岸信息科学与信息技术学术交流，到会人数约150人，其中来自台湾20余所高校的学者约70余人。

10月16日，学院举行了建院10周年庆祝活动，邀请了1986级、1996级校友返校，同时邀请了优秀校友代表，在计算机系、计算机学院工作过的部分院友，学院现职教职工代表，以及软件学院、远程继续教育学院、信息中心等单位近240多人参加。

学院与多家IT企事业单位联系洽谈合作，其中新增研究生联合培养基地8个，用于开展学生联合培养和科研合作项目。牵头引进了校外捐赠项目 2 个，其中秦皇岛泰信软件公司在学院建立了联合实验室，捐资经费 54 万元；与北京新诺恒天科技发展有限公司开展合作，在小学期为学生开展手机软件培训工作；与“东软集团”合作在暑期为大四学生开展实训课程。校友企业“竞业达公司”捐资 30 万元资助学校艺术团在国家大剧院演出。

经济管理学院

【综述】

经济管理学院设有系—中心—机关—研究机构，即经济系、会计系、企业管理系、物流管理系、信息管理系、旅游管理系、工程管理系、公共管理系、金融系；中心有MBA中心、EMBA中心、工程硕士中心、MPACC中心、国际交流中心、就业指导办公室、实验研究中心；机关包括综合科、教学科、研究生科、团委；研究机构共21个，包括运输经济理论与政策研究所、发展战略研究所、中国企业兼并重组研究中心、劳动经济与人力资源管理研究所、安全行为与安全管理研究所、增值物流研究所、物流网络工程研究所、工程管理研究所、企业竞争力研究所、企业组织与企业能力研究所、企业信息化研究所、企业文化管理研究所、市场研究所、证券研究所、管理决策与数量分析研究所、会计与财务研究所、中奥物流创新研究中心、中国技术经济研究中心、组织管理研究所、信息理论与技术研究中心、中国金融研究中心。

【队伍建设】

截至年底，学院教职工在编199人，其中专职教师177人，占教职工总数89%。院士1人。国务院参事1人。博士生导师37人，硕士生导师132人。引进人才：教授3人，侯汉平、黄宗远、潘浩然；博士2人，何晓明、蔡芸。博士后进站20人，博士后出站9人。调出3人：曲斌、潘金、王月忻。退休2人：陈新、林玳玳。

学院非事业编46人，退休返聘3人。

具体见表76。

表76　2010年学院教职工基本情况

单位	教授	副教授	讲师	助教	高工	工程师	馆员	见习	中技工	博士学位	博士学位增长比例
经济系	11	14	8							27	
金融系	1	5	7							5	
公共管理系	2	3	2							5	
会计系	8	12	12							16	
企业管理系	6	19	5							24	
工程管理系	1	6	1							4	
信息管理系	4	12	4							9	
物流管理系	9	11	6							16	
旅游管理系	3	1	4								
机关		1	4	2	7	6	1		1	1	
合计	45	84	53	2	7	6	1		1	107	18%

【党建和思想政治工作】

学院党员情况如表77所示。学院党委委员：张明玉、王德瑜、郭雪萌、刘延平、李文兴、张秋生、刘伊生、文映春。

表77　学院党员情况统计表

类　别	教职工	研究生	本科生	小计
党支部个数	6	28	9	43
在册党员人数	148	607	262	1017
全年发展党员人数	0	39	132	171
党员比例	67.27%	31.95%	16.04%	

1. 教职工党建和思想政治工作

学院积极开展创先争优活动，圆满完成了各项任务。制订了深入开展创先争优活动实施方案，召开了学院创先争优活动动员部署大会，认真开展了关于作风建设的学习讨论，深刻领会作风建设的内涵，结合师德师风建设、学风校风建设，查找自身存在的问题和不足；开展了深入学习实践科学发展观活动“回头看”工作，教师党支部、学生党支部开展“1+1”结对子活动；党员通过帮助身边的党员和群众，开展“一帮一”互助活动。

2. 本科生党建和思想政治工作

认真组织党员开展理论学习和实践活动，充分发挥学生党员志愿服务社会主义新农村建设的积极性，深入开展党支部红色“1+1”活动，与门头沟区斋堂镇爨底下村党支部等5个农村党支部结成共建单位，促进共建单位的发展以及学生党员思想素质和业务水平的提高。深入开展创先争优活动，真正做到“树好一面旗帜，唱响一种声音，办好一件实事，奉献一片爱心，带好一帮同学”。注重班级和团支部建设，培养学生集体精神和责任意识。本科生共有568人次获得各级各类奖学金，119人次获得各级荣誉称号；在班级建设中，共有16个班集体获得院级优良学风班荣誉称号，7个班集体获得校级优良学风班荣誉称号，6个班集体获得校级先进班集体荣誉称号。积极促进学生科技活动开展，推进大学生创新性计划项目，努力培养研究型人才。2010年，本科学生公开发表专业论文165篇，全年共获得国际银奖1项、国家级奖项21项、省市奖项15项，在校级各类竞赛中取得奖项120多个。

创新工作机制，狠抓学风建设。进一步推进院系级“一站式”学生服务平台建设，创建学生活动中心，完善工作坊工作体制，为学生学习创造良好条件。截至12月，先后开展30余期工作坊，共600余人次先后参与到工作坊中来，针对性强，覆盖面广，普及度高，最大程度地满足了学生的需求。学院申报的“深化‘一站式’服务，创新基层学生工作机制”项目获得2009年首都大学生思想政治教育工作实效奖优秀奖，并获得学校思想政治教育工作实效奖特等奖。

深入落实科学发展观，全面服务学生成长成才。学院本科生共有贫困生304人，学院帮助学生积极申请国家助学贷款，申请到校内校外各类助学金、专项补助共计12项，总金额878 680.00元（平均每人2 890.39元）。常设勤工助学岗位11处，平均每月参加勤工助学困难学生112人。2010届本科毕业生413人，就业率达到97.10%，深造率高达39.7%。

立足校园，深入开展社会实践活动，引导青年服务社会。组织志愿者到河北廊坊市香河县河南吴村小学开展支教服务活动，前往密云特奥基地看望残疾儿童。深入社区开展涉及老年人安全知识宣讲活动。2010 年暑假，组建了 3 支暑期社会实践团队，其中“我与祖国共奋进，我用青春报祖国”——赴内蒙古社会实践团获得了首都大学生暑期社会实践优秀团队称号，其实践成果被评为首都大学生暑期社会实践优秀成果，其余两支团队分获校级二等奖和校级三等奖。

3. 研究生党建和思想政治工作

研究生在 2009—2010 学年共评出 4 个校级优良学风班，1 名北京市三好学生，3 名智瑾奖学金获得者，3 名京东方奖学金获得者，1 名曦明助学金获得者，94 名校级三好研究生，82 名校级优秀研究生干部，1 名社会实践优秀带队教师，6 名社会实践优秀个人，2 个暑期社会实践团队分获优秀二、三等奖。3 名同学获得 2010 年全国研究生数学建模竞赛二等奖，1 名同学获第六届“挑战杯”首都大学生创业计划竞赛二等奖，1 名同学获北京高校第一届体育舞蹈大赛全能二等奖。

为提高研究生就业率和就业质量，继续举办创业论坛，多次邀请就业指导专家和职业规划师为研究生做就业指导。2010 年共有 454 名毕业生参加就业（博士 27 人，硕士 427 人），其中 436 人就业，3 人出国，11 人读博，1 人读博士后，创业 1 人。2 人实习待签约，就业率达到 99. 6% 。

【教学工作】

1. 本科教学

2010 年学院有本科生 1 819 人，开设经济学、金融学、国际经济与贸易、工商管理、市场营销、会计学、财务管理、信息管理与信息系统、物流管理、工程管理、旅游管理 11 个专业。有国家级精品课程 5 门，分别是：物流学、电子商务、运输经济学、《ERP 理论与实践》、企业物流管理（网络教育类）；有北京市精品课 9 门，分别是：物流学、电子商务、运输经济学、供应链与物流管理、管理学、劳动经济学、基础会计学、采购学、ERP 理论与实践；校级精品课 15 门；国家级精品教材 1 本，《西方运输经济学（第二版）》；北京市精品教材 29 本，分别是：《电子商务概论》、《电子商务下的物流管理》、《物流学》、《网络支付与结算》、《电子商务技术基础》、《物流成本管理》、《供应链管理》、《配送管理》、《采购管理》、《劳动经济学》、《西方运输经济学》、《现代生产运作管理》、《管理学》、《企业物流管理》、《网站编程技术实用教程》、《ERP 原理与实践》、《建设工程监理案例分析》、《经济法教程》、《多维审视下的组织理论》、《工程管理实践教程》、《人力资源开发与管理》、《商品学概论》、《财务管理：分析、规划与评估》、《供应链管理原理及应用》、《市场营销》、《物流信息管理》、《管理信息系统》、《商用 ERP 实训教程》、《国际贸易》；北京市精品教材立项项目 12 个，分别是：《技术经济学》、《国际贸易》、《物流系统方法论》、《管理研究方法论》、《电子商务管理》、《服务科学概论》、《公司财务管理：理论与案例》、《国际商务谈判》、《经济模型与应用》、《经济学原理（双语）》、《税收理论与实务（第二版）》、《信息管理与信息系统研究方法论》；有 25 本教材列入国家“十一五”规划教材；荣朝和教授荣获第四届高等学校教学名师奖；有北京市教学名师 3 人，分别是荣朝和教授、张明玉教授和汝宜红教授；有校级优秀主讲教师 47 人；2010 年本科教学参加各类竞赛获奖 45 项，其中获国家级奖励 8 项，省部级奖项 5 项。

2. 研究生教学

2010 年学术型硕士招生专业有 17 个，全日制专业学位硕士专业有 5 个。2011 年硕士招生简章中学术型硕士招生专业为 17 个，全日制专业学位硕士专业为 10 个，其中新增专业为 5 个，分别是：应用统计硕士、资产评估硕士、项目管理硕士、公共管理硕士和工程管理硕士。2010 年博士招生专业有 10 个。2011 年博士招生简章中取消了安全管理与工程专业。

招生、毕业以及在校研究生人数见表 78。

表 78　2010 年招生、在校、毕业研究生人数

类别/年份	博士			硕士		
	招生	在校	毕业	招生	在校	毕业
2010 年	111	522	71	430	1 409	328

【科研工作】

学院新增科研项目 240 项，合同经费 4 812.2 万元。其中，国家级项目 15 项，省部级以上纵向项目 83 项，横向项目 96 项，校级项目 46 项。见表 79。

表 79　2010 年科研项目和经费情况

项目类别	数量	合同经费/万元
国家重点项目	15	670.6
省部级以上项目	83	1 331.9
横向项目	96	2 576.7
校级项目	46	233
总计	240	4 812.2

全年学院教师在期刊上共发表论文 157 篇，发表会议论文 69 篇。SCI/SCIE 检索论文 5 篇、EI 检索论文 5 篇。出版著作 27 部。见表 80。

表 80　2010 年发表论文及出版著作情况

分类	类别		数量/（本/篇）
论文统计（篇）	会议论文		69
	期刊论文		157
	检索论文	SCI /SCIE	5
		EI	5
	合计		236
著作（部）	专著、教材及译著		27

学院获得北京市哲学社会优秀成果奖一等奖 1 项；2 人入选教育部新世纪优秀人才支持计划；1 人入选 2010 年北京市新世纪社科理论人才“百人工程”；组织了 9 次国际、国内学术论坛与研讨会，15 场次“交大大讲堂”；编辑出版《北京交通发展研究报告.2009》，《运输经济与物流评论》创刊。

【学科与平台建设】

1. 学科建设

获得应用经济学一级学科博士点和应用统计、资产评估、MPA、工程管理等 4 个专业学位授权；企业管理获批北京市重点学科；管理科学与工程在北京市重点学科评估中获得优秀。

2. 平台建设

继续围绕以运输经济为重点的产业经济学以及综合物流的基础理论、体制与政策等重大问题展开基础性与原创性研究，为国家在交通运输及物流产业的体制、政策改革提供理论支撑。

获批“北京市哲学社会科学北京产业安全与发展研究基地”。

北京市重点实验室“物流管理与技术”得到“211 工程”三期建设重点支持。成为产业经济学、物流管理等学科发展的支撑平台。本年度该实验室确立了“重数字化，强化资源建设；重定量仿真，强化工具建设；重集成共享、强化学科交融”的指导思想。进行了3D 虚拟现实硬件环境、S 型桌物流追踪仿真平台、物流实验软件和数据库、基于 GIS 的经管科研管理平台、覆盖全院的视频监控系统，以及项目管理过程模拟软件等一批科研实验平台建设。

【对外交流与合作】

学院与美国、加拿大、印度等高校及组织签订合作意向书，开展合作交流项目。接收来自美国杜肯大学、美国尼亚加拉大学、美国迈阿密大学、美国得克萨斯农工大学、美国辛辛那提大学、美国犹他州立大学、瑞典达拉那大学等高校的短期访问学生 151 人，美国犹他州立大学的访问学生 1 人；接收来自台湾新竹交通大学的访问学生 5 人、台湾科技大学的访问学生 7 人。派出赴瑞典学习交流生 13 人，赴美国迈阿密大学交换生 4 人，赴美国犹他州立大学交换生 1 人，赴美国密苏里州立大学交换生 3 人，赴美国奥克兰大学交换生 3 人，赴美国得克萨斯农工大学交换生 6 人，赴美国辛辛那提大学交换生 4 人；赴台湾新竹交通大学交换生 5 人，赴台湾义首大学交换生 4 人，赴台湾科技大学交换生 1 人。

接待国外专家、学者来访 60 人次。派出教师短期（6 个月以下）赴境外学习交流 27 人次，派出教师长期（6 个月及以上）赴境外学习交流 23 人次，聘请境外顾问教授 5 人。

土木建筑工程学院

【综述】

土木建筑工程学院下设桥梁工程系、隧道与地下工程系、建筑工程系、岩土工程系、道路与铁道工程系、市政与环境工程系、力学系、隧道与地下工程研究中心、城市轨道工程研究中心、实验中心、勘察设计院、学院办公室等12个机构。2010年，学院在人才培养、学科与平台建设、队伍建设、科学研究、社会服务、党建和思想政治工作等方面取得了突出成绩。

【队伍建设】

截至年底，学院在册教职工210人，其中专职教师169人，包括院士2人、长江学者特聘教授2人、国家杰出青年基金获得者2人、973首席科学家1人；博士生导师58名、硕士生导师147名。具有博士学位的教师占教师比例81.7%，比去年提高3.3%。全年引进海外高层次人才1人、海外博士后1人；专业技术职务评聘各类各级职务岗位聘用人选共19人：其中晋升教授3人、副教授16人，晋级教授二级1人、教授三级1人、副教授一级6人、副教授二级2人。首次启动了低职高聘工作，1人被推荐竞聘教授四级岗，2人被推荐竞聘副教授三级岗。在国外留学或出访3个月以上的教师共有5人。全年减少教职工5人，其中2人攻读研究生、1人不再续聘、1人去世。2010年新增7名教师入选“红果园‘双百’人才培育计划”，其中A类计划1人（张顶立），C类计划1人（高亮），D类育计划5人。新增博士生导师5名，新增硕士生导师10名。学院关心青年教师生活及成长，落实《关于加强青年教师培养工作的暂行规定》，本年度共安排13名青年教师赴基层挂职锻炼。汪越胜获选2010年“新世纪百千万人才工程”国家级人选，吴萱获得2010年北京市“三八”红旗奖章。

教职工在学院系、所、中心、机关分布如表81所示（括号内数字在之前统计中出现过，不另计数）。

表81　教职工在学院系、所、中心、机关分布表

职称 单位	教授 研究员	副教授、副研究员、高工、高实	讲师 助研	工程师、实验师、会计师	助工 助实	见习生 技术员	工人	合计
桥梁工程系	8	10	8					26
隧道与地下工程系	4	3	3					10
建筑工程系	5	15	11					31
岩土工程系	7	6	1					14
道路与铁道工程系	6	16	8					30
市政与环境工程系	2	10	4					16

续表

单位＼职称	教授 研究员	副教授、副研究员、高工、高实	讲师 助研	工程师、实验师、会计师	助工 助实	见习生 技术员	工人	合计
力学系	5	10	2					17
隧道与地下工程研究中心	8	7	0				1	16
城市轨道工程研究中心	3	2	2	1				8
实验中心	1	6	1	7			2	17
勘察设计院	0	5	0	3		1	1	10
学院办公室	（+4）	3（+1）	2	5	4	1		15
合　计	49	93	42	16	4	2	4	210

【党建和思想政治工作】

学院党员情况如表 82 所示。

表 82　学院党员情况统计表

	在岗教职工	研究生	本科生	其他	小计
党支部个数	11	31	10		52
在册党员数	140	499	185	20	844
全年发展党员数		3	70		
党员比例	67.3%	52.2%	12%		

1. 教职工党建和思想政治工作

学院坚持把学习实践活动同解决思想认识问题和学院改革发展问题紧密联系起来，继续落实学习实践活动整改工作，进一步加强了制度建设，努力建立保障学院科学发展的长效机制。认真学习贯彻十七届四中、五中全会精神，以改革创新精神全面加强和改进基层党组织建设，努力提高党建的科学化水平，制定并实施了《土木建筑工程学院党政联席会会议制度》，建立了党员电化教育播放点，大力推进学习型党组织建设。通过开展创先争优活动，使基层党组织和党员立足本职发挥先锋模范作用。在“争做育人标兵和成才表率”活动中，评选出 9 名“土木建筑工程学院育人标兵”。创建了“上级党组织服务下级党组织，党组织服务党员，党组织、党员服务群众”的综合服务体系，通过服务型党组织建设，促进学院的科学发展。借助女教授协会、青年教师联谊会等平台，在全院师生中开展“每周服务一小时”的志愿活动。在学校优秀党建工作创新项目评选中，学院的《创建党组织服务体系，促进学院科学发展》和《坚持教育管理创新，推动学生党建“三提高”》分别获得一等奖和二等奖，学院党委获得优秀组织奖。在加强领导班子和干部队伍建设方面，从思想政治建设、能力建设、作风建设和制度建设入手，建立健全学院领导班子建设的长效机制，确保学院的科学决策和民主管理。加强和改进思想政治工作，加强教风和学风建设，树立良好的学术风气。支持院系工会组织以及群众团体的工作，发挥其积极作用，通过丰富多彩的活动，营造团结向上、民主和谐的学院氛围。

2. 本科生党建和思想政治工作

学院加强了学生党建工作的针对性，通过先进典型教育、党员“一帮一”、党员宿舍挂牌、党员理论考试、半月谈、党员风采大赛等活动提高学生党员素质；完善了“积极分子培养卡”制度以及以述职答辩为主要形式的综合考察体系；加强新生党支部书记、党支部委员和党员的“三级培训”及工作规范建设，编制了《土建学院发展学生党员工作指导手册》；在全校范围内率先试行积极分子培养、党员发展及管理考核的“全程票决制”，进一步扩大党内基层民主；在学习型党支部建设中，提出了要建设“五有”学习型党支部。

积极开展主题教育，引导学生健康成才。继续开展“春之韵”、知识竞赛、辩论赛等特色的主题活动，完善“优秀是土建人习惯”的学生文化建设。以创先争优活动和上海世博会等重大活动为契机，对学生进行科学发展观和社会主义核心价值体系的主旋律教育。深入开展学风建设，以“提高自习质量和作业质量”为切入点，在突出实效上下工夫；结合学风建设和创先争优活动，促进良好学风的形成，提升学生的专业兴趣。认真做好毕业生就业指导和就业服务，开展了“似水流年 · 毕业季”毕业生教育系列活动，通过承办近 20 场土建、环境类招聘会，开辟了毕业生实习基地，发布 265 条就业信息，多渠道保证就业率，2010 届应就业本科生 369 人，签约率 86.72%、就业率 95.93%、深造率 37.40%。学生在科技创新、社会实践、文体活动等方面都取得了优秀的成绩：获得全国大学生结构设计竞赛一等奖；孟小然同学获千名青年环境友好使者行动节能减排方案北京市三等奖，并被推荐成为全国 20 个最佳行动方案之一；获得校级“挑战杯”创业计划大赛二等奖 1 个、三等奖 1 个、优秀奖 2 个；集中军训中 2009 级获得综合先进学院奖。在暑期社会实践中，2 个社会实践团分获校级一等奖和三等奖，其中 1 个社会实践团获得首都大学生暑期社会实践优秀团队，其社会实践调查报告“访人文朔州，探城市发展之路”获得首都大学生暑期社会实践优秀成果。

学院本科生获奖及家庭经济困难学生资助情况如表 83、表 84 所示。

表 83　本科生 2009—2010 年度各类奖学金统计表

奖学金	思源	国家	励志	茅以升	智瑾	汉能	金源	日立	万乔	学习	新华都	宝钢	纪惠	高富浪甘于奉献	社会工作	奋进	体育	文艺	社会实践
人次	1	15	50	1	3	3		3	1	262	2	1	3	1	108	23	24	24	11

表 84　学院家庭经济困难学生资助情况

项目	名　称	奖励人次	总金额/元
奖	国家励志奖学金	50	250 000
助	名　称	受助人次	总金额/元
	国家助学金	358	1 074 000
	北京交通大学助学金	102	145 000
	中海油助学金	2	6 000
	新长城助学金	2	4 000
	UPS 助学金	1	3 500

续表

项目	名　　称	奖励人次	总金额/元
助	名　　称	受助人次	总金额/元
	汉能李嘉宁助学金	8	22 000
	宏基助学金	1	3 000
	共　　计	474	1 257 500
勤	名　　称	参加人次	发放金额/元
	学院内勤工岗位	123	147 600
贷	名　　称	贷款人数	贷款金额/元
	国家贷款	54	324 000
补	名　　称	受助人数	总金额/元
	困难学生临时电话费补助	410	75 850
	大一新生补助	49	25 300
	家庭经济困难学生临时伙食补贴	377	150 800
	临时困难补助	5	4 400
	共　　计	841	256 350
减	名　　称	受助人数	总金额/元
	西部开发助学工程减免学费	1	5 500

3. 研究生党建和思想政治工作

学院围绕创先争优活动，全面推进研究生党建工作。有2名硕士生参加了北京市研究生党员骨干培训班，占学校参加该班人数的三分之二。在党员公开承诺活动中，全院507名研究生党员中共有484名研究生党员做了书面承诺，承诺内容共计1 829条。

以“育优良学风、促创先争优”为目标，通过党员宣誓、毕业生座谈会、申请出国访学经验交流会、安全教育讲座等活动，努力做好研究生思想政治教育及安全稳定工作。在研究生新生中开展了心理普查及心理培训与教育。

积极支持研究生参加学术活动和国内外学术交流。全年共开展了42次名师讲坛活动；20余名研究生参加了全国博士论坛、博士学术会议；30余名研究生的文章被第一届铁道工程关键技术国际学术会议收录，近60名非作者的研究生报名参加了会议；100余人次研究生参加了全国交通高层论坛及学校董事会暨铁路建设高层论坛等学术会议。学院共有9名博士生的9个项目获得“优秀博士生科技创新基金”资助，资助金额12万元。在第二十届“慧光杯”学术节中，学院获奖论文9篇，其中一等奖2篇、二等奖3篇、三等奖4篇。11个社会实践团队参加了暑期社会实践并取得了优异的成绩，《藏式古建筑结构构造及残损现象、机理》调研报告获2010年度首都大学生暑期社会实践优秀成果，雷俊卿、朱尔玉两位老师被评为社会实践优秀带队教师。辛涛、张晋、徐田坤、李郑发4位博士参加了北京高校博士生挂职锻炼。张新春、丁桂伶被评为北京市三好学生（全校共12人），蔡国庆获得2010年宝钢优秀学生奖特等奖。

积极做好研究生就业指导、服务和管理工作，做到就业政策宣讲进班级。组织低年级邀请毕业班同学介绍就业及学习经验，引导学生提早做好就业准备。学院2010届应就业研究生 306 人，其中博士生 26 人、硕士生 280 人，就业率 98.69%，签约率 94.77%，获得学校 2010 届研究生提高就业率和签约率先进单位。

研究生获奖情况如表 85、表 86、表 87 所示。

表 85　学院研究生先进集体、先进个人

首都高校先锋杯团支部	万桥奖学金	宝钢奖学金特等奖	校优良学风班	北京市三好学生	优研	智瑾	道德建设先进个人	首都先锋杯团干部	校三好	校优奖	校优干	校优秀毕业研究生	校优秀毕业研究生干部	校优秀团支部	校优秀团干	校优秀团员
1	1	1	4	2	6	4	1	1	73	3	53	29	15	3	2	5

表 86　学院研究生暑期社会实践获奖情况

首都高校社会实践优秀成果	校一等奖	校二等奖	校三等奖	校优秀带队教师	校优秀社会实践个人
1	2	1	4	2	22

表 87　2010 年学院研究生其他获奖情况

提高就业率、签约率先进单位	第二十届慧光杯学术节论文			博士生到北京市基层挂职锻炼	职工第 27 届暨学生第 47 届田径运动会			新生运动会
	一等奖	二等奖	三等奖		团体总分	男乙总分	女乙总分	土建学院团体
2	2	3	4	4	第 2 名	第 1 名	第 3 名	第 1 名

【教学工作】

2010 年学院招生、在校、毕业学生人数如表 88 所示。

表 88　2010 年学院招生、在校、毕业学生人数

类别/年份	博士			硕士			工程硕士			本科		
	招生	在校	毕业	招生	在校	毕业	招生	在校	毕业	招生	在校	毕业
2010	59	369	42	394	754	281	77	326	21	392	1 577	389

1. 本科教学

学院共设土木工程、环境工程 2 个本科专业，设有土木工程（道铁工程）、土木工程（城市轨道工程）2 个方向，其中城市轨道工程为 2010 年新增设方向。汪越胜教授负责的《工程力学》被评为国家级精品课程，学院国家级精品课程达到 2 门；北京市精品课程 4 门；《钢结构设计原理》被评为校级精品课程，学院校级精品课程达 12 门。于桂兰教授负责的《弹性力学》被评为国家级双语教学示范课程。李德生教授主持的《水质工程学 I》获评学校优秀研究性教学训练载体。汪越胜教授获北京市教学名师称号，新增校级教学名师 2 名、优秀主讲教师 5 名。截至年底，学院共有 1 名北京市教学名师、4 名校级教学名师、45 名优秀主讲教师及 22 名优秀实验教师。邹翠荣、于桂兰两位老师被评为 2010 年“北京交通大学课堂教学教风标兵”。

制定了2009级茅以升班的调整和管理办法，改革了2010级茅以升班的选拔和管理办法；将土木工程（铁道工程）专业作为卓越工程师培养计划试点班，完善优化了卓越工程师计划的培养方案，并为试点班学生配备了指导教师；首次招收土木工程（城市轨道工程）本科生，完善了专业方向培养计划。推进产学研合作基地建设，落实新的校企联合人才培养基地6个，其中已签署协议2家，其余已达成意向。

加强学风建设，召开了“提高课堂教学质量工作研讨会”，并努力推进专业导论课程、研究性教学工作以及考试考核方法的改革。

积极组织参加各种学科竞赛和学术交流，并在多个项目上实现了突破：获得“第四届全国大学生结构设计竞赛”一等奖；3名同学荣获“首届大学生基础力学实验竞赛”二等奖，8位同学获得三等奖；在“首届全国（U30）大学生混凝土材料设计大赛”中，获得二等奖1项，三等奖1项。金浩等同学完成的“全张力结构门架”获得“北京市大学生科研与创业行动计划”科技创新成果一等奖，并参加了第七届北京国际教育博览会大学生科技创新成果展。

组织立项大学生创新性实验项目26项，其中国家级1项，北京市4项。为了加强项目管理，制定了大学生创新实验项目管理办法和经费使用管理办法。11项大学生创新实验计划项目参加了“北京市首届大学生科学研究与创业行动计划成果展示与经验交流会”，5个项目参加了“第一届全国高校土木工程专业大学生论坛”，其中张强的《中低速磁浮交通体系轨排钢结构体系新测试方法及试验研究》获第二届“全国高校土木工程专业本科生创新实践成果奖”唯一的特等奖。

学院共有21项教学研究与改革项目获准立项，项目经费合计23.7万元。白雁老师负责的《北京城市建设设计院校外人才培养示范基地建设》和汪越胜老师负责的《土木工程实验教学示范中心数字化建设》通过2010年学校重点教改项目立项评审，项目经费合计13万元。全年共出版教材6本，其中实验教材1本、铁路特色教材2本，发表各类教学论文18篇。

加强了土木工程实验中心的硬件和软环境建设。新建了数值模拟实验室，惠普和Bentley公司联合捐赠建立了教育卓越中心，开展了实验室的数字化建设，完成了实验室内外部环境的设计与改造，数值模拟试验等一批新项目已纳入教学计划。积极参加国家级教学示范中心成果展示和北京大学生创新实践成果展，接受了学校组织的国家级实验教学示范中心建设模拟验收，并按照专家意见进行了整改。

2. 研究生教学

学院共有3个博士学位授权一级学科、15个博士学位授权二级学科、4个硕士学位授权一级学科、29个硕士学位授权二级学科（其中工学学科19个、管理学科1个、专业学位9个）。汪越胜教授指导的学生陈阿丽、石志飞教授指导的学生张涛涛的学位论文参加了百篇优秀博士论文评选。

积极创造条件，营造氛围，推进研究生教育加快发展。研究生招生数量、生源质量稳定增长，2010年学院硕士生入学考试分数历年最高。利用校董事会会议平台征求企业建议，改进全日制专业硕士培养方案。研究并解决研究生培养质量及学风等方面的问题，出台了《研究生授课管理细则》、《研究生考试考核细则》、《研究生答辩相关细则》等制度。以

“巩固老基地，开辟新基地”为指导方针，完善研究生联合培养基地建设模式，以中冶集团有限公司基地为试点，探索博士研究生联合培养，先后与北京中交第四工程局、郑州市轨道交通有限公司、中铁十七局签署了研究生联合培养合作协议；与北京铁路局、中铁一局一公司、沈阳铁路设计院和河北省建设勘察研究院等5家企业通过联合举办工程硕士进修班，与江苏省交通科学研究院股份有限公司、中国建筑设计研究院结构专业设计研究院、中铁二十一局集团有限公司、中铁上海设计院集团有限公司线站处、河北省建设勘察研究院有限公司5家企业签署了研究生联合培养基地协议，为学院研究生尤其是全日制专业硕士研究生的培养提供了广阔的实践平台。继续投入研究生教育创新基金，共资助研究生发表高水平文章39篇，优秀论文资助23人，资助教师出版研究生教材2本。为适应地铁建设需要，进一步推进轨道工程特色专业方面的战略规划，开办城市轨道工程方向的全日制工程硕士班，增加城市轨道工程学科硕士、博士的招生指标。城市轨道工程EMBA招生正在筹建中。

【科研工作】

学院新增科研项目265项，比上年增加25%，新增合同经费8 049.3万元。获批国家自然基金项目26项，总经费866万元，获批项目比上年增加5项，批准经费较上年增加近100万元，占全校的1/3，创历史新高。本年度学院师生共发表论文458篇，主编及参与出版科技专著17部，获发明专利授权5项、实用新型专利授权3项、软件著作权10项。2010年统计的2009年论文检索中，SCIE检索论文35篇、EI检索论文152篇、ISTP检索论文96篇。组织学术报告65场。

以张顶立教授为首席科学家组织申报的国家重点基础研究发展计划项目《城市地下工程安全性的基础理论研究》于4月开题，进入项目建设阶段。4位博导获批博士点基金，占学校获批的44.4%；2人获批新教师基金，占学校获批的28.6%。郭璇老师申请的研究课题《复杂地层地质条件下超大直径泥水盾构安全掘进关键技术研究》获第十二届霍英东教育基金应用优选研究课题立项。

全年学院共获得省部级及以上科技奖励8项。

【学科与平台建设】

学院拥有2个国家重点学科、1个北京市一级重点学科、1个北京市重点学科、2个铁道部重点学科、1个国家级实验教学示范中心、1个教育部工程研究中心和1个教育部重点实验室。

继续加强学科建设，完成了环境科学与工程一级学科博士点、地质资源与地质工程硕士学位授权一级学科点的申报，完成了研究生专业学位建筑与土木工程领域、交通运输领域教育综合改革试点的申报，完成了北京市重点学科土木工程一级学科建设中期检查报告及工程硕士研究生教育创新院校的申请工作。

在平台建设方面，城市地下工程教育部重点实验室通过了教育部组织的建设计划论证。土木工程检测实验室于10月9日正式通过了中国合格评定国家认可委员会和国家认证认可监督管理委员会的实验室认可（CNAS）和计量认证（CMA），认可的实验室检测能力范围包括桥梁工程及结构构件、结构混凝土、混凝土、地基基础、土、隧道及岩土工程6项检测对象和30个参数。自2009年11月以来，经学校批准成立、按虚体机构挂靠学院管理的“北京交通大学二氧化碳封存与捕获（CCS）研发中心”，经过多方努力，建成“中美CO_2

储存与捕获应用（CCSU）研发中心”，于2010年12月14日举行了揭牌仪式。风洞实验室主体结构已基本建成。铁道工程实验室的规划用地方案已通过学校基建领导小组审议。北京地铁建管公司、铁一局援建的城轨交通减振轨道综合试验台开工建设。轨道交通线路工程实验室申报北京市重点实验室已通过评审。

【对外交流与合作】

继续加强与国（境）外高水平大学的交流与合作，共接待外宾来访80余人次，学院教师和干部出访40人次，接收来华留学生10人、印度理工大学实习学生2名，在校学生出国（境）交流30人次。7名学生获得2010年国家公派研究生出国留学项目资助，分别前往德国、英国、荷兰等国的大学深造，1名硕士生被推荐到德国不伦瑞克大学留学。继续与意大利米兰理工学院等高校合作，选派4名研究生出国联合培养或攻读博士学位。派出由4名博士生、2名硕士生组成的第二期赴台湾研究生实习团赴台湾科技大学交流，并在台湾亚新工程公司进行了为期4个月的实习。

学院与英国高教代表团就本科生和研究生的联合培养、互派教师授课、联合申请国际合作项目等达成了合作意向；与美国内华达大学拉斯维加斯分校就师生交换、科研合作等进行了交流，并达成合作意向；与美国内华达大学里诺分校工学院就双方合作项目的具体细节进行了协商，即将签订学生交换、访问协议；与泰国皇家理工大学代表团成员就两校的交流合作、援建铁道工程系进行了座谈，并达成了合作意向；即将与美国佛罗里达国际大学签订学生交换、访问和“2+2”双学位协议；与里昂国家应用技术学院就本科生联合培养（2+3）双学位项目进行了商讨；与美国犹他大学工学院、能源和地质科学研究院签署了合作协议，主要在CO_2封存与捕获等方面进行合作；与波兰弗洛茨罗夫科技大学土木工程学院签署了合作备忘录，双方将开展土木工程领域内的教育与科研方面的合作与交流。

学院聘请意大利米兰理工大学 Liberato Ferrara 博士为学院本科生讲授土木工程本科专业基础课程“结构设计原理”；聘请美国哈特福德大学助理教授 Christian Carloni 博士为学院部分硕士研究生集中讲授研究生学位课程“结构动力学”；德国 Siegen 大学土木系 Micheal Wünsche 受国家留学基金委员会中德合作科研项目资助来力学系进行了短期合作研究。聘请外籍教师授课120学时、访问学者讲学30人次。

学院承办了第一届铁道工程关键技术国际学术会议，来自美国、俄罗斯、德国、日本、澳大利亚、南非等多个国家和香港、台湾地区的专家学者和土建学院师生200余人参会；承办了由铁道部运输局、北京交通大学和铁道科学研究院基础设施检测中心共同主办的世界高速铁路大会延伸会议；主办了中美CO_2储存与捕获应用（CCSU）高层论坛，来自美国犹他州大学、杨百翰大学，韩国，北京大学、清华大学、中科院、北京交通大学、中国矿业大学、北京化工大学、青海师范大学和华能、神华、大唐等著名高校、研究机构和企业的专家先后作了精彩的学术报告，并就相关问题进行了深入和热烈的探讨。

学院继续加强与有关企事业单位的合作与交流，与多家相关企业达成了人才培养、技术开发与科研等方面的合作意向。与对外联络合作处共同承办了北京交通大学董事会2010年土建类年会暨高速铁路建设高层论坛，学校与江苏省交通科学研究院签订研究生联合培养基地协议，学院分别与中铁二十一局集团有限公司和中国建筑设计研究院结构专业设计研究院签订了产学研合作协议，与河北省建设勘察研究院签订了岩土与地下工程校外人才培养基地协议、与中铁上海设计院集团有限公司线站处签订了共建研究生联合培养基地协议。筹集董事会基金和赞助130余万元，举办了校企合作座谈会，与董事单位及合作企业的代表围绕企业对人才培养的需求、校企在科研领域的合作、校企联合办学等方面的问题，展开了多角度、多方位的探讨与交流，进一步加深了校企之间的了解和信任，拓展了校企合作的空间，为学院未来的发展提供了有力的支持。

交通运输学院

【综述】

交通运输学院下设二级机构：运输管理工程系、交通工程系、交通信息管理工程系、城市轨道交通系及系统工程与控制研究所、系统科学研究所等，以及中国综合交通研究中心、智能系统与安全技术研究中心、铁路危险货物运输研究实验室、交通运输智能技术与系统实验室、电子商务实验室、运输设备教学馆和交通工程实验室等教学科研实践基地。经过全院教师的共同努力，2010 年学院新增科研项目 285 项，合同经费 6 778.2 万元，各项工作继续保持着良好的发展势头。

【队伍建设】

2010 年学院教职员工 144 人，其中专兼职管理岗位人员 21 人、教学科研岗位教职员工 120 人，交通运输实验中心 3 人。随着学科建设的发展，学院不断充实教师队伍，本年度学院成功引进了日本名古屋大学研究员冯雪松副教授和美国内华达大学里诺分校博士后赵熠、得克萨斯南方大学博士后宋国华、本院博士李新刚 3 位讲师。

交通运输学院有“国家杰出青年基金获得者”、“俄罗斯自然科学院外籍院士”1 人，“长江学者”特聘教授 2 人，“长江学者”讲座教授 1 人，海外高层次人才计划专家 1 人，顾问教授 1 人；教授 42 人（含业务关系在院，但人事关系不在院 9 人）；学院有博士生导师 40 人（含业务关系在院，但人事关系不在院 8 人；校外人员 6 人），非博导教授 7 人，如表 89 所示；副高职称 55 人（含教学科研岗位 52 人；管理岗位 3 人）；讲师或中级职称人员 61 人，其中管理岗位 7 人，如图 4 所示。全院有博士学位的教师为 108 人（含业务关系在院师资），占教师（含业务关系在院师资）总数的 65.0%。

表 89　交通运输学院教授名单

序号	姓名	备　注	序号	姓名	备　注
1	孙全欣	党委书记、教授、博导	12	肖贵平	教授、博导
2	刘　军	院长、教授、博导	13	孙晚华	教授
3	聂　磊	副院长、教授、博导	14	郎茂祥	教授、博导
4	毛保华	教授、博导	15	贾顺平	教授
5	吕永波	教授、博导	16	朱晓宁	副院长、教授、博导
6	刘　凯	教授、博导	17	关伟	副院长、教授、博导
7	周磊山	教授、博导	18	高自友	外籍院士、教授、博导
8	何世伟	教授、博导	19	张仲义	教授、博导
9	杨　浩	教授、博导	20	王喜富	教授、博导
10	林柏梁	教授、博导	21	张　喜	教授、博导
11	张　超	教授	22	贾元华	教授、博导

续表

序号	姓名	备　注	序号	姓名	备　注
23	尹相勇	教授	33	贾斌	教授、博导
24	邵春福	教授、博导	34	贾利民	教授、博导（国家重点实验室）
25	袁振洲	教授、博导	35	季常煦	教授、博导（国家重点实验室）
26	董宝田	教授、博导	36	秦勇	教授、博导（国家重点实验室）
27	徐维祥	教授、博导	37	李克平	教授、博导（国家重点实验室）
28	钱大琳	教授、博导	38	张星臣	教授、博导（现为学校领导）
29	刘红璐	教授	39	赵　鹏	教授、博导（现为学校职能部门领导）
30	姚恩建	教授、博导	40	韩宝明	教授、博导（现为学校职能部门领导）
31	闫学东	教授、博导	41	钟　雁	教授（现为学校职能部门领导）
32	李海鹰	教授	42	宋　瑞	教授、博导（现为学校职能部门领导）

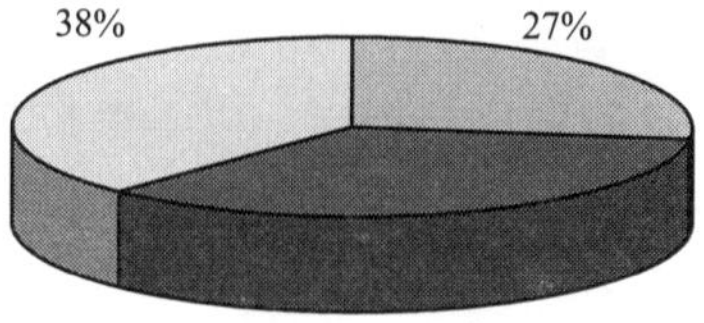

图 4　交通运输学院教师职称分布

【党建和思想政治工作】

截至年底，学院拥有党员 829 人，其中教职工党员 106 名（含在读博士后 3 名）、研究生党员 475 名、本科生党员 248 名。全院有党支部 33 个，其中教职工党支部 7 个，学生党支部 26 个；2010 年度新发展党员 146 名，其中研究生党员 51 名，本科生党员 95 名；教职工党员比例 73. 6%，研究生党员比例 57. 3%，本科生党员比例 29. 9%。

1. 教职工党建和思想政治工作

学院党委围绕校院中心工作，坚持“围绕中心抓党建，抓好党建促发展”的工作思路，紧紧围绕师德建设、教风建设、学风建设等环节，贯彻创先争优活动精神，加强基层组织建设，全面推进党建和思想政治工作。首先，认真学习《国家中长期教育改革和发展规划纲要》，及时了解和把握党和国家在新时期对高等教育提出的新要求，对学院“十一五”规划的完成情况进行了总结，分析了优势和不足，明确了“十二五”规划紧密结合国家重大需求、突出特色、发挥优势的指导思想。其次，重视党风廉政建设，认真开展党风廉正宣传教育活动。再次，开展创先争优，构建和谐学院。结合学院实际，制订了《交通运输学院党委创先争优活动实施方案》，并开展了系列活动。推进学习型党组织建设，搭建学院电化教育平台；创新党建工作方式，开展优秀党日活动，即 DV 评比大赛；寻找身边的榜样，开展校院两级育人标兵和成才表率评选活动；开展党员公开承诺活动，共有646名党员作出了2 589条承诺；紧密结合实际，为广大师生员工办实事、办好事。第四，加强教师师德建设，弘扬爱岗敬业精神。对教学、研究生培养、学生科技活动中表现突出的老师进行了表彰和鼓励。

2. 本科生党建和思想政治工作

（1）大力加强学风建设，努力培养创新型拔尖人才，以班级建设为基础，营造良好成才环境。

以争创“詹天佑班”为龙头，用“天佑精神”带动各个班级形成良好氛围。第四届“詹天佑班”——运输0702班获得北京交通大学第十一届周恩来班，并荣获学校唯一“北京市十佳学习型示范班集体”。

以专业教育为核心，帮助学生明确发展方向。学院以“了解专业发展、做好人生规划”为主题开展了系列活动，加强专业知识教育。还邀请相关单位校友、专业课教师就高速铁路、低碳交通、国外交通运输发展状况等专题与学生开展专业交流，增强学生对交通运输行业未来发展的信心。

以科技活动为拉动，提升学生科研创新能力。学院通过专项拨款、教师考核等措施，调动老师指导学生科研的积极性，使学生科研立项及获奖数量逐年提升。特别是电子商务专业，在近两年的科技活动中获得省部级以上奖励20多项，学生的学习动力和实际能力有了大幅提升。

以学院文化为激励，培养学生的责任与担当。以学院校友墙、学术大师风采、“我最敬爱的老师”评选、校史知识竞赛等为载体，用学院深厚文化感染青年人，激发学生的自豪感，增强学生的责任感、使命感。

（2）倡导社会主义核心价值观，培养合格建设者和可靠接班人。

积极倡导在国家发展中实现个人价值。学院一直教育学生树立科学的个人发展观，在就业过程中大力提倡“主流专业入主流”，2010届毕业生310人，截至年底，就业率为98.03%，深造率37.05%，其中交通运输大类毕业生中33.07%签约轨道交通行业；其中签约各铁路局的比例为23.11%，占参加就业学生的36.48%，高于全校平均水平。

在社会实践中开阔视野、增长才干。学院开展以“溯源铁路发展”为主题的系列实践活动，先后走访南昌、郑州、哈尔滨等铁路局，获得首都大学生暑期实践优秀团队和优秀成果奖。学院学生已经建立固定志愿服务基地4个（大钟寺古钟博物馆、宋庆龄故居、鲁迅故居、校史博物馆），2010年累计志愿服务7 000人次/小时，其中与大钟寺古钟博物馆合作长达14年，获评“北京市十佳志愿者服务团队”。

加强民族团结教育，维护社会和校园稳定。学院对少数民族学生给予更多的关注，积极引导他们同其他学生交流融合；同时注意吸收综合素质好的少数民族学生加入党组织，从多个角度加深少数民族学生对党的领导和民族团结的认同感。

3. 研究生党建和思想政治工作

为了营造良好的学术研究氛围，增强研究生的严谨学风，进一步推进《北京交通大学交通运输研究生学术道德规范管理条例》的落实。

贯彻国家就业工作的有关政策，鼓励毕业生以国家利益为重，将个人的发展与国家的需要相结合，到祖国最需要的岗位就业。硕士研究生就业率为96.8%，签约率90.8%，考取博士 9 人。

加强了对研究生的纪律教育、安全教育，强化研究生的组织纪律意识，做好研究生宿舍、实验室安全防火教育，节假日期间出行安全教育。

积极开展创先争优活动，共有 366 名研究生党员参与，共作出 1 405 条承诺。博士生李熙被评为校级和北京市成才表率。

组织研究生开展《高速铁路对区域居民生活方式的影响研究》研究生暑期社会实践活动，被评为“校暑期研究生社会实践优秀团队”一等奖。

【教学工作】

1. 本科教学

学院全面执行和完成学校 2010 年本科教学工作任务及学院的本科教学工作。在学校本科教学工作会议的基础上，按系所组织讨论学校本科教学工作会议文件，并于 6 月 4—9 日召开了全院本科教学工作研讨会，加强了教育教学改革的宣传、推动和落实。

响应教育部“卓越工程师培养计划”，按照学校组织申报“轨道交通卓越工程师”的统一要求，学院交通运输类铁道运输、城市轨道交通、智能运输工程 3 个专业方向 2010 年顺利招生 198 人。其中，交通运输类（铁道运输）4 个班 110 人、交通运输类（城市轨道交通）2 个班 59 人、交通运输类（智能运输工程）1 个班 29 人。

推动教育教学改革立项及项目检查工作，完成对 2010 年教改立项的检查工作。组织学院 2011 年教改立项，新专业方向建设、落实“卓越工程师培养计划”第一批启动课程建设、综合实验教材、已投入学生实验的实验系统等 11 项教改项目得到学院立项支持，申报校级教改立项 3 项。

以轨道交通为特色，加强“交通运输”国家一类特色专业建设；组织完成“交通运输”专业工程教育认证工作。“交通运输类专业平台系列课程教学团队”7 月被评为国家优秀教学团队。《城市轨道交通系统运营管理》被评为北京市级、国家级精品课程；《电子商务系统的分析与设计》被评为国家级精品课程；《电子政务》、《管理运筹学》两门课程申报并被评为校级精品课程《电子商务分析与设计》被评为国家级精品教材；组织 9 本教材申报北京市精品教材立项，其中 6 本获得立项支助；“十一五”国家级规划教材立项 17 本，已出版 10 本；北京市精品教材立项的教材 8 本，已出版 4 本；铁路特色教材立项 14 本，已出版 9 本。组织申报“十二五”规划教材 7 本，其中实验教材 4 本。毛保华教授被评为北京市教学名师，新增优秀主讲教师 3 名，新增优秀主讲教师提名 6 名，优秀实验员 1 名。学院牵头建设的北京地铁校外实习基地被评为城市轨道交通校外人才培养示范基地，并已申报国家工程实践教育中心。积极筹备国际化人才培养与产学联合人才试点班。

制定《交通运输学院加强本科专业建设与教学业绩考评办法》。在 2010 年实践教学工作的基础上，对实践教学环节及毕业设计的组织过程进行了完善。

加强大学生科研训练及自主创新实验项目的投入，鼓励学生积极参与科研实践，参加学科竞赛，以及其他课外科技活动，成功地组织了“金士宣”杯创新大赛，加大了对学生参与科研活动的支持力度。同时，完成了 2009 年立项大学生创新实验计划项目 33 项结题验收工作。其中，国家级优秀 5 项，国家级良 2 项，北京市良 2 项，校级项目 24 项，推荐参加第五届交通科技大赛项目 3 项，其中获得全国三等奖 1 项，推荐参加第三届全国大学生创新论坛 1 项。

2. 实验室建设

完成全国实验教学示范中心模拟验收工作。全面启动并完成“交通运输实验教学中心”一期建设，该中心被评为北京市实验教学示范中心、国家级实验教学示范中心。

交通运输实验中心全面实现向本科生教学和部分研究生教学，全年共承担本科生 1 500 人的实验教学任务，承担实验课程 15 门，完成实验教学学时 480 课时，开放时数约 3 360 小时。此外，还作为“北京市青少年教育基地”向社会开放，承担北京市中小学生课外教育的公益活动，每年约接待 300 人次。2009 年，全年接待国内外参观、交流、访问约 3 000 人次。

3. 研究生教学

交通运输学院博士吴建军完成的学位论文《城市交通网络拓扑结构复杂性研究》获得全国百篇优秀博士学位论文。学院 2 名博士毕业生（崔迪、陈晓明）的博士学位论文获得“校级优秀博士学位论文”称号。6 月，学院从全院答辩的 218 名硕士学位论文中评选出 27 篇交通运输学院 2010 年优秀硕士生学位论文。启动研究生教育经费资助项目申报工作，共有 8 个项目获得学院资助，学院共资助 4. 7 万元。3 月，学院启动“优秀博士生创新研究基金”资助计划，共资助博士生 9 名，资助金额 12 万元。学院建立了 7 个校企联合研究生培养基地，聘请兼职硕士生导师 18 名，基地硕士生导师 15 名。2010 年交通运输学院接收硕士留学生 3 人，目前在校留学硕士生 4 人；学院有 10 名研究生以对外交流、公派出国留学的方式出国学习和交流（其中联合培养5 人、出国交流5 人）；另有 10 余名研究生出国参加学术会议。

交通运输学院 2010 年招收研究生情况见表 90。

表 90　交通运输学院 2010 年招收研究生情况

专业代码	专业名称	招收博士生/人	招收学术型硕士生/人	招收全日制专业学位硕士生/人
071102	系统分析与集成	7	15	
081103	系统工程	11	49	
081903	安全技术及工程	2	9	
082303	交通运输规划与管理	34	120	
082320	智能交通工程		10	
082321	运输与物流	3	20	
082322	城市交通工程	1	10	
082323	交通安全工程	2	10	
083002	环境工程		5	
120125	电子商务		8	
430123	交通运输工程			43
430141	物流工程			16
合计		60	256	59

【科研工作】

2010年学院科研工全面完成了“十一五”规划的各项目标。新增科研项目285项，合同经费6 778.2万元，实到经费5 666.2万元。其中国家科技支撑计划12项，合同金额873.8万元；国家自然科学基金项目11项，合同金额202.1万元；省部级项目51项，合同金额1 190.5万元；横向项目156项，合同金额3 805.8万元；国际合作6项，合同金额420.9万元。2010年学院发表期刊论文208篇，会议论文160篇，出版科技著作7部，发表三大检索论文144篇，其中SCI 34篇，EI 51篇，ISTP 60篇。获专利9项，其中技术发明2项，实用新型7项，学院获得软件著作权40项。

【学科与平台建设】

学院拥有交通运输工程、系统科学、控制科学与工程3个一级学科博士点；交通运输规划与管理、系统工程、系统分析与集成、运输与物流、城市交通工程、智能交通系统、安全技术及工程、交通运输安全工程、交通智能自动化工程9个二级学科博士点；交通运输规划与管理、运输与物流、城市交通工程、智能交通系统、交通运输安全工程、系统工程、系统分析与集成、安全技术及工程、环境工程、电子商务10个二级学科硕士点；交通运输工程、控制科学与工程、物流工程、安全工程4个工程硕士学科；另外，设有交通运输、交通工程、电子商务3个本科专业。

【对外交流与合作】

积极参加中欧第七框架协议下的“中欧空间运输规划”关于“运输、货运与物流”专题项目研究及智囊团，10月18日参加了在上海举办的论坛，展示了学院研究基础，引起德国相关部门和专家的高度关注，为下一步实质性合作奠定了基础。学院全年教师、学生累计出访进修、交流60余人次（同比增长50%）；接待国（境）外参观来访与学习近173人次（同比增长246%），开设英文讲座60余次（同比增长200%）、英文授课4门（同比增长300%）、累计180余小时（同比增长260%）。成功主办第七届国际交通运输研究会议、中国交通高层论坛等国际会议2次，在北京协办美国能源基金会中美交流研讨会1次，在香港协办香港理工大学举办供应链国际会议1次。

在学校大力支持下，成功将香港理工大学林兴强教授申报为长江学者讲座教授，向国家外专局成功申报并实施了英国张旭教授的“引进海外高层次人才计划”项目，聘请了国际知名学者作为学校顾问教授1人（Ali Haghani），进一步发挥了高水平国际人才对学院国际化发展的作用。

学院不断强化实质性合作，依托交通运输学科和行业领域的优势发展，积极探索“请进来”与“走出去”并举战略，提升了国际实质性合作的质量水平，形成了特色。与香港铁路公司签署了培训合作协议，开办了“港铁公司运营人员专业培训班”，受训学员60人；3月28—31日和10月15—18日，成功承担了香港理工大学70名硕士研究生“中国内地运输物流发展”（ISE550）英文课程2次，初步形成了稳定的合作关系和长效工作机制，在全校首次实现了为境外高校全日制研究生开办课程；作为学校唯一入选项目，完成了美国自然基金委与中国科技部联合主办的“东亚太平洋学生研究项目”，接收美国田纳西大学1名美国籍博士生来校访问学习2个月。与台湾新竹交通大学运输学院探讨了教师进修、师生互访、学分互认、科研合作等合作事宜，为推进实质性合作奠定了基础。与泰国皇家理工大学校长就协助其建设“铁路工程与运输”专业达成合作意向，初步安排了后续相关工作计划及协议文本。与“中美大学合作联盟”深入接触，协商了与马里兰大学和密歇根大学合作开办交通运输专业“2+2”国际班的合作意愿和可行性，实质性合作协议正在商讨中。在学校率先实现了与国外高校联合主办国际学术刊物，与美国东南交通研究中心（Southeastern Trans. Center）合作主办了《交通安全与保障》（Journal of Trans. Safety & Security）杂志；与美国田纳西大学交通研究中心和香港理工大学分别签署了教育部重点实验室合作协议，相关共建工作稳步推进。

2010 年新增国际合作科研项目 5 项，新增国际合作科研经费 283.87 万元，用外文发表论文 61 篇、167 人次，其中期刊论文 12 篇、34 人次，会议论文 49 篇、133 人次。

机械与电子控制工程学院

【综述】

机械与电子控制工程学院由机械工程系、检测与控制工程系、动力与控制工程系、机车车辆研究所、材料科学与工程研究所、工程素质培训中心及院机关7个机构组成。院机关包括党委办公室、院长办公室、教学科、科研行政科和团委。

【队伍建设】

学院现有教职工177人、专职教师123人、双跨院士1人、博士生导师38名、硕士生导师95名，具有博士学位的教师比例为75%。引进人才1人，其他调入人员6人。具体分布如表91所示。

表91　教职工在学院系、所、中心、机关分布表

单位＼职称	教授	副教授	讲师	助教	高工	工程师	助工	工人	见习生	其他	合计
机械工程系	6	22	9	0	4	1	0	0	0	0	42
检测与控制工程系	5	11	9	0	4	3	0	0	0	0	32
动力工程系	5	4	10	0	1	1	0	0	0	0	21
机车车辆研究所	3	5	7	0	3	1	0	0	0	0	19
材料科学研究所	5	8	3	0	0	0	0	0	0	0	16
工程素质培训中心	1	2	2	0	0	4	0	15	0	0	24
学院机关	3	2	5	5	2	2	2	0	1	1	23
合　计	27	54	44	5	14	12	2	15	1	1	177

注：机车车辆研究所7名讲师中，含师资博士后1人。

5月，因李长春副院长调学校教务处，学院决定房海蓉继续为学院挂职副院长，主管本科教学工作；邱成为学院挂职副院长，主管学院指定的专项工作。

【党建和思想政治工作】

学院现有35个党支部：其中教师7个、本科生8个、研究生20个；党员586人：其中教工党员（含博士后）116人、学生党员465人；年度新发展党员130人，转正党员100人；现有研究生党员263人、本科生党员202人，教职工党员比例为66%、研究生46%、本科生13%。如表92所示。

表92　学院党员情况统计表

类　别	教职工	研究生	本科生	其他	小计	备　注
党支部数量	7	20	8	0	35	
在册党员人数	116	263	202	5	586	5人因出国、就业未转关系

续表

类　别	教职工	研究生	本科生	其他	小计	备　注
全年发展党员人数	0	39	91	0	130	
党员比例	66%	46%	13%	—	—	

1. 教职工党建和思想政治工作

开展“创先争优”活动。以创建先进基层党组织、争当优秀共产党员为主要内容，从4月至12月，以党员作风建设年活动为专题，以师德、学风、校风建设为抓手，抓作风，强师德，促学风，带校风。在“创先争优”活动中，学院7个教工党支部分别与7个学生党支部和1个校机关党支部结成了8个对子，同时，在学生支部中开展了“一帮一”活动。为“庆祝建党89周年”，学院党委组织教职工党员观看了影片《第一书记》；结合“主题党日活动”，组织部分教职工党员和研究生党员参观了爱国主义教育基地“古北口长城抗战纪念馆”。李国岫荣获校级“育人标兵”，2007级博士胡清梅荣获校级“成才表率”。在下半年开展的“党员公开承诺”活动中，有488名党员参加，公开承诺条数达2 836条；在“抓党风、带教风、促学风”活动中，学院召开了动员大会，各支部分别召开了专题组织生活会。另外，还以学科为单位，组织召开了研究生导师学风建设系列研讨会。在学校“党建工作创新”项目评比中，学院获得二等奖2项、三等奖2项，学院党委荣获优秀组织奖。

2. 本科生党建和思想政治工作

坚持正确引导、形式多样、贴近实际，全面开展思想政治教育工作，制定了《学风建设活动安排》，组织开展了“十佳优良学风标兵宿舍”、“十佳学风飞跃宿舍”评比活动，以及百科知识竞赛、新生主干课程学习方法系列讲座等日常活动，引导学生端正学习态度，增强学习兴趣。加强党员教育，坚持党建带团建，深入开展团日意识教育活动。在学校2009级军训中学院获队列先进单位荣誉称号。

本年度学院获得北京市先进班集体1个，校先进班集体4个，校级优良学风班8个，院级优良学风班14个，社会实践优秀团队2个。获评北京市三好学生3人，校三好学生标兵1人，校三好学生79人，校优秀干部38人，107人获专项奖学金，417人获单项奖学金。见表93。

表93　本科生2009—2010年度集体获奖统计表

项　目	个　数
北京市先进班集体	1
校先进班集体	4
校甲级团支部	5
校优良学风班	8

在学校大学生思想政治教育工作实效奖评选中，学院申报的项目“扬科技之帆，育创新人才”获评优秀奖。成立学院就业指导中心，加强就业指导、拓展就业信息渠道，确保毕业生就业率基本稳定。学院2010届本科生就业率97.13%，签约率91.95%，深造率36.21%（比去年同期增加1.66个百分点）。其中本科签约同学中，到铁路系统就业的占52.58%（比去年同期增加4.71个百分点），到国有企业工作的占74.23%（比去年增加

11.67 个百分点)，到部队工作的占 9.28%，被学校授予“就业工作先进单位”称号。

不断完善学生资助工作。2010 年本科生共计 348 人获得国家助学贷款，贷款总额 1 704 200 元。贫困生享受国家助学金、学校专项助学金以及其他专项助学金共计 617 人次，共计受助金额 1 655 850 元，贫困生覆盖面为 100%。学院开辟勤工俭学岗位 90 个，覆盖贫困生总量达到 173 人。资助情况见表 94。

表 94　学院家庭经济困难学生资助情况

项目	名　称	奖励人次	总金额/元
奖	国家励志奖学金	54	270 000
	奋进奖学金	23	11 500
	共　计	77	281 500
助	名　称	受助人次	总金额/元
	国家助学金	390	1 170 000
	北京交通大学专项助学金	122	158 600
	新华都助学金	1	3 000
	中海油助学金	3	9 000
	中国扶贫基金会新长城助学金	1	2 000
	汉能李嘉宁助学金	3	8 000
	新联铁助学金	10	20 000
	UPS 助学金	1	3 750
	共　计	540	1 374 350
勤	名　称	参加人次	发放金额/元
	学院内勤工助学	173	97 840
贷	名　称	贷款人数	贷款金额/元
	国家助学贷款	348	1 704 200
补	名　称	受助人数	总金额/元
	大一新生补助	121	27 700
	临时伙食补助	394	157 600
	饮用水、洗澡、电话费专项补助	440	81 400
	共　计	955	266 700

学院共组织 6 次校园文明长征行活动，累计志愿服务 46 次，服务 980 人次。学生参与服务 500 人次，拓展新的服务基地 1 处。在首届世界武搏会上，学院共有 74 名同学参加了志愿服务，占学校志愿服务人数的二分之一。

本科生各类奖学金获奖统计见表 95。

表 95　本科生 2009—2010 年度各类奖学金统计表

奖学金	思源	国奖	励志	智瑾	汉能李嘉宁	日立	西门子	万桥	新联铁	富士施乐
人次	1	15	54	3	3	3	3	6	10	3

续表

奖学金	茅以升	新华都	纪惠	学习	社会工作	奋进	体育	文艺	社会实践
人次	1	2	3	270	113	23	25	22	12

3. 研究生党建和思想政治工作

学院把开展创先争优作为研究生党员工作的出发点和落脚点，以创建学习型党支部为目标，开展“党员承诺”、“六个一”活动、“1+1”结对子、评选优良学风班、推选成才表率等各项活动，努力营造“学先进、赶先进、做贡献、当表率”的良好风气。全年共发展研究生党员39名，预备党员转正15名。3个研究生党支部与学院教工党支部建立了“1+1”结对子并开展了活动。组织研究生党员和积极分子参加抗旱、抗震救灾爱心捐款活动，累计捐款12 200元。

举办了以“激扬学术、锐意创新”为主题的第五届研究生学术文化节，内容包括学术论坛、学术沙龙、职业生涯规划沙龙、“学术之星”评选、研究生学术成果展等。学术文化节共征集到学术论文35篇，邀请8位专家学者参与各个分论坛点评。全年举办“与大师面对面”名师讲坛23次，研究生学术沙龙12期，职业生涯规划沙龙3期，邀请校外专家学者和高级工程技术人员29人，做主旨学术交流的研究生有25人，参与学术沙龙和名师讲坛的研究生达1 300多人次。成立学院学生就业指导中心，开展职业生涯辅导，加强毕业生择业观教育，研究生就业率达100%，签约率达95.65%。

研究生各类奖学金统计见表96。

表96　研究生2009—2010学年各类奖学金统计表

奖学金	优秀研究生	校级优干	校级三好	优秀奖学金	道德先进	智瑾	宝钢	京东方	万桥	新联铁	社会实践
人次	4	29	40	3	1	1	1	4	2	10	6

【教学工作】

2010年学院招生在校毕业学生人数如表97所示。

表97　2010年招生、在校、毕业学生人数

类别 年份	博士			硕士			工程硕士			本科		
	招生	在校	毕 业	招生	在校	毕 业	招生	在校	毕 业	招生	在校	毕 业
2010年	31	188	8	206	557	178	71	148	11	454	1 580	367

1. 本科教学

北京市级“机械工程实验教学示范中心”完成了实验中心开放管理信息平台建设，按期完成了学校实验示范中心预验收工作。国际化创业型工程与管理复合型人才培养模式创新实验区承办了美国WPI与中国高校国际合作项目结题报告会。机械工程及自动化（铁路机车车辆）特色专业完成了卓越工程师培养计划的实施方案和校企联合进行铁路机车车辆专业人才培养的试点建设方案，确定了4个校外人才培养建设基地，其中“青岛四方机车车辆股份有限公司”获评为校级“校外人才培养示范基地”。所有专业主干课全面开展研究性教学，获评校级优秀研究性教学载体5份、优秀学生作品8份。学院新增校级教学名师1人；

新增优秀主讲8人；1人获评北京交通大学“课堂教学教风标兵”；2人获评学校第八届青年教师教学基本功比赛二等奖。8名年轻教师获北京交通大学“新联铁”奖教金。

圆满完成了首届国际班招生选拔工作，举办了开学典礼，顺利完成第一学期的教师聘请及教学工作，开展了全英文、双语授课的尝试。

为提高学生动手能力，完善学生知识结构，构建了学生创新实践平台。将“大学生创新计划项目”作为第二课堂列入培养计划中，贯穿于日常教学活动，选拔优秀学生参加“机械创新设计大赛”、中央电视台的CCTV机器人大赛、日本本田汽车公司的本田杯汽车节能大赛等各类比赛。本年度累计参与科技竞赛学生407人，大三年级学生参与率达72.6%。学院受第四届全国大学生机械创新设计大赛组委会委托承办了“第四届全国大学生机械创新设计大赛慧鱼组竞赛”，共有59所高校参加，参赛作品137件，参赛学生614名。在第四届全国大学生机械创新设计大赛决赛中获二等奖1项，在全第四届全国大学生机械创新设计大赛慧鱼组竞赛中获一等奖2项、二等奖2项、三等奖1项，学校获得最佳组织奖；在“北京汽车”杯首都高校第五届机械创新设计大赛中获一等奖3项、二等奖7项、三等奖2项，学校获得最佳组织奖。学院获北京交通大学节能减排社会实践与科技竞赛一等奖1项、三等奖1项。参赛学生根据计划项目研究成果发表论文4篇，申请专利2项。

2. 研究生教学

学院有硕士学位授权点12个、博士学位授权点6个。在校研究生共发表论文81篇，其中SCI检索3篇（博士生2篇，硕士生1篇）；EI检索27篇（博士生26篇，硕士生1篇）；ISTP检索15篇。硕士生在《工程热物理学报》和《电工技术学报》发表一类论文2篇。2010年学院共有11名博士生获得国家留学基金委公派研究生项目资助出国留学。其中张燕、赵怀瑞、曾强、樊文刚、金涛涛分别被派往美国伊利诺大学芝加哥分校、伊利诺理工大学、西北大学、加州大学洛杉矶分校和密歇根州立大学留学，曲海波和于文波分别被派往法国国家信息与自动化研究所以及普瓦提埃大学，李星被派往日本东北大学留学，孙维威被派往瑞典皇家工学院，任海川和王洋均被派往德国不伦瑞克工业大学留学。载运工具运用工程专业黄振莺博士的学位论文获得2010年全国优秀百篇博士学位论文提名。

根据学校相关文件和政策，积极深入推进研究生培养机制改革方案的实施，根据《机电学院硕士研究生基本奖助学金评审办法》，圆满完成了新的培养机制下2010年度研究生招生复试工作，以及硕士研究生第一学年基本奖助学金的评定以及博士研究生基本奖助基金招生指标的申报和评定工作。

根据《北京交通大学硕士研究生基本奖助学金设置及管理办法》，学院依照“公开、公平、公正”的原则制定硕士研究生基本奖助学金评定办法，对2009级硕士生第二学年进行了硕士研究生基本奖助学金评定。

为规范管理，确保培养质量，制定并实施了《机械与电子控制工程学院关于调整硕士研究生开题报告答辩时间和及早安排研究生开展论文工作的通知》、《机械与电子工程学院全日制硕士专业学位研究生专业实践要求及考核办法（试行）》、《机械与电子控制工程学院全日制硕士专业学位研究生科研技能训练与实践总结报告及考核表》、《机械与电子控制工程学院全日制硕士专业学位研究生生产实习与实践总结报告及考核表》等一系列管理文件。

为进一步加强研究生教风学风建设，提高研究生导师队伍的整体水平和研究生培养质量，学院于11月召开了研究生导师工作会议暨教风学风建设研讨会。

【科研工作】

学院新增科研项目262项，合同总经费8 794.35万元，实到经费7 095.9万元，比上年合同经费增加了30.49%，实到经费增加了36.5%。本年度承担了国家级项目12项（其中“973”项目1项、“863”项目4项，国家自然科学基金项目7项），纵向项目总经费4 425.13万元。获得中国铁道学会科学技术奖特等奖1项、二等奖1项，中国铁道学会铁道环保奖1项，1人获得詹天佑成就奖，1人入选教育部新世纪优秀人才支持计划，获得第十一届中国专利奖优秀项目奖、北京市科技进步一等奖、北京市发明专利二等奖、北京市发明专利三等奖各1项、黑龙江省科学技术奖1项，北京交通大学詹天佑科技奖1名。获评北京交通大学科技特殊贡献奖2名、北京交通大学优秀科研团队1个、优秀科技工作者4名、青年科技之星2名、科研管理先进工作者奖1名。

全年共发表SCI检索论文33篇，EI检索论文72篇；获得专利28项。详见表98、表99。

表98　学院科研项目及经费表

项目	类　别		数量	合同经费/万元
纵向	国家重点	“973”	1	36
		“863”	4	530
		国家自然科学基金	7	242
		国家社会科学基金	0	0
	省部级	科技部	13	1 802.4
		教育部	4	63
		铁道部	4	165
		财政部	1	19
		北京市	6	164
		其他部市	1	60
		其他	50	1 335.73
		国际合作	2	8
	小计		93	4 425.13
横向项目	小计		169	4 369.22
	合计		262	8 794.35

表99　学院发表论文情况统计表

分类	类　别		数量/(本/篇)
论文统计	会议论文	国内学术会议	53
		国际学术会议	60
	国外学术刊物		43
	期刊论文		185
	合　计		341

续表

分类	类　别	数量/(本/篇)
三大检索	SCI	33
	EI	72
	ISTP	48
	合计	494

【学科与平台建设】

学院现拥有1个国家重点学科“载运工具运用工程”和1个铁道部重点学科“车辆工程”，1个教育部工程研究中心和1个教育部重点实验室（B类）。

本年度开始实施机电学院学科总体发展规划和“载运工具运用工程”国家重点学科规划。组织申报的“211工程”三期重点学科建设项目“现代车辆动力与结构关键技术与基础理论”完成了2010年度的平台建设。成功组织申报了“动力工程及工程热物理”一级学科硕士点。

学院完成了国家“优势特色学科创新平台”建设项目所属“轨道车辆结构安全可靠性研究平台”、“轨道车辆基础设施检测技术平台”等4个子平台本年度的建设任务。

建成了具有国际先进水平的高精度多通道构架载荷谱标定系统。

教育部“先进制造与测控技术”重点实验室（B类），顺利完成了第一年的建设任务。

【对外交流与合作】

进一步完善和丰富了学院英文网页。本年度共有40人次境外专家来访，境外来校讲学18人次。教师、干部出访23人次。学院全年参加国际会议14人次。接待外国留学生短期交流和项目研究达25人次，长期在校学习的留学生本科12人、研究生4人。西班牙马德里技术大学的研究生联系学院导师1人次。外文发表论文176篇。学院与美国奥克兰大学机械学院正式签署了“2+2”合作协议；继续开展与美国北伊利诺斯大学 Northern Illinois University - NIU4+1合作办学；与美国WPI大学联合指导课程设计（IQP）项目；聘请了德国达姆施塔特工业大学副校长 Hanselka 教授为北京交通大学客座教授、美国伍斯特理工学院（WPI）融亦鸣教授和德国亚琛工业大学机械系 B. Corves 教授、英国南安普顿大学 Janice M Barton 教授为机电学院顾问教授。

电气工程学院

【综述】

电气工程学院由电气传动与控制系、电力工程系、电机与电器研究所、电力电子研究所、新能源研究所、牵引供电研究所、国家工科基础课程电工电子教学基地（电工部分）、电气综合实验中心、院机关9个机构组成。

【队伍建设】

学院现有教职工124人，专职教师84人、双跨院士1人，博士生导师18人、硕士生导师57人，具有博士学位的教师比例为58%，引进人才7人。教职工分布情况见表100。

2010年姜久春教授入选北京市新能源汽车联席会技术专家组技术专家。

表100　教职工在学院系、所、中心、机关分布表

单位 \ 职称	教授	副教授	讲师	助教	高工	工程师	助工	工人	见习生	合计
电气传动与控制系	0	6	11							17
电工电子基地	1	5	3		2	3				14
电机与电器研究所	2	5	5		2					14
电力电子研究所	2	3	7			1				13
电力工程系	3	6	5							14
实验中心	1					5	1			7
新能源所	4	7	4		1	3	1			20
牵引供电所	1	1	3							5
院办	7		6	2		2			2	19
其他部门							1			1

【党建和思想政治工作】

电气学院共有31个党支部，其中6个教师党支部、25个学生党支部，党员情况如表101所示。

表101　学院党员情况统计表

类　　别	教职工	研究生	本科生	小计
党支部个数	6	15	10	31
在册党员人数	73	213	117	403
全年发展党员人数		21	56	77
党员比例	57%	39%	9%	

1. 教职工党建和思想政治工作

按照校党委的部署，积极创建学习型党组织。加强学院领导班子和干部队伍建设。继续开展深入学习实践科学发展观活动，做好“回头看”工作。抓好学习实践活动各项整改措施的落实，认真组织自查，巩固和扩大学习实践活动成果，探索建立有利于贯彻落实科学发展观的长效机制。

下半年以“抓党风、带教风、促学风”为指导，大力开展创先争优活动。全院6个教工党支部完成了党员承诺活动，电力支部与计财处支部结成对子，还开办了创先争优活动的博客。实验支部与博士生支部联合，开展了支部互助、党员互助活动，进行了加强学风建设、改善学习方法、全面提高培养质量的联谊和讨论。在创先争优活动中，实验中心季小衡老师被学校授予“北京交通大学育人标兵”光荣称号。

组织学习了《中共北京交通大学委员会关于进一步加强基层党建工作的若干意见》，专门召开党委扩大会议传达，并进行了学习讨论。

修订了《电气工程学院廉政风险防范管理措施》，成立了电气工程学院廉政风险防范管理工作领导小组。

2. 本科生党建和思想政治工作

学院学生工作组继续深入学习贯彻十七大精神，以科学发展观为指导，结合学校学院中心工作，紧密围绕学风建设，以人为本，做好学生思想教育和日常管理工作，注重培养学生核心竞争力，提高学生综合素质，服务学生就业与成长。以培养社会主义事业的合格建设者和可靠接班人为目标，以党支部建设为突破口，以主题教育、志愿实践、校园文化三大活动为载体，紧抓新生入学和毕业生离校两个关键时期，注重人文关怀，关注特殊群体，提高学生综合素质。围绕建院十周年，组织院庆晚会，引导学生关注学院发展，加强学科认识。认真开展学生军训工作，获学校内务先进学院称号。积极组织学生参与社会实践，暑假共组织5个社会实践团，一个获得北京市优秀团队奖、北京市优秀成果奖和校一等奖，一个获得校二等奖，两个获得校三等奖。积极做好毕业生工作，使学校成为首批10个“电力人才网络联盟”校园招聘基地之一。2010届毕业生共计313人，一次性就业率为98.4%，签约率继续名列第一。就业工作获得学校就业工作综合先进学院称号。在学校落实中央16号文件精神五周年实效奖评比中，学院申报的“紧抓机遇，以市场需求为导向，全面推进就业工作”项目荣获一等奖。

本科生各类获奖及家庭经济困难学生资助情况如表102、表103、表104所示。

表102　本科生2009—2010年度各类奖学金统计表

奖学金	思源	国家	励志	西门子	智瑾	铁道教育之星	学习	社会工作	奋进	体育	文艺	社会实践
人次	1	12	36	2	3	1	233	88	19	20	15	10

奖学金	九阳	新华都	宝钢	汉能李嘉宁	唐客	九阳科技	日立	利德华富	富士施乐	九阳进步	电力节能
人次	2	2	1	2	7	5	2	6	2	60	5

表103　本科生2009—2010年度各类集体奖项统计表

奖项	北京市先进班集体	校先进班集体	校优良学风班	北京市先锋杯团支部	校甲级团支部
数量	1	5	6	1	4

表 104　学院家庭经济困难学生资助情况

项目	名　称	奖励人次	总金额/元
奖	国家励志奖学金	36	180 000
	共　计	36	180 000
助	名　称	受助人次	总金额/元
	国家助学金	233	699 000
	北京交通大学专项助学金	73	95 000
	中海油助学金	4	9 680
	新长城助学金	3	5 520
	汉能李嘉宁助学金	3	8 000
	曦明助学金	1	2 500
	ABB 助学金	17	34 000
	UPS 助学金	1	3 750
	九阳助学金	38	112 000
	共　计	373 人次	969 450
勤	名　称	参加人次	发放金额/元
	学院内勤工岗位	116	303 730
贷	名　称	贷款人数	贷款金额/元
	国家贷款	68	1 458 000
补	名　称	受助人数	总金额
	大一新生补助	54	16 400
	临时伙食补贴	400	99 600
	临时困难补助	3	6 500
	饮用水、洗澡和电话费专项补贴	260	46 800
	共　计	717	169 300
减	名　称	受助人数	总金额/元
	西部开发助学工程减免学费	1	2 750
	共　计	1	2 750

3. 研究生党建和思想政治工作

本年度学院研究生共有 162 人次获得各类校级奖项和荣誉称号，获奖学生占全体参评学生的 46.8%；共有 2 个班集体获得校级优良学风班，3 个社会实践团队获得校级优秀社会实践团队二等奖，1 个社会实践团队获得校级优秀社会实践团队三等奖。学院组织 4 支暑期社会实践队，赴北京、南京、常州、长春进行社会实践。1 名带队教师获得校级优秀指导教师称号，10 名队员获得校级社会实践优秀个人称号，详见表 105。

表 105　研究生 2009—2010 年度各类奖学金统计表

奖学金	优研	智瑾	校级三好	校级优干	研究生优秀奖学金	道德先进	宝钢	西门子	台达	利德华福	电力节能	光宝	唐车	新誉	曦明助学金	九阳助学金	社会实践优秀个人
人次	1	1	40	27	4	1	1	1	10	6	5	15	7	17	1	15	10

2010年学院共毕业研究生137人，其中博士8人、硕士129人。研究生初次签约率94.07%、就业率100%，签约率比2009年提高1.4个百分点，就业率连续三年保持100%，均为学校第一名。

加强研究生党支部制度化和规范化建设，严格按照《北京交通大学学生党支部工作细则》和《北京交通大学发展学生党员工作细则》的规定和要求开展工作。在发展党员时严格把关，全面考查积极分子，杜绝突击发展。加强对支部书记和支委的培训，加强党员教育，组织党员学习党的理论知识、国家政策方针、国际国内时事。加强对党员骨干的培训。组织形式多样、符合研究生特点的支部活动。

遵循研究生思想政治教育规律，围绕研究生主业，促进研究生全面健康成长与成才。以研究生综合素质教育计划和学期教育计划为主线，将学术培养与思想政治教育相融合。在各类学术活动中，引导研究生树立正确的世界观、人生观、价值观，帮助研究生养成自尊、自爱、自律、自强的优良品格和良好的心理品质，促进研究生学术科研能力和思想道德素质、心理素质同步提高。举办学院第四届研究生学术节，邀请中国工程院院士余贻鑫教授出席开幕式。举办“院士校园行”名师讲坛2次，“与大师面对面”名师讲坛11次，研究生学术沙龙6次，研究生就业沙龙3次。

切实解决研究生的实际问题。对于在学习和科研中遇到困难的同学，及时与其导师沟通，制订针对性的帮扶计划；对生活中经济困难的同学，鼓励其申报研究生“三助”岗位或校内兼职岗位，并在国家助学贷款和助学金的评选中适当倾斜；对就业困难同学进行个体帮扶，有针对性地向用人单位推荐。

关注研究生心理健康。了解研究生心理状态，及时发现问题、提前解决问题。同时，做好研究生心理普查工作，从整体上把握研究生心理状态。在各班级设立心理委员，加强信息报送，开展有针对性的心理健康活动。

【教学工作】

1. 本科教学

学院现有本科生1 294人，2010年毕业323人、招生318人。学院的电气工程及其自动化和电气信息工程专业，2010年按电气信息类大类招生8个班，共260人；按电气信息类（轨道牵引电气化卓越工程师班）招生2个班，共58人。

学院开展“卓越工程师计划”试点，探索轨道牵引电气化卓越工程师“2+2+2”本硕一体化、校企联合培养模式；组织制订、修订“轨道交通电气化卓越工程师”试点班培养计划；按照卓越工程师标准制订了可再生能源新专业的培养方案并申报新专业；按照学分制的要求重新修订2008培养计划和轨道牵引电气化卓越工程师试点班培养方案；电气工程与自动化（轨道牵引电气化）专业被批准为国家级特色专业。

继续推进主干课程研究性教学和双语教学，积极开展教学研究与交流，组织学院主干课程开展研究性教学方案、主干课研究型教学载体及优秀学生作品选优等工作，推进考试方式的改革。学院组织主干课程教师赴香港理工大学、香港科技大学、香港城市大学等高校学习，与这些高校的著名教授进行座谈交流，参观他们的实验室，了解学科的发展动态，拓宽了教师的视野，增进了双方的合作与研究。叶晶晶获得学校第八届青年教师基本功大赛一等奖。

积极探索国际交流与互派项目，选派学生进行短期国际交流和实习，扩展知识领域和国际视野，提高国际交流能力，组织完成了62门课程英文介绍的编写工作，完善相关课程学分互认机制。

积极推进大学生创新性实验计划项目的深入开展，加强学科竞赛体系建设。组织了学校节能减排竞赛工作，其中有30多名学生获得国家级奖；有9组41人被评为国家级项目，2组9人被评为北京市级项目，校级31组116人参加。参加北京市电子设计大赛、挑战杯科技作品大赛、“电气杯”科技创新大赛等科技活动与赛事人数达到800多人次，占学院学生总人数的一半以上，其中有60多人获奖。

2. 研究生教学

2010年研究生招生、在校、毕业学生人数如表106所示。

表106　2010年研究生招生、在校、毕业学生人数

类别/年份	博士			学术型硕士			专业学位硕士			工程硕士		
	招生	在校	毕业	招生	在校	毕业	招生	在校	毕业	招生	在校	毕业
2010年	25	90	5	150	308	127	75	117	0	79	255	3

研究生培养及教学学科同步发展，适时优化调整教学环节。全年共开设了45门课程，完成总计1 392学时的教学任务。重点关注学位论文关键环节，实现过程监控；设立院级教学研究基金，并申请校级教学研究等4个项目；适时调整课程设置，通过与国外同类专业课程对比，按计划动态优化课程设置，如调整了专业学位工程实践课，增设了《动态系统的数字控制》硕士研究生课程等。

学院通过了学校学位授权点的审核工作。新增，控制科学与工程一级学科下的检测技术与自动化装置、电子科学与技术一级学科下的工程电磁场理论及其应用一级两个学位授权点。

为增进学术水平，激励创新人才培养。学院以奖学金评定为导向，鼓励研究生发表高水平学术论文。全年研究生共发表论文478篇，其中硕士生233篇、博士生245篇。积极鼓励研究生尽早进实验室，参与导师或企业的高水平研究课题，本年度学院共有58人参加了导师主持的高水平的课题研究。

开展丰富的学术活动，增强研究生综合竞争力。以丰富多样的学术活动为主线贯穿研究生培养过程。开展了“院士校园行”名师讲坛2场，“与大师面对面”名师讲坛活动11场。举办了电气工程学院第四届研究生学术节，定期开展研究生学术沙龙、学术交流等活动，鼓励研究生就自己参与的科研项目、前沿知识展开交流，相互学习。

优化结构，探索全日制专业学位人才培养。开设工程实践课程，依据全日制专业学位培养方案，为首批全日制专业学位研究生开设了工程实践系列课程，导师由校外企业专家及校内科研能力强的教师组成；为全日制专业学位研究生设置了跨专业的课程；安排企业实习实践方案，采取双向选择的方法落实实践环节单位。制定了《电气工程学院专业学位硕士研究生企业实践管理办法》、《电气工程学院全日制专业学位硕士研究生学位论文开题及阶段性报告工作的要求》等。

稳步推进研究生培养基地建设，促进研究生培养模式的良性发展。学院与校外15个电气工程领域相关的大型企事业单位建立了研究生培养基地，通过学术型、专业型及博士研究生的校企联合培养，探索并实践了校企双导师制等多种研究生培养模式。通过培养基地的建设使企业充分了解学院的学科，并为研究生设立了多项奖助学金，目前共有 7 项企业奖学金。学院与企业共建的研究生联合培养基地为拓宽研究生暑期社会实践提供了有力的保障，本年度研究生社会实践共派出 3 个团队并获奖。培养基地见表 107。

表 107　培养基地列表

依托单位	专业方向	实践地点	备注
AREVA T&D UK Ltd	电气工程	英国	联合培养基地
中国电力科学研究院电力电子研究所	电气工程	北京	联合培养基地
北京赛德高科铁道电器科技有限公司	电气工程	北京	联合培养基地
株洲电力机车研究所	电气工程	株洲	联合培养基地
北车集团电力牵引研发中心	电气工程	大连	联合培养基地
长春轨道客车股份有限公司	电气工程	长春	联合培养基地
锦州海伯伦汽车电子有限公司	电气工程	锦州	联合培养基地
北京能高自动化技术有限公司	电气工程	北京	联合培养基地
浙江埃菲生能源科技有限公司	电气工程	温州	联合培养基地
湘潭电机股份有限公司	电气工程	湘潭	联合培养基地
新疆电力设计院	电气工程	乌鲁木齐	联合培养基地
北京利德华福电气技术有限公司	电气工程	北京	联合培养基地
北京京仪椿树整流器有限责任公司	电气工程	北京	联合培养基地
北京博电新能电力科技有限公司	电气工程	北京	联合培养基地
许继集团交通公司	电气工程	河南许昌	联合培养基地

【科研工作】

学院新增科研项目 119 项，其中纵向项目 37 项，国家自然基金面上项目和青年基金各 1 项，“863 计划”项目 1 项，科技支撑（攻关）项目 6 项，铁道部课题 2 项，北京市科委项目 2 项，国家重大科学工程项目 2 项，国际合作课题 2 项。学院新增合同经费 6 079. 85 万元，实际到款经费 4 498. 24 万元。全年发表文章 150 余篇，其中被 SCI 检索论文 8 篇（其中 A 区论文 1 篇，B 区论文 1 篇，C 区论文 4 篇，D 区论文 2 篇），EI 检索论文 33 篇；获得授权的发明专利 20 项，软件著作权 2 项；获得詹天佑青年奖 1 项，获得詹天佑专项奖 1 项。科研项目及经费、发表论文及专利情况见表 108、表 109、表 110 和表 111。

表 108　学院科研项目及经费表

项目	类别		数量	合同经费/万元
纵向项目	国家自然科学基金	面上	1	40
		青年	1	22
	省部级	科技部	8	1 315
		教育部	1	6
		铁道部	2	45
		北京市	3	666

续表

项目	类　别	数量	合同经费/万元
纵向项目	国际合作	2	32
	其　他	17	250
	小　计	37	2 376
横向项目	小　计	82	3 703
合　计		119	6 079

表 109　学院发表论文情况统计表

分类	类　别		数量/(本/篇)
论文统计	会议论文	国内学术会议	26
		国际学术会议	57
	国外学术刊物		8
	期刊论文		67
	合　计		157
三大检索	SCI		0
	SCIE		8
	EI		33
	ISTP		85
	合　计		126

表 110　学院被 SCI 检索文章统计表

序号	论 文 题 目	检索号	论文级别
1	Design of Transverse Flux Linear Switched Reluctance Motor	ISI：000263375200013	C
2	ELIMINATION OF TIME DELAY IN DIGITAL CONTROL LOOP OF SWITCHING DC - DC CONVERTERS	ISI：000262648200012	D
3	TUNABLE TE/TM WAVE SPLITTER USING A GYROTROPIC SLAB	ISI：000265387500019	A
4	Positively and negatively large Goos-Hanchen lateral displacements from a symmetric gyrotropic slab	ISI：000263069700029	C
5	Suppressing Electromagnetic Interference in Direct Current Converters	ISI：000272321900003	C
6	An efficient algorithm of transient responses on wind turbine towers struck by lightning	ISI：000265713800008	D
7	Modeling of Eddy-Current Loss of Electrical Machines and Transformers Operated by Pulsewidth-Modulated Inverters	ISI：000264618500006	C
8	Application of interval analysis and evidence theory to fault location	ISI：000262816700008	B

表 111　学院获得授权的发明专利统计表

序号	专利名称	专利号
1	电动车载全密闭内液冷外风冷式开关磁阻电机	2007 1 0119644. 2
2	道路交通信息采集的多传感器接入装置及其数据融合方法	2008 1 0057549. 9
3	牵引供电直挂式高压综合补偿装置	2008 1 0226792. 9
4	一种晶闸管控制串联变压器型电气化铁道牵引网调压装置	2007 1 0118575. 3
5	高压输电线路杆塔运行安全检测器	2008 1 0222044. 3
6	海洋波浪鸭式超导磁流体发电系统和发电方法	2007 1 0176512. 3
7	基于 SOPC 技术的 MVB/USB 适配器及其通信方法	2008 1 0239357. X
8	一种基于 PWM 整流器的牵引供电装置及控制方法	2008 1 0103529. 0
9	脉动直流牵引供电系统	2007 1 0119223. X
10	一种混合式牵引供电装置及控制方法	2008 1 0103678. 7
11	控制大功率电力半导体功率组件开关速度一致性的方法	2007 1 0099002. 0
12	面向轨道交通安全评估的分布式检测装置	2008 1 0056198. X
13	大功率模块化直流供电装置及其控制方法	2008 1 0115163. 9
14	电动车载全密闭式开关磁阻电机	2007 1 0119643. 8
15	电容自平衡 T 型多电平整流器的拓扑结构	2008 1 0227505. 6
16	双向 L 型 DC－DC 变换器的拓扑结构	2008 1 0224477. 2
17	牵引网高次谐波谐振及暂态过电压抑制装置	2007 1 0120620. 9
18	道路交通信息采集传感器网络节点装置及其数据传输方法	2008 1 0057393. 4
19	100% 低地板车独立轮牵引传动系统与控制方法	2008 1 0104587. 5
20	具有自动除垢功能的电热管	2008 1 0226232. 3

【学科与平台建设】

拥有两个部级重点学科：

铁道部重点学科：电力系统及其自动化。

北京市重点学科：电力电子与电力传动。

部级工程研究中心：电力牵引教育部工程研究中心。

正在建设的科研平台有：

211 工程科技平台——“风力发电及动力电池能量高效变换技术”。

985 科技平台——“轨道交通安全科学与技术”的“轨道交通牵引传动供电安全与质量控制子平台”。

【对外交流与合作】

学院获批教育部外国文教专家聘请项目“海外名师”项目 1 项。聘请东京大学曾根悟教授长期指导教学、科研；外宾来访 20 余人次，包括东京大学曾根悟教授、美国通用电气公司董事长杰夫、美国通用电气公司智能电网总监 Kannan 先生、德国布伦瑞克工业大学校长代表团等；聘请外籍教师或访问学者讲学 2 人次，包括东京大学教授、日本铁道电气委员会委员长曾根悟教授讲授《铁道电气化与交流传动》课程，曼彻斯特大学李海育教授为研究生讲授《继电保护》课程，共计 64 学时。全年教师和干部出访 30 余人次，接收来华留学生1人。在校学生出国（境）交流7人次，51人次用外文发表论文62篇。国际合作科研的项目2项，包括与德国布伦瑞克工业大学共同申请“中德研究生院”，与ABB技术研究中心共建分布式发电并网系统技术研究中心。与西班牙加泰罗利亚大学、英国曼彻斯特大学建立了合作交流协议。11月20日，由北京电力电子学会、IEEE PELS北京分部、中国电器工业协会电力电子分会、中国自动化网联合主办，北京交通大学电气工程学院承办的“第八届电力电子论坛——电力电子变换中的关键技术交流会”在学校召开。

理　学　院

【综述】

2010 年理学院全面启动了“十二五”规划起草工作。学院紧跟学校一流研究型大学建设步伐，围绕不断提高各类人才培养质量这一中心工作，大力开展学科建设、师资队伍建设与学院制度建设，不断解放思想，深化改革，在理学平台建设、高水平论文发表等各方面取得快速发展。

【队伍建设】

学院现有教职工 203 人（事业编制 189 人，劳保 2 人，退休返聘 2 人，非事业编制 9 人，海外讲座教授 1 人），其中专职教师 165 人，含院士 4 人（其中双聘院士 3 人），师资博士后 3 人，全职博士生导师 35 人，硕士生导师 69 人；专职教师中教授 44 人，副教授 76 人，具有高级技术职称的教师占教师总数的 72%；具有博士学位的教师占教师总数的 72%，45 岁以下教师的比例为 62%，45 岁以下具有博士学位的教师占 45 岁以下教师比例为 78%。

学院补充讲师、师资博士后 2 人，调入讲师 1 人，其中 1 人是国外博士后归国人员。新入职机关管理人员 1 人，非事业编制辅导员 2 人、非事业编制技术员 1 人。2010 年度博士后入站 5 人，教师公派出国 5 人，在职攻读博士学位 3 人，教职工退休 3 人，调出 3 人。

职务晋升的教师共有 10 位，分别为教授四级岗（2 人）：于永光、谢芳；副教授三级岗（6 人）：万良霞、孔令臣、富鸣、彭洪尚、康晓红、张莹；讲师三级岗（大学生思想政治教育）（1 人）：尚颖；工程师三级岗（工程技术系列）（1 人）：常笑薇。岗位晋级的教师共有 16 位，分别为教授三级岗（1 人）：徐征；副教授一级岗（4 人）：付俐、金光日、唐莹、江红；副教授二级岗（5 人）：廉巧芳、李云白、章小丽、杨玉国、侯玲玲；讲师一级岗（4 人）：刘明惠、郑小秋、缪萍、刘莲云；副高二级岗（1 人）：陈志杰；中级二级岗（1 人）：张进宏。

学院教职工分布及岗位级别分布情况见表 112、表 113、表 114。

2010 年共评出 8 位“理学院贡献奖”：冯衍全、何大伟、何志群、柯岫、滕永平/吴迪、王兵团、修乃华、杨玉国/程志明。

表 112　2010 年理学院教职工分布表

职称	教授	副教授	讲师	助教	高工	工程师	助工	工人	双聘	海外讲	师资	非事业编制		合计
单位						馆员	助馆		院士	座教授	博士后	校聘	院聘	
数学系	14	30	20						1		2	1		68
物理系	8	25	10		4	6								53
光电子所	11	4	3			2								20
激光所	1		1				1		1					4
化学系	2	5	7					1						15

续表

职称 单位	教授	副教授	讲师	助教	高工	工程师 馆员	助工 助馆	工人	双聘 院士	海外讲 座教授	师资 博士后	非事业编制 校聘	非事业编制 院聘	合计
生物研究院	2	8	6						2	1	2	2	1	24
院机关		1	3	2	1	2	1					4		14
退休返聘	1					1								2
劳保			2											2
合计	39	73	52	2	5	12	2	1	4	1	4	7	1	203

表 113　2010 年理学院专职教师岗位级别分布表

系所	教师													师资博士后	其他专业技术（13）						工勤	劳保
	教授				副教授			讲师			双聘院士	海外讲座教授	返聘教授	讲师	高级	中级			助理		中级	
	一	二	三	四	一	二	三	一	二	三			二	三	三	一	二	三	一	二		
数学		1	3	10	5	12	13	8	11	1	1			2								
物理		1	1	6	3	6	17	2	8				1		3	3	1	2				
光电	1	2	2	6	1	2	1		3							1		1				
激光			1						1		1									1		
化学				2			5	3	3	1											1	
生物				2		1	7	4	2		2	1		2								
辅导员																						
行政																						
合计	1	4	7	26	9	21	43	17	28	2	4	1	1	4	4	4	1	3		1	1	2

表 114　2010 年专职教师外其他教职工岗位级别分布表

系所	院机关管理					非事业编制		退休返聘
	五级	七级		八级	九级	校聘	院聘	七级
		一	二	一				一
数学						1		
物理								
光电								
激光								
化学						1		
生物						2	1	
辅导员		3		1		2		
行政	1		3	1	1	2		1
合计	1	3	3	2	1	8	1	1

配合学校“红果园创新人才培育计划”，学院新增“红果园‘双百’人才培育计划”C类人选2人（滕枫、王智）；“红果园‘双百’”D类人选6人（赵谡玲、张福俊、周进鑫、彭洪尚、廉巧芳、冯弢）。新晋升教授2人，晋升副教授6人。

学院重视青年教师培养工作，支持教师出国交流和进修，提高师资水平。本年度公派出国5人，出国学习半年至一年。另有9人次出国参加国际会议及短期合作交流。同时，学院进一步完善教师考核分配办法，稳步推进了人事分配制度改革。

【党建和思想政治工作】

理学院共有党支部32个，其中教师党支部6个，学生党支部26个；党员435人，教职工党员97人，学生党员314人，保留组织关系党员24人。本年度新发展党员122人，其中新发展研究生党员46人，新发展本科生党员75人。教师党员比例为49.23%，研究生党员比例为42%，本科生党员比例为7.43%。

1. 教职工党建和思想政治工作

深入贯彻党的十七届四中全会精神，探索建立贯彻落实科学发展观的长效机制，不断推进学院改革和发展。坚持中心组学习制度，组织领导干部学习《国家中长期教育改革规划纲要》等。认真贯彻“三重一大”制度，落实党风廉政建设责任制。加强对后备干部的培养，井冈山大学胡强林、青年教师王金亭、于永光、张丽姝挂职学院副院长，衣立新副院长选送到海淀区政府挂职锻炼。

深入开展创先争优活动。4月份，学院制定了《理学院深入开展创先争优活动的实施方案》，组织各个党支部学习讨论并开展相关活动。教师党支部认真学习第十八次全国高校党建工作会精神。在学校育人标兵和成才表率评选活动中，冯国臣老师和2007级本科生杨涛同学分别获得北京交通大学育人标兵和成才表率称号。院党委具体指导党支部开展“创先争优，从我做起”主题实践活动，组织党员公开承诺，共有32个党支部382名党员作出承诺1 187条。学院党委申报北京高校优秀基层党建工作创新项目，号召教职工党员争创“教学先锋”、“教改先锋”、“骨干先锋”和“育人先锋”，评选推荐学校师德建设先进个人3人。

加强党员教育，严格执行党员发展标准，组织党员骨干培训，明确党员发展程序和标准。举办学生党支部书记培训班两次，并组织教师党支部书记参与学校培训4次。本年度学院党委预审发展对象增加面试环节，严格把握“入口关”，全年共发展党员122人，其中教授1人，党员转正68人。

学院积极开展党建研究工作，由学院党委主持的校党建重点课题《和谐校园建设与党建思想政治工作》已经完成；积极参与学校《高校二级党组织党风廉政建设机制》课题研究。学院党委书记解郁主讲的党课《党的性质》，被学校推荐申报北京高校党课精品课，并录像刻制了光盘。

2. 本科生党建和思想政治工作

2010届毕业生总人数354人，包括出国70人，读研130人，就业153人，深造率56.50%（居全校第一）、就业率99.72%。就业同学中，北京地区村官3人，北京市社区助理1人，志愿服务西部计划1人，本校科研助理1人。理学院在学校本科生就业奖励中，获得了深造、面向基层、就业三个单项奖。

以培养学生成人成才为中心，大力开展学风建设，通过开展扎实有效的思想教育活动，制定“分年级学生素质培养体系”，完善“大学生素质拓展计划”，切实提高学生综合素质。

开展了“拔尖学生培养教育模式”、“理学院班主任工作改进”、“理学院学生科协工作”3项专题研讨。4至5月份，邀请数学、物理系相关教师面向全校学生举办了数学建模和物理竞赛讲座，面向学院学生举办了百科知识竞赛、实验室开放日、中科院实验室参观、思源班科技成果展示等，在“首届北京市大学生科学研究与创业行动计划成果展示与经验交流会”上，理学院共有15件校级以上获奖作品参与展示。2名学生获得2010国际大学生数学建模竞赛特等奖、2名学生获得北京大学生数学建模与计算机应用竞赛全国二等奖，1名学生获得北京市大学生物理实验竞赛二等奖。信科0701班获“北京市先进班集体”荣誉称号；1人获“思源奖学金”个人最高奖。本年度获评校级先进班集体6个，校级优良学风班9个，院级优良学风班15个。

学院共有50人在学校新办理了国家助学贷款，学院常设勤工助学岗位92个，本年度助学金评选发放，学院所有贫困生均获得了各类助学金，其中获得国家助学金270人；校级专项助学金88人；其他各类助学金18人。“知行·三个北京·世界城市”红色“1+1”学生暑期社会实践获学校暑期社会实践优秀团队一等奖。

本科生2009—2010年度各类奖学金统计见表115。

表115　本科生2009—2010年度各类奖学金统计表

奖学金	思源	国家	励志	新华都	汉能李嘉宁	智瑾	理学院创新奖	波易达	纪惠腾飞计划	学习	社会工作	奋进	体育	文艺	社会实践	三好学生	优秀学生干部
人次	1	15	44	2	3	3	14	3	3	276	106	23	27	32	12	82	36

3. 研究生党建和思想政治工作

2010届参与就业研究生176人，其中，硕士研究生152人，博士研究生24人，就业率为100%。

成功组织研究生参与学校第二十届“慧光杯”学术文化节，参与投稿论文5篇，2篇论文获奖。4月，学院举办了主题为“将学术和实践相结合”的第七届研究生学术沙龙，邀请在校博士硕士介绍科研经验，80多名研究生参与。组织“与大师面对面”活动22次，其中邀请院士1人次，国外著名学者11人次。

组织研究生社会实践团2个，共25名研究生参加。以“理论联系实践，知识服务社会——光纤通信设备校准及测试研究”为主题的实践团，在7月中下旬分别赴深圳思达光电通信技术有限公司、深圳市贝特莱光电科技有限公司和北京市电信工程局有限公司进行社会实践，并获校二等奖；以“携手光伏企业，共创低碳生活”为主题的实践团走访了北方微电子公司。本年度共有5人获得社会实践优秀个人称号。

学院共评出校级优良学风班2个，共计81人获得校级奖励，其中优秀研究生3人，京东方专项奖学金8人，智瑾奖学金1人。

研究生获奖情况统计（北京市级及以上）见表116。

表 116 研究生获奖情况统计表（北京市级及以上）

序号	学院	学号	姓名	奖项名称（含各种竞赛、荣誉称号等）
1	理学院	06118340	魏永生	2010 美国大学生数学建模竞赛二等奖（注：作为指导老师）
2	理学院	06118340	魏永生	全国大学生数学建模竞赛二等奖（注：作为指导老师）
3	理学院	09122134	马宝云	全国研究生数学建模二等奖
4	理学院	09122178	尚冬冬	国家武术六段
5	理学院	09122208	陈伟	北京市先锋杯“优秀团员”称号

【教学工作】

1. 本科教学

在校本科生 1 577 人，有 3 个本科专业（信息与计算科学、光信息科学与技术、材料化学）和理科试点班。

学院现有国家级精品课程 2 门，教育部双语教学示范课程 1 门，校级精品课程 5 门；1 个北京市级特色专业，1 个国家级教学团队；学院连续三年承办了“北京市大学生物理实验竞赛”。大学物理实验教学示范中心获得国家和北京市“科普教育基地”称号，同时《大学物理实验》获得全国科普教育优秀软件包（证书）。

积极推进理学基础教学平台的总体设计，按照质量工程的内涵要求，适应不同专业的需要，按增兴趣、强基础、重实践、拓应用的分层建设思路重构理学基础教学框架。以微积分、大学物理等公共基础课为试点，完善具体建设方案，明确教改思路与方向。出版了《微积分》、《概率论与数理统计》、《大学物理实验》、《近代物理实验》、《导波光学》、《运筹学基础》6 本教材。光信息科学与技术特色专业加强专业主干课的精品教材及特色教材建设。与清华大学出版社合作，特别立项进行国内第一套光信息科学与技术专业系列教材建设，已经正式出版。

学院新增演示实验 10 种，34 件；新增课堂插播片 30 段；clicker 题库研制一期基本完成；并在 9 个教学大班试用 clicker 互动教学取得了较好教学效果；为新生增加了填平补齐物理和物理实验课程，实行开放教学和实验操作指导。巩固和完善了“411”层次（四层次 + 物理演示 + 课外实践）的大学物理实验教学体系；主编出版了与新内容体系配套的实验教材《大学物理实验》、《近代物理实验》；开发了大学物理实验导学系统；进行了实验环境的高水平建设，突出了科学探索氛围，以及安全和智能化；建立了实验教学仪器资源共享网站。完成了物理实验教学示范中心硬件环境改造建设；对原有大学物理教学多媒体导学系统进行升级和完善，新增信息容量达到原有的 2 倍；12 月初，接受了学校组织的模拟验收，准备迎接国家的正式评估验收。

申报光信息科学与技术专业国际试点班。为机电学院国际班开设 3 门公共基础双语课《微积分》、《几何代数》、《化学》。对学院优秀本科生进行配导师试点工作，出台《理学院本科生配备导师管理暂行办法》，为实现本科和研究生的联动培养做准备。大力推进大学生创新人才培养，将大学生创新实验项目作为创新人才培养的制度化工作。2009 年大学生创新项目进行了结题验收，结题项目 34 项（含创新天地 9 项），推迟结题 2 项，终止 6 项。学生在国内外刊物上共发表论文 9 篇（含 SCI 论文 3 篇，EI 论文 1 篇），其中，第一作者 4 篇，正在投稿中的论文 8 篇，正在申请中的专利 1 项；2009 年大学生创新项目 1 项（作品名称：有机发光显示灯；创作成员：曹邦治、管昌荣、李凌亮、刘贻韬；指导教师：张福俊）获得北京市大学生“科研与创业行动计划”科技创新成果一等奖，并参加了第七届北京国际教育博览会大学生科技创新成果展；2010 年大学生创新性实验项目（校以上级）共立项 35 项（含创新天地 14 项），国家级重大项目 2 项（含创新天地 1 项）、国家级项目 8 项（含创新天地 2 项）、市级项目 4 项（含创新天地 2 项）、校级项目 20 项（含创新天地 9 项）。

在 2010 年国际大学生数学建模竞赛中，由理学院学生参加的代表队获特等奖；全国第二届大学生数学竞赛暨北京市第二十一届大学生数学竞赛，学校取得一等奖 5 名，二等奖 7 名，三等奖 8 名；学院组织参加全国大学生数学建模大赛，获得全国二等奖 3 队，北京市一等奖 4 队，北京市二等奖 4 队。物理实验教学示范中心成功承办了第三届北京市大学物理实验竞赛，北京市 32 所高校 158 支队伍参加了竞赛，学校获得一等奖 3 队，二等奖 3 队。学院选派学生参加了全国首届大学生物理实验竞赛，学校获得一等奖 1 项，三等奖 2 项的可喜成绩。全国首届大学生数学竞赛决赛，学校有 2 名学生获奖，其中臧鑫获数学组全国三等奖，谢峰获非数学组全国二等奖。王玉凤、付俐、刘爱红 3 位教师获得学校课堂教学教风标兵称号。

新开设 1 门由生命科学与生物工程研究院两位教授主讲的全校公共生物类选修课《生命科学纵横》，提高了学生的生命科学素养，受到学生好评。

2. 研究生教学

理学院现有在校硕士生 325 人、博士生 128 人，拥有 16 个硕士学位授权点，和 4 个博士学位授权点（光学工程、光学、运筹学与控制论、系统理论）。

学院新获企业支持，设立北京交通大学“NLTC 电光源专项奖学金”，促进拔尖人才的成长。国家电光源质量监督检测中心首次捐赠 10 万元，设立冠名研究生专项奖学金，用于奖励理学院物理学、光学工程、化学一级学科的研究生及直博生。

积极探索专业研究生培养方式，搭建高水平实践教学平台。在北京建立了“电光源质量检查中心”培养基地，这是学院与企业联合建立的第 4 家规模化研究生联合培养基地。

【科研工作】

新增省部级科研一等奖 1 项。冯衍全主持的“图的对称性”获得高等学校科学研究优秀成果奖自然科学奖二等奖，这也是学院连续第 3 次获得省部级自然科学奖（主持）。

在公布的 2009 年检索论文中，学院 SCI（E）检索论文再创佳绩，共计 141 篇，占全校的 36.4%，EI 共 45 篇占全校的 7%。其中，A 类论文 13 篇，B 类 31 篇，C 类 62 篇，D 类 39 篇。授权专利 33 项，其中发明专利 28 项。申请专利 44 项。

学院鼓励青年教师开展基础性、前沿性的交叉科学研究。2010 年学院合同经费 3 370.7 万元。同时获得国家自然基金共 18 项，其中仪器专项 1 项，批准率达 39%，总计 742 万元。其中数学系 8 项 206 万元，物理系 3 项 264 万元，光电子所 4 项 179 万元，生物所 2 项 58 万元，化学系 1 项 35 万元。

徐叙瑢、洪涛 2 位院士获得北京交通大学科技成就奖；发光与光信息科研团队获得北京交通大学优秀科研团队称号；王永生、修乃华、冯其波、何志群、滕枫 5 人获得北京交通大学优秀科技工作者称号；丁克俭、赵谡玲荣获北京交通大学青年科技新星称号。

【学科与平台建设】

申报物理学、数学 2 个一级学科博士点，现已进入教育部公示期。同时学院还申报了化学工程与技术、生物工程一级学科硕士点。

学院完成了北京市重点学科运筹学与控制论的中期检查工作。完成了理学院科学计算中心的建设工作，现已正式运行，并解决理学院教师需要进行大规模复杂运算这一共性问题。筹建学校超微结构测试分析中心。

依据学校公有房屋分配文件精神，在充分调研和征求意见的基础上，制定了《理学院公有房屋分配管理暂行办法》。遵循保障教师基本办公用房、提高教学实验用房使用效率、试行科研用房有偿使用的原则，学院对公共房屋布局进行调整，并对数学系办公环境进行了装修改造。

进一步落实学院建设经费的分担机制，落实学院配套及科研课题组自筹经费，完成“211 工程”三期重点学科、及“985”平台建设工作。

以 2011 年迎接“发光与光信息科学技术”教育部重点实验室的评估工作为契机，搞好光学工程等相关学科的建设工作，为冲击国家重点学科打好基础。召开光学工程学科建设会议，对光学工程学科未来建设进行谋划与布局。

【对外交流与合作】

5 月，加拿大西安大略大学统计与精算系的研究生部主任来校访问，与理学院数学系初步探讨了本科生联合培养事宜。

10 月，学院组团访问加拿大滑铁卢大学、美国明尼苏达大学等 6 所著名大学，完善并加强原有的合作；拓展新的合作领域，与滑铁卢大学数学学院院长 Ian P. Goulde 及计算机系主任 David J. Taylor 进行了会谈，就本科生数学专业“2 + 2”及计算机专业“3 + X”联合培养事宜进行了探讨；访问了加拿大西安大略大学。与该校理学院院长 David M. Wardlaw、统计与精算系研究生部主任 John Braun 及国际招生相关老师进行了会谈，就两院之间的“3 + 1 + 1”联合培养项目进行了进一步磋商，达成初步协议。

与国外 3 所大学签订“2 + 2”本科生联合培养协议（加拿大滑铁卢大学，美国明尼苏达大学及澳大利亚新南威尔士大学），涵盖信息与计算科学、材料化学、光信息科学技术三个专业。2010 年派出学生 15 名。

通过海外高层次文教专家重点支持计划，聘请西班牙国王大学物理系系主任米盖尔教授到学院讲学 5 个月。米盖尔教授是立陶宛科学院院士，西班牙物理学会资深科学家，被国际上公认为是非线性动力系统及复杂系统领域的领军人物。

学院成功举办第五届排队论及网络应用国际学术会议，本次会议参会代表 80 人，境外代表 55 人，分别来自美国、加拿大、英国、法国、西班牙、比利时、荷兰、匈牙利、白俄罗斯、日本、韩国、印度、新加坡等全球 14 个国家和地区。此次参会人数是历届排队论及网络应用国际学术会议最多的。

人文社会科学学院

【综述】

2010 年是人文社会科学学院各项工作稳步发展的一年。在学校党委的领导下，经过学院全体教职员工的共同努力，学院工作在原有基础上迈出了新的步伐，取得了新的成绩。学院下设马克思主义理论教学研究部、法律系、文化教育中心 3 个教学单位。

【队伍建设】

2010 年学院有教职工 82 名，其中专职教师 70 名。高级职称共 42 人，其中教授 10 人，副教授 32 人，博士生导师 8 名，硕士生导师 50 名（含兼职）；具有博士学位的教师比例为 53% 。学院教工分法律专业课、思想政治教育理论公共课、文化素质教育公共课等 3 支教学队伍。其中法律系教师 26 人，马克思主义理论部 39 人，文化教育中心 9 人，行政 8 人。补充博士和博士后人员 4 名。

【党建和思想政治工作】

学院有党支部 16 个，其中教工支部 4 个，学生党支部 12 个；在册党员 295 名，其中教工党员 61 名，占教工比例为 75.3% ；学生党员 234 名，其中研究生党员 123 名，占研究生比例为 65% ；本科生党员 111 名，占本科生比例为 28% 。

1. 教职工党建和思想政治工作

为了深入学习贯彻党的十七届五中全会精神，不断提高党员的理论水平，加强学习型基层党组织建设，学院党委将加强政治理论学习作为 2010 年的工作重点之一。组织多项专题学习：学习《北京普通高等学校党建和思想政治工作基本标准》，对照标准查找不足；开展“四项监督制度”的专题学习；组织党员学习第十八次全国高校党建工作会议精神、十七届五中全会精神、全国“两会”精神；开展 2010 年党风廉政宣传教育活动，邀请北京大学原副校长梁柱教授为党员主讲了题为《共产党员必须树立共产主义理想信念》的党课。

落实深入学习实践科学发展观活动整改方案，做好“回头看”工作。开展创先争优活动，加强师德师风建设，带动学风校风建设。组织党员开展形式多样的“创先争优，从我做起”主题实践活动。

2. 本科生党建和思想政治教育工作

2010 届本科毕业生共计 82 人（法学），深造率 36.59% ，较上年提高 4.59% ，就业率 100% ，较上年提高 1% 。

2010 年本科生获得各类奖学金 176 人次，获评北京市“先锋杯”优秀团支部 1 个、校级先进班集体 2 个、校级优良学风班 3 个、北京市优秀学生干部 1 人、北京市优秀团干部 1 人、校级三好学生 18 人、校级优秀学生干部 10 人。

人文学院学生工作组发扬“勤奋、务实、思考、创新”的工作作风，在思想政治教育工作上，稳步推进“创先争优”活动，开展以首都新农村建设调研为主题的社会实践活动，扎实开展“红色 1 +1”活动，针对毕业生、经济困难学生和少数民族学生开展了各项针对性的思想政治教育活动。在学风建设上，从端正学生学习态度入手，通过制定《人文学院本科生考勤管理规定》，开展“开学第一课”、学风大讨论、学习沙龙、优良学风班答辩活动等措施，取得了显著的成果，与2009年相比各班级不及格率平均降低2.45个百分点，最大降幅达78.27%。校园文化活动方面，结合建国61周年、抗日战争胜利65周年和“一二·九”运动75周年等重大纪念日，开展了“我与祖国共奋进”主题爱国主义教育活动；以世博会的举办为契机，组织各班开展“从奥运到世博”主题团日活动；以诚信教育为核心，坚持开展考风考纪主题教育；以校园文化交流为内容，联合北京大学等9所高校的人文类院系启动了“人文论坛”主题活动。

3. 研究生党建和思想政治工作

2010年学院研究生获得各类奖学金30人次，获校级优良学风班1个，2010届毕业生64人，就业率95.3%。

学院以组织开展创先争优活动、永葆党员先进性为主线，以加强学风建设、搭建学术平台为重点，以培养身心和谐的创新型人才为目标，扎实开展各项工作，取得了较好的效果。组织开展了“大师面对面”10余次、“惠风”研究生学术论坛39次、第五届“惠风”研究生学术文化节、人文学院第五届研究生羽毛球比赛、人文学院“先锋”第4期研究生党员培训班、人文学院第4期研究生“生活广角”、人文学院第五届研究生风采大赛等活动。积极组织研究生开展暑期社会实践，共组建了3支社会实践小分队，哲学专业、法学专业2009级研究生分别以《关于中国传统文化对老字号企业的影响的调查研究》、《社会主义新农村法制建设状况调研》、《践行科学发展观，助力航运中心建设》为主题开展了暑期社会实践活动，引导研究生走入社会去观察、去体会、去思考，在实践中得到成长。

【教学工作】

2010年，学院完成了面向全校本科生的4门思想政治理论课教学任务，近30门文化素质课教学任务及法学专业课和面向全校研究生的思想政治理论课教学任务。

1. 本科教学

(1) 加强思想政治理论课建设，提高思想政治理论课教学质量。

注重思想政治理论课程建设，制定了《人文学院教师参加教学比赛管理办法》，鼓励教师参加北京市高校思想政治理论课教师教学基本功大赛，本年度选派刘宽红、张映伟2名教师参赛。

进行教学方法和教学模式的改革，加强实践课程建设。通过开展小品表演、读书活动、热点研讨、主题演讲等实践活动，有效地调动学生学习政治理论课的热情，并将实践活动做成具有“交大特色”的活动。注重思想政治理论课时效性，本年度“探索思想政治理论课实践育人功效”项目获得学校“思想政治教育工作实效奖”三等奖。

开展了一年级大学生“道德小品”表演实践活动。编辑了《〈毛泽东思想和中国特色社会主义理论体系概论〉学生社会实践报告集》(上下两册)。

加强学风建设，以考试为突破口，改革考试方式，加强形成性成绩，期末考试全部采用开卷形式。

(2) 深化文化素质类课程教学改革，加强学生人文科学素质的培养。

加强文化素质类课程建设，本年度开设文化素质类课程76门次，授课学生9 298人。加强了文化素质类精品课《唐宋诗词鉴赏》的课程建设。

注重国家级工科大学生文化素质实验区建设，本年度完成了一系列研究报告和管理办法。主要有："工科院校大学生文化素质培养第一课堂研究"报告、"大学生文化素质教育第一第二课堂互融互动研究"报告；"北京交通大学大学生文明礼貌素质培养管理办法"、"大学生文化素质培养评价体系研究"报告；"北京交通大学国家大学生文化素质教育基地运行管理办法"等。

成功举办了2010年"北京交通大学大学生人文知识竞赛"。组织优秀学生参加北京市第二届"北京市大学生人文知识竞赛"，并获得二等奖。

组织了多场《国学与人文精神》名家讲座，活跃学校的文化氛围，加强学生人文科学素质的培养。积极探索第一课堂与第二课堂的结合，组织全校性的文化沙龙、"经典阅读"读书会、诵诗会等学生社团活动。

成功申报教育部和国家语言文字工作委员会主办的"中华诵·经典诵读行动"试点学校。

（3）加强法律专业建设，增强本科教育对经济社会的适应性。

在专业主干课程中全面推进研究型教学，组织编写了《法学专业研究型课程学生优秀作品集（第一集）》。《刑法总论》、《宪法学》、《经济法》3门课程的研究型训练载体被学校评为优秀。《刑事诉讼法》课程的调研报告获得优秀研究型教学载体。张宏杰同学的《刑事诉讼法》课程的学术论文获得校级优秀研究型教学学生作品。

组织学生参加第二届北京市大学生模拟法庭竞赛，并获得二等奖。

推进科研训练体系的实施，大学生创新性实验计划项目校级立项6项。

探索实践教学活动，深化法律诊所教学，本年度与西城区司法局合作，建立人文学院法律专业校外人才培养基地。

组织了人文社会科学学院青年教师讲课比赛。推荐教师参加学校第八届青年教师教学基本功比赛，朱本欣老师获得二等奖，胡玉娟老师获得三等奖和最佳教案奖。

2. 研究生教学

重点加强研究生政治公共课的实效性，进行教学模式改革，按照教育部的改革规划要求整合课程资源，规范公共基础课教学。

对新增的法律硕士点加强建设。清晰培养目标，探索应用型研究生的培养模式，在生源质量、课程设置和培养方案、实习基地建设、兼职导师的选聘等方面制定一些规范性文件。着力在提高全日制专业学位研究生的实践能力上下工夫，组织法律硕士班参加"首届法律硕士成长论坛"。

采取措施提高培养质量。学院在论文开题报告、论文中期检查、论文评审和论文答辩等方面制定了相关保证论文质量的政策，在所有专业的毕业学生中实施毕业论文反抄袭系统。采取政策提高委培生的质量。针对委培生普遍存在的问题，制订了《人文学院关于进一步规范委培研究生管理的通知》，就委培生出勤等问题单独作出规范。

【科研工作】

学院新增科研项目31项，合同经费154.5万元。其中纵向课题16项，经费合计111万元；横向课题3项，经费合计21万元；校基金课题12项，经费合计22.5万元。纵向课题包括国家社科基金项目1项，教育部项目3项，铁道部项目1项，北京市项目8项，其他部、市项目4项。发表学术论文76篇，其中一类论文20篇，CSSCI论文16篇；出版专著译著等8部、教材及教学辅导书5部；举办学术讲座12次。

【学科与平台建设】

人文学院现有思想政治教育博士点；马克思主义理论一级学科硕士点；法律硕士专业学位点；经济法学、国际法学硕士点；马克思主义哲学、科技哲学、马克思主义基本原理、马克思主义中国化研究、思想政治教育等硕士点；法学本科专业。

2010年，人文社会科学学院以学科建设为“龙头”，认真抓好教学科研工作，积极搭建学科平台，在优化学科布局、增强学科实力方面取得成效。

为了优化学院学科布局，学院把文化教育中心划分为文学、史学、哲学3个学科教研组，使教师们根据其学科特点从事教学和科研工作，为尽快形成文、史、哲整体学科优势奠定坚实基础。

学院组织“人文社科名家系列讲座”，邀请我国著名中共党史专家、北大原副校长梁柱教授，中国书法家协会副主席、北京市书法家协会主席林岫等20余位专家学者来校开展系列学术讲座，活跃了学院和学校人文社科氛围。进行了马克思主义理论一级学科博士点和法学一级学科硕士点的申报工作。成功申请北京市哲学社会科学研究基地——首都大学生思想政治教育研究基地。

【对外交流与合作】

2010年，学院通过外派教师培训、做访问学者等方式，加强了同美国、德国等国外高校的联系，先后选派2名教师出国进修学习，1名教师被国家汉办选派前往爱尔兰都柏林大学孔子学院教授对外汉语课程。先后邀请了斯坦福大学邵东方等著名专家学者来学院讲学、交流，有效开阔了师生的国际视野。在服务社会方面，学院通过利用律师服务、联合办学等方式，进一步加大了为地方经济建设、法制建设和社会建设服务的力度。

语言与传播学院

【综述】

学院下设外语系、传播学系、研究生外语教学部、大学英语教学一部、大学英语教学二部、外语媒体中心6个教学科研单位以及语言文化研究所、文化产业研究中心、英美文学研究所、外国语言学及应用语言学研究所、应用传播研究所、翻译专业硕士（MTI）教育中心6个院级研究所和研究中心。

【队伍建设】

截至年底，学院有教职工127名，其中专职教师112名，双肩挑教师2人，硕士生导师12名；具有博士学位的教师比例为14.9%。引进教授1名，师资补充博士2名，硕士3名。在职攻读博士学位教师3名，退休教师2名，见表117。

11月23日，院务会决定成立语言与传播学院"十二五"规划领导小组，组长：司显柱、郭海云，成员：杨若东、宁望和、朱岩岩、周红红、张杰、刘伟、邵钦瑜、蒋学清。11月2日，学院决定成立"翻译专业硕士（MTI）教育中心"，聘任束光辉为中心主任。

表117　教职工在学院系、所、中心、机关分布表

单位＼职称	教授	副教授	讲师	助教	高政师	高工	工程师	馆员	助理研究员	助工	工人	合计
大学英语教学一部		5	21	2								28
大学英语教学二部		7	22	1								30
研究生外语教学部		12	8	3								23
外语系	4	8	12									24
传播学系	2	1	4									7
学院机关	2	1	2			1	1	2	1	1		11
外语媒体中心							1				3	4
合　　计	8	34	69	6		1	2	2	1	1	3	127

【党建和思想政治工作】

截至年底，学院有党支部12个，其中教工支部6个，学生支部6个；共有党员165名，其中教工党员63名，党员比例为49.6%，研究生党员39名，党员比例为70.9%；本科生党员63名，党员比例为15.07%；全年发展新党员47名，见表118。

表118　学院党员情况统计表

类　　别	教职工	研究生	本科生	小计
党支部个数	6	2	4	12
在册党员人数	63	39	63	165

续表

类　别	教职工	研究生	本科生	小计
全年发展党员人数	1	13	34	47
类　别	教职工	研究生	本科生	小计
党员比例	49.6%	70.9%	15.07%	

1. 教职工党建和思想政治工作

学院党委深入开展创先争优活动，制定了创先争优活动安排，在整个活动中，紧密结合自身实际，认真抓好每个阶段、每个环节的工作，扎实有序地开展了“一对一结对子”活动，教师及学生党员分别写下创先争优承诺书，并在学期末组织了创先争优点评及评议。李京平被评选为北京交通大学育人标兵；丰蕴被评选为北京交通大学成才表率。

2. 本科生党建和思想政治教育工作

2009—2010 年度评优评先工作中，学院共有 167 名同学获得各类奖学金。学院荣获北京市先进班集体 1 个；先锋杯团支部 1 个。学院主办的 *newsweekly* 英文期刊获得校级分类引导项目一等奖。2010 届英语专业毕业生共计 90 人，深造率 54.02%，比上年提高 12%；就业率 100%。

学院以邓小平理论和“三个代表”重要思想为指导，深入学习科学发展观，依托学生知行——中国特色理论学习研究会，组织学生举办政策辩论会，学习《教育发展规划纲要》；组织学生党支部围绕时代主题以及科学发展观，赴青岛参加“太平山国际文化节”志愿服务主题实践，获北京交通大学社会实践二等奖。

学院以贯彻落实教育发展规划纲要精神为契机，创新工作模式，成效显著。通过“新老生座谈会”，“我与祖国共奋进”主题征文，“我是明星”英语演讲比赛等活动，对学生进行爱国主义、社会主义、集体主义教育。学院先后编写 *newsweekly* 英文期刊共计 16 期，并在全校范围内发放合集；还编写了 5 期《时政快递》电子期刊，2 期《语言与传播学院共青团工作简报》等。创新性开展“精英交响乐”干部培训班；在“一二·九”大合唱比赛中，荣获全校二等奖。

本科生各类奖学金及家庭经济困难学生资助情况如表 119、表 120 所示。

表 119　本科生 2009—2010 年度各类奖学金统计表

奖项	国家	励志	智瑾	汉能	新华都	学习	社会工作	奋进	体育	文艺	社会实践
人次	4	10	1	1	1	83	33	7	7	12	4

表 120　本科生家庭经济困难学生资助情况

项目	名　称	人　次	总金额/元
奖	国家励志奖学金	10	50 000
	合　计	10	50 000
助	国家助学金	48	144 000
	北京交通大学专项助学金	19	38 000

续表

项目	名　　称	人　　次	总金额/元
助	曦明助学金	1	2 000
	新华都助学金	2	6 000
	中海油助学金	1	2 000
	华睿李嘉宁助学金	6	16 000
	合　　计	77	208 000
勤	学院内勤工岗位	76	91 840
	合　　计	76	91 840
贷	国家贷款	41	246 000
	合　　计	41	246 000
补	大一新生补助	21	4 200
	热水、洗澡水补助	67	6 700
	伙食补助	71	4 620
	临时困难补助	2	1 000
	合　　计	161	16 520
减	西部地区计划	1	2 750
	合　　计	1	2 750

3. 研究生党建和思想政治工作

2010 年，学院以《教育部关于进一步加强和改进研究生思想政治教育的若干意见》为指导，以党员创先争优活动为契机，结合学院特色、专业特点开展研究生党建与思想政治工作。组织研究生党员培训班、“城乡支部手拉手，科学推动新发展”等系列党日活动，深入开展批评与自我批评活动，建立了“红色 1 + 1”对口党支部并开展了 2 次支部活动，组织学生积极参加学校组织的羽毛球比赛、运动会、冬季越野赛等各类活动，并在冬季越野赛中获男女团体总分第 4 名的好成绩，组织了 2 支社会实践团队分赴甘肃、山西进行暑期社会实践，分获学校社会实践优秀团队一等奖和三等奖。积极落实学校要求，开展深度辅导工作，做到了在校研究生每人每年接受一次“一对一”的辅导。

2010 年学院研究生获得各类奖学金 12 人次，其中北京市三好学生、北京市优秀学生干部各 1 人。2010 届毕业研究生 29 人，就业率 100%。2009—2010 学年研究生奖学金统计见表 121。

表 121　研究生 2009—2010 学年各类奖学金统计表

奖项	三好研究生	北京市三好生	北京市优干	优秀研究生干部	道德建设	校友奖学金
人次	4	1	1	3	2	1

【教学工作】

2010 年招生、在校、毕业学生人数见表 122。

表 122　2010 年招生、在校、毕业学生人数

年份＼类别	硕士			本科		
	招生	在校	毕业	招生	在校	毕业
2010 年	29	55	29	123	418	90

1. 本科教学

2010 年，学院下设英语和传播学 2 个本科专业，在校本科生 418 人。其中英语专业 236 人，传播学专业 182 人。9 月 21 日，学院决定开始设立语言与传播学院年度“教学优秀奖”，每年评选 3 人。校级优秀主讲教师 38 人，占学院教师总数的 34%。唐学华获全国首届“外教社杯”北京赛区视听说组三等奖；乔澄澈获全国首届“外教社杯”北京赛区读写译组优胜奖；孙贺、唐学华获校级第八届教师基本功大赛一等奖及优秀教案奖；邵钦瑜获 2010 年北京交通大学优秀教师奖；郭静、孙贺获 2010 年度北京交通大学课堂教学教风标兵；张建群、朱岩岩、田永丰、孙英黎获 2010 年度优秀主讲教师；董乐贤获 2010 年度北京交通大学优秀教学管理工作者；张杰的《传播学概论》教案获 2010 年本科生研究型教学优秀教学载体奖。

本科生教学继续深化教学改革，通过加大网络教学力度、优化网络学习与管理平台、创建系列网络课程立体化教学资源库等一系列新措施，凸现学生 3A 学习模式（Anybody、Anytime、Anywhere），完善促进学习者个性化可持续发展的大学英语网络与课堂的新教学模式。

学院增设 2010 级非英语专业本科生口译特长班，通过 2 年的双语口译技能训练和跨文化交际培养，使学生具备较强的双语口译、英语演讲、辩论能力和跨文化交际能力。探索培养拔尖创新复合型人才的教学模式。2010 年“外研社杯”（原 CCTV 杯）全国英语演讲比赛北京赛区我校获第一名。

2. 研究生教学

2010 年，语言学院获得了外国语言文学、新闻传播学 2 个一级学科硕士学位授权，增加了翻译硕士专业学位。学院共有在校研究生 55 人，研究生公开发表论文 30 余篇。深入贯彻落实研究生综合素质教育计划，开展“与大师面对面”名师讲坛活动 7 次，举办第一届语言学院研究生“学术文化节”，评选了 4 名学术之星。在研究生联合培养方面，与铁道科学研究院签订了培养协议，拓宽了培养渠道。组织了 2008 级 29 名研究生毕业论文答辩，并授予硕士学位，组织了 2009 级 29 名研究生中期考核，同时还组织督导组对研究生课程质量进行了检查，并对研究生毕业论文进行了抽查。听取各方意见和建议，研究新时期提高研究生培养质量的方式方法，形成相关文件，进一步规范研究生招生、培养、学位各项工作。

【科研工作】

学院新增科研项目 16 项，合同经费 68.5 万元，其中新增教育部人文社科项目 2 项，基本科研业务费 7 项；发表学术论文 65 篇，其中一类论文 1 篇，CSSCI 论文 17 篇；出版专著 6 部、译著 2 部；教材及教学辅导书 9 部。在 2010 年学校第九届科技工作会上，皇甫晓涛获优秀科技工作者；卢明玉获青年科技之星。

【对外交流与合作】

2010 年学院英语教师王建荣、陈英、姜玉珍以访问学者身份到美国布里奇沃特州立大

学、美国明尼苏达德鲁斯分校教育与人类服务学院、美国密西根州立大学进修。英语教师李佐到白俄罗斯国立大学任教。

7 月初，美国桥水州立大学 6 名本科生到语言学院进行为期 10 天的访学。8 月，2 名英语专业和 3 名传播学专业本科生到美国桥水州立大学学习。8 月，2 名英语专业本科生到美国蒙特克莱尔州立大学学习。

截至年底，学院共聘有 6 名外籍教师，其中美国教师 5 名，德国教师 1 名。

软件学院

【综述】

2010 年软件学院以“培养高水平国际化软件工程师，建设国内一流国际软件学院”为目标，以提高人才培养质量为中心，大力推进教育教学改革，在全国 37 所国家示范性软件学院中，率先招收了国外留学生，创办了本科生国际班和研究生国际班。学院设有软件工程系和数字媒体系。机关包括行政办公室、教学科、研究生科、团委、就业办公室、实验中心、工程硕士培训中心、国际交流中心。软件工程专业教学团队获评北京市和国家级优秀教学团队。软件服务外包实验教学实验中心获评北京市实验教学示范中心。获得教育部、商务部主办的第一届全国大学生服务外包大赛一等奖。

【队伍建设】

2010 年，学院有专、兼职教师 93 人，其中专职教师 15 人，校内兼职教师 11 人，企业兼职教师 54 人，外籍教师 13 人。学院教职工分布情况见表 123。

表 123　2010 年教职工基本情况

	教授	副教授	讲师	高工	工程师	其他	合　计
软件工程系	1	3	3	2		1	10
数字媒体系		2	2			1	5
兼职教师	4	2	3			56	65
外籍教师						13	13
院机关	1（双肩挑教师）	1（双肩挑教师）	2		2	18	24（双肩挑教师 2 人）
合计	5（双肩挑教师 1 人）	7（双肩挑教师 1 人）	10	2	2	89	115（双肩挑教师 2 人）

制定鼓励教师参加学习培训、到企业学习锻炼、赴国外学习进修等相关政策和办法，组织青年教师进行教学研讨，参加校院青年教师教学基本功比赛，邀请教学名师和教学督导专家进行示范教学和点评；组织教师参加双语教学师资培训，加强对企业教师的管理和教学规范的培训，稳定现有师资队伍，提高师资水平。

学院新增 2 名优秀主讲教师，在全校 5 门优秀研究性教学方案有 2 门来自软件学院；有 1 名教师获得学校教学基本功比赛一等奖，并被推荐代表学校参加北京市比赛；1 名教师获教育部 - IBM2010 年度中国优秀教师奖教金；1 名教师获评北京市“三育人”标兵；1 名教师获评北京高校优秀辅导员；1 名教师获评北京市德育先进个人。

【党建和思想政治工作】

深入贯彻落实科学发展观，积极开展创先争优活动，全面服务于学生的成人成才。学院党总支获评学校优秀基层党建工作创新项目组织奖、一等奖 1 项，本科生、研究生党支部分别获三等奖各 1 项。

截至年底，学院有党员 220 人，其中教工党员 11 人，研究生 116 人，本科生 88 人。教师党员占教师比例为57.89%，本科生党员占本科生比例为12.5%，研究生党员占研究生比例为47.74%。

1. 教职工思想政治工作

加强院领导班子建设，健全党政议事制度。积极开展党风廉政宣传教育、深入学习实践科学发展观及创先争优等活动；组织教工党员赴延安开展“艰苦奋斗，实事求是”主题教育活动；组织教工党员和学生党支部书记赴井冈山市委党校开展为期3天的党员骨干培训，传承井冈红色精神、坚定信念、敢闯新路，建设一流软件学院。

重视教师综合素质提高。定期召开教师座谈会，进行工作总结和交流；邀请企业兼职教师参加学院本科教学工作会议、学习实践科学发展观活动征求意见会、运动会等；组织教师参加国内外工作会议、培训等；通过多种方式使兼职教师实质性融入学院教师队伍。

2. 本科生思想政治工作

学院积极开展主题教育活动，充分利用党校、团校、学生党支部，组织“明时事，树学风”主题知识竞赛，“七个怎么看”讲座，“创先争优百年交大再谱新章，学风建设软件精英斗志昂扬”主题升国旗仪式，组织参观《汶川站起来——全国港澳台同胞援建成果大型图片巡展》等。

学院积极配合学校进行学风调查分析，整合资源，营造浓厚学风。共获得国家级奖项30余项，省市级奖项14项，收集整理学生建议600余条。

做好留学生思想政治教育工作。组织国际班中秋赏月，坐龙舟、讲典故，提高了留学生对中国文化的兴趣；组织本科生、研究生国际班素质拓展训练。2010年，纪念“12·9”学生爱国运动75周年歌咏比赛获得学校二等奖。

完善家庭经济困难学生资助工作，完善心理健康教育工作体系。学院为563人次评定了总额838 510元助学金，为20人提供每人50元过节补助，为26名学生办理国家助学贷款，为114人提供勤工助学岗位，共发放勤工助学金16万余元。117个评优评先参评贫困生中获单项奖学金41人次、专项奖学金22人次。建立企业专项助学金——京华101助学金，为28名同学提供每年每人1 600元生活补助。

稳定就业率，提高就业力。开展特色鲜明的就业指导系列活动；利用企业资源优势，开展“模拟面试大赛”、“名企HR进校园”、“名企面对面”等活动。切实做好就业困难毕业生就业帮扶工作。学院2010届本科与研究生毕业生均实现就业率100%，一次签约率分别为91.08%和90.80%，在连续5年保证就业率100%的基础上提高了毕业生就业质量，并由此获得“中关村国家自主创新示范区软件行业人才培养贡献奖”。

积极组织开展社会实践活动，共组织4支暑期社会实践团队，2支学校重点团队，其中赴上海社会实践团获首都大学生社会实践优秀团队，学校一等奖，通软互联实践团获得学校三等奖。18人获得学校社会实践优秀个人。深入推进学生文化素质、身体素质、专业素质教育工作，推进分类引导青年工作，共申报学校分类引导青年优秀项目11项，获学校一等奖1项，二等奖2项。

3. 研究生思想政治工作

组织研究生学习第一书记沈浩事迹，开展党员承诺活动；组织抗旱抗震救灾捐款；组织学习“群众心目中的好党员”先进事迹，开展党员和群众投票工作；分别组织6个硕士党支部召开相关专题学习研讨会；组织党员骨干参观延安精神文化展，参加北京市党员骨干交流、《就业中的党性修养和职业道德》报告会。

推进“研究生综合素质教育计划”和“学期教育计划”。积极组织并鼓励研究生参加各种软件大赛，学院研究生在第二十届“慧光杯”研究生学术文化节获二等奖、三等奖各1项，3名研究生获首届“中国大学生服务外包创新应用大赛”一等奖。学校奖学金获得者27人次，优良学风班1个。为研究生提供“大师面对面”名师讲座9次；邀请用人单位HR进校园，面对面为在校生进行职业生涯规划指导，组织研究生参观企业活动，开阔视野，扩大行业背景知识面。

【教学工作】

1. 本科教学

以教风促学风，积极推进学风建设。由课程负责人检查全部任课教师教案和教学日历，积极组织学生到企业参观和实习，参加“研究性教学优秀学生作品”评选工作。

加大实验室建设力度，完成数字媒体专业实验室建设。组织数字媒体实验室建设规划，投资70万元，完成了数字媒体实验室（YF703）展示实验室硬件建设和项目开发实验式实验平台建设，促进了数字媒体方向专业建设。

2. 研究生教学

突出工程能力培养，探索专业学位研究生培养模式。通过召开教学指导委员会会议、研究生人才培养工作会议等对培养方案和课程体系进行优化与完善，实现了研究生的分方向培养，构建了软件工程专业学位研究生培养模式。建立了学位基础课程→专业应用基础课程→应用方向专业课程的教学课程体系和学前实训→课程实训→学期实训→企业实习的实践课程体系，完善双导师制度，制定《北京交通大学软件学院软件工程硕士研究生学位论文评审标准》，将硕士学位论文与工程实践紧密结合，突出软件工程人才培养的特点。学院的研究生人才培养模式在全国的硕士研究生培养工作会议上作为主题报告进行了推广。

加强专业学位研究生培养过程管理，完善研究生培养机制。建立有效的专业学位研究生培养评价机制，通过组织教师试讲、召开学生座谈会等多种方式保障教学质量，加强人才培养的教学、实训、实习、学位论文的过程管理，制定了研究生教学质量和实习的监督管理机制。2010年共招收全日制软件工程硕士研究生126人，来自211高校学生增加10%。

3. 工程硕士自主招生和培养工作

学院按照教育部有关文件精神和学校规定开展软件工程领域工程硕士的自主招生工作，并成立工程硕士培训中心。2010年共组织4次考试，参加考试人数共计1 259人，发放录取通知书212份，在北京、南昌、天津、乌鲁木齐、太原等地设立了7个教学点。制订了专业学位培养方案，并针对项目管理和金融信息化2个方向专门召开课程研讨会，按照企业的实际需求设置了12门课程。与内蒙古科技厅开展了软件工程领域磁管道运输方向工程硕士的合作培养，同郑州铁路局签订了软件工程领域高铁运营管理方向的工程硕士培养协议。

4. 国际班教学工作

9月7日，学院举行第一届国际班开学典礼，招收了来自法国、印尼、韩国、沙特阿拉伯、阿曼5个国家的25名留学生，其中本科生11名，研究生14名。学院设有2个本科生国际班和1个研究生国际班。

本科生国际班设有软件工程专业“0+4”和“2+2”两个班，由来自韩国、印尼、阿曼等国的11名外籍学生和15名中国学生组成。学院制订了个性化的专业培养方案以及规范化的管理机制；为国际班配备专用教室，小班独立授课；由外籍教师和拥有海外留学或工作经历的专、兼职教师组成师资队伍；除为留学生开设的汉语类课程之外，专业课和数学基础课均采用全英文教学。

研究生国际班由13名法国学生、1名沙特学生和14名中国学生组成，培养方向为企业信息化服务工程，全英文授课，课程以项目贯穿培养学生动手能力，在项目中教授知识点，为国际班学生提供专门实验室。

【对外交流与合作】

加强国际交流与合作，成立软件学院国际交流中心。加强留学生的招生宣传工作，建立英文网站制作留学生招生简章、海报、画册、视频宣传片等；组织赴法国、韩国、印度尼西亚、加拿大、澳大利亚等国家的海外招生咨询工作；与印度尼西亚、尼泊尔、新西兰、越南、韩国等国家的留学服务机构签订了招生合作协议。

10月，举办第一届软件工程教育国际会议。国务院学位办主任张尧学院士、北京交通大学宁滨校长担任会议主席，会议还邀请了美国卡耐基梅隆大学、澳大利亚昆士兰科技大学、日本法政大学、法国欧洲理工大学、英国威尔士大学、北京大学、北京交通大学等7所大学的教授专家就国际化软件人才培养模式作主题报告，37所国家示范性软件学院的院长参加了大会。

积极开展联合培养项目。与英国伯恩茅斯大学就本科“3+1”项目和研究生联合培养项目达成合作协议，签署校际谅解备忘录；与日本法政大学建立硕士研究生“1+1”联合培养项目，参加该项目的学生毕业后获得双方硕士学位；与法国欧洲理工学院建立硕士研究生“3+2”合作项目，大四学生在法国欧洲理工学院学习2年，获得法方硕士研究生学位；与美国普渡大学、加州大学圣巴巴拉分校、亚利桑那大学、犹他大学、阿肯色大学、克罗拉多大学博尔多分校等6所高校建立合作关系，选派第一批学生赴美国学习；开展与澳大利亚悉尼大学、澳洲国立大学、莫纳什大学、昆士兰科技大学之间的研究生“1+1”联合培养项目、本科生“2+2”联合培养项目、学生深造和短期学习项目。

积极开展国际交流访问，提高学院国际化水平。本年度共接待外国专家来访共25人次，来学院交流的国外留学生155人，聘请外籍授课教师9人，在校学生出国（境）交流共16人，学院教师出国访问13人次。

建筑与艺术系

【综述】

2010年，建筑与艺术系深入贯彻落实十七届四中、五中全会精神，积极做好领导班子建设。以建筑学专业评估为契机，凝练学科方向，完善体制机制，做好基础建设，推进教学改革，开展科学研究，基础工作稳步推进，重点工作取得突破。顺利通过全国高等学校建筑学专业本科教学评估。新增建筑学一级学科硕士授予权和工业设计工程专业学位点。

【队伍建设】

截至年底，全系教职工56人，其中教师47人，教授6人，副教授13人，硕士生导师22人；具有博士学位的教师27人，占教师总数的57.45%。初步形成了以中青年教师为骨干，学缘、学历结构合理，教学严谨、思想活跃，发展趋势良好的师资队伍。当年引进副教授1人、博士6人，聘用留校辅导员1人。教职工分布情况如表124所示。聘请著名建筑设计大师崔恺为兼职教授。2名教师入选第二批学校红果园人才D类人才培养计划。4位讲师晋升为副教授，2人从讲师二级岗晋聘到一级岗。3名讲师申请获批成为硕士生导师。通过引进和培养，教师博士比例上升2.45个百分点，副高以上职称比例上升5.43个百分点，师资队伍结构稳步改善。

表124　教职工在系、所、中心、机关分布表

单位＼职称	教授	副教授	讲师	助教	高工	工程师	工人	外聘	合计
建筑设计教研室	2	5	6						13
建筑历史教研室		2	1						3
建筑技术教研室		1	2						3
设计基础教研室	1	2	4	1					8
室内设计教研室			7						7
城市规划与景观教研室	1	1	5						7
平面设计教研室	2	2	1					1（讲师）	6
资料室							1		1
系机关			2		1	3		2	8
合　计	6	13	28	1	1	3	1	3	56

【党建和思想政治工作】

系党员情况如表125所示。

表 125　系党员情况统计表

类　别	教职工	研究生	本科生	小　计
党支部个数	3	2	5	10
在册党员人数	25	31	100	156
全年发展党员人数		2	27	29
党员比例	44.64%	41.89%	18.28%	

1. 教职工党建和思想政治工作

4 月，系全体教职工党员和部分教师为支援西南旱灾和青海玉树地震，捐款 12 701 元。系党总支认真组织学习贯彻高等学校基层党建工作条例，为加强教职工党支部建设，使支部活动更为有效开展，对教师党支部按专业和工作性质进行改组重建，由原来的 1 个支部调整为 3 个支部。组织全体党员参加“群众心目中的好党员”候选人公众投票活动，号召教师向教育界优秀党员学习。在教职工党员中开展创先争优活动，积极开展党员公开承诺活动。通过组织党员学习、讨论，外出参观新农村，观看画展，参加学生组织的“我最爱红歌”主旋律歌曲 K 歌大赛等多种方式对党员进行教育培训，增强党支部凝聚力。

积极推进职工小家建设，将教职工思想政治工作同系工会工作紧密结合，把工会作为营造系软环境的一个重要渠道，取得了良好的成效。通过工会工作，一方面畅通了教职工的诉求渠道，重要决策听取工作意见，接受教职工监督；另一方面通过组织广大教师参与学校的活动，塑造集体文化，增强集体凝聚力和战斗力。

2. 本科生党建和思想政治工作

继续加强和改进学生党建工作，创新工作形式，以增强党组织的吸引力。建立“星星之火”红色论坛，定期组织学生党员和入党积极分子理论学习，创新学习方法；组织系党支部红歌大赛，让学生党员和积极分子感受红色思想，体味红色文化；组织党支部红色“1 +1”活动，充分发挥大学生党员志愿服务社会、服务社会主义新农村建设的积极性；坚持入党积极分子自我培养制度；定期组织召开党支部书记例会，加强支部间的交流和沟通，并起到相互监督的作用。入党积极分子自我培养制度、星星之火学生党员系列论坛分获校级优秀党建工作创新项目二等奖、三等奖。2010 年共发展本科生党员 27 人，本科生党员比例达到 13% 。

2009—2010 学年系本科生共有 139 人次获得各类单项奖学金，28 人次获得各类专项奖学金，奖学金发放金额达 221 005 元。认真落实国家、学校各项资助政策，开展帮困助困送温暖活动，发放奖、勤、贷、助、补金额达 706 704 元。各类获奖及家庭经济困难学生资助情况如表 126、表 127、表 128 所示。

表 126　2009—2010 学年各类专项奖学金统计表

名称	思源	国家	励志	智瑾	汉能	宝钢	新华都	国富纵横一等	国富纵横二等	合计
金额（元）	10 000	8 000	5 000	3 000	7 000	5 000	3 000	2 000	1 000	
人次	1	4	11	1	1	1	1	2	6	28
合计（元）	10 000	32 000	55 000	3 000	7 000	5 000	3 000	4 000	6 000	125 000

表 127 2009—2010 学年各类单项奖学金统计表

名称	学习	工作	奋进	体育	文艺	社会实践	合计
人次	81	34	7	9	5	3	139
金额合计	75 900	12 505	3 500	2 200	1 300	600	96 005

表 128 2010 年家庭经济困难学生资助情况统计表

项目	名　称	奖励人次	总金额/元
奖	国家励志奖学金	11	55 000
	共　计	11	55 000
助	名　称	受助人次	总金额/元
	国家助学金	52	156 000
	北京交通大学专项助学金	17	22 000
	UPS 助学金	1	3 500
	中海油助学金	2	6 000
	新长城自强助学金	1	2 000
	启明星辰助学金	1	4 000
	首善行动助学金	1	2 000
	汉能李嘉宁助学金	6	16 000
	新华都助学金	2	6 000
	曦明助学金	1	2 500
	共　计	84	220 000
勤	名　称	参加人次	发放金额/元
	学院内勤工助学岗位	41	24 104
贷	名　称	贷款人数	贷款金额/元
	国家贷款	15	360 000
补	名　称	受助人数	总金额/元
	大一新生补助	12	4 500
	水电补助	60	11 100
	伙食补助	80	32 000
	合　计	152	47 600

建筑与艺术系将学风建设作为2010年学生工作的重点来抓，以增强学生主体意识，激发学生学习动力，培养学生全面素质为目标，结合学生专业特点和实际情况，通过制订和实施《进一步加强学风建设实施方案》、《学生学习动力优化方案》、《新生入学教育培养方案》以及《本科生日常行为记录手册》，开展一系列学风建设工作，取得良好效果。

全面贯彻“稳定就业率，提高就业力”的工作精神，搭建实践平台，开拓就业市场，提升服务质量。通过建立系领导联系毕业班制度，提高系领导对毕业生就业工作的重视程度；利用各种资源，多方联系并建立教学与科研实践基地，为提升学生就业能力搭建平台，发挥学校和企业在学生就业工作中的多元主体作用；结合建筑学专业评估，加强与毕业生联系，了解毕业生现状，针对毕业生提出的意见改进就业服务的方式方法；建立用人单位信息库，全面调研企业发展现状和规划，提高就业指导质量和水平；2010 年本科毕业生 92 人全部就业，就业率连续 3 年居全校前列。

深入开展暑期社会实践与志愿服务活动，系本科生“踏乡行”实践团开展的“三下乡，推广农村住宅新型理念，绘蓝图，规划生态文明现代村镇”实践活动，充分发挥专业特点，参与北京乡镇区域规划，获得了北京交通大学 2010 年暑期社会实践团队三等奖。志愿服务方面，开拓了打工子弟学校“光明学校”实践基地。“展看北京”文化艺术展览公告板，校园文明长征行动，“文明校园 · 你我共建”校园环境美化活动等志愿服务活动，为美化校园环境、营造良好校园文化发挥了积极作用。

3. 研究生党建和思想政治工作

2010 年系研究生党建从进一步规范学生党支部建设入手，加强对党员的教育培训，强化积极分子的培养考核。2010 年发展党员 2 名；14 人通过入党积极分子党课培养考试。

以学风建设为核心，带动班级其他各项工作。各班开展学风建设大讨论，提出学风建设整改措施，个人制订学习目标及具体计划；同时，将学术文化与学术道德建设，作为教育的重点工作来抓。进一步改进、完善学生管理、考核制度以及奖学金评定制度，公正的基础上严格审核制度，形成了切实可行的管理模式。

建立学生思想与心理问题预警系统。加强对学生的心理疏导；班级设组织心理委员，参加培训，以点带面，促进学生心理学知识的普及和宣传学习。建立健全基础信息资料，对学生的基本情况进行分类管理，建立了学生信息管理卡。2009 级研究生班获校级先进班集体称号。举办“院士校园行”名师讲坛 2 次。

2010 届毕业生 21 人全部就业，获得学校提高就业率和签约率优秀单位奖励。将实习基地建设同推荐研究生就业相结合，拓宽就业渠道并与就业单位建立长效机制；发挥专业特色，利用建筑学专业分配优势带动艺术设计专业的分配，取得了明显成效。

组建网络安全员队伍，关注校内外主要网站、论坛，及时了解学生思想动态，撰写舆情报告。充分挖掘网络资源，开通短信平台，使用 QQ、飞信等通信方式，保证各项通知和信息能够及时传达给学生。

【教学工作】

1. 本科教学

截至年底，系在校本科生 480 人，其中建筑学专业 229 人（包括外国留学生 8 人），艺术设计专业 194 人，数字媒体艺术专业 57 人。当年新增本科生 121 人。

建筑学专业通过全国高等学校建筑学专业本科教学评估，成为全国通过评估的 45 个高校之一。评估的通过不仅使学校建筑学专业获得相应的专业学位授予权，而且为与世界上其他国家相互承认同等专业的评估结论及相应学历创造了条件，为学校建筑类专业教育特色的形成、学术影响力的扩大及走向世界、实现与国际接轨的教育管理体制奠定了基础。

实施建筑学专业教学改革（一年级美术与建筑设计课程的教学融合），完成校级重点教改项目 1 项，教师发表教改论文 8 篇；以建筑学专业评估为契机，针对评估专家提出的问题，组织专项讨论，逐步规范教学管理、教学质量监控。教授、优秀主讲教师上课率 100%。

利用建立的 13 个教学实践基地，探索出“学习—体验—再学习—再体验”的实践教学模式，逐步将建筑学、艺术设计学生自主实习改变为有组织、有计划进入教学实践基地实习，有效提高了实践教学质量。同时，把参加竞赛作为加强实践教学的一个环节，鼓励学生参加各类专业竞赛，锻炼、提高学生实践能力。2010 年获各类竞赛奖励 41 人次，其中获第 19 届国际大学生建筑学专业毕业设计竞赛一等奖 3 项，二等奖 2 项；获全国大学生建筑设计竞赛一等奖和全国高等院校建筑与环境艺术设计竞赛金奖各 1 项。

2. 研究生教学

截至年底，系全日制在校研究生合计 77 人，其中建筑设计及其理论专业硕士研究生 33 人（包括外国留学生 2 人），设计艺术学专业硕士研究生 32 人，建筑与土木工程专业全日制工程硕士 12 人。建筑与土木工程专业在职进修硕士生 32 人。

进一步规范研究生管理。修订了系研究生奖助金评定办法；为确保研究生学位论文的学术严谨性，于 6 月组织专人对毕业研究生的学位论文进行专业查重；顺利完成了系第二届硕士毕业生 23 人的答辩组织工作，其中 2007 级硕士研究生延期 5 人顺利毕业并获得学位。

重视研究生实践教学。利用研究生公共艺术课的机会，带领学生创作了雕塑作品“瞭望者”安装在 17 号楼的雨厦上，为校园增添了艺术气息。通过实习基地建设拓宽研究生实践教学的途径。联系建立美国道林奖学金和中国中旭建筑奖学金 2 项，引进 20 万元奖学金资助。

加强研究生教学的国际交流与合作。4—7 月，作为与荷兰屯特大学国际交流合作项目的第二批成员，10 名 2009 级硕士研究生赴荷兰学习考察，期间 6 名教师赴荷兰参加学习交流活动；9—11 月，接待荷兰师生来校学习交流。首次接受俄罗斯和沙特阿拉伯研究生各 1 名来系攻读硕士学位。9 月，2009 级建筑设计及理论专业硕士研究生李栋赴西班牙马德里大学进行交换学习。

在职工程硕士培养工作进一步推进。4 月 17 日，建筑与土木工程专业领域在职工程硕士北京班正式开班，完成了学员与建筑学专业硕士生导师见面和双选工作。

学位点建设取得突破。7 月，进行建筑学专业硕士学位一级学科点申报工作并顺利通过；当年进行的工业设计工程硕士的申报已顺利通过。

2010 年新增建筑设计及理论专业硕士导师 1 名，设计艺术学专业硕士导师 2 名。

【科研工作】

以凝练学科方向为重点，形成团队，积极开展科学研究。全年新增国家自然科学基金、教育部人文社科计划、北京市哲学社会科学计划等各类项目 40 项、经费 521 万元，专著 12 部，发表各类论文 60 篇，科研项目、经费分别是 2009 年的 2.5 倍、3.9 倍，在承担纵向项目上有所突破，初步形成了建筑遗产保护、旅游开发规划、交通建筑设计等较为稳定的方向和团队。

【学科与平台建设】

重视学科和学位点建设，新增建筑学一级学科硕士授予权、工业设计工程专业学位授予权。

强化产学研结合，积极建立校外教学科研基地，拓宽科研合作渠道。2010 年在北京建筑设计研究院、北京城建设计研究院、中铁工设计院、中铁五院集团、中铁三院集团、都市筑景设计公司、深圳中世纵横设计公司、国富纵横管理咨询公司、完美动力科技有限公司、中影集团北京动画公司、中影集团培训基地等 13 个单位建立教学科研合作基地，并开展实质性合作；参与中铁五院设计生产任务。

【对外交流与合作】

继续拓宽交流渠道，国际交流合作稳步推进。与荷兰屯特大学进行研究生交换、教师交流项目；与俄罗斯莫斯科建筑学院开展联合教学；与美国华盛顿大学、意大利米兰工业大学、俄罗斯莫斯科建筑学院、瑞典 BTH 大学，西班牙瓦伦西亚理工大学等国外多所大学建立国际学术交流关系；当年选派 3 名本科生赴西班牙，1 名研究生赴瑞典 BTH 大学，3 名毕业生赴美国留学；全年有 20 余名学生、12 名教师出国进行访学、学术交流等活动。首次接受 2 名国外留学生来系攻读硕士学位。设立国富纵横、道林设计 2 项奖学金。

远程与继续教育学院

【综述】

2010 年远程与继续教育学院积极开展校企合作，为董事单位培养人才。学院充分利用学校的教育资源，发挥学院各类学历教育互通的优势，不断扩大在董事单位的招生人数，为一线输送骨干人才。学院下设 12 个部门：学院办公室、财务部、教务部、教学服务中心、考务部、招生办公室、网络技术部、研究发展部、学生管理工作部、交流中心、培训中心及留学服务中心。

【队伍建设】

截至年底，学院有教职工 122 人（事业编制教职工 45 人，非事业编制教职工 77 人），事业编制教职工分布情况见表 129。

表 129　事业编制教职工分布情况

部门	教授	副教授（高工）	讲师（工程师）	助教（助工）	技术员（工人）	合计
学院办公室	1	5	2	1	3	12
财务部			1			1
教务部		1	4			5
教服中心		2	1			3
考务部		1	2			3
招生部		1	2			3
研发部		1				1
网络技术部		2	2			4
学生工作部			1			1
培训中心			5	1		6
留学服务中心			2		1	3
交流中心		1	1		1	3
合计	1	14	23	2	5	45

【党建和思想政治工作】

学院有党员 52 人，其中教工党员 37 人，学生党员 15 人。学院共有 6 个党支部，其中教工党支部 3 个，学生党支部 3 个。本年度共发展 13 名党员，预备党员转正 8 名，入党积极分子 49 名。

学院党委坚持以科学发展观为指导，紧紧围绕学校和学院的重点工作和发展目标，牢固树立“育人为本，德育为先”的工作理念，强化安全稳定是前提，教育管理是关键，学风建设是中心，规范管理和队伍建设是保障的工作思路，以学生的全面发展为目标，着力提升学生综合素质，努力创新工作机制，拓展有效途径，扎实地开展了一系列工作。

深入学习党的十七大和十七届四中全会精神，组织好学院中心组的学习和党员职工的学习，贯彻落实《中国共产党党员领导干部廉洁从政若干准则》实施办法。

根据学校的部署开展创先争优活动，组织学院党员开展多样的活动，提高党员的责任意识。

【资源与平台建设】

2010 年，学院各项核心业务扎实，并有序地开展，在加强教学管理平台的日常维护、资源建设、技术服务及技术支持等方面做了大量工作。

1. 教学支撑环境的建设和维护

学院新一代远程教学及管理平台的开发、建设取得进展。管理平台方面，与开发单位和业务部门密切沟通、协商讨论、基本完成了招生、学籍、考务、财务等模块的开发与测试，并上线试运行。教学平台方面，对网络课程所涉及的功能模块进行了大量的研讨及开发建设，并通过了精品课评审的初步验证，为网上教学工作的顺利开展打下坚实基础。

2. 教学及管理平台的日常维护

及时对学院的应用服务器、数据库服务器、存储备份服务器等 20 余台服务器进行定期巡检，实时查看服务器的运行状态，及时排除运行过程中软硬件故障，使学院远程教学平台及网络教学资源正常运转，保证学院网上教学工作正常运行。

实现教学平台硬件系统的扩容。学院第三期教学平台改造工程服务器调试安装顺利完成。

新增 6 台 IBM PC 服务器，用于流媒体系统的扩容、数字图书馆、网上报告厅等应用服务器的性能提升、网考模拟系统的搭建、新教学平台的测试及试运行环境的搭建等。

进行基于互联网的实时交互系统的直播、录制、维护以及功能完善。直播课堂 350 学时、网上教学工作会议 40 次、网上论文答辩 3 500 多人，以及大量的网上开学典礼、教学中心教学管理培训等。

普遍使用教学短信系统，有效地提高学院相关工作的效率及学生支持服务工作的质量和水平。

在远程教学平台使用中根据教师需求增加了 5 种以上题型和成绩查询等功能，在使用中不断修改完善。

及时维护网院版网考模拟练习系统的技术支持，并回答学生的咨询，及时与西普公司沟通，解决技术方面的问题，做好其他资源系统的技术支持与维护。

3. 资源建设工作

学院积极进行学校申报国家网络教育精品课程的各项准备工作、课程建设工作。在 2010 年的评审中，学院申报的 3 门课程《铁路运输设备》、《多媒体技术应用》、《信号与系统》全部被评为国家级网络教育精品课程。

铁路特色专业专科层次网络课件的建设工作取得很大进展，本年度共完成 57 门网络课件的开发制作，铁路特色专业专科层次网络课件的开发工作已初步完成，加上上年已经完成的 11 门，共计 68 门课程，形成完整的教学能力，全部课程采用 SCORM 标准开发，具备细粒度的学习轨迹跟踪能力，为学生网上学习及教师的网上监控提供了方便有效的技术手段。

学院启动物流专业本专科课件的建设工作，22 门网络课程顺利开展。“城市轨道交通”

专业本专科18门课件的建设工作也已启动。学院还进行了工商管理、会计、人力资源课件的建设工作，经过学院相关部门及领导的协商，本着资源共享、优势互补、节约资金的原则，购买人大网院的34门相关网络课件，改造后全部部署到位。完成四校合编现代远程教育系列教材“大学英语3”教材和光盘课件的制作与出版工作。

学院协助学校教务处完成上报国家、北京市精品课程前期拍摄、后期编辑及数字化工作，共计36门。为配合新平台的要求（采用SCORM标准），更新完善了新的网络课件制作协议，起草并协调签署授课及后期制作协议，加强对讲课教师的培训和沟通，使新制作的课件更适应学生的需求。同时，根据教学服务中心安排，及时完成了各教学点和学生用课件的配发。刻制学生用光盘5批次合计182 260张（其中CD盘161 960张，DVD盘20 300张）；《入学指南》1批15 000张。各类教学资源的备份工作也全部完成，保证教学资源至少有两种不同介质的备份，保障相关的资产安全。

【对外交流与合作】

5月24日，“HND项目国外对接院校咨询会”在校举行。

5月31日，美国瓦尔帕莱索大学研究生院院长David L. Rowland先生和亚洲招生事务主管杨燕女士来校友好访问。

6月1日，荷兰萨克逊大学会计与金融专业课程负责人Dennis Vossen来校访问。

6月13日，美国夏威夷太平洋大学副校长John Kearns博士偕夫人、中国区总监ManuelMenedez、国际招生副总监王芯等一行4人来校进行了友好访问。

6月15日，北京交通大学与夏威夷太平洋大学合作签约仪式在北京饭店举行，北京交通大学校长宁滨和美国夏威夷州州长Linda Lingle女士出席了签约仪式。

9月18日，利比亚铁路工程师第一期培训班开学典礼在红果园宾馆多功能厅举行。

10月11日，铁道部2010年客车专业优秀大学生持续培养培训班开班典礼在图书馆多功能厅举行。

10月20日，“HND项目国外院校交流会”在校举行。

10月21日，呼和浩特铁路局2010年高速铁路培训班开班典礼在北京交通大学机械楼报告厅举行。

12月9日，非洲铁路联盟秘书长Nasatti Ahmed先生来校进行友好访问，同时看望在校学习的利比亚工程师培训班学员。

海滨学院

【综述】

2010年，学院在新一届董事会和学院领导班子的带领下，以科学发展观为指导，大力实施“人才强校、质量立校和特色兴校”战略，努力把学院建设成为全国一流独立学院。学院根据建设和发展需要，设有经济管理系、交通运输系、土木工程系、电子信息与控制工程系、化学工程系、计算机科学系、外语系、艺术系、机械与电气工程系和基础教学部等10个教学单位，学院办公室、计财处、人事处、学生处、后勤管理处、教务处、对外交流与合作处、资产设备管理处和招生就业处等9个职能处室，信息中心和图书馆2个教辅机构。

【队伍建设与管理】

加强领导班子建设。11月份，北京交通大学和学院董事会根据发展需要，适时调整了学院领导班子，北京交通大学党委副书记高福廷兼任学院院长，新一届学院领导班子由7人组成，院长高福廷、执行院长王大勇、书记兼副院长张平之、副书记兼副院长张长铎、副院长贾怀义、吴子成、周俞波，新领导班子的建立为学院持续快速健康发展奠定了坚实的组织基础。

大力实施人才强校战略，积极吸引社会各界有识之士来学院任教并参加工作，壮大师资队伍。目前有教职员工243人，其中教授28人，副教授37人，研究生学历137人，本科生学历82人。学院积极完善劳资管理办法，改善教职工待遇，调整了部分低收入岗位工资标准，并相应修订了《北京交通大学海滨学院岗位绩效工资分配管理办法（试行）》的有关内容。为保护广大教职工利益，投入70多万元为专职教职工缴纳养老保险和医疗保险以及档案管理费用，为兼职教师和临时用工人员缴纳意外保险，真正做到感情留人、事业留人、待遇留人。

全面提升学院管理水平，使学院管理更加制度化、科学化、规范化。学院按照“按制度办事、以制度管人、靠制度规范工作”的目标，积极建立和完善各种制度，先后制定了《北京交通大学海滨学院领导班子“三重一大”制度实施办法（试行）》、《北京交通大学海滨学院院长办公会及院务会议制度（试行）》和《北京交通大学海滨学院机构设置及岗位编制方案（试行）》等多项规章制度。

【党建和思想政治工作】

学院党总支与教工党支部根据学院的情况和特点，主动协调党与政、个人与组织的关系，正面引导教职工分工与合作的关系，深入开展创先争优活动，激发基层党组织和党员队伍的活力，发挥党组织的政治核心作用和党员的先锋模范作用，为构建和谐校园做了大量工作。积极组建学生党支部，加强学生党支部基层组织建设，以党建带团建，做好团支部推优入党工作，加大对入党积极分子的教育和培养力度。全面加强学生党员政治素质、思想素质、工作作风、模范作用、奉献精神和服务意识等方面的培养和教育，做好学生党员队伍的

“传、帮、带”工作，使他们树立共产主义远大理想，确立马克思主义坚定信念。充分发挥学院共青团组织的作用，做好学生思想政治工作。本年度，学院进一步完善了院团委组织部、宣传部、办公室等组织机构，将各基层团支部的工作规范化、程序化，加强了团员自身意识教育。在全院开展“团日活动”，调动广大团员的积极性，发挥团员骨干的先进作用，在全院营造奋发向上的学习和生活氛围。

【招生和教学工作】

2010 年学院在原有机械工程及自动化、电气工程及其自动化、自动化、计算机科学与技术、工商管理、物流管理、土木工程、化学工程与工艺、交通运输、英语、艺术设计 11 个专业的基础上，新增加热能与动力工程、软件工程和旅游管理 3 个专业，招生专业从原来的 11 个专业扩大至 14 个专业，招生范围从 2009 年的 23 个省份扩大到除上海、西藏外的 29 个省市自治区，河北省教育厅共下达 2 400 人招生计划，在院领导的高度重视和招生办公室工作人员的积极工作下，实际报到人数达到 2 523 人，连续两年超额完成招生任务。同时，将学生就业工作纳入议事日程。本年度，学院正式成立了招生就业处，启动 2008 级毕业学生就业工作，努力为学生的学习实践和就业开辟道路。

继续加强对教学质量的监控，通过查课、听课等途径，并利用多媒体中控室的电脑检查课堂教学情况，分析和解决教学中存在的问题；积极组织学生进行网上评教调查，对教师的课堂教学效果进行了公正、认真的评价；强化学生专项训练，全面做好全国英语四六级考试和计算机等级考试的各项工作，并取得了可喜的成绩，得到了上级教育考试部门的充分肯定。

学院注重加强教师培训交流，关心青年教师的成长进步，积极组织开展新入职教师培训工作，强化职业道德和工作态度。多次组织新老教师进行工作交流和工作总结，介绍工作经验，取长补短，共谋进步。此外，为了拓宽教师视野、提高工作水平，学院通过努力，已为 3 名青年教师争取到赴美进修的机会，学院教师反响良好。

【学院投资和二期工程建设】

下半年，学院投资方融河（黄骅）科教有限公司完成了内部股权交割，由福建祥兴集团出资买断河北常青集团所占 50% 股权，改由福建祥兴集团一方全额投资。9 月，学院二期工程建设全面展开。学生公寓、学生食堂等建筑已基本完成主体工程，教学楼、大学生活动中心等建筑预计在 2011 级新生入学前主要建筑均能投入使用。

【对外交流与合作】

学院高度重视国内外校际合作交流工作。按照“3 +1”、“2 +2”和“1 +2 +1”等培养模式，学院已与英国诺森比亚大学、美国圣·托马斯大学、比利时鲁汶工程大学等多个国家的数十所大学建立了良好的合作关系，为学生拓宽视野、出国深造提供了良好的空间。学院迄今已先后选送了 20 多名学生出国交流，这些学生在国外的学习成绩甚至超过了国内重点大学选送的学生，得到了教育主管部门、国内外教育同行和学生家长的高度评价。学院每年都选拔优秀的大三学生到北京交通大学本部学习一年，为学生考研深造提供更好的学习平台。

2010

学校大事记

2010 年学校大事记

1 月

• 1 月 5 日，我校获“北京市教育信息化先进单位”称号，信息中心贾卓生获“北京市教育信息化先进个人”称号。

• 1 月 8 日，我校申报的“努力使辅导员成为大学生的人生导师和知心朋友”和“深化一站式服务，创新基层学生工作机制”两项成果分别获 2009 年首都大学生思想政治教育工作实效奖一等奖和优秀奖。学校获北京高校德育高层论坛 · 2009 主题征文活动优秀组织奖。

• 1 月 9 日，我校学习与就业协会和职业生涯发展协会分别获“2009 年度北京高校职业类十佳学生社团”和“2009 年度北京高校职业类优秀学生社团”荣誉称号。

• 1 月 11 日，国家科学技术奖励大会在人民大会堂举行，我校 4 项成果喜获国家科技进步奖。邱宽民作为第一完成人、我校作为第一完成单位的“复杂与高速条件下车载信号安全控制系统关键技术及应用”项目获国家科技进步二等奖；孙守光作为第九完成人，我校作为第四完成单位的“时速 250 公里动车组高速转向架及应用”项目荣获国家科技进步一等奖；夏禾作为第三完成人、张楠作为第八完成人，我校作为第二完成单位的“列车过桥动力相互作用理论、安全评估技术及工程应用”项目荣获国家科技进步二等奖。我校教师参与完成的某专用项目荣获国家科技进步二等奖。

• 1 月 15—16 日，我校召开 2010 年学生思想政治教育工作会议，会议主题是进一步落实科学发展观，为学生的全面成长成才构筑发展平台。

• 1 月 18 日，北京高校党建工作会议召开，校长宁滨参加会议并作题为“强化理论学习　注重舆论引导　牢牢掌握党在意识形态领域的主导权”的交流发言。

• 1 月 19 日，北京交通大学与北京新联铁科技发展有限公司举行战略合作协议签字暨奖助学金颁奖仪式。同日，由北京交通大学与北京新联铁科技发展有限公司共同发起并设立的“北京交通大学、新联铁研究生联合培养基地”揭牌。

• 1 月 25 日，我校成立住宅建设与配售工作委员会及两个工作小组，启动了教职工住宅项目建设涉及的拆迁政策、补偿办法和配售方案前期工作。

• 1 月 28 日，校长宁滨赴日参加中日大学校长论坛期间，访问了早稻田大学、日本铁道综合技术研究所、日本信号股份公司，并与日本工程师协会签署了合作备忘录。

• 1 月 29 日，主题为“面向全球化时代的中日大学变革、竞争与合作”的中日大学校长论坛在东京国际会议中心举行。校长宁滨应邀主持分会会议，并发表了题为“北京交通大学在行业和区域发展中的地位与作用”的演讲。

2 月

• 2 月 1—5 日，我校代表队在第 34 届 ACM – ICPC 国际大学生程序设计竞赛全球总决赛中荣获第 36 名。在 ICPC Challenge 锦标赛中，我校代表队荣获亚军。

• 2 月 10 日，北京市教委郭广生副主任、高等教育处黄侃处长来校慰问寒假留校学生，带来 5 万元慰问金并召开学生代表座谈会。

• 2 月 26 日，我校召开第九届党委第十二次全体会议，审议通过了《北京交通大学 2010 年工作要点》，全面部署了学校年度工作，要求全面贯彻党的十七大和十七届四中全会精神，以邓小平理论和“三个代表”重要思想为指导，深入贯彻落实科学发展观，紧紧围绕国家重大需求、高等教育和相关行业发展的新形势，以加强教风学风、夯实基础、提升内涵为重点，继续解放思想，着力改革创新，全面推进国内一流、国际知名有特色、高水平研究型大学建设。

3 月

• 3 月 3 日，《国家中长期教育改革和发展规划纲要（2010—2020 年）》北京交通大学座谈会举行。校内专家学者就《教育规划纲要》中的提高教育质量、促进教育公平、培养创新人才、合理配置教育资源等方面议题进行了深入讨论，提出了很多建设性意见和建议。

• 3 月 3 日，教育部专家组来校考察“面向高速铁路控制的无线移动通信系统研究”教育部创新团队，认为该团队符合教育部创新团队的要求，建议立项建设。

• 3 月 5 日，学生工作部邀请周恩来侄女周秉宜女士做客红果园，出席我校纪念周恩来总理诞辰 112 周年活动，为同学们作了题为“学习周恩来精神”的主题报告。

• 3 月 8 日，女性·成就·未来——纪念国际劳动妇女节 100 周年座谈会举行。校长宁滨，校党委副书记颜吾佴，校党委副书记、校工会主席高福廷出席会议，并对全校女教工表示节日祝贺。

• 3 月 8 日，我校女教授协会副会长吴萱荣获北京市“三八”红旗奖章荣誉称号。

• 3 月 9 日，国家语委 2010 年度语言文字工作会议召开，教育部副部长李卫红在会上为我校颁发了“中华诵·经典诵读活动”成就奖。

• 3 月 10 日，《北京交通大学学报》在 2009 年教育部科技发展中心举行的第二届“中国科技论文在线优秀期刊”评比中获评一等奖。

• 3 月 12 日，副校长李学伟会见了香港理工大学校长高级顾问林垂宙教授、工程院卫炳江院长等一行 5 人。两校相关领域的教授就高速铁路的检测、新技术应用等关键技术问题进行了交流。

• 3 月 12 号，香港理工大学电子与资讯工程系副主任 Francis C. M. Lau 教授应电信学院邀请来我校做学术交流，为全校师生作了题为《Recent developments and challenges of low-density parity-check（LDPC）codes》的学术报告。

• 3 月 16 日，我校与北京铁路局共建共青团青年就业创业实习基地正式启用，我校 10 名交通运输专业的应届毕业生开始上岗实习。

• 3 月 18 日，“十一五”国家科技支撑计划重点项目“新型城市轨道交通技术”子课题“城市轨道交通运行与控制系统研究”在我校召开结题验收会。与会专家一致认为课题组完成了城市轨道交通基于通信的列车控制系统的系统体系结构、技术规范和关键技术的研究，建议加快研究成果的转化。

• 3 月 19 日，我校获 2009 年海淀区拥军优属先进单位称号，1 人获海淀区拥军优属先进个人称号。

• 3 月 19 日，北京交通大学校友企业家协会成立大会暨第一次理事会在江苏镇江召开。

副校长陈峰出席会议并代表我校与镇江新区签署校地战略合作协议。

• 3月24日，“为祖国而骄傲——航天英雄杨利伟北京交通大学报告会”在天佑会堂举行，校长宁滨、相关部处负责人及1 400余名师生共同聆听了报告会。

• 3月25日，我校举行“理学院波易达奖助学基金”启动仪式，该基金由理学院滕永平副教授发起、学校及若干热心公益教育事业的公司和个人共同支持创建。滕永平副教授自愿捐赠10万元作为该奖助学基金的启动资金，并从每年科研劳务个人所得中捐赠不低于3万元人民币。该基金将与北京波易达成像技术有限公司等单位达成合作意向，以提供勤工助学岗位、支付劳务报酬等一系列措施来帮助学校家庭经济困难学生顺利完成学业。

• 3月25日，学校召开统战人士学习“两会”精神座谈会，校党委副书记颜吾佴作总结讲话，希望大家结合“两会”的相关资料，认真组织做好“两会”的学习和传达工作，将学习“两会”精神与推动学校各项工作结合起来，使学校各项工作再上新台阶。

• 3月25日，教育部思想政治工作司和全国高校辅导员工作研究会联合举办的“立德树人——高校优秀辅导员先进事迹报告会”全国首场报告会在我校举行。20所教育部直属高校和10余所北京市属高校的700余名辅导员现场聆听了报告。

• 3月28日，“弘扬周恩来精神报告会”在我校举行。周恩来总理生前卫士、中央警卫局原副局长高振普将军做客“红果园有约”，为我校学生做“学习周恩来，践行科学发展观”专题报告。

• 3月30日，北京市委教育工委辅导员工作专项督查组一行4人对我校辅导员工作进行了督导检查。专家组充分肯定了我校辅导员工作所取得的成绩，并针对学校职务职称评定工作、辅导员津贴发放工作、研究生兼职辅导员情况、辅导员专项研究经费和辅导员工作压力等方面问题提出了宝贵意见。

• 3月30日，2010年北下关地区精神文明建设大会召开，学校获“文明单位”荣誉称号。

• 3月31日，由我校主持、参加完成的12项成果获得2009年度中国铁道学会科学技术奖。参加完成的“时速350公里高速动车组”和“北京南站建设综合技术”2项成果获特等奖；主持完成的“大秦线重载列车可控列尾装置”获一等奖；主持完成的7项成果获二等奖；参加完成的2项成果获三等奖。

4月

• 4月1—4日，我校学生在2010年北京大学国际模拟联合国大会（AIMUN2010）上获得最佳代表和最佳立场文件奖。

• 4月2日，我校成立“低碳研究与教育中心”。目前中心拥有低碳交通、低碳物流、新能源及可再生资源、节能环保以及低碳发展相关理论与方法等方面在研项目近30项。中心将紧密围绕“研究”和“教育”两个主题，以创新低碳科学技术、健全低碳政策、促进低碳教育、建设低碳社会为发展目标，广泛开展产学研合作，加强国际交流与合作。

• 4月9—10日，在北京高教学会实验室工作研究会2009年学术研讨会征文活动中，我校实验室与设备管理处张家栋荣获一等奖；计算机学院张树军、高金山、李志民获得三等奖；土建学院彭丽云、刘建坤、陈立宏和机电学院韩同样、邢书明的文章被收入本届学术研讨会论文集。

• 4月10日，我校共有3位教授成功入选2009年度教育部“长江学者”，其中电信学院王均宏教授、土建学院杨庆山教授入选“长江学者特聘教授”，交通运输学院林兴强教授（香港理工大学教授）入选“长江学者讲座教授”。

• 4 月 12 日，我校成立中国现代轨道交通科学与技术研究院，下设中国高速铁路研究中心、中国城市轨道交通研究中心、中国磁悬浮研究中心、中国管轨交通研究中心和中国综合交通研究中心，主要承担我国高速铁道、城市轨道交通、磁悬浮等 5 个方面的科学研究、技术创新及人才培养等任务。

• 4 月 14 日，我校召开 2010 年安全稳定暨综合治理工作会议，校长宁滨、校党委副书记高艳、副校长孙守光出席会议，并代表学校与各单位签订了内部责任书。

• 4 月 15 日，我校 2010 年党风廉政建设工作会议召开，校党委副书记、纪委书记颜吾佴作了题为《深入学习贯彻党的十七届四中全会精神　做好我校党风廉政建设和反腐败工作》的报告，校长宁滨要求全校干部职工要高度重视党风廉政建设工作、认真学习贯彻上级精神、认真执行党风廉政建设责任制、加强领导干部的作风建设和廉洁自律工作。

• 4 月 15 日，我校顺利通过北京市医保中心对 2009 年公费医疗管理情况的联审互查。

• 4 月 16 日，校长宁滨会见了英国约克大学校长 Brian Cantor 教授，并一同出席了“轨道交通安全技术研究中心”成立揭牌仪式。

• 4 月 17 日，校长宁滨和副校长王永生会见了德国布伦瑞克工业大学校长约尔根·哈赛尔巴赫教授，双方商讨了科研合作和共建“中德研究生院”事宜，并签署了校际合作协议。

• 4 月 17 日，我校香港校友会成立，副校长陈峰代表学校对广大在港校友表示亲切的问候，希望该校友会作为非大陆地区最先成立的校友会，继承和弘扬交大的优良传统，汇聚海内外校友力量，为母校和校友的发展贡献力量。

• 4 月 19 日，学校举行抗旱、抗震救灾献爱心捐款活动启动仪式暨集中捐款活动，当天共收到 220 多人的捐款，总计 47 222.60 元。

• 4 月 19—20 日，中国新时代认证中心审核组对我校质量管理体系进行了第三次现场监督审核，审核组分别对校领导层、军工办及 3 个学院进行了监督审查，肯定了一年来我校所做的工作。审核结论为“北京交通大学质量管理体系符合 GJB 9001A—2001 标准要求，在完成纠正措施并经审核组验证确认合格后，将推荐保持认证资格”。

• 4 月 20 日，在 2010 年国际大学生数学建模竞赛中，由我校理学院王兵团教授指导的参赛队获得特等奖。

• 4 月 21 日，我校第二十届“慧光杯”研究生学术文化节开幕。“慧光杯”研究生学术文化节起始于 1990 年，历经 19 年的发展与完善，已经成为广大研究生进行学术创新与交流的品牌学术活动。本届“慧光杯”执委会专门为“慧光杯”设计了 Logo，校长宁滨为“慧光杯”Logo 揭牌。

• 4 月 21 日，我校举行国家商务部部级课题《2009 年中国产业安全状况年度评估》结题评审会议。参会评审专家组听取了课题组的研究成果汇报，认为课题研究报告资料翔实、内容丰富、重点突出，具有较强的针对性、系统性、操作性和前瞻性，一致同意该课题通过评审并结题。

• 4 月 25 日，北京交通大学湖南校友会成立，校长宁滨赴长沙出席成立大会。

• 4 月 26 日，第三届著名大学中学校长峰会在京召开，校长宁滨应邀参加峰会并发表关于创新人才培养的演讲。

• 4 月 26 日，在 2009 年度全国毕业生就业典型高校经验交流会上，我校获评“2009 年度全国毕业生就业典型经验高校”，校党委副书记高艳代表学校参加会议并领取奖牌。

• 4 月 27 日，我校学生艺术团在国家大剧院举行专场交响音乐会，这是国内首支高校大学生交响乐团在此举行专场音乐会。原新华社副社长、原我校党委书记徐锡安作为嘉宾莅临演出现场并致辞。

• 4 月 27 日，以我校张顶立教授为首席科学家的“973”项目《城市地下工程安全性的基础理论研究》举行开题启动会。

• 4 月 28 日，我校荣获“2009 年度首都文明单位标兵”荣誉称号。

• 4 月 28—29 日，在北京高教保卫学会六届四次理事大会暨第十一届学术年会上，我校保卫处第四学术研究组被评为 2007—2009 年度优秀学术研究组，保卫处被评为 2007—2009 年度保卫学研究优秀组织工作单位，我校有 8 篇论文被评为第十一届学术年会优秀学术研究成果。

• 4 月 29 日，我校教育部战略研究培育基地——“行业特色研究型大学发展战略研究中心”召开工作座谈会，校长宁滨作为中心主任参会并部署工作。

5 月

• 5 月 1—2 日，在 2010 年“李宁杯”北京市大学生羽毛球锦标赛中，我校羽毛球队继 2008 年后再次包揽甲 B 组全部金牌，取得 6 金 3 银 2 铜的优异成绩。

• 5 月 1—4 日，第四届中外大学校长论坛在南京召开。我校校长宁滨应邀出席。本届论坛以“提高大学人才培养质量”为主题，围绕创新型人才培养、教学模式创新、质量保障与评价、绿色大学建设、大学与企业合作等议题进行交流研讨。

• 5 月 6 日，我校召开 2010 年信息工作会议，校党委副书记高福廷出席会议并作重要讲话，全面总结了 2009 年信息报送工作，对 2010 年工作进行了总体部署，对教务处、学生处等优秀单位进行了表彰。中共中央办公厅秘书局信息综合室三处处长杨心葵应邀对与会人员进行了信息工作培训。

• 5 月 6 日，英国皇家工程学院院士、伦敦大学学院（University College London，UCL）医学影像计算中心主任 David Hawkes 教授及高级研究员胡明星博士访问我校，副校长陈峰会见了 David Hawkes 教授与胡明星博士。双方在学生交换、教师互访、科研合作等方面进行了探讨，并达成了一致共识：将在后续的接触中进一步深化合作，在各个方面为对方师生提供便利，早日形成实质性合作。

• 5 月 9 日，“首届北京市大学生科学研究与创业行动计划”成果展示会在我校成功举办。共有 51 所北京高校参加，展示实物作品 271 件、创新项目成果 689 项，收录学生学术论文 91 篇、教师交流论文 58 篇，同时吸引了近 20 家企业参与。

• 5 月 9 日，在 2010 年（第十二届）大学生英语竞赛全国总决赛（北京赛区）中，学校共有 24 名学生进入决赛，其中 6 名同学获得全国特等奖，18 名同学获得全国一等奖，学校获得特等奖数量列北京赛区第一名。

• 5 月 11 日，沈阳铁路局“千名后备干部培养工程”铁路局与培训院校签订协议仪式举行，副校长王永生代表我校参加签约仪式。此次培训共有 154 名车间级正职干部参加，在交通运输专业领域开展为期一年的脱产学习。

• 5 月 13—15 日，2009—2010 TI C2000 DSP 全国大奖赛决赛中，我校学生顾晨、朱洁丽、刘薇完成的作品《基于 C2000 的音频范围扫频仪》进入决赛并获得一等奖，另有两队获二等奖。TI C2000 DSP 全国大奖赛是国内最大的 DSP 科技竞赛平台，每年有近万名相关专业的本科生和研究生参加，此次获奖刷新了学校参加此项竞赛的历史记录。

• 5 月 19 日，我校赴朝鲜访问团一行 14 人抵达平壤进行访问，访问团先后访问了朝鲜金日成综合大学和金策工业综合大学。

• 5 月 19 日，由我校钟章队教授负责的“面向高速铁路控制的无线移动通信系统研究”教育部创新团队获得教育部正式立项批复。

• 5 月 20 日，副校长孙守光会见美国北卡罗来纳州立大学副校长李百炼博士一行 3 人。双方就将在北卡罗来纳州立大学进行的我校中层干部培训事宜交换了意见。

• 5 月 25 日，我校开展创先争优暨党员作风建设年活动动员大会。确定我校开展创先争优活动到 2012 年党的十八大召开前结束，具体分为三个阶段进行：第一阶段从 5 月下旬开始至 2010 年底，以党员作风建设年为专题；第二阶段从 2011 年 1 月至 7 月，以迎接建党 90 周年为专题；第三阶段从 2011 年 7 月至 2012 年党的十八大召开前，以迎接党的十八大召开为专题。校长宁滨在大会上指出，要充分认识深入开展创先争优活动的重大意义，各级党组织要加强创先争优活动的组织领导，确保活动取得实效。

• 5 月 25—31 日，我校建筑与艺术系建筑学专业顺利通过评估，有效期为 4 年。建筑学专业评估是由国家教育部委托建设部实施，与欧美国家建筑教育体系相接轨、并得到国际承认的专业教育评估体系。在全国设有建筑学专业的 228 所高校中，仅有 45 所高校通过该项评估。

• 5 月 26 日，北京市教育委员会、北京市学位委员会联合下发《关于公布增列北京市重点学科名单的通知》，公布我校信息运筹学获批为交叉学科北京市重点学科，企业管理获批为二级学科北京市重点学科。

• 5 月 26 日，我校汪越胜、毛保华两位教师获第六届北京市高等学校教学名师奖。

• 5 月 27 日，河南辉煌科技股份有限公司与我校签订战略合作协议并加入校董事会。

• 5 月 28 日，北京交大学生活动服务中心结构封顶。该项目集学生食堂、浴室、学生素质教育设施等于一体，2009 年 3 月 18 日开工，被列为北京市 2009 年重点工程，工程总建筑面积 5.8 万平方米，工程总投资 2.42 亿元。

6 月

• 6 月，我校电气工程学院党委副书记连会仁获“2009 全国高校辅导员年度人物”提名奖。

• 6 月 2 日，我校副校长王永生出席在大连举办的电气工程领域工程硕士班开班典礼。这是中国北车集团大连机车车辆有限公司与我校的首次合作，也是大连机车车辆有限公司第一次委托大学组班培养高层次技术人才。

• 6 月 5 日，第九届北京高校建筑结构设计联赛总决赛举行，我校《凉水曲桥》和《丹丘虹影》获得桥梁组三等奖，《生命的姿态》获得大跨组三等奖，我校获得大赛最佳组织奖。

• 6 月 5 日，由中国科学技术大学主办的第十一届中国 MBA 发展论坛暨首届中国 EMBA 高峰论坛拉开帷幕，我校 MBA 师生代表共 7 人应邀出席了本次论坛。

• 6月5日，第二届北京市外国留学生“汉语之星”大赛落下帷幕，我校安哥拉留学生罗德里以其出色的表现获得“十大汉语之星”称号。我校获得最佳组织奖，我校教师孟群获得“优秀辅导教师”称号。

• 6月7日，我校举行第二十届“慧光杯”研究生学术文化节闭幕式，本届“慧光杯”以“汇聚·启迪·跨越”为主题，共举办了9场各具特色的学术沙龙、2期博闻论坛、12场名师讲坛和3期优秀校友面对面活动，同时举办了第二届研究生辩论赛。本次优秀论文评选全校共征集论文718篇。

• 6月7日，2010年北京市哲学社会科学研究基地工作会举行，我校党委副书记颜吾佴教授被聘为“北京市哲学社会科学首都大学生思想政治教育研究基地”负责人，人文社会科学学院院长韩振峰教授被聘为首席专家。

• 6月7日，北京市教育委员会下发《北京市教育委员会关于公布2010年北京高等学校实验教学示范中心名单的通知》，我校软件服务外包实验教学中心被评为2010年“北京高等学校实验教学示范中心”。

• 6月8日，我校召开第六批青年教师挂职总结交流暨第七批青年教师挂职启动会，本次启动的第七批青年教师挂职共有21位青年教师分别到11个学院副职岗位和8个部处副职岗位挂职锻炼。

• 6月10日，北京交通大学书画协会成立大会举行。会议确定了书画协会的管理制度和章程。

• 6月10日，由我校承办的“海峡两岸无线宽带技术铁路应用合作交流会”举行，会前副校长李学伟亲切会见了与会的台湾客人及神华集团、INTEL公司的代表，并就已有的合作基础对进一步交流与合作等问题进行了商讨。

• 6月10日，由五所交大共同发起、轮流承办的“交大杯”海峡两岸大学生创业竞赛首届比赛在西南交通大学隆重开幕。四川省领导以及来自五所交通大学的领导和专家出席了开幕式，我校党委副书记高艳应邀出席并在开幕式上作了重要发言。

• 6月10日，“北京交通大学女教授协会成立十五周年纪念大会”举行，协会会长刘云教授作了工作报告。

• 6月11日，“2010义守大学与大陆结盟大学校长论坛”在台湾义守大学举行，来自台湾和大陆36所高校的校领导及相关负责人近百人出席论坛。论坛就两岸进一步扩大学生交流、建立长远合作关系等问题进行了讨论。论坛举行期间，副校长王永生代表我校与义守大学签订了《教师互访讲学交流备忘录》以及《联合培养研究生交流备忘录》。

• 6月13日，我校获批进入第一批教育部“卓越工程师教育培养计划”实施高校。王永生教授负责的轨道交通类卓越工程师教育培养计划获批国家“卓越工程师教育培养计划”项目。

• 6月15日，我校与夏威夷太平洋大学合作签约仪式举行，校长宁滨和美国夏威夷州州长Linda Lingle女士出席了签约仪式。副校长陈峰与夏威夷太平洋大学副校长Dr. John Kearns代表两校签署了合作协议。

• 6月17日，我校“企业虚拟组织网络的知识共享机制及应用研究”、“物流产业与区域经济的互动与协调发展研究”、“马克思主义大众化语境中的思想政治教育话语变革研究”、“青少年生命教育有效性研究”4项课题获准2010年度国家社科基金立项。

• 6月17日，我校中国书画院书画艺术研究创作中心正式成立。

• 6月18日，我校举行铁道部“高速铁路通信概论培训班”开班仪式，培训班学员来自全路18个铁路局和北京铁路通信技术中心，培训的内容主要围绕CTCS－3列车运行控制系统、TDCS系统、CTC系统、GSM－R无线通信系统和客运专线设计标准等新技术、新知识进行。

• 6月18—20日，校长宁滨率团赴美国休斯敦出席第十届交通大学北美校友大会并作了重要演讲，向与会校友介绍了学校的特色和优势，以及未来发展的架构与规划，着重对学校未来统筹建设的学科群、积极培育的新兴与交叉学科以及延揽人才的情况与相关政策进行了介绍。

• 6月20日，我校第四届“詹天佑”班——运输0702班在北京市教工委举办的首届“我的班级我的家”学习型班集体创建示范活动上，以小组第一的成绩获评“北京市十佳学习型示范班集体”。

• 6月20日，我校与北京市交通委共同主办的北京交通职业教育集团EMBA集团班考试在我校举行。

• 6月22日，副校长陈峰会见了英国工程技术学会（IET）首席执行官Nigel Fine先生一行四人，Nigel Fine表达了同我校进一步合作的愿望。IET愿意结合我校实际提供工程教育合作伙伴计划、国际化人才评测、工程科技人才培养和国际工程科技资质认证服务。

• 6月23日，我校轨道交通控制与安全国家重点实验室建设顺利通过验收。

• 6月30日，在南京科技创新与新兴产业发展推介会上，副校长李学伟代表我校与南京市签署了校市战略合作协议。

7月

• 7月1日，我校举行2010届本科、高职毕业生毕业典礼，校长宁滨代表学校向毕业生表示祝贺。

• 7月2日，我校运输学院林柏梁教授科研团队完成的《编组计划、大编组站作业分工和中远程直达的联合优化技术》项目通过了铁道部科技司组织的技术鉴定会。

• 7月4日，我校主持的《新疆综合交通运输体系发展规划》项目通过专家审查。

• 7月5日，我校与镇江市人民政府、镇江新区管委会共建的“北京交通大学长三角研究院”签约仪式在江苏镇江新区举行，校长宁滨、副校长陈峰等一行19人参加了签约仪式。

• 7月6日，“北京交通大学与诺基亚西门子通信技术公司战略合作协议签字仪式”在我校隆重举行，铁道部、诺基亚西门子通信技术公司及我校相关领导和专家出席了签字仪式。

• 7月7日，我校自动化、电气工程与自动化专业被批准为第六批国家级特色专业建设点，目前我校立项建设的国家级特色专业建设点已有13个专业（方向）。

• 7月7日，北京市教委公布北京大学生素质教育基地建设单位名单，我校王永生教授主持的“引导服务型、自主合作式”大学生创新创业教育基地入选。

• 7月10日，我校2010年研究生毕业典礼暨学位授予仪式在天佑会堂隆重举行。此次共有269名研究生获得博士学位，2 621名研究生获得硕士学位。

• 7月12日，2010年海峡两岸大学生研习营暨青年论坛在我校正式开营。来自大陆9

所、台湾19所及海外2所高校的150余名师生出席论坛。

• 7月13日，我校张力教授入选北京市新世纪社科理论人才百人工程第二批培养人选。

• 7月14日，我校有8门课程被评为国家精品课程，2门课程被评为2010年度北京市精品课程。

• 7月16日，教育部党组副书记、副部长陈希代表教育部党组宣布任命曹国永同志为中共北京交通大学委员会委员、常委、书记，因工作调动，免去王建国同志中共北京交通大学委员会书记、常委、委员职务。

• 7月16日，由教育部、国家语委、中央文明办共同实施的中华诵·经典诵读行动之“中华诵·2010经典诵读晚会（七夕篇）”在我校录制完成，教育部副部长李卫红出席。

• 7月17日，我校“软件工程专业教学团队”和“交通运输类专业平台系列课程教学团队”被确定为2010年国家级教学团队。

• 7月20日，我校与平谷区政府签订了建设北京交通大学轨道交通创新基地意向书。

• 7月20日，我校与香港理工大学合作协议签字仪式举行。我校副校长李学伟与香港理工大学副校长卫炳江代表两校签署了“北京交通大学——香港理工大学合作协议”，协议的主要内容包括科研合作目标、科研团队联合组建、互派教师和学生进行培养和交流等。

• 7月20日，2010年度国家社科基金项目艺术专项评审结果揭晓，我校一般项目《后金融危机时期促进文化产业发展和扩大文化消费政策研究》获准立项。

• 7月21日，我校于桂兰教授负责的《弹性力学》和娄淑琴教授负责的《数字电子技术》2门课程获评国家双语教学示范课程。

• 7月22日，我校与山东天圆铜业、中铁建电气化局有限公司共建“轨道交通专用高性能铜合金材料研究中心”签约仪式在校举行。

• 7月24—26日，经教育部批准，由理学院数学系主办的“第五届排队论及网络应用国际会议”在我校举行。本次会议得到国际著名学术组织ACM的支持，被录用的Regular Papers将全部收录到ACM数据库中，并被EI检索。

• 7月30日，美国圣托马斯大学首席副校长陈思齐博士受聘为我校名誉教授，校长宁滨出席聘任仪式。陈思齐教授代表圣托马斯大学聘请校长宁滨为其学校荣誉高级研究员及全球领导群成员，目前全球仅有3人获此聘任。

8月

• 8月3—5日，我校举办的系列国际会议“第七届交通运输研究国际会议”在昆明胜利闭幕。来自美国、英国、荷兰、澳大利亚、日本、新加坡、印度、印度尼西亚、意大利、德国、罗马尼亚、中国香港等12个国家和地区的45名海外代表以及内地38家著名高校和科研单位的90余名专家学者参加了会议。

• 8月8日，“2010新青年创业高峰论坛暨首届全国高校创业者大会”在我校召开，论坛主题是“从高校创业者到企业家”。来自全国各地的数十位企业精英和全国百余所高校的近千名创业学子参加论坛。

• 8月10日，在2010年全国大学生电子设计竞赛信息安全技术专题邀请赛中，我校学生获得全国一等奖、二等奖、三等奖各一项，团体总分排第三名。

• 8月20—22日，由我校主办的“第一届铁道工程关键技术国际学术会议”在京召开。来自美国、俄罗斯、德国、日本、澳大利亚、南非等多个国家和香港、台湾地区的200

多位专家学者齐聚一堂，共同探讨高速铁路、重载铁路和城市轨道交通领域的核心关键技术等问题。

• 8 月 24 日，我校举行“北京交通大学惠普 Bentley 教育卓越中心”揭幕仪式。中心成立后，Bentley 将免费提供教学软件，惠普公司将提供高性能工作站，为土建学院学生开设 Bentley 相关软件课程。

• 8 月 26—27 日，学校召开 2010 年暑期工作会议，会议主要任务是贯彻落实全国教育工作会议精神和《国家中长期教育改革和发展规划纲要（2010—2020）》。教育部副部长郝平应邀来校做学习贯彻全国教育工作会议精神和《教育规划纲要》专题辅导报告。校长宁滨作了《贯彻落实全国教育工作会议精神和教育规划纲要，坚持内涵发展，加强学风建设，不断提高教育质量》的报告，校党委副书记高艳、副校长李学伟分别作了《加强学风建设，提高人才培养质量》和《关于加强我校学风建设的思考》的专题报告。

9 月

• 9 月 1 日，我校与无锡轨道交通装备产业园签订了合作协议。无锡轨道交通装备产业园加入我校董事会，并设立董事会基金一百万元人民币。

• 9 月 1—3 日，在“江苏软件杯”全国大学生软件设计大赛中，我校软件学院赵心砚、王威、赵鸿泽同学荣获三等奖。

• 9 月 2 日，中关村科学城首批建设项目签约揭牌大会召开，北京市委书记刘淇、市长郭金龙、教育部副部长陈希出席大会，校长宁滨出席并代表学校签约。

• 9 月 3 日，我校 2010 级新生开学典礼在主校区操场隆重举行，7 444 名 2010 级新生、部分新生辅导员、班主任和新生家长参加了开学典礼。

• 9 月 6 日，我校荣获“2009—2010 年度北京市扶残助学送教上门志愿服务活动先进单位”，我校栗明威同学获得“优秀志愿者”荣誉称号。

• 9 月 6 日，2010 年北京首届世界武搏运动会总结表彰大会召开，我校被授予“2010 年北京首届世界武搏运动会贡献奖”荣誉称号。

• 9 月 7—13 日，在第 11 届世界大学生羽毛球锦标赛上，中国羽毛球协会副主席、中国大学生体育协会羽毛球分会主席、我校党委副书记颜吾佴率中国队取得 3 金 3 银的优异成绩。

• 9 月 7 日，教育部党组成员、中纪委驻教育部纪检组组长王立英同志一行来校指导工作，并听取我校工作汇报。

• 9 月 8 日，2010 年第五届全国大学生电子设计嵌入式系统竞赛中，我校参赛作品“基于 ATOM 的车载计算机及列车超速防护系统仿真”获二等奖。

• 9 月 10 日，德国前总理施罗德来我校作主题为中德关系的演讲，并与我校青年学生进行了互动交流。

• 9 月 11 日，在“首届中国大学生服务外包创新应用大赛”中，我校软件学院教师袁岗带领学生参赛荣获一等奖。

• 9 月 13 日，在 2010 年第五届全国大学生智能车竞赛总决赛中，我校两支队伍分别获得总决赛电磁组和光电组二等奖。

• 9 月 13 日，我校首届国际班开学。国际班设在机电学院，推行国际工程教育理念和教学模式，聘请国外教师参与主干课程教学，采用英语授课，学生学完 1 年或 2 年后可报名参加国际联合培养项目。我校软件学院国际班同期开学，设有1个研究生班和2个本科生班，58名同学来自中国和法国、韩国、印度尼西亚、沙特阿拉伯、阿曼。

• 9月15日，校党委副书记高福廷会见日本NTN株式会社社长冈田健治一行8人，双方就合作事宜交换意见，副校长李学伟出席会见并签署《试验装置无偿使用租赁合同补充协议》。

• 9月18日，利比亚铁路工程师首期培训班开学典礼在我校举行，16位利比亚铁路工程师在我校进行为期一年的学习。

• 9月20日，据教育部《关于表扬在科技奖励和知识产权管理工作中作出突出贡献的单位和个人的通知》，我校科技处被评为作出突出贡献的单位。

• 9月20—27日，在俄罗斯沃罗涅什市第19届国际大学生建筑学专业毕业设计竞赛上，我校建筑与艺术系选送的“森林城市”、“360度全景旅馆”和“绿色疗养院”等3项作品获得一等奖，“天津北辰区高层办公商业综合体设计”和“略阳文化娱乐设施的空间布局与建筑设计研究”等2项作品获得二等奖。

• 9月25—26日，在大连第三届全国大学生创新论坛上，我校“ATC车载安全硬件处理平台及半实物仿真”和《交叉口机动车延误指数的提出与显性成本分析》分别以作品展示和论文交流形式参加了本次论坛。

• 9月25日，在中国人生科学学会第四次会员代表大会上，我校党委副书记颜吾佴当选副理事长。

• 9月26日，京津城际铁路（客运专线）与区域经济社会发展研讨会在我校召开，会议重点研讨和总结了京津城际铁路客运专线对经济发展的推动和促进作用及高铁发展的示范作用，对探索建立高铁的经济理论体系具有重要的理论和现实指导意义。

• 9月26日，我校举行加强和改进大学生思想政治教育创新论坛，教育部思想政治工作司、北京市委教育工委宣教处等单位领导同志出席了论坛，并为获得北京交通大学思想政治教育工作实效奖和2007—2009年度北京交通大学思想政治教育研究优秀课题奖的获奖单位和个人颁发了荣誉证书。

• 9月26日，副校长陈峰出席“中国欧洲高等教育论坛”和“中国——俄罗斯——白俄罗斯大学联盟会议”并代表我校签署联盟协议，我校成为该联盟的创始院校之一。

• 9月26日，在第35届ACM/ICPC亚洲区预赛哈尔滨赛区竞赛中，我校ACM代表队获亚洲区预赛哈尔滨赛区金奖。

• 9月27日，副校长陈峰会见美国普渡大学Calumet分校副校长Ralph Rogers一行。双方约定未来将在科研、教学和教师学生交流等方面加强合作，并签署了合作备忘录、“2+2+1”合作办学协议和ETIE合作办学协议。

• 9月27日，在中国学位与研究生教育学会德育委员会第七届学术年会上，我校研究生工作部屈晓婷荣获学会先进个人荣誉称号，论文《基于学风现状的研究生思想政治教育研究》荣获特等奖，论文《全日制专业学位研究生思想政治教育工作探索》荣获一等奖。

• 9月29日，我校上演“爱我中华，爱我交大”2010年教职工文艺汇演。演出评出了最佳才艺、最佳设计、最具潜力、最具智慧、最佳人气、最佳特色6个奖项。建筑与艺术系、后勤集团、图书馆、计算机学院、资产经营公司、校机关、经济管理学院、理学院等单位获得最佳组织奖。

• 9 月 30 日，校长宁滨与麦肯世界集团执行主席约翰·杜纳先生共同为“交大——麦肯营销传播项目”纪念碑揭牌。

10 月

• 10 月 8 日，2010 年度国家社科基金项目教育专项评审结果揭晓，我校一般项目“青少年生命教育有效性研究”获准立项。

• 10 月 11 日，“第一届软件工程教育国际研讨会”在我校开幕，会议的主题是“软件工程硕士研究生培养模式的探索与改革”。

• 10 月 13 日，《国家中长期教育改革和发展规划纲要》体制课题组组长、清华大学副校长谢维和教授应邀来校作了题为《质量、特色与责任——学习规划纲要精神，深化大学改革与发展的三个问题》的专题辅导报告。报告会由校党委副书记高福廷主持，在校校领导、全体中层以上干部及各学院系所中心负责人出席了报告会。

• 10 月 13 日，北京共青团“100365 首善行动——启明星辰学子阳光助学行动”北京交通大学捐助仪式在我校举行，启明星辰公司向我校捐赠了助学金。

• 10 月 15 日，北京交大土木工程检测实验室通过了实验室认可和计量认证，获得了国家实验室认可证书和国家计量认证资质。我校土木工程检测室始建于 2006 年，由土木工程结构实验室、岩土实验室、建材实验室、测量实验室组建。

• 10 月 16 日，我校举行建校 114 周年庆祝大会暨 90 届、00 届校友毕业值年纪念大会。首个由校友自发为母校设立的基金在本次大会上正式启动，该专项基金已议定通过了《基金管理办法》及《2011 年工作计划草案》，并推举产生了第一届理事会以及理事长、副理事长、常务理事。

• 10 月 16 日，第六届中国交通高层论坛在我校举行。本次论坛集中讨论了“中国未来综合交通发展的建设与发展”，涉及区域综合交通规划理论与方法、低碳模式下的交通发展理论与方法以及智能交通技术进展及应用等专题，收到论文 101 篇。国家部委领导、国内外专家学者及企业代表 300 余人参加了会议。

• 10 月 19 日，由中共北京市委教育工委、北京市教委主办的“第三届北京大学生艺术展演活动”开幕式暨首场声乐展演在我校拉开帷幕。本届展演活动的主题是“青春舞动校园，艺术点亮生活”，来自北京 52 所高校的 3 000 余名大学生展演声乐节目 79 个，充分展示首都当代大学生的青春风采。

• 10 月 22 日，在中国老教授协会举办的庆祝协会建会 25 周年暨第二届“协会先进单位”和第五届“科教兴国贡献奖”颁奖大会上，我校老教授协会被评为“协会先进单位”，洪涛院士荣获第五届“科教兴国贡献奖”。

• 10 月 23 日，我校举行“2010 人才发展高峰论坛”。北京交通大学与中国建设银行北京市分行、平安证券有限责任公司、康明斯（中国）投资有限公司、北汽福田汽车股份有限公司、科锐国际人力资源有限公司等单位签署了人才共建协议。

• 10 月 24 日，我校“高校用人机制改革”、“探索行业高校产学联合培养人才的模式和机制”、“探索有特色高水平大学国际化人才培养模式”等 3 项改革正式获准立项成为国家教育体制改革试点项目。

• 10 月 25 日，在“2009—2010 年 Autodesk Revit 杯第 4 届大学生建筑设计竞赛”评审会上，我校建筑与艺术系高巍、姜亿南两位老师指导的学生参赛作品“‘风·渔·舟’——

杭州西溪湿地低碳生活展览馆设计”荣获一等奖。

• 10月29日，我校赵耀教授主持的项目“图像视频编码与数字水印”入选2010年度国家杰出青年科学基金。赵耀教授的研究领域包括图像与视频编码、数字水印与信息隐藏、基于内容的信息检索等。

11月

• 11月2日，我校召开“深入推进创先争优活动工作部署会”，校党委副书记颜吾佴对下半年的创先争优活动进行了全面部署，党委书记曹国永对下一步的工作提出具体要求。

• 11月4日，我校举行北京市首都大学生思想政治教育研究基地揭牌仪式。北京市委教育工委副书记王民忠等领导为研究基地揭牌，我校党委副书记颜吾佴教授被聘为基地负责人，人文社会科学学院院长韩振峰教授被聘为首席专家。

• 11月7日，在2010年全国“IEEE标准电脑鼠走迷宫”总决赛上，我校三支学生代表队获得全国一等奖两项和全国三等奖一项。

• 11月9日，校长宁滨会见西班牙拉斯帕尔马斯大学（University of Las Palmas de Gran Canaria）代表团，并代表学校签署了《北京交通大学——拉斯帕尔马斯大学框架合作协议》。

• 11月10日，在第三次全国大学科技园工作会议上，我校科技园正式被认定为全国首批“高校学生科技创业实习基地”。截至年底，我校大学生创业园有大学生企业15家，年产值500余万元，解决就业150余人，为大学生提供实习岗位300余个。

• 11月11日，中共北京市委宣传部、北京市教育委员会、北京市人力资源和社会保障局联合下发《关于北京市第十一届哲学社会科学优秀成果奖的表彰决定》，我校经济管理学院鞠颂东的专著《物流网络：物流资源的整合与共享》和颜吾佴、颜吾芟、许勇、刘天善等老师共同编著的《北京交通史》分获一等奖和二等奖。

• 11月11—18日，我校举行第九届科技工作会，对8年以来的科技工作进行了全面回顾和总结，同时启动了“十二五”科技规划的制定工作。

• 11月12日，学校召开六届三次教代会，校长宁滨作了题为《深入落实教育规划纲要，不断开创研究型大学建设新局面》的工作报告。会议表决通过《学校筹建现代轨道交通创新基地暨新校区项目》的审议意见。

• 11月14日，2010年北京市大学生物理实验竞赛在我校成功举办。该竞赛由北京市教育委员会主办，我校从2008年开始已连续承办三届。

• 11月17日，在北京市校办产业管理中心开展的校办企业制度建设专项检查工作中，我校资产经营公司获评优秀单位。

• 11月18日，党委书记曹国永主持召开中共北京交通大学第九届委员会常务委员会第一百二十一次会议，专题研究3个国家教育体制改革试点项目实施方案等工作。

• 11月18日，电子信息工程学院陈后金、交通运输学院朱晓宁、经济与管理学院张真继3名教师获2010年北京交通大学“宝钢优秀教师奖”，陈后金被推荐为“宝钢优秀教师奖特等奖提名人”。

• 11月19日，我校董事会2010年年会暨高速铁路建设高层论坛举行，我校与江苏省交通科学研究院股份有限公司签订了研究生联合培养基地协议。

• 11月20日，我校召开“第八届电力电子论坛——电力电子变换中的关键技术交流会”，会议的主题是“电力电子变换关键技术”。

• 11 月 22—24 日，我校举办首届中国——欧洲物流论坛，论坛主题为“未来供应链：低碳与可持续发展”。

• 11 月 23 日，我校吴建军博士的学位论文《城市交通网络拓扑结构复杂性研究》获 2010 年全国优秀博士学位论文。我校张帆博士的学位论文《大功率光纤激光器的关键单元技术研究》以及黄振莺博士的学位论文《高速列车受电弓滑板用 Ti3SiC2 系材料的制备与性能研究》获 2010 年全国优秀博士学位论文提名。

• 11 月 26 日，我校成立学生学业发展指导中心。指导中心通过“一对一”的个性化咨询和团体辅导等多种形式帮助在学业发展上有不同层次需要的学生，为学生学业发展、成才成长提供了指导平台。

• 11 月 26 日，我校塔五楼 1、2、3、4、5、7、8 号管道已实现通气。6 号管道开通天然气工程正在实施绕行方案，并已进入到最后的试压阶段，彻底解决了 11 年来塔五楼住户无法使用天然气的问题。

• 11 月 29 日，副校长王永生参加聘任融亦鸣教授为北京交通大学顾问教授的仪式，并为融亦鸣教授颁发了聘书。

• 11 月 29—30 日，我校校长宁滨应邀出席 2010 高等工程教育改革研讨会并作题为“行业特色型高校产学联合人才培养模式和机制的思考”的主题发言。

• 11 月 30 日—12 月 6 日，我校举办了第二期铁道部职教管理干部高级研修班。参加此次研修的 35 名学员是来自 18 个铁路局的职教处长和 17 个培训基地的主任。

12 月

• 12 月，我校高日、刘智敏、冯东等教师指导学生完成的《中低速磁浮交通轨排钢结构体系动应变测试新方法》获得“第二届全国土木工程专业本科生优秀创新实验成果奖”推荐特等奖。

• 12 月 4 日，在中国劳动关系学院举办的第二届首都高校“中工杯”体育舞蹈比赛上，我校体育舞蹈队取得了拉丁舞伦巴单项冠军，团体总分第三名的好成绩。

• 12 月 7 日，我校与中兴通讯在北京签署了铁路通信战略合作协议，双方将在基础理论研究、产品研发和人才培养等方面开展深入合作。

• 12 月 7 日，我校《学报》（社科版）再次入选中文社会科学引文索引（CSSCI）来源刊（2010—2011），期刊影响因子继续上升，由 2009 年的 0. 578 上升为 0. 626，在全国大学学报（人文社科版）中排第 13 位（万方数据：中国期刊引证报告 2010 版），再次被评为北京高校社科学报名刊、全国百强社科期刊，同时，“物流研究”被评为特色栏目。

• 12 月 7—16 日，校党委书记曹国永率团访问美国、加拿大四所大学并出席多伦多校友活动。

• 12 月 9 日，副校长张星臣会见了以朝鲜铁道省副相韩江奎为首的朝鲜铁路代表团，铁道部国际司王连斌处长陪同代表团到访。

• 12 月 9 日，我校举办世界高速铁路大会延伸会议（UIC High - speed 2010 Extend Conference）。

• 12 月 9 日，在教育部 2010 年高校校园文化建设优秀成果评选中，我校《凝练学校优良传统　弘扬百年交大精神——北京交通大学着力推进校史文化建设发挥校史育人功能》

荣获三等奖。

- 12 月 9 日，非洲铁路联盟秘书长 Nasatti Ahmed 来校友好访问，同时看望在校学习的利比亚工程师培训班学员。
- 12 月 10 日，我校与美国得克萨斯州休斯敦市的得州南方大学在休斯敦正式签订建立“孔子学院”意向书。校党委书记曹国永、得州南方大学校长路得利以及中国驻休斯敦总领馆教育领事魏礼庆共同出席了签字仪式。
- 12 月 10 日，我校举行德国达姆施塔特工业大学副校长 Hanselka 教授客座教授聘任仪式，副校长孙守光出席仪式并为 Hanselka 教授颁发了聘书。
- 12 月 11 日，我校举行第十四届北京交通大学中国企业兼并重组研究中心联谊会暨并购讲坛，校长宁滨出席本次大会并致辞。
- 12 月 11 日，在第二届全国高校“创意、创新及创业”电子商务挑战赛中，我校 4 支参赛队伍在全国总决赛中取得了一等奖 1 项、二等奖 2 项、三等奖 1 项的好成绩。
- 12 月 11—14 日，在“第七届全国高等美术院校建筑与环境艺术设计专业教学年会——地域特色教学成果邀请展”竞赛中，我校建筑与艺术系“低碳展览馆”获得金奖，“北京西直门交通枢纽住宅整合”、“低碳展览馆”、“矿坑集合住宅”、“北京古太液池地段居住区规划”分别获得优秀奖。
- 12 月 14 日，北京交通大学中美二氧化碳储存与捕获应用（CCSU）研发中心正式揭牌成立。
- 12 月 16 日，财政部副部长张少春、教育部部长助理林蕙青、北京市委常委赵凤桐一行赴亦庄线，考察我校 CBTC 列车运行控制系统的运行情况，对 CBTC 核心技术研发和示范工程建设团队通过自主创新取得的国际先进水平的成果给予高度评价。
- 12 月 16—20 日，在连云港东海县体育馆举行的第六届全国大学生跆拳道锦标赛中，我校跆拳道队获得了 1 金 2 银 3 铜的好成绩。
- 12 月 20 日，在 2010 年高校国家奖学金获奖学生暨全国学生资助工作先进单位表彰大会上，我校荣获 2010 年全国学生资助工作先进单位。
- 12 月 20 日，副校长陈峰会见日本技术士会海外支援委员会委员长杉山笃先生、国际先端技术咨询公司社长大坪利行先生以及中国留学生立志会事务局长宁娜女士一行 3 人。
- 12 月 20 日，我校举行 2011 届毕业生就业工作会议。截至 2010 年 8 月 31 日，我校研究生就业率达到 98.58%，本科毕业生就业率达 97.65%，高职毕业生就业率达 92.74%。与去年同期相比，研究生就业率上升了 0.17%，本科就业率下降了 0.46%，高职就业率上升了 3.9%。
- 12 月 20 日，我校“北京市哲学社会科学北京产业安全与发展研究基地”获得正式批复。我校中国产业安全研究中心主任李孟刚教授被聘为“北京市哲学社会科学北京产业安全与发展研究基地”负责人和首席专家。这是学校继北京交通发展研究基地、首都大学生思想政治教育研究基地之后被批准成立的第 3 个北京市哲学社会科学研究基地。
- 12 月 22 日，在北京市委教育工委和北京高校党校协作组评选的北京高校入党积极分子“精品一课”中，我校颜吾佴教授主讲的《党的组织原则与组织纪律》、韩振峰教授主讲的《中国共产党的指导思想》和刘峰教授主讲的《党的宗旨和党的作风》3 个项目获奖，我校获优秀组织奖。

• 12 月 22 日，北京市副市长陈刚赴北京地铁亦庄线，考察由我校自主研发的 CBTC 列车运行控制系统的运行情况，充分肯定了学校取得的成绩。

• 12 月 23 日，全国政协副主席、九三学社中央副主席王志珍，全国政协常委、九三学社中央副主席赖明来校参加九三学社中央“产业自主创新座谈会”。

• 12 月 28 日，我校知行信息交流平台正式开通，它整合了学校红果园 BBS、特思论坛和 IPv6 校内电视等平台，并加入博客、社区、群组等新功能，成为全体学生自主建设、自主管理、自由交流的重要网络工具，也是校务公开、信息公开的重要渠道。

• 12 月 29 日，我校举行“NLTC——北京交通大学”研究生联合培养基地暨“NLTC 绿色照明奖学金”启动仪式。该奖学金首批设立 10 万元，用于鼓励和培养更多优秀学生从事发光照明领域的创造性研究和学术工作。

• 12 月 29 日，我校土建学院隧道中心教师郭璇申请的研究课题《复杂地层地质条件下超大直径泥水盾构安全掘进关键技术研究》荣获第十二届霍英东高等院校青年教师基金项目应用优选研究课题的资助立项。

• 12 月 31 日，我校举行“中国首套自主创新的城轨 CBTC 信号系统亦庄线开通试运营”庆典仪式。CBTC 系统由我校自主研制，使我国成为世界上第四个成功掌握该项核心技术并顺利开通应用的国家。